抗日战争时期中国人口伤亡和财产损失调研丛书

主　编　李忠杰

副主编　李　蓉　姚金果

　　　　霍海丹　蒋建农

山东省百县（市、区）抗日战争时期死难者名录

10

山东省委党史研究室　编

中共党史出版社

山东省抗日战争时期人口伤亡和财产损失课题研究办公室

（2006 年 9 月）

主　任（重大专项课题组组长）　　常连霆

副主任（重大专项课题组副组长）　　席　伟

成　员　　岳绍红　张绍麟　丁广斌　于文新　王成华

陈金亮　李清汉　郑世诗　宋继法　亓　涛

张启信　范伟正　李秀业　崔维志　张宜华

刘如峰　李双安　苗祥义　韩立明　刘桂林

魏子焱　张艳芳　王增乾

山东省抗日战争时期人口伤亡和财产损失课题研究办公室

（2008 年 2 月）

主　任（重大专项课题组组长）　　常连霆

副主任（重大专项课题组副组长）　　席　伟

成　员　　岳绍红　张绍麟　丁广斌　侯希杰　张开增

陈金亮　李清汉　郑世诗　秦佑镇　亓　涛

张启信　范伟正　李秀业　李克彬　李凤华

刘如峰　李双安　魏玉杰　韩立明

山东省抗日战争时期人口伤亡和
财产损失课题研究办公室

（2010 年 7 月）

主　任（重大专项课题组组长）　　常连霆

副主任（重大专项课题组副组长）　　席　伟　韩立明

成　员　岳绍红　张绍麟　丁广斌　张开增　褚金光

　　　　李清汉　郑世诗　秦佑镇　亓　涛　张启信

　　　　范伟正　李秀业　李克彬　李凤华　刘如峰

　　　　李双安　魏玉杰

山东省抗日战争时期人口伤亡和
财产损失课题研究办公室

（2014 年 8 月）

主　任（重大专项课题组组长）　　常连霆

副主任（重大专项课题组副组长）　　席　伟　韩立明

成　员　刘　浩　冯　英　司志兰　张开增　褚金光

　　　　杨仁祥　郑世诗　崔　康　牛国新　肖　怡

　　　　肖　梅　李秀业　李洪彦　刘宝良　张绪阳

　　　　李文进　李允富　张　华

《山东省百县（市、区）抗日战争时期死难者名录》编纂委员会

（2014 年 8 月）

主　任	常连霆			
副主任	邱传贵	林　杰	席　伟	李晨玉
	韩延明	吴士英	臧济红	
成　员	姚丙华	韩立明	田同军	郭洪云	危永安
	许　元	刘　浩	冯　英	司志兰	张开增
	褚金光	杨仁祥	郑世诗	崔　康	牛国新
	肖　怡	肖　梅	李秀业	李洪彦	刘宝良
	张绪阳	李文进	李允富		

主　编	常连霆			
副主编	席　伟	韩立明		
编　辑	赵　明	李　峰	吕　海	李草晖	邱吉元
	王华艳	尹庆峰	郑功臣	贾文章	韩　莉
	姜俊英	曹东亚	高培忠	刘佳慧	韩百功
	李治朴	李耀德	宋元明	李海卫	封彦君
	韩庆伟	刘　可	邵维霞	潘维胜	郭纪锋
	刘兆东	吉薇薇	杨兴文	王玉玺	宁　峰
	陈　旭	罗　丹	焦晓丽	赵建国	孙　颖

王红兵	张　丽	樊京荣	曾世芳	田同军
郭洪云	危永安	许　元	肖　夏	张耀龙
闫化川	乔士华	邱从强	刘　莹	孟红兵
王增乾	左进峰	马　明	潘　洋	吴秀才
张　华	张江山	朱伟波	耿玉石	秦国杰
王小龙	齐　薇	柳　晶		

编纂说明

　　本名录以 2006 年山东省抗日战争时期人口伤亡和财产损失大型调研活动收集的见证人、知情人口述资料为基础整理编纂而成。

　　按照中央党史研究室关于开展抗日战争时期中国人口伤亡和财产损失调研方案的总体要求，在中央党史研究室的精心组织和科学指导下，山东省于 2006 年开展了抗日战争时期人口伤亡和财产损失大型调研活动。调研期间，全省组织 32 万余名乡村走访调查人员，走访调查了省内 95% 以上的行政村和 80% 以上的 70 岁以上老人，收集见证人和知情人关于日军屠杀平民的证言证词 79 万余份。此后，在中央党史研究室的指导下，山东省委党史研究室组织各市、县（市、区）委党史研究室以县（市、区）为单位认真梳理证言证词等调研资料，于 2010 年整理形成了包括 140 个县（市、区）和 16 个经济开发区、高新技术开发区的《山东省抗日战争时期伤亡人员名录》，共收录现山东行政区域范围内抗日战争期间（1937 年 7 月至 1945 年 8 月）因战争因素造成伤亡的人员 46.9 万余名。2014 年初，根据中央党史研究室关于编纂出版《抗日战争时期中国人口伤亡和财产损失调研丛书》的部署，我们以《山东省抗日战争时期伤亡人员名录》为基础，选择信息比较完整、填写比较规范的 100 个县（市、区）抗日战争时期死难人员名录，经省市县三级党史部门进一步整理、编纂，形成了《山东省百县（市、区）抗日战争时期死难者名录》，共收录死难者 169173 人。

　　本名录所收录的死难者，系指抗日战争时期因日本发动侵略战争，在山东境内造成死难的平民。包括被杀死、轰炸及其引起火灾等致死和因生化战、被奸淫、被迫吸毒等而死，以及因战争因素造成的饿死、冻死、累死等其他非正常死亡的平民。死难者信息主要来源于 2006 年乡村走访调查的口述资料，也有个别县（市、区）收录了文献资料中记载的部分死难者。死难者信息包含"姓名"、"籍贯"、"年龄"、"性别"、"死难时间"5 项要素。在编纂过程中，我们尽量使各项要素达到规范、完整。但由于历史已经过去了 60 多年，行政区划有很大变动，人口迁徙规模很大，流动状况非常复杂，有的见证人和知情人对死难者信息的记忆本身就不完整；由于参与调查笔录和名录整理的人员多达数万人，对死难者信息各要素的规范和掌握也难以做到完全一致，所以，名录编纂工作非常复杂。为了保证科学性、规范性和准确性，我们尽可能采取了比较合理的处理方式，现特作如下说明：

1. "姓名"一栏中，一律以见证人和知情人的证言证词记录的死难者姓名为依据。证言证词怎么记录的，名录就怎么记载，在编纂中未作改变和加工。有些死难者姓名为乳名、绰号，有的乳名、绰号多则四个字，少则一个字；有些死难者姓名是以其家人或关联人的姓名记录的，用"××之子"、"××之家属之一"、"××之家属之二"等表述；还有些死难人员无名无姓但职业指向明确，如"卖炸鱼之妇女"、"老油匠"等；还有个别情况，是死难人员的亲属感到死难人员的乳名、绰号不雅，为其重新起了名字。上述情况都依据证言证词上的原始记录保留了其称谓。有的死难者只知道姓氏，如"杨某某"、"李××"等，在编纂中我们作了适当规范，其名字统一用"×"号代替，如"杨××"、"李××"等。

2. "籍贯"一栏中，地名为2006年调研时的名称。部分县（市、区）收录了少量非本县（市、区）籍或非山东籍，但死难地在本县（市、区）的死难者。凡山东省籍的死难人员均略去了省名，一般标明了县（市、区）、乡（镇）、村三级名称。但也有个别条目，由于证言证词记录不完整，只记录了县名或县、乡（镇）两级名称或县、村两级名称。村一级名称，有些标注了"村"字，有些标注了"社区"，有些既未标注"村"字，也未标注"社区"，在编纂中我们未作规范。对于死难者籍贯不明，但能够说明其死难时居住地点或工作、就业的组织（单位）情况的，也在此栏中予以保留。

3. "年龄"一栏中，死难者的岁数大多是见证人或知情人回忆或与同龄人比对后估算的，所以整数相对较多。由于年代久远，亦不可避免地存在着部分死难者年龄要素缺失的情况。

4. "性别"一栏中，个别死难者的性别因调查笔录漏记，其性别难以判断和核查，只能暂时空缺。另外，由于乡村风俗习惯造成的个别男性取女性名字，如"张二妮"性别为"男"等情况均保持原貌。

5. "死难时间"一栏中，由于年代久远，当事人或知情人记忆模糊，部分死难者遇难时间没有留下精确的记录。凡确认抗日战争时期死难，但无法确定具体年份的用"—"作了标示。另外，把农历和公历混淆的情况也较多见，也不排除个别把年份记错的情况。

在编纂中，对于见证人或知情人证言证词中缺漏的要素，在对应的表格栏目内采用"—"标示。

本名录所收录的 100 个县（市、区）的名称、区域范围，均为 2006 年山东省开展抗日战争时期人口伤亡和财产损失大型调研活动时的名称和区域范围。各县（市、区）死难者名录填报单位、填表人及填报时间，保留了 2009 年各县（市、区）伤亡人员名录形成时的记录，核实人、责任人除保留原核实人和责任人外，增加了 2014 年各县（市、区）复核时的核实人和责任人。名录所依据的证言证词原件存于各县（市、区）党史部门或档案馆。

编 者

2014 年 8 月

目　　录

日照市东港区抗日战争时期死难者名录

姓 名	籍 贯	年 龄	性 别	死难时间
刘现春	东港区石臼街道宏达社区	45	男	1938年2月5日
刘现春之母	东港区石臼街道宏达社区	68	女	1938年2月5日
崔召海	东港区石臼街道文化路社区	30	男	1938年2月5日
崔召海之妻	东港区石臼街道文化路社区	30	女	1938年2月5日
刘 氏	东港区石臼街道文化路社区	20	女	1938年2月5日
朱志明之长兄	东港区石臼街道观海社区	18	男	1938年2月5日
李得荣	东港区石臼街道观海社区	31	男	1938年2月5日
李得荣之母	东港区石臼街道观海社区	58	女	1938年2月5日
李朝宝	东港区石臼街道观海社区	30	男	1938年2月5日
贺刘氏	东港区石臼街道中盛社区	26	女	1938年2月5日
林 孩	东港区石臼街道中盛社区	7	女	1938年2月5日
刘现树	东港区石臼街道东方社区	20	男	1938年2月5日
刘老三	东港区石臼街道东方社区	30	男	1938年2月5日
朱志绪	东港区石臼街道隆华社区	—	男	1938年2月5日
李竹安	东港区石臼街道鑫鑫社区	50	男	1938年2月5日
李竹安之女	东港区石臼街道鑫鑫社区	3	女	1938年2月5日
厉 福	东港区石臼街道顺达社区	40	男	1938年2月5日
唐立树	东港区石臼街道顺达社区	60	男	1938年2月5日
高厉氏	东港区石臼街道振兴社区	23	女	1938年2月5日
秦梦升	东港区涛雒镇东风村	—	男	1938年3月28日
秦洪列之祖母	东港区涛雒镇东风村	—	女	1938年3月28日
秦洪列之女	东港区涛雒镇东风村	—	女	1938年3月28日
李士祥	东港区陈疃镇下蔡庄村	23	男	1938年4月
藏 合	东港区陈疃镇北疃村	56	男	1938年5月
于培厚	东港区陈疃镇沈疃村	28	男	1938年5月
邵平桂	东港区陈疃镇沈疃村	70	男	1938年5月
李世卯	东港区陈疃镇北鲍疃村	30	男	1938年5月
许家祥	东港区陈疃镇七里沟子村	39	男	1938年5月
许家时	东港区陈疃镇七里沟子村	36	男	1938年5月
杨百生	东港区西湖镇圈村	27	男	1938年5月
杨永元	东港区西湖镇圈村	46	男	1938年5月

姓 名	籍 贯	年 龄	性 别	死难时间
惠汝汉	东港区三庄镇三村	40	男	1938 年 5 月
惠汝法	东港区三庄镇三村	36	男	1938 年 5 月
孔照声	东港区三庄镇齐家沟村	27	男	1938 年 5 月
孔照飞	东港区三庄镇齐家沟村	41	男	1938 年 5 月
王夫友	东港区三庄镇齐家沟村	39	男	1938 年 5 月
赵龙林	东港区三庄镇邱前村	42	男	1938 年 5 月
范承伦	东港区三庄镇邱前村	28	男	1938 年 5 月
赵子群	东港区三庄镇邱前村	39	男	1938 年 5 月
赵从太	东港区三庄镇邱前村	31	男	1938 年 5 月
荣法成	东港区三庄镇车疃村	32	男	1938 年 5 月
荣学功	东港区三庄镇车疃村	24	男	1938 年 5 月
张永聚	东港区三庄镇西王家寨村	30	男	1938 年 5 月
许家德	东港区三庄镇西王家寨村	36	男	1938 年 5 月
许延成	东港区三庄镇西王家寨村	22	男	1938 年 5 月
张传安之父	东港区三庄镇大王家寨村	31	男	1938 年 5 月
申兆全	东港区三庄镇大王家寨村	22	男	1938 年 5 月
申照玉	东港区三庄镇大王家寨村	45	男	1938 年 5 月
陈淑玉	东港区三庄镇大王家寨村	36	男	1938 年 5 月
张纪合	东港区三庄镇大王家寨村	27	男	1938 年 5 月
赵十一	东港区南湖镇南湖一村	42	男	1938 年 5 月 12 日
赵彭氏	东港区南湖镇南湖一村	28	女	1938 年 5 月 12 日
赵 长	东港区南湖镇南湖一村	9	男	1938 年 5 月 12 日
赵 瑞	东港区南湖镇南湖一村	7	女	1938 年 5 月 12 日
郭文周	东港区南湖镇南湖一村	61	男	1938 年 5 月 12 日
郭 ×	东港区南湖镇南湖一村	76	男	1938 年 5 月 12 日
郭×之妻	东港区南湖镇南湖一村	76	女	1938 年 5 月 12 日
郭公平	东港区南湖镇南湖一村	42	男	1938 年 5 月 12 日
赵名广	东港区南湖镇南湖一村	25	男	1938 年 5 月 12 日
赵如玺	东港区南湖镇南湖一村	63	男	1938 年 5 月 12 日
赵刘氏	东港区南湖镇南湖一村	28	女	1938 年 5 月 12 日
樊成起	东港区南湖镇樊家岭村	60	男	1938 年 5 月 12 日
王为贞	东港区南湖镇樊家岭村	28	男	1938 年 5 月 12 日
兰 修	东港区南湖镇新丰村	20	男	1938 年 5 月 12 日
费云杆	东港区南湖镇报子沟村	52	男	1938 年 5 月 12 日

姓 名	籍 贯	年 龄	性 别	死难时间
郭守层	东港区南湖镇报子沟村	62	男	1938 年 5 月 12 日
王金录	东港区南湖镇报子沟村	44	男	1938 年 5 月 12 日
张记淑	东港区南湖镇南湖四村	60	男	1938 年 5 月 12 日
乜 丫	东港区南湖镇南湖四村	23	男	1938 年 5 月 12 日
乜如芹之母	东港区南湖镇南湖四村	50	女	1938 年 5 月 12 日
张记在之母	东港区南湖镇南湖四村	56	女	1938 年 5 月 12 日
张传群之叔	东港区南湖镇南湖四村	—	男	1938 年 5 月 12 日
张传群之姑	东港区南湖镇南湖四村	18	女	1938 年 5 月 12 日
乜怀亮	东港区南湖镇南湖四村	45	男	1938 年 5 月 12 日
张记得之祖父	东港区南湖镇南湖四村	65	男	1938 年 5 月 12 日
赵名庄	东港区南湖镇南湖四村	62	男	1938 年 5 月 12 日
张继山之母	东港区南湖镇南湖四村	—	女	1938 年 5 月 12 日
张传友	东港区南湖镇南湖四村	—	男	1938 年 5 月 12 日
陈茂彩	东港区南湖镇南湖四村	60	男	1938 年 5 月 12 日
阚永汉	东港区南湖镇南湖四村	40	男	1938 年 5 月 12 日
高振群	东港区南湖镇南湖四村	40	男	1938 年 5 月 12 日
许延孝	东港区南湖镇南湖三村	—	男	1938 年 5 月 12 日
高瑞兴	东港区南湖镇南湖三村	—	男	1938 年 5 月 12 日
白老两之妻	东港区南湖镇南湖三村	—	女	1938 年 5 月 12 日
王应夫之母	东港区南湖镇南湖三村	—	女	1938 年 5 月 12 日
王宜成	东港区南湖镇南湖二村	51	男	1938 年 5 月 12 日
王宜成之妻	东港区南湖镇南湖二村	51	女	1938 年 5 月 12 日
王名山	东港区南湖镇南湖二村	47	男	1938 年 5 月 12 日
王书栓	东港区南湖镇王加官庄	58	男	1938 年 5 月 12 日
王加红	东港区南湖镇王家官庄村	65	男	1938 年 5 月 12 日
王加征之妻	东港区南湖镇王家官庄村	70	女	1938 年 5 月 12 日
王书梦	东港区南湖镇王家官庄村	67	男	1938 年 5 月 12 日
白永利	东港区南湖镇大山沟村	24	男	1938 年 5 月 12 日
李其林	东港区南湖镇卜落子村	36	男	1938 年 5 月 12 日
安郁密	东港区南湖镇安家庄子村	23	男	1938 年 5 月 12 日
历 三	东港区南湖镇安家庄子村	30	男	1938 年 5 月 12 日
安郁录	东港区南湖镇安家庄子村	28	男	1938 年 5 月 12 日
王明坤	东港区南湖镇大北湖村	41	男	1938 年 5 月 12 日
王明坤之弟	东港区南湖镇大北湖村	39	男	1938 年 5 月 12 日

姓 名	籍 贯	年 龄	性 别	死难时间
迟如英	东港区南湖镇大北湖村	45	男	1938 年 5 月 12 日
胡兆喜	东港区南湖镇大北湖村	26	男	1938 年 5 月 12 日
安日康	东港区南湖镇大北湖村	30	男	1938 年 5 月 12 日
李颜伟	东港区南湖镇大北湖村	44	男	1938 年 5 月 12 日
徐文山	东港区南湖镇大北湖村	50	男	1938 年 5 月 12 日
徐丙校	东港区南湖镇大北湖村	24	男	1938 年 5 月 12 日
王万氏	东港区南湖镇大北湖村	56	女	1938 年 5 月 12 日
安为日	东港区南湖镇大北湖村	50	男	1938 年 5 月 12 日
王明根	东港区南湖镇大北湖村	50	男	1938 年 5 月 12 日
迟叶业	东港区南湖镇大北湖村	—	男	1938 年 5 月 12 日
王名安	东港区南湖镇大北湖村	55	男	1938 年 5 月 12 日
王明尊	东港区南湖镇大北湖村	55	男	1938 年 5 月 12 日
胡兆贵	东港区南湖镇大北湖村	—	男	1938 年 5 月 12 日
郭守豆	东港区南湖镇殷家坪村	—	男	1938 年 5 月 12 日
赵子堂	东港区南湖镇陈家村	25	男	1938 年 5 月 12 日
陈明文	东港区南湖镇陈家村	26	男	1938 年 5 月 12 日
陈希江之兄	东港区南湖镇陈家村	28	男	1938 年 5 月 12 日
张龙社	东港区南湖镇凤凰庄村	25	男	1938 年 5 月 12 日
高为新	东港区南湖镇凤凰庄村	50	男	1938 年 5 月 12 日
高振续	东港区南湖镇凤凰庄村	40	男	1938 年 5 月 12 日
洪守玉	东港区南湖镇凤凰庄村	40	男	1938 年 5 月 12 日
杜月贵	东港区南湖镇杜家坪村	64	男	1938 年 5 月 12 日
张 军	东港区南湖镇杜家坪村	65	男	1938 年 5 月 12 日
邢立兰	东港区南湖镇弓山村村	38	男	1938 年 5 月 12 日
尚振茂	东港区南湖镇石老山村	—	男	1938 年 5 月 12 日
尚振隋	东港区南湖镇石老山村	—	男	1938 年 5 月 12 日
郭老四	东港区南湖镇石老山村	—	男	1938 年 5 月 12 日
郭老五	东港区南湖镇石老山村	—	男	1938 年 5 月 12 日
王康满	东港区南湖镇泉子头村	46	男	1938 年 5 月 12 日
李纪春	东港区南湖镇西黄山前村	35	男	1938 年 5 月 12 日
李明年	东港区南湖镇西黄山前村	24	男	1938 年 5 月 12 日
许延俊	东港区南湖镇西黄山前村	60	男	1938 年 5 月 12 日
闫进龙	东港区南湖镇小长汪崖村	32	男	1938 年 5 月 12 日
安为宗	东港区南湖镇大长汪崖村	43	男	1938 年 5 月 12 日

姓 名	籍 贯	年 龄	性 别	死难时间
朱申氏	东港区南湖镇东黄山前村	—	女	1938 年 5 月 12 日
迟令轮	东港区南湖镇大宅科村	—	男	1938 年 5 月 12 日
李世文之三弟	东港区南湖镇万家坪村	30	男	1938 年 5 月 12 日
董家合	东港区南湖镇于家北沟村	35	男	1938 年 5 月 12 日
卢正学	东港区南湖镇小宅科村	27	男	1938 年 5 月 12 日
卢子拾	东港区南湖镇小宅科村	32	男	1938 年 5 月 12 日
王为安	东港区南湖镇王家大岭村	40	男	1938 年 5 月 12 日
许相月	东港区南湖镇许家庵村	42	男	1938 年 5 月 12 日
徐老六	东港区南湖镇许家庵村	44	男	1938 年 5 月 12 日
王文吉	东港区南湖镇花峡峪村	40	男	1938 年 5 月 12 日
刘为聪	东港区南湖镇花峡峪村	42	男	1938 年 5 月 12 日
张富礼	东港区南湖镇花峡峪村	30	男	1938 年 5 月 12 日
刘李氏	东港区南湖镇花峡峪村	48	女	1938 年 5 月 12 日
刘 氏	东港区南湖镇花峡峪村	51	女	1938 年 5 月 12 日
牟家升	东港区南湖镇庄头村	56	男	1938 年 5 月 12 日
李秃子	东港区南湖镇西明照村	40	男	1938 年 5 月 12 日
马世吉之子	东港区南湖镇西明照村	5	男	1938 年 5 月 12 日
高为街	东港区南湖镇樵叶子村	43	男	1938 年 5 月 12 日
胡兆贤	东港区南湖镇上湖村	30	男	1938 年 5 月 12 日
潘兆川	东港区陈疃镇南鲍疃村	22	男	1938 年 5 月 12 日
潘兆平	东港区陈疃镇南鲍疃村	42	男	1938 年 5 月 12 日
许家祥	东港区陈疃镇西陈疃村	37	男	1938 年 5 月 12 日
安茂校	东港区河山镇草坡村	30	男	1938 年 5 月 12 日
迟学成	东港区日照街道范家河村	44	男	1938 年 5 月 12 日
平麻子	东港区日照街道范家河村	63	男	1938 年 5 月 12 日
时 来	东港区日照街道范家河村	22	男	1938 年 5 月 12 日
赵子着	东港区南湖镇西沈马庄村	—	男	1938 年 5 月 12 日
赵信生之妹	东港区南湖镇西沈马庄村	—	女	1938 年 5 月 12 日
占彭氏	东港区南湖镇庄头村	28	女	1938 年 5 月 12 日
赵王年	东港区南湖镇西沈马庄村	—	男	1938 年 5 月 12 日
赵王年之母	东港区南湖镇西沈马庄村	—	女	1938 年 5 月 12 日
赵王年之妻	东港区南湖镇西沈马庄村	—	女	1938 年 5 月 12 日
赵王年之长子	东港区南湖镇西沈马庄村	—	男	1938 年 5 月 12 日
赵王年之次子	东港区南湖镇西沈马庄村	—	男	1938 年 5 月 12 日

姓 名	籍 贯	年 龄	性 别	死难时间
彭伟吕	东港区南湖镇西沈马庄村	—	男	1938 年 5 月 12 日
彭伟吕之父	东港区南湖镇西沈马庄村	—	男	1938 年 5 月 12 日
彭伟吕之姐	东港区南湖镇西沈马庄村	—	女	1938 年 5 月 12 日
彭伟吕之子	东港区南湖镇西沈马庄村	—	男	1938 年 5 月 12 日
彭子庄之父	东港区南湖镇西沈马庄村	—	男	1938 年 5 月 12 日
彭子庄之母	东港区南湖镇西沈马庄村	—	女	1938 年 5 月 12 日
彭子顺	东港区南湖镇西沈马庄村	—	男	1938 年 5 月 12 日
彭子顺之妻	东港区南湖镇西沈马庄村	—	女	1938 年 5 月 12 日
王佃礼之父	东港区两城镇王家滩三村	—	男	1938 年 7 月
王佃木之父	东港区两城镇王家滩三村	—	男	1938 年 7 月
小 丹	东港区石臼街道振兴社区	2	女	1938 年 9 月
胡日英	东港区两城镇安家岭村	22	男	1938 年 9 月
丁立荣之母	东港区涛雒镇涛雒四村	—	女	1938 年秋
丁立荣之姐	东港区涛雒镇涛雒四村	—	女	1938 年秋
丁立荣之长兄	东港区涛雒镇涛雒四村	—	男	1938 年秋
丁立荣之二兄	东港区涛雒镇涛雒四村	—	男	1938 年秋
丁立荣之表姐	东港区涛雒镇涛雒四村	—	女	1938 年秋
丁立荣之婶	东港区涛雒镇涛雒四村	—	女	1938 年秋
丁立荣之表弟	东港区涛雒镇涛雒四村	—	男	1938 年秋
丁立荣之表弟	东港区涛雒镇涛雒四村	—	男	1938 年秋
孙树深之妻	东港区涛雒镇孙家村	—	女	1938 年秋
孙树深之子	东港区涛雒镇孙家村	—	男	1938 年秋
孙树深之女	东港区涛雒镇孙家村	—	女	1938 年秋
荣学振	东港区三庄镇车疃村	21	男	1938 年秋
徐丙文	东港区日照街道北小庄子村	58	男	1938 年
丁淑平	东港区涛雒镇西林子头村	35	男	1938 年
秦百泰	东港区秦楼街道前官庄村	—	男	1938 年
许世掌	东港区陈疃镇许家洼村	31	男	1938 年
费锡环	东港区西湖镇南乐台村	37	男	1939 年 1 月
张立洞	东港区日照街道山庄村	—	男	1939 年 1 月
刘玉来	东港区三庄镇刘家庄子村	25	男	1939 年 1 月
王仕太	东港区涛雒镇涛雒三村	—	男	1939 年 2 月
成志玲	东港区日照街道后将帅村	—	男	1939 年 4 月
周子提	东港区西湖镇南乐台村	37	男	1939 年 6 月

姓　名	籍　贯	年　龄	性　别	死难时间
金月顺之祖父	东港区石臼街道华林社区	—	男	1939 年 6 月
刘　×	东港区石臼街道文化路社区	20	男	1939 年 6 月
赵久地之父	东港区石臼街道华林社区	—	男	1939 年 6 月
李　氏	东港区石臼街道中盛社区	70	女	1939 年 6 月
李　×	东港区石臼街道中盛社区	12	女	1939 年 6 月
李　氏	东港区石臼街道中盛社区	—	女	1939 年 6 月
宋庆兰	东港区石臼街道东方社区	21	女	1939 年 6 月
宋贵兰	东港区石臼街道东方社区	19	女	1939 年 6 月
朱志树	东港区石臼街道明阳社区	39	男	1939 年 6 月
王安伦之母	东港区陈疃镇沈疃村	45	女	1939 年 7 月
李秀珍	东港区两城镇小界牌村	35	男	1939 年 7 月
古现英	东港区西湖镇北乐台村	23	男	1939 年 7 月
徐宣冰之子	东港区西湖镇徐家庄村	3	男	1939 年 7 月
迟　允	东港区陈疃镇北鲍疃村	32	男	1939 年 8 月
范崇学	东港区三庄镇范家楼村	26	男	1939 年 8 月
王佃义之父	东港区两城镇王家滩三村	—	男	1939 年 10 月
王佃义之子	东港区两城镇王家滩三村	—	男	1939 年 10 月
于秃元	东港区陈疃镇沈疃村	23	男	1939 年 11 月
郑老五	东港区涛雒镇涛雒一村	—	男	1939 年 12 月 30 日
安　×	东港区河山镇刘家顺村	—	男	1939 年 12 月
沈承友之祖父	东港区河山镇草坡村	—	男	1939 年 12 月
沈　华	东港区两城镇王家滩二村	—	男	1939 年 12 月
杨纪香之祖母	东港区两城镇王家滩二村	—	女	1939 年 12 月
王培风	东港区两城镇王家滩二村	—	女	1939 年 12 月
刘召吉之兄	东港区两城镇王家滩二村	—	男	1939 年 12 月
江西田	东港区西湖镇北乐台村	24	男	1939 年
李柱林	东港区日照街道	46	男	1939 年
厉志培	东港区日照街道日照大香店村	—	男	1939 年
石　头	东港区三庄镇讲合沟村	11	男	1939 年
同　柱	东港区三庄镇讲合沟村	10	男	1939 年
孔广祥	东港区三庄镇讲合沟村	30	男	1939 年
孔照瑞	东港区三庄镇讲合沟村	26	男	1939 年
张怀良	东港区三庄镇高家庄子村	30	男	1939 年
胡兆坤	东港区三庄镇下卜落崮村	28	男	1939 年

姓 名	籍 贯	年 龄	性 别	死难时间
李其奎	东港区涛雒镇涛雒八村	—	男	1939 年
万 氏	东港区涛雒镇涛雒四村	—	女	1939 年
秦珍南	东港区涛雒镇下元二村	—	男	1939 年
王克节	东港区涛雒镇小草坡村	—	男	1939 年
孙树勉	东港区涛雒镇孙家村	—	男	1939 年
王茂卜	东港区涛雒镇小草坡村	—	男	1939 年
秦洪月	东港区秦楼街道前官庄村	—	男	1939 年
卜小芳	东港区秦楼街道大卜家庵子村	11	女	1939 年
毕龙久	东港区秦楼街道前官庄村	—	男	1939 年
秦福泌	东港区秦楼街道前官庄村	—	男	1939 年
迟令台	东港区陈疃镇北鲍疃村	23	男	1940 年 1 月
李世豹	东港区陈疃镇北鲍疃村	26	男	1940 年 1 月
郭文夫	东港区南湖镇南湖三村	—	男	1940 年 3 月
杨王氏	东港区南湖镇南湖三村	—	女	1940 年 3 月
许来世	东港区南湖镇南湖三村	—	男	1940 年 3 月
白老两	东港区南湖镇南湖三村	—	男	1940 年 3 月
徐宜礼	东港区陈疃镇东石墩村	20	男	1940 年 3 月
李慎条	东港区陈疃镇西石墩村	42	男	1940 年 3 月
常克香	东港区陈疃镇上蔡庄村	30	男	1940 年 3 月
李日福	东港区西湖镇铨元村	53	男	1940 年 3 月
胡润早	东港区三庄镇吉洼村	36	男	1940 年 3 月
王照忠	东港区日照街道新村	—	男	1940 年 3 月
樊会吉	东港区南湖镇樊家岭村	50	男	1940 年 3 月 28 日
樊世铭	东港区南湖镇樊家岭村	23	男	1940 年 3 月 28 日
樊成建	东港区南湖镇樊家岭村	69	男	1940 年 3 月 28 日
樊延吉	东港区南湖镇樊家岭村	20	男	1940 年 3 月 28 日
樊傅吉	东港区南湖镇樊家岭村	17	男	1940 年 3 月 28 日
郭 平	东港区南湖镇樊家岭村	70	男	1940 年 3 月 28 日
樊慈吉	东港区南湖镇樊家岭村	31	男	1940 年 3 月 28 日
樊文奎	东港区南湖镇樊家岭村	33	男	1940 年 3 月 28 日
丁立嵋	东港区南湖镇樊家岭村	30	男	1940 年 3 月 28 日
丁立见	东港区南湖镇樊家岭村	38	男	1940 年 3 月 28 日
樊成斋	东港区南湖镇樊家岭村	32	男	1940 年 3 月 28 日
樊大旺	东港区南湖镇樊家岭村	21	男	1940 年 3 月 28 日

姓 名	籍 贯	年 龄	性 别	死难时间
彭大英	东港区南湖镇西马陵前村	26	男	1940 年 3 月 28 日
赵大恩	东港区南湖镇西马陵前村	22	男	1940 年 3 月 28 日
赵小苓	东港区南湖镇西马陵前村	22	男	1940 年 3 月 28 日
赵小只	东港区南湖镇西马陵前村	21	男	1940 年 3 月 28 日
彭立申	东港区南湖镇彭家河村	—	男	1940 年 3 月 28 日
许延旗	东港区陈疃镇西陈疃村	20	男	1940 年 4 月
于长合	东港区陈疃镇沈疃村	26	男	1940 年 5 月
李士廷	东港区日照街道西十里铺	—	男	1940 年 5 月
刘怀东	东港区石臼街道宏达社区	—	男	1940 年 6 月
赵连贵	东港区石臼街道华林社区	—	男	1940 年 6 月
赵仁昌之子	东港区石臼街道华林社区	—	男	1940 年 6 月
张西秀	东港区石臼街道中盛社区	—	男	1940 年 6 月
秦夫麦之女	东港区秦楼街道秦家楼村	8	女	1940 年夏
厉夫安之母	东港区秦楼街道秦家楼村	51	女	1940 年夏
厉夫安之妹	东港区秦楼街道秦家楼村	15	女	1940 年夏
厉夫安之长子	东港区秦楼街道秦家楼村	4	男	1940 年夏
厉夫安之次子	东港区秦楼街道秦家楼村	2	男	1940 年夏
王照芬	东港区秦楼街道秦家楼村	28	男	1940 年夏
秦玉一之子	东港区秦楼街道秦家楼村	7	男	1940 年夏
秦田息	东港区秦楼街道秦家楼村	17	男	1940 年夏
朱见前	东港区南湖镇南湖四村	37	男	1940 年 7 月
陈　氏	东港区南湖镇南湖四村	40	女	1940 年 7 月
安茂思	东港区南湖镇安家庄子村	35	男	1940 年 7 月
安郁祥	东港区南湖镇安家庄子村	27	男	1940 年 7 月
吕作祥	东港区南湖镇许家庵村	40	男	1940 年 7 月
秦洪德	东港区南湖镇罗川崖村	—	男	1940 年 7 月
秦福龙	东港区南湖镇罗川崖村	66	男	1940 年 7 月
秦福祝	东港区南湖镇罗川崖村	65	男	1940 年 7 月
秦张氏	东港区南湖镇罗川崖村	26	女	1940 年 7 月
秦张氏之子	东港区南湖镇罗川崖村	1	男	1940 年 7 月
秦洪敦	东港区南湖镇罗川崖村	36	男	1940 年 7 月
秦福奎	东港区南湖镇罗川崖村	35	男	1940 年 7 月
秦福平	东港区南湖镇罗川崖村	25	男	1940 年 7 月
莫迁仁	东港区南湖镇罗川崖村	27	男	1940 年 7 月

姓　名	籍　贯	年　龄	性　别	死难时间
厉陈氏	东港区南湖镇罗川崖村	31	女	1940 年 7 月
秦福宣	东港区南湖镇罗川崖村	28	男	1940 年 7 月
莫延仁	东港区南湖镇尹家河村	27	女	1940 年 7 月
司燕群	东港区南湖镇战家村	37	男	1940 年 7 月
司燕代	东港区南湖镇战家村	34	男	1940 年 7 月
战庆礼	东港区南湖镇战家村	42	男	1940 年 7 月
吕永学	东港区南湖镇许家庵村	41	男	1940 年 8 月
许世祥	东港区南湖镇许家庵村	38	男	1940 年 8 月
张龙安	东港区三庄镇田家沟村	25	男	1940 年 8 月
刘相文	东港区三庄镇刘家沟村	20	男	1940 年 8 月
李同节	东港区日照街道后鹅庄村	86	男	1940 年 8 月
徐茂友之妻	东港区陈疃镇东石墩村	20	女	1940 年 9 月
王连堂	东港区河山镇小卞庄村	—	男	1940 年 9 月
马世荣	东港区三庄镇三庄一村	32	男	1940 年 9 月
张传信	东港区三庄镇建国村	29	男	1940 年 9 月
杨正周	东港区三庄镇台庄村	20	男	1940 年 9 月
刘　氏	东港区秦楼街道杨庄子村	—	女	1940 年秋
王宗富	东港区南湖镇大北湖村	22	男	1940 年 10 月
马少迎	东港区三庄镇竖旗山村	20	男	1940 年 11 月
王书孟	东港区南湖镇王家官庄村	55	男	1940 年 12 月
席思兰	东港区西湖镇久固庄村	23	男	1940 年 12 月
张龙先	东港区三庄镇三合岭村	40	男	1940 年 12 月
李希海	东港区三庄镇下卜落崮村	32	男	1940 年 12 月
孟凡昌	东港区三庄镇孟家沟村	25	男	1940 年 12 月
陈善祥	东港区陈疃镇卞家庄村	29	男	1940 年 12 月
郭文汗	东港区南湖镇南湖一村	—	男	1940 年
范崇举	东港区南湖镇战家村	40	男	1940 年
王凡许	东港区南湖镇战家村	43	男	1940 年
司燕绪	东港区南湖镇战家村	36	男	1940 年
郭公素	东港区南湖镇殷家坪村	—	男	1940 年
孙道生	东港区南湖镇殷家坪村	—	男	1940 年
郭公堂	东港区南湖镇殷家坪村	—	男	1940 年
殷文选	东港区南湖镇殷家坪村	—	男	1940 年
郭宽样	东港区南湖镇殷家坪村	—	男	1940 年

姓 名	籍 贯	年 龄	性 别	死难时间
李可富	东港区南湖镇西黄山前村	28	男	1940 年
周广绪	东港区南湖镇东黄山前村	—	男	1940 年
申西保	东港区南湖镇东黄山前村	—	男	1940 年
尹茂俄	东港区南湖镇下湖一村	33	男	1940 年
牟敦聚	东港区南湖镇庄头村	22	男	1940 年
韩建俊之父	东港区南湖镇西明照村	30	男	1940 年
韩建茂	东港区南湖镇西明照村	30	男	1940 年
吕作忠	东港区南湖镇西明照村	50	男	1940 年
许加若之兄	东港区南湖镇西明照村	38	男	1940 年
许传森之叔	东港区南湖镇西明照村	35	男	1940 年
张红凡	东港区南湖镇东明照村	21	男	1940 年
李升文	东港区西湖镇小乐二村	23	男	1940 年
申 ×	东港区西湖镇久固庄村	25	男	1940 年
张纪祥	东港区日照街道大香店村	—	男	1940 年
庄茂勤	东港区日照街道接官亭村	28	男	1940 年
申玉典	东港区日照街道	—	男	1940 年
曹修方	东港区日照街道小岭村	—	男	1940 年
曹世钦	东港区三庄镇孟家沟村	24	男	1940 年
胡润迁	东港区三庄镇吉洼村	34	男	1940 年
孟庆文	东港区三庄镇山东头村	39	男	1940 年
杨善利	东港区三庄镇台庄村	21	男	1940 年
孔宪英	东港区三庄镇齐家沟村	23	男	1940 年
董元章	东港区三庄镇孙家庄子村	21	男	1940 年
小 商	东港区三庄镇竖旗山村	12	男	1940 年
范崇日	东港区三庄镇官庄村	45	男	1940 年
李兴春	东港区三庄镇刘家庄子村	19	男	1940 年
许陈氏	东港区三庄镇双河村	19	女	1940 年
惠恒贵	东港区三庄镇惠家沈马庄村	26	男	1940 年
宋加方	东港区涛雒镇涛雒一村	—	男	1940 年
宋家禄	东港区涛雒镇涛雒一村	—	男	1940 年
王纪昌之兄	东港区涛雒镇涛雒一村	—	男	1940 年
丁履合	东港区涛雒镇涛雒三村	—	男	1940 年
叶祥云	东港区涛雒镇栈子二村	—	男	1940 年
侯元忠	东港区涛雒镇曹家村	—	男	1940 年

姓　名	籍　贯	年　龄	性　别	死难时间
庄见农	东港区涛雒镇南店村	—	男	1940 年
宋光明之弟	东港区涛雒镇涛雒四村	—	男	1940 年
小屯子	东港区涛雒镇西灶子村	—	男	1940 年
高振英之弟	东港区秦楼街道高家村	—	男	1940 年
申　英	东港区南湖镇东黄山前村	24	男	1940 年
陈义池	东港区陈疃镇西沈疃村	24	男	1940 年
刘为有	东港区涛雒镇大草城村	24	男	1940 年
张立启之兄	东港区河山镇刘家官庄村	20	男	1940 年
孙志昉	东港区日照街道大古城村	—	男	1941 年 1 月 7 日
孙树俭	东港区涛雒镇孙家营子村	—	男	1941 年 1 月
李瑞同	东港区日照街道后鹅庄村	91	男	1941 年 1 月
张湖吉	东港区南湖镇阚家城子村	40	男	1941 年 2 月
潘生远	东港区陈疃镇滕家庄子村	21	男	1941 年 2 月
管安氏	东港区河山镇程子沟村	38	女	1941 年 2 月
张传信	东港区三庄镇小庄村	23	男	1941 年 2 月
阚雪氏	东港区南湖镇阚城子	41	女	1941 年 3 月
杨进培	东港区日照街道	—	男	1941 年 4 月 25 日
周子仁	东港区涛雒镇西林子头村	—	男	1941 年 4 月 25 日
王永礼	东港区日照街道前鹅庄村	40	男	1941 年 4 月 25 日
刘为栋	东港区日照街道后将帅沟村	20	男	1941 年 4 月 25 日
刘迟孩	东港区秦楼街道刘东楼村	16	女	1941 年 4 月
刘世绅	东港区秦楼街道刘东楼村	55	男	1941 年 4 月
刘王氏	东港区秦楼街道刘东楼村	60	女	1941 年 4 月
刘世绅之女	东港区秦楼街道刘东楼村	3	女	1941 年 4 月
潘兆光	东港区陈疃镇卞家庄村	30	男	1941 年 6 月
张克铁	东港区两城镇两城一村	39	男	1941 年 6 月
丁志康	东港区涛雒镇涛雒五村	—	男	1941 年夏
高维迎	东港区三庄镇前高庄村	19	男	1941 年 7 月
时佰台	东港区日照街道	—	男	1941 年 8 月
姚延秀	东港区三庄镇孙家庄子村	21	男	1941 年 8 月
尚群绪	东港区两城镇两城一村	78	男	1941 年 9 月
崔维怀	东港区三庄镇小夏家岭村	18	男	1941 年 9 月
王雪桥	东港区两城镇两城六村	32	男	1941 年 9 月
时孙氏	东港区日照街道时家村	29	女	1941 年秋

姓　名	籍　贯	年龄	性别	死难时间
王　伍	东港区两城镇两城三村	—	男	1941 年 10 月
安丰田	东港区两城镇两城三村	—	男	1941 年 10 月
张茂福	东港区陈疃镇上蔡庄村	28	男	1941 年 11 月
张茂贵	东港区陈疃镇上蔡庄村	26	男	1941 年 11 月
王兆忠	东港区陈疃镇沈疃村	38	男	1941 年 12 月
滕恩普	东港区南湖镇官家岭村	25	男	1941 年 12 月
王　江	东港区两城镇任家屯村	41	男	1941 年
陈善起	东港区南湖镇上小城子村	40	男	1941 年
杜金光	东港区河山镇松元村	—	男	1941 年
田老八	东港区河山镇河山店村	50	男	1941 年
王老四	东港区河山镇小卞庄村	30	男	1941 年
王小牛	东港区河山镇小卞庄村	20	男	1941 年
毕乃军之祖母	东港区河山镇许家官庄村	—	女	1941 年
李希淑之妻	东港区河山镇许家官庄村	—	女	1941 年
费守存	东港区日照街道	—	男	1941 年
潘为径	东港区日照街道东将帅沟村	—	男	1941 年
孟宪生	东港区三庄镇贺庄村	33	男	1941 年
刘用汉	东港区三庄镇竖旗山村	26	男	1941 年
宋世京	东港区三庄镇竖旗山村	44	男	1941 年
刘明成	东港区三庄镇刘家沟村	23	男	1941 年
崔伟怀	东港区三庄镇上夏家岭村	18	男	1941 年
刘福春	东港区三庄镇张庄子村	21	男	1941 年
杨百东	东港区三庄镇台庄村	20	男	1941 年
张立典	东港区三庄镇上卜落崮村	22	男	1941 年
王汉吉	东港区三庄镇建国村	26	男	1941 年
刘汉州	东港区三庄镇建国村	20	男	1941 年
范崇财	东港区三庄镇范家楼村	28	男	1941 年
范伟晋	东港区三庄镇范家楼村	22	男	1941 年
张纪方	东港区三庄镇小庄村	24	男	1941 年
孙开玉之父	东港区三庄镇板石村	29	男	1941 年
刘培余之兄	东港区三庄镇板石村	27	男	1941 年
刘培逊	东港区三庄镇刘家庄子村	20	男	1941 年
刘玉海之父	东港区三庄镇刘家庄子村	49	男	1941 年
刘玉海	东港区三庄镇刘家庄子村	21	男	1941 年

姓 名	籍 贯	年 龄	性 别	死难时间
胡 氏	东港区三庄镇台庄村	28	女	1941 年
李希柱	东港区三庄镇下卜落崮村	26	男	1941 年
惠恒记	东港区三庄镇惠家沈马庄村	24	女	1941 年
陈同原	东港区石臼街道中盛社区	33	男	1941 年
刘 氏	东港区石臼街道中盛社区	32	女	1941 年
庄建福	东港区涛雒镇涛雒二村	—	男	1941 年
訾玉德	东港区涛雒镇下元二村	—	男	1941 年
秦玉芳	东港区涛雒镇下元一村	—	男	1941 年
孙耀先	东港区涛雒镇孙家村	—	男	1941 年
孙树炳	东港区涛雒镇孙家村	—	男	1941 年
孙红虎	东港区涛雒镇孙家村	—	男	1941 年
张纪福之父	东港区涛雒镇涛雒五村	—	男	1941 年
解仁荷	东港区涛雒镇西林子头村	—	男	1941 年
许衍山之叔	东港区涛雒镇栈子三村	—	男	1941 年
曾纪录	东港区涛雒镇华山村	—	男	1941 年
王蕃林	东港区南湖镇大北湖村	30	男	1941 年
张德乐	东港区三庄镇上卜落崮村	28	男	1941 年
刘丁氏	东港区南湖镇黄泥崖村	—	女	1942 年 3 月
许延对	东港区陈疃镇西陈疃村	31	男	1942 年 3 月
许家律	东港区陈疃镇西陈疃村	28	男	1942 年 3 月
潘粮远	东港区陈疃镇南鲍疃村	46	男	1942 年 3 月
张夫仁	东港区南湖镇万家坪村	20	男	1942 年 3 月
高振奎之妻	东港区秦楼街道高家村	—	女	1942 年春
高维芹之妻	东港区秦楼街道高家村	—	女	1942 年春
高传仁	东港区南湖镇下小城子村	41	男	1942 年 4 月
潘为奎之父	东港区陈疃镇南鲍疃村	38	男	1942 年 4 月
迟凤芹	东港区陈疃镇北鲍疃村	26	女	1942 年 5 月
李曰修	东港区陈疃镇下蔡庄村	19	男	1942 年 5 月
潘照利	东港区陈疃镇上蔡庄村	32	男	1942 年 7 月
潘照功	东港区陈疃镇上蔡庄村	30	男	1942 年 7 月
张纪岭之父	东港区陈疃镇沈疃村	40	男	1942 年 8 月
张纪岭之母	东港区陈疃镇沈疃村	40	女	1942 年 8 月
潘照友	东港区两城镇联合村	33	男	1942 年 8 月
朱仕芳	东港区涛雒镇下元三村	—	男	1942 年 8 月

姓 名	籍 贯	年 龄	性 别	死难时间
孙聪耀	东港区涛雒镇孙家营子村	—	男	1942 年 8 月
于培华	东港区陈疃镇沈疃村	21	男	1942 年 9 月
孙传三	东港区涛雒镇大草坡村	—	男	1942 年 9 月
刘加德之妹	东港区秦楼街道刘东楼村	6	女	1942 年 9 月
潘庆远	东港区日照街道前将帅沟村	—	男	1942 年 12 月
潘兆共	东港区日照街道前将帅沟村	—	男	1942 年 12 月
郭春亭	东港区两城镇竹园村	—	男	1942 年 12 月
李来年	东港区南湖镇东黄山前村	—	男	1942 年
安玉建	东港区两城镇王家滩二村	—	男	1942 年
安玉建之子	东港区两城镇王家滩二村	—	男	1942 年
顾金涧	东港区西湖镇安子沟村	22	男	1942 年
李宗仓	东港区西湖镇大石头村	26	男	1942 年
老牛耕	东港区西湖镇袁家庄村	26	男	1942 年
六骨爪	东港区西湖镇袁家庄村	28	男	1942 年
刘 扇	东港区西湖镇袁家庄村	25	男	1942 年
董家全	东港区西湖镇河沟村	26	男	1942 年
陈为全	东港区西湖镇陈家庄村	30	男	1942 年
董会堂	东港区西湖镇河沟村	19	男	1942 年
大老李	东港区西湖镇河沟村	32	男	1942 年
杨文及	东港区河山镇高家沟村	—	男	1942 年
毕传来	东港区日照街道	76	男	1942 年
郑兆佩	东港区日照街道大莲村	40	男	1942 年
孙彦桩	东港区日照街道大古城村	—	男	1942 年
刘明志	东港区三庄镇刘家庄子村	49	男	1942 年
夏良平	东港区三庄镇大夏家岭村	24	男	1942 年
杨维瑞	东港区三庄镇台庄村	29	男	1942 年
杨善法	东港区三庄镇台庄村	22	男	1942 年
匡玉萌	东港区三庄镇大沈马庄村	32	男	1942 年
范伟富	东港区三庄镇小庄村	26	男	1942 年
刘相生	东港区三庄镇刘家庄子村	24	男	1942 年
孟照爵	东港区三庄镇前石沟崖村	38	男	1942 年
张龙安	东港区三庄镇向阳沟村	24	男	1942 年
孙志桂	东港区三庄镇大王家寨村	38	男	1942 年
张朋春	东港区三庄镇贾家沟村	31	男	1942 年

姓 名	籍 贯	年 龄	性 别	死难时间
范丰岳	东港区三庄镇台庄村	24	男	1942 年
刘成汉	东港区三庄镇上卜落崮村	21	男	1942 年
赵连贵之三叔	东港区石臼街道华林社区	—	男	1942 年
赵仁昌	东港区石臼街道华林社区	—	男	1942 年
刘 氏	东港区石臼街道中盛社区	29	女	1942 年
刘 氏	东港区石臼街道中盛社区	30	女	1942 年
崔正海	东港区石臼街道中盛社区	28	男	1942 年
王佃芝	东港区涛雒镇下元二村	—	男	1942 年
徐加宝	东港区涛雒镇丁家营子村	—	男	1942 年
徐增员	东港区涛雒镇丁家营子村	—	男	1942 年
许宽世之弟	东港区涛雒镇孙家村	—	男	1942 年
王作政	东港区涛雒镇涛雒二村	—	男	1942 年
丁 ×	东港区涛雒镇涛雒五村	—	男	1942 年
郭建常	东港区涛雒镇栈子三村	—	男	1942 年
牟乃俭	东港区涛雒镇李家潭崖村	—	男	1942 年
李玉法	东港区秦楼街道小孙家村	42	男	1942 年
任高氏	东港区秦楼街道任家台村	50	女	1942 年
王庆节	东港区秦楼街道高家村		男	1942 年
杨同海	东港区秦楼街道后大洼村	—	男	1942 年
袁凤吉	东港区秦楼街道后大洼村		男	1942 年
李仲玲之长女	东港区秦楼街道后大洼村	—	女	1942 年
李仲玲之次女	东港区秦楼街道后大洼村		女	1942 年
王陈氏	东港区南湖镇大北湖村	28	女	1943 年 1 月
郭见召	东港区南湖镇娄家沟村	44	男	1943 年 1 月
周齐绪	东港区南湖镇娄家沟村	58	男	1943 年 1 月
陈学时	东港区南湖镇陈家村	20	男	1943 年 1 月
秦玉明	东港区涛雒镇下元二村	—	男	1943 年 2 月
许延疗	东港区陈瞳镇西陈瞳村	24	男	1943 年 3 月
高为海	东港区涛雒镇丁家营子村	—	男	1943 年 3 月
王安喜	东港区河山镇小卞庄村	35	男	1943 年 3 月
安玉歉之兄	东港区河山镇隋家官庄村	19	男	1943 年 3 月
杨 氏	东港区秦楼街道高家村		女	1943 年春
王廷军之姑	东港区涛雒镇桥东头村	—	女	1943 年 4 月
张茂玲	东港区陈瞳镇上蔡庄村	35	男	1943 年 6 月

姓 名	籍 贯	年 龄	性 别	死难时间
许世颂	东港区陈疃镇西陈疃村	18	男	1943 年 6 月
安 户	东港区河山镇刘家官庄村	19	男	1943 年夏
于淑侠	东港区南湖镇于家北沟村	17	男	1943 年 7 月
陈常记	东港区南湖镇陈家村	17	男	1943 年 8 月
陈家主	东港区南湖镇陈家村	19	男	1943 年 8 月
孙树绪	东港区涛雒镇孙家营子村	—	男	1943 年 8 月
朱迪管	东港区南湖镇大城子村	24	男	1943 年 9 月
张立春	东港区河山镇刘家官庄村	19	男	1943 年秋
刘加荣之妹	东港区秦楼街道刘东楼村	1	女	1943 年 10 月
刘为欣之一家人	东港区秦楼街道刘东楼村	—	—	1943 年 10 月
刘为欣之二家人	东港区秦楼街道刘东楼村	—	—	1943 年 10 月
刘为欣之三家人	东港区秦楼街道刘东楼村	—	—	1943 年 10 月
刘为欣之四家人	东港区秦楼街道刘东楼村	—	—	1943 年 10 月
任新田之未婚妻	东港区秦楼街道刘东楼村	12	女	1943 年 10 月
王安福	东港区陈疃镇沈疃村	25	男	1943 年 12 月
张传坤	东港区南湖镇东黄山前村	—	男	1943 年
李宗憨	东港区南湖镇花峡峪村	23	男	1943 年
安丰森	东港区两城镇臧家窑村	—	男	1943 年
安郁斌	东港区两城镇臧家窑村	—	男	1943 年
宋家旺	东港区西湖镇上栗山村	83	男	1943 年
李成斋	东港区西湖镇大石头村	24	男	1943 年
张秀英之父	东港区西湖镇陈家庄村	42	男	1943 年
申作彩	东港区西湖镇响水河村	24	男	1943 年
梁作路	东港区河山镇梁家官庄村	—	男	1943 年
时亚红	东港区日照街道大莲村	34	男	1943 年
时李氏	东港区日照街道大莲村	37	女	1943 年
时亚红之女	东港区日照街道大莲村	3	女	1943 年
时亚红之子	东港区日照街道大莲村	1	男	1943 年
孙志龙	东港区日照街道大古城村	—	男	1943 年
王雨林	东港区三庄镇建国村	35	男	1943 年
范伟波	东港区三庄镇范家楼村	35	男	1943 年
锦 儿	东港区三庄镇高家庄子村	13	女	1943 年
陈为京之妹	东港区三庄镇西王家寨村	21	女	1943 年
梅长若	东港区三庄镇西王家寨村	24	男	1943 年

姓名	籍贯	年龄	性别	死难时间
许廷分	东港区三庄镇西王家寨村	42	男	1943 年
王庆京	东港区三庄镇战家沟村	23	男	1943 年
李景叶	东港区三庄镇战家沟村	19	男	1943 年
刘保安	东港区三庄镇上卜落崮村	25	男	1943 年
张德方	东港区三庄镇上卜落崮村	23	男	1943 年
代召荣	东港区石臼街道万平社区	23	男	1943 年
庄廷范	东港区涛雒镇高旺庄村	—	男	1943 年
马恒元	东港区涛雒镇马家村	—	男	1943 年
孙仁先	东港区涛雒镇孙家村	—	男	1943 年
陈为德	东港区涛雒镇右所村	—	男	1943 年
宋开智	东港区涛雒镇竹子河崖村	—	男	1943 年
丁兆中	东港区涛雒镇崔家庄子村	—	男	1943 年
李 更	东港区涛雒镇涛雒四村	—	男	1943 年
丁立伟	东港区涛雒镇李家营子村	—	男	1943 年
唐化芳	东港区涛雒镇李家营子村	—	男	1943 年
郭见柏	东港区涛雒镇海员村	—	男	1943 年
八大脚	东港区秦楼街道任家台村	30	男	1943 年
任平年之兄	东港区秦楼街道任家台村	41	男	1943 年
高李氏	东港区秦楼街道高家村	—	女	1943 年
苏日满	东港区秦楼街道双庙村	—	男	1943 年
秦福连	东港区秦楼街道前官庄村	—	男	1943 年
王瑞传	东港区秦楼街道任家台村	—	男	1943 年
王瑞安之舅	东港区秦楼街道任家台村	—	男	1943 年
王生义	东港区南湖镇大北湖村	26	男	1943 年
孙元先	东港区涛雒镇官庄村	21	男	1943 年
丁兆申	东港区涛雒镇崖家庄子村	38	男	1943 年
安茂柱	东港区陈疃镇堰村	41	男	1944 年 1 月
曹际墩	东港区日照街道前五里河子村	—	男	1944 年 1 月
宋光发	东港区涛雒镇东南营村	—	男	1944 年 1 月
孙树杨	东港区涛雒镇东南营村	—	男	1944 年 1 月
胡太金	东港区河山镇小卜庄村	56	男	1944 年 3 月
王凤堂	东港区河山镇小卜庄村	18	男	1944 年 3 月
王小留	东港区河山镇小卜庄村	20	男	1944 年 3 月
丁维合	东港区涛雒镇东石梁头村	—	男	1944 年 4 月

姓 名	籍 贯	年 龄	性 别	死难时间
陈以正	东港区西湖镇大花崖村	44	男	1944 年 5 月 5 日
尹启云	东港区西湖镇张古庄二村	32	男	1944 年 5 月 5 日
申懿培	东港区日照街道张郭村	—	男	1944 年 5 月 5 日
崔永善	东港区日照街道许家楼村	—	男	1944 年 5 月 5 日
郑淑林	东港区涛雒镇下元二村	—	男	1944 年 5 月 5 日
刘贤俊	东港区涛雒镇高旺村	—	男	1944 年 5 月 5 日
郑兆玉	东港区涛雒镇宅科村	—	男	1944 年 5 月 17 日
王立玉	东港区南湖镇大王家庄子村	21	男	1944 年 5 月
李奎信	东港区南湖镇上湖村	31	男	1944 年 5 月
张山集	东港区两城镇两城八村	—	男	1944 年 6 月
董恩茂	东港区日照街道小岭村	31	男	1944 年 6 月
董恩兴	东港区日照街道小岭村	28	男	1944 年 6 月
张宗孝之子	东港区河山镇漩沟子村	—	男	1944 年夏
张传义	东港区陈疃镇东陈疃村	35	男	1944 年 7 月
李 明	东港区陈疃镇惠家庄村	67	男	1944 年 7 月
张记理	河山镇邱家官庄村	20	男	1944 年 7 月
邱 四	河山镇邱家官庄村	20	男	1944 年 7 月
臧旺学之弟	东港区两城镇青岗村	—	男	1944 年 7 月
孙志窑	东港区涛雒镇大草坡村	—	男	1944 年 7 月
王宗先	东港区南湖镇大北湖村	30	男	1944 年 8 月
李宗环	东港区陈疃镇高家官庄村	72	男	1944 年 9 月
成志香	东港区日照街道后将帅沟村	—	男	1944 年 9 月
王仁忠	东港区南湖镇大王家庄子村	20	男	1944 年 11 月
王乐师	东港区南湖镇大王家庄子村	24	男	1944 年 11 月
李克吉	东港区陈疃镇惠家庄村	24	男	1944 年 11 月
王蕃许	东港区南湖镇战家村	22	男	1944 年 11 月
陈淑爱	东港区南湖镇上小城子村	28	男	1944 年 11 月
张 红	东港区陈疃镇惠家庄村	27	男	1944 年 12 月
张成松	东港区陈疃镇东石墩村	19	男	1944 年 12 月
张继尊	东港区陈疃镇惠家庄村	22	男	1944 年 12 月
宁全德	东港区南湖镇战家村	39	男	1944 年
郭云介	东港区南湖镇空冲水村	31	男	1944 年
周仁绪	东港区南湖镇空冲水村	75	男	1944 年
郭文言	东港区南湖镇空冲水村	81	男	1944 年

姓　名	籍　贯	年龄	性别	死难时间
陈学江	东港区南湖镇陈家村	22	男	1944 年
夏日修	东港区两城镇两城九村	80	男	1944 年
夏孟芹	东港区两城镇两城九村	80	男	1944 年
王世普	东港区两城镇两城九村	79	男	1944 年
夏延兰	东港区两城镇两城九村	81	男	1944 年
高原兴	东港区两城镇青岗村	—	男	1944 年
臧旺学之母	东港区两城镇青岗村	—	女	1944 年
臧主良之四嫂	东港区两城镇青岗村	—	女	1944 年
张会兰	东港区两城镇安家二村	78	女	1944 年
高瑞升	东港区西湖镇大炮楼村	26	男	1944 年
孔善彬	东港区西湖镇小炮楼村	27	男	1944 年
孔庆明	东港区西湖镇上栗山村	23	男	1944 年
宋瑞日	东港区西湖镇下栗山村	85	男	1944 年
宋家汗	东港区西湖镇下栗山村	—	男	1944 年
顾金合	东港区西湖镇安子沟村	33	男	1944 年
顾成兴	东港区西湖镇安子沟村	25	男	1944 年
陈为合	东港区西湖镇马安村	26	男	1944 年
焦见经	东港区西湖镇大花崖村	23	男	1944 年
董家来	东港区西湖镇竖旗岭村	17	男	1944 年
董志连	东港区西湖镇竖旗岭村	24	男	1944 年
宋家同	东港区西湖镇上栗山村	24	男	1944 年
范传仕	东港区西湖镇范家庄村	38	男	1944 年
董志连	东港区西湖镇荻竹涧村	32	男	1944 年
曾际墩	东港区日照街道	—	男	1944 年
万克增	东港区日照街道万家岭村	88	男	1944 年
王安福	东港区日照街道新村	—	男	1944 年
迟令业	东港区三庄镇吉洼村	25	男	1944 年
邱方胜	东港区三庄镇邱家庄村	23	男	1944 年
张宪瑞	东港区三庄镇三合岭村	27	男	1944 年
范崇栈	东港区三庄镇官庄村	23	男	1944 年
张传杰	东港区三庄镇三山前村	38	男	1944 年
杨代奎	东港区三庄镇台庄村	19	男	1944 年
范奉月	东港区三庄镇台庄村	21	男	1944 年
吴高氏之子	东港区三庄镇后高庄村	—	男	1944 年

姓　名	籍　贯	年　龄	性　别	死难时间
惠坤林	东港区三庄镇三村	21	男	1944 年
王守京	东港区三庄镇西王家村	80	男	1944 年
许传芳之母	东港区三庄镇西王家寨村	39	女	1944 年
张成福	东港区三庄镇大王家寨村	29	男	1944 年
徐得林	东港区三庄镇战家沟村	21	男	1944 年
匡玉德	东港区三庄镇大沈马庄村	36	男	1944 年
张德落	东港区三庄镇上卜落崮村	19	男	1944 年
王茂记	东港区涛雒镇小草坡村	—	男	1944 年
丁履峙	东港区涛雒镇右所村	—	男	1944 年
丁来明	东港区涛雒镇右所村	—	男	1944 年
黄庆全	东港区涛雒镇涛雒三村	—	男	1944 年
王安斗	东港区涛雒镇涛雒三村	—	男	1944 年
宋光芹	东港区涛雒镇竹子河崖村	—	男	1944 年
韩建阳	东港区涛雒镇东林子头村	—	男	1944 年
郭见法	东港区涛雒镇郭家庄子村	—	男	1944 年
丁元春	东港区涛雒镇苗家村	—	男	1944 年
马承忠	东港区涛雒镇苗家村	—	男	1944 年
宋佃彦	东港区涛雒镇蒿岭村	—	男	1944 年
秦洪芳	东港区涛雒镇华山村	—	男	1944 年
叶秀芍	东港区涛雒镇海员村	—	男	1944 年
杨占文	东港区南湖镇花峡峪村	33	男	1944 年
郭建忠	东港区南湖一村	20	男	1945 年 2 月
陈希友	东港区南湖镇大城子村	28	男	1945 年 2 月
尹茂德	东港区南湖镇下湖一村	19	男	1945 年 4 月
安玉发	东港区陈疃镇堰村	35	男	1945 年 5 月
卢正文	东港区陈疃镇堰村	27	男	1945 年 5 月
王立玉	东港区南湖镇大王家庄子村	29	男	1945 年 5 月
王佑堂	东港区南湖镇大城子村	29	男	1945 年 5 月
高维袋	东港区南湖镇大城子村	29	男	1945 年 5 月
徐宜良	东港区陈疃镇东石墩村	25	男	1945 年 6 月
许家扶	东港区陈疃镇东陈疃村	20	男	1945 年 6 月
司朝樽	东港区日照街道尧沟村	37	男	1945 年 7 月 21 日
时维春	东港区日照街道	—	男	1945 年 8 月
王思青之长兄	东港区秦楼街道任家台村	—	男	1945 年秋

姓　名	籍　贯	年　龄	性　别	死难时间
李佃子	东港区西湖镇顾家沟村	22	男	1945 年
周子提	东港区西湖镇南乐台村	30	男	1945 年
杨善来	东港区三庄镇台庄村	22	男	1945 年
李洪为	东港区三庄镇李家沟村	21	男	1945 年
董书师	东港区西湖镇张古庄二村	30	男	1945 年
刘世荣	东港区三庄镇高家庄子村	20	男	1945 年
宋光合	东港区涛雒镇下元三村	—	男	1945 年
于子合	东港区涛雒五村	—	男	1945 年
郭公进	东港区涛雒镇上元村	—	男	1945 年
厉明生	东港区涛雒镇高旺村	—	男	1945 年
阚永路	东港区涛雒镇高旺村	—	男	1945 年
庄文卓	东港区涛雒镇庄家村	—	男	1945 年
刘世海	东港区涛雒镇崔家庄子村	—	男	1945 年
崔为思	东港区日照街道大李村	19	男	1945 年
丁元京	东港区涛雒镇大洼村	—	男	1945 年
于培街	东港区两城镇于家村	—	男	1945 年
刘子荣	东港区两城镇前卞庄村	—	男	1945 年
杨守亭	东港区两城镇尹家庙村	—	男	1945 年
大　荣	东港区两城镇朱家窑村	25	女	1945 年
庄建其之姐	东港区两城镇朱家窑村	—	女	1945 年
焦永雪	东港区西湖镇秋实元村	24	男	1945 年
孔　军	东港区西湖镇秋实元村	34	男	1945 年
焦见成	东港区西湖镇竖旗岭村	22	男	1945 年
董孟章	东港区西湖镇荻竹涧村	19	男	1945 年
费立吉	东港区日照街道小古城村	83	男	1945 年
张祥庭	东港区日照街道	—	男	1945 年
张　玉	东港区日照街道大古城村	—	女	1945 年
刘明烈	东港区三庄镇庙沟村	35	男	1945 年
刘玉遂	东港区三庄镇刘家沟村	24	男	1945 年
刘相永	东港区三庄镇刘家沟村	18	男	1945 年
刘汉雪	东港区三庄镇刘家沟村	17	男	1945 年
范伟亮	东港区三庄镇官庄村	23	男	1945 年
王照玉	东港区三庄镇龙泉官庄村	23	男	1945 年
高为蛟之妻	东港区三庄镇前高庄村	31	女	1945 年

姓　名	籍　贯	年　龄	性　别	死难时间
高寿承	东港区三庄镇前高庄村	28	男	1945 年
陈淑皋	东港区三庄镇北陈家沟村	35	男	1945 年
陈为丰	东港区三庄镇北陈家沟村	21	男	1945 年
陈长响	东港区三庄镇北陈家沟村	23	男	1945 年
陈长信之兄	东港区三庄镇北陈家沟村	29	男	1945 年
陈为秀	东港区三庄镇北陈家沟村	32	男	1945 年
陈为现	东港区三庄镇北陈家沟村	28	男	1945 年
刘西恩	东港区三庄镇大刘家沟村	28	男	1945 年
张文永	东港区三庄镇高家庄子村	30	男	1945 年
刘世明	东港区三庄镇高家庄子村	30	男	1945 年
刘世升	东港区三庄镇高家庄子村	26	男	1945 年
刘明德	东港区三庄镇高家庄子村	30	男	1945 年
刘世全	东港区三庄镇前石沟崖村	62	男	1945 年
胡永春	东港区三庄镇下卜落崮村	29	男	1945 年
贺永节之妻	东港区石臼街道华林社区	—	女	1945 年
金月鹤	东港区石臼街道华林社区	—	男	1945 年
代方秀	东港区石臼街道万平社区	17	女	1945 年
代召爱	东港区石臼街道万平社区	16	女	1945 年
李绪文	东港区石臼街道隆华社区	—	男	1945 年
贺玉林	东港区石臼街道隆华社区	—	男	1945 年
付成礼	东港区涛雒镇丁家官庄村	—	男	1945 年
马恒双	东港区涛雒镇马家村	—	男	1945 年
宋家珊	东港区涛雒镇涛雒三村	—	男	1945 年
陈为路	东港区涛雒镇崔家庄子村	—	男	1945 年
李迎春	东港区涛雒镇高旺村	—	男	1945 年
郭公富	东港区涛雒镇郭家庄子村	—	男	1945 年
孙正先	东港区涛雒镇东南营村	—	男	1945 年
庄聿臣	东港区涛雒镇南店村	—	男	1945 年
王蕃玉	东港区南湖镇大北湖村	19	男	1945 年
郭公桃	东港区南湖镇殷家坪村	18	男	1945 年
周延俄	东港区南湖镇空冲水村	25	男	1945 年
张传菊	东港区南湖镇战家村	22	男	1945 年
牟乃丑	东港区南湖镇上宅科村	23	男	1945 年
安路贤	东港区南湖镇上坳村	22	男	1945 年

姓 名	籍 贯	年 龄	性 别	死难时间
应事臣	东港区涛雒镇南村	24	男	1945 年
黄 锡	东港区西湖镇南乐台村	30	男	1945 年
朱发山	东港区河山镇萝花前二村	20	男	1945 年
李茂宣	东港区日照街道后鹅庄村	—	男	1945 年
马世奎	东港区日照街道后山前村	—	男	1945 年
丁元恒	东港区涛雒镇丁家官庄村	—	男	—
张德生	东港区涛雒镇丁家官庄村	—	男	—
丁原先	东港区涛雒镇丁家官庄村	—	男	—
丁立勇	东港区涛雒镇右所村	—	男	—
丁希元	东港区涛雒镇涛雒五村	—	男	—
庄瘸子	东港区涛雒镇涛雒四村	—	男	—
牟善志	东港区涛雒镇宅科村	—	男	—
张纪泽之父	东港区涛雒镇涛雒二村	—	男	—
曹德连	东港区涛雒镇下元三村	—	男	—
赵洪福	东港区涛雒镇下元三村	—	男	—
王来余	东港区秦楼街道高家村	—	男	1938 年
王来余之子	东港区秦楼街道高家村	—	男	1938 年
张守元之祖父	东港区涛雒镇涛雒四村	—	男	1938 年
李宗端	东港区西湖镇徐家庄村	—	男	1939 年 7 月
徐宣虎	东港区西湖镇徐家庄村	60	男	1939 年 7 月
许中六之二兄	东港区石臼街道怡海社区	38	男	1939 年
许中六之三兄	东港区石臼街道怡海社区	27	男	1939 年
刘世贤	东港区石臼街道石臼路社区	50	男	1939 年
刘 氏	东港区石臼街道石臼路社区	64	女	1939 年
刘 ×	东港区石臼街道石臼路社区	9	—	1939 年
安为极	东港区两城镇大白石村	—	男	1939 年
张诚部	东港区两城镇大白石村	—	男	1939 年
李宗祥	东港区两城镇大白石村	—	男	1939 年
葛为金	东港区两城镇王家滩一村	—	男	1939 年
葛瑞喜	东港区两城镇王家滩一村	—	男	1939 年
厉福政	东港区日照街道厉家顶子村	20	男	1939 年
李元晰	东港区日照街道东十里铺村	28	男	1939 年
陈 山	东港区日照街道东十里铺村	35	男	1939 年
王路增	东港区日照街道东十里铺村	50	男	1939 年

姓 名	籍 贯	年 龄	性 别	死难时间
李石太	东港区涛雒镇涛雒一村	—	男	1939 年
牟得铺	东港区涛雒镇李潭崖村	—	男	1939 年
牟 顺	东港区涛雒镇李潭崖村	—	男	1939 年
独胳膊	东港区涛雒镇右所村	—	男	1939 年
孟广存	东港区涛雒镇涛雒八村	—	男	1939 年
丁老十之女	东港区涛雒镇涛雒四村	—	女	1939 年
王文康	东港区秦楼街道东王村	—	男	1939 年
秦洪林	东港区秦楼街道东王村	—	男	1939 年
李石头	东港区秦楼街道东王村	—	男	1939 年
秦玉军	东港区秦楼街道东王村	—	男	1939 年
赵明锦	东港区南湖镇大山前村	49	男	1940 年 1 月
张龙聚	东港区南湖镇大山前村	50	男	1940 年 1 月
许延七	东港区南湖镇许家庵村	20	男	1940 年 1 月
许家雨	东港区南湖镇许家庵村	18	男	1940 年 1 月
厉守告	东港区日照街道相家庄村	—	男	1940 年 2 月
厉寿先	东港区日照街道相家庄村	—	男	1940 年 2 月
时子申	东港区秦楼街道山口村	—	男	1940 年春
郭文登之子	东港区南湖镇南湖三村	19	男	1940 年春
李杰春	东港区南湖镇中黄山前村	45	男	1940 年春
陈建成	东港区涛雒镇涛雒三村	—	男	1940 年秋
陈建合	东港区涛雒镇涛雒三村	—	男	1940 年秋
王为贵	东港区南湖镇樊家岭村	20	男	1940 年
司和占	东港区南湖镇三合疃村	18	男	1940 年
李维香	东港区南湖镇西黄山前村	24	男	1940 年
李丰香	东港区南湖镇西黄山前村	40	男	1940 年
牟乃善	东港区南湖镇庄头村	38	男	1940 年
牟乃善之妻	东港区南湖镇庄头村	36	女	1940 年
卜善军	东港区南湖镇庄头村	42	男	1940 年
牟乃富	东港区南湖镇庄头村	35	男	1940 年
牟家平	东港区南湖镇庄头村	46	男	1940 年
牟刘氏	东港区南湖镇庄头村	32	女	1940 年
牟乃宣	东港区南湖镇庄头村	41	男	1940 年
杨本田之母	东港区河山镇高家沟村	—	女	1940 年
韩玉花	东港区河山镇林前村	—	男	1940 年

姓 名	籍 贯	年 龄	性 别	死难时间
许延志	东港区河山镇申家坡村	—	男	1940 年
徐 田	东港区河山镇申家坡村	—	男	1940 年
王 全	东港区河山镇申家坡村	—	男	1940 年
徐明春	东港区河山镇申家坡村	—	男	1940 年
许家元	东港区河山镇申家坡村	—	男	1940 年
许延洞	东港区河山镇申家坡村	—	男	1940 年
许家良	东港区河山镇申家坡村	—	男	1940 年
刘为田	东港区河山镇前沙沟村	—	男	1940 年
张三生	东港区日照街道大莲村	20	男	1940 年
王克吉	东港区涛雒镇小草坡村	—	男	1940 年
杨九云	东港区秦楼街道大卜家庵子村	59	男	1940 年
卜光茂	东港区秦楼街道大卜家庵子村	28	男	1940 年
卜尖孩	东港区秦楼街道大卜家庵子村	—	女	1940 年
刘维善	东港区秦楼街道山口村	—	男	1940 年
刘田氏	东港区秦楼街道山口村	—	女	1940 年
刘维善之子	东港区秦楼街道山口村	—	男	1940 年
高振英之妻	东港区秦楼街道高家村	—	女	1940 年
高振英之女	东港区秦楼街道高家村	—	女	1940 年
小 有	东港区秦楼街道高家村	19	男	1940 年
秦洪社	东港区秦楼街道前官庄	—	男	1940 年
张百川	东港区南湖镇花峡峪村	39	男	1941 年 2 月
刘周贤	东港区南湖镇花峡峪村	22	男	1941 年 2 月
王怀成	东港区南湖镇花峡峪村	39	男	1941 年 2 月
王马氏	东港区南湖镇花峡峪村	40	女	1941 年 2 月
卜计九	东港区秦楼街道大卜家庵子村	25	男	1941 年 6 月
卜怀雨	东港区秦楼街道大卜家庵子村	—	男	1941 年 6 月
秦百须	东港区秦楼街道前大洼村	41	男	1941 年 6 月
秦福宽侄女	东港区秦楼街道前大洼村	15	女	1941 年 6 月
秦福本之母	东港区秦楼街道前大洼村	35	女	1941 年 6 月
冬 海	东港区秦楼街道前大洼村	16	女	1941 年 6 月
孙敬瑞之父	东港区秦楼街道前大洼村	42	男	1941 年 6 月
秦福见之母	东港区秦楼街道前大洼村	40	女	1941 年 6 月
秦福见之弟	东港区秦楼街道前大洼村	17	男	1941 年 6 月
秦费氏	东港区秦楼街道前大洼村	38	女	1941 年 6 月

姓 名	籍 贯	年 龄	性 别	死难时间
秦福萱	东港区秦楼街道前大洼村	24	男	1941 年 6 月
秦 培	东港区秦楼街道前大洼村	18	女	1941 年 6 月
秦洪珍之妹	东港区秦楼街道前大洼村	—	女	1941 年 6 月
秦百字	东港区秦楼街道前大洼村	41	男	1941 年 6 月
秦百字之长女	东港区秦楼街道前大洼村	16	女	1941 年 6 月
秦百字之次女	东港区秦楼街道前大洼村	12	女	1941 年 6 月
秦百字之子	东港区秦楼街道前大洼村	9	男	1941 年 6 月
管安氏之子	东港区河山镇程子沟村	6	男	1941 年
贺伟林	东港区日照街道小岭村	41	男	1941 年
贺来墩	东港区日照街道小岭村	41	男	1941 年
詹大麻	东港区日照街道小岭村	—	男	1941 年
吕纪友	东港区日照街道小岭村	—	男	1941 年
王延喜	东港区日照街道	46	男	1941 年
王乐香	东港区日照街道	14	男	1941 年
厉老三	东港区日照街道	42	男	1941 年
李文青	东港区日照街道	49	男	1941 年
徐宣金	东港区日照街道	16	男	1941 年
费西江	东港区日照街道	51	男	1941 年
费守怀	东港区日照街道	14	男	1941 年
肖仁海	东港区日照街道大莲村	40	男	1941 年
潘兆利	东港区日照街道大莲村	37	男	1941 年
闫洪吉	东港区日照街道大莲村	41	男	1941 年
胡兆善之一家人	东港区三庄镇下卜落崮村	—	—	1941 年
胡兆善之二家人	东港区三庄镇下卜落崮村	—	—	1941 年
胡兆善之三家人	东港区三庄镇下卜落崮村	—	—	1941 年
胡兆善之四家人	东港区三庄镇下卜落崮村	—	—	1941 年
胡兆善之五家人	东港区三庄镇下卜落崮村	—	—	1941 年
胡兆善之六家人	东港区三庄镇下卜落崮村	—	—	1941 年
胡兆善之七家人	东港区三庄镇下卜落崮村	—	—	1941 年
胡兆善之八家人	东港区三庄镇下卜落崮村	—	—	1941 年
李宗合	东港区三庄镇下卜落崮村	21	男	1941 年
李希场	东港区三庄镇下卜落崮村	23	男	1941 年
李希油	东港区三庄镇下卜落崮村	20	男	1941 年
庄佃恒	东港区涛雒镇庄家村	—	男	1941 年

姓 名	籍 贯	年 龄	性 别	死难时间
庄文连	东港区涛雒镇庄家村	—	男	1941 年
郑淑墩	东港区涛雒镇西灶子村	—	男	1941 年
秦公顺	东港区秦楼街道东小洼村	—	男	1941 年
李学会	东港区秦楼街道东王村	45	男	1941 年
丁为胜	东港区南湖镇黄泥崖村	45	男	1942 年 1 月
丁立岸	东港区南湖镇黄泥崖村	35	男	1942 年 1 月
丁为升	东港区南湖镇黄泥崖村	42	男	1942 年 2 月
丁胡松	东港区南湖镇黄泥崖村	25	男	1942 年 5 月
丁为胜之妻	东港区南湖镇黄泥崖村	43	女	1942 年 5 月
丁立普之女	东港区南湖镇黄泥崖村	—	女	1942 年 5 月
丁太开	东港区南湖镇黄泥崖村	36	男	1942 年 5 月
丁立普	东港区南湖镇黄泥崖村	40	男	1942 年 6 月
丁为同	东港区南湖镇黄泥崖村	41	男	1942 年 9 月
费守贵之父	东港区石臼街道石臼路社区	58	男	1942 年
厉夫秋之父	东港区石臼街道石臼路社区	52	男	1942 年
刘旺臣之父	东港区石臼街道石臼路社区	58	男	1942 年
张仁轩之三叔	东港区石臼街道石臼路社区	60	男	1942 年
张凤臣之父	东港区石臼街道石臼路社区	46	男	1942 年
丁为胜之女一	东港区南湖镇黄泥崖村	15	女	1942 年
丁为胜之女二	东港区南湖镇黄泥崖村	10	女	1942 年
丁汝亮	东港区南湖镇相家官庄村	40	男	1942 年
丁汝亮之子	东港区南湖镇相家官庄村	17	男	1942 年
丁汝亮之侄	东港区南湖镇相家官庄村	17	男	1942 年
高为瑞	东港区南湖镇安家代疃村	20	男	1942 年
李增春	东港区南湖镇西黄山村	40	男	1942 年
安茂堂	东港区南湖镇大长汪崖村	25	男	1942 年
丁为鑫	东港区南湖镇大长汪崖村	40	男	1942 年
闫龙世	东港区南湖镇大长汪崖村	37	男	1942 年
许加友	东港区南湖镇东黄山前村	50	男	1942 年
许三收	东港区南湖镇东黄山前村	25	男	1942 年
许四收	东港区南湖镇东黄山前村	20	男	1942 年
李方春	东港区南湖镇东黄山前村	58	男	1942 年
尹茂佃	东港区南湖镇下湖一村	36	男	1942 年
彭子学	东港区南湖镇下湖一村	32	男	1942 年

姓 名	籍 贯	年 龄	性 别	死难时间
钱　从	东港区南湖镇下湖一村	36	男	1942 年
李世海	东港区南湖镇下湖一村	30	男	1942 年
孙茂桂	东港区南湖镇下湖一村	34	男	1942 年
尹玉谣	东港区南湖镇下湖一村	31	男	1942 年
卢子足	东港区南湖镇小宅科村	56	男	1942 年
卢思德	东港区南湖镇小宅科村	22	男	1942 年
卢祥德之四弟	东港区南湖镇小宅科村	25	男	1942 年
卢旺德之三弟	东港区南湖镇小宅科村	26	男	1942 年
卢正田之五弟	东港区南湖镇小宅科村	25	男	1942 年
李其红	东港区南湖镇苇沟村	40	男	1942 年
李其荣	东港区南湖镇苇沟村	40	男	1942 年
李其爱	东港区南湖镇苇沟村	20	男	1942 年
李其红之弟	东港区南湖镇苇沟村	20	男	1942 年
李溪好	东港区南湖镇苇沟村	20	男	1942 年
李溪庄	东港区南湖镇苇沟村	20	男	1942 年
李溪才	东港区南湖镇苇沟村	45	男	1942 年
朱　富	东港区南湖镇下坳村	33	男	1942 年
朱富之妻	东港区南湖镇下坳村	38	女	1942 年
王文浩之弟	东港区南湖镇下坳村	24	男	1942 年
王文开	东港区南湖镇下坳村	56	男	1942 年
王文开之妻	东港区南湖镇下坳村	55	女	1942 年
王文开之长子	东港区南湖镇下坳村	23	男	1942 年
王文开之次子	东港区南湖镇下坳村	21	男	1942 年
丁立全	东港区南湖镇下坳村	34	男	1942 年
丁立全之女	东港区南湖镇下坳村	—	女	1942 年
朱乃苍	东港区南湖镇下坳村	37	男	1942 年
朱永贵	东港区南湖镇下坳村	40	男	1942 年
朱永贵之妻	东港区南湖镇下坳村	38	女	1942 年
朱永贵之长子	东港区南湖镇下坳村	—	男	1942 年
朱永贵之次子	东港区南湖镇下坳村	2	男	1942 年
姜学信	东港区南湖镇下坳村	55	男	1942 年
姜学信之妻	东港区南湖镇下坳村	53	女	1942 年
姜学信之女	东港区南湖镇下坳村	19	女	1942 年
丁立志	东港区南湖镇下坳村	36	男	1942 年

姓 名	籍 贯	年 龄	性 别	死难时间
丁立志之子	东港区南湖镇下坳村	—	男	1942 年
朱为孝之大伯	东港区南湖镇下坳村	28	男	1942 年
朱乃玉	东港区南湖镇下坳村	40	男	1942 年
刘敬祥	东港区河山镇马家庄村	—	男	1942 年
刘太勤	东港区河山镇马家庄村	—	男	1942 年
刘敬云之妻	东港区河山镇马家庄村	—	女	1942 年
王建宁	东港区河山镇东黄家庄村	—	男	1942 年
安为仁	东港区河山镇东黄家庄村	—	男	1942 年
林永兰	东港区日照街道前十里铺村	—	男	1942 年
辛鸿喜	东港区日照街道前十里铺村	—	男	1942 年
惠恒来	东港区三庄镇惠家沈马庄村	23	男	1942 年
林永友	东港区涛雒镇高旺庄村	—	男	1942 年
李照春	东港区涛雒镇高旺庄村	—	男	1942 年
丁陆元之父	东港区涛雒镇高旺庄村	—	男	1942 年
丁召申	东港区涛雒镇崔家庄子村	—	男	1942 年
叶秀全	东港区涛雒镇栈子三村	—	男	1942 年
叶秀东	东港区涛雒镇栈子三村	—	男	1942 年
钟为玉	东港区涛雒镇栈子三村	—	男	1942 年
程济彦	东港区涛雒镇李家营子村	—	男	1942 年
程世升	东港区涛雒镇李家营子村	—	男	1942 年
卜安平	东港区秦楼街道大卜家庵子村	30	男	1942 年
滕培服	东港区秦楼街道大卜家庵子村	25	男	1942 年
卜怀轻	东港区秦楼街道大卜家庵子村	45	男	1942 年
卜小双	东港区秦楼街道大卜家庵子村	17	男	1942 年
杨马安	东港区秦楼街道大卜家庵子村	36	男	1942 年
卜群子	东港区秦楼街道大卜家庵子村	27	男	1942 年
卜大玉	东港区秦楼街道大卜家庵子村	18	男	1942 年
卜现泽	东港区秦楼街道大卜家庵子村	34	男	1942 年
卜光文	东港区秦楼街道大卜家庵子村	53	男	1942 年
卜庆双	东港区秦楼街道大卜家庵子村	—	男	1942 年
卜庆庆	东港区秦楼街道大卜家庵子村	—	女	1942 年
卜计森	东港区秦楼街道大卜家庵子村	26	男	1942 年
秦绪志之二祖母	东港区秦楼街道东小洼村	—	女	1942 年
卜崇顺	东港区秦楼街道小卜家庵村	17	男	1942 年

姓　名	籍　贯	年龄	性别	死难时间
王作振	东港区秦楼街道后官庄村	50	男	1942 年
王作振家人之一	东港区秦楼街道后官庄村	—	—	1942 年
王作振家人之二	东港区秦楼街道后官庄村	—	—	1942 年
王作振家人之三	东港区秦楼街道后官庄村	—	—	1942 年
王作振家人之四	东港区秦楼街道后官庄村	—	—	1942 年
王作振家人之五	东港区秦楼街道后官庄村	—	—	1942 年
潘庭荣	东港区秦楼街道后官庄村	56	男	1942 年
潘庭荣之女	东港区秦楼街道后官庄村	—	女	1942 年
潘富远	东港区秦楼街道后官庄村	52	男	1942 年
潘富远之妻	东港区秦楼街道后官庄村	—	女	1942 年
潘庭西	东港区秦楼街道后官庄村	50	男	1942 年
潘庭西家人之一	东港区秦楼街道后官庄村	—	—	1942 年
潘庭西家人之二	东港区秦楼街道后官庄村	—	—	1942 年
潘庭西家人之三	东港区秦楼街道后官庄村	—	—	1942 年
秦绪礼之二祖父	东港区秦楼街道东小洼村	30	男	1942 年
秦玉座之父	东港区秦楼街道东小洼村	—	男	1942 年
李学友	东港区秦楼街道东王村	44	男	1942 年
于培来	东港区秦楼街道刘东楼村	56	男	1942 年
于二红	东港区秦楼街道刘东楼村	16	男	1942 年
苗　芹	东港区秦楼街道刘东楼村	60	男	1942 年
苗玉娥	东港区秦楼街道刘东楼村	—	女	1942 年
苗雨孩	东港区秦楼街道刘东楼村	—	女	1942 年
苗申孩	东港区秦楼街道刘东楼村	—	女	1942 年
刘为宣	东港区秦楼街道刘东楼村	45	男	1942 年
刘为光	东港区秦楼街道刘东楼村	32	男	1942 年
苗小菊	东港区秦楼街道刘东楼村	12	女	1942 年
苗刘氏	东港区秦楼街道刘东楼村	45	女	1942 年
刘世刚	东港区秦楼街道刘东楼村	60	男	1942 年
刘银子	东港区秦楼街道刘东楼村	50	男	1942 年
刘世美	东港区秦楼街道刘东楼村	55	男	1942 年
张传朱	东港区陈疃镇下蔡庄村	30	男	1943 年 1 月
王华彩	东港区涛雒镇沙岭子村	—	男	1943 年 2 月
庄廷木	东港区涛雒镇庄家村	—	男	1943 年 2 月
张纪顺	东港区陈疃镇卞家庄村	35	男	1943 年 5 月

姓 名	籍 贯	年 龄	性 别	死难时间
王加申	东港区南湖镇王家官庄村	56	男	1943 年 5 月
王加刚	东港区南湖镇王家官庄村	48	男	1943 年 5 月
王加克	东港区南湖镇王家官庄村	50	男	1943 年 5 月
高发兴	东港区南湖镇安家代疃村	45	男	1943 年
赵丰州	东港区南湖镇安家代疃村	38	男	1943 年
周德昌	东港区南湖镇安家代疃村	29	男	1943 年
丁维东	东港区南湖镇安家代疃村	35	男	1943 年
张大季	东港区南湖镇安家代疃村	41	男	1943 年
王书相	东港区南湖镇安家代疃村	46	男	1943 年
张大网	东港区南湖镇尹家河村	24	男	1943 年
陈长合	东港区南湖镇尹家河村	29	男	1943 年
莫老大	东港区南湖镇尹家河村	43	男	1943 年
丁 三	东港区南湖镇尹家河村	45	男	1943 年
丁大路	东港区南湖镇尹家河村	50	男	1943 年
丁小兴	东港区南湖镇尹家河村	35	男	1943 年
莫早树	东港区南湖镇尹家河村	23	男	1943 年
张老大	东港区南湖镇尹家河村	60	男	1943 年
张老冈	东港区南湖镇尹家河村	52	男	1943 年
安玉乾	东港区南湖镇尹家河村	27	男	1943 年
安永吉	东港区南湖镇尹家河村	25	男	1943 年
卜景苍	东港区南湖镇尹家河村	47	男	1943 年
丁二钎	东港区南湖镇尹家河村	60	男	1943 年
陈老七	东港区南湖镇尹家河村	60	男	1943 年
陈常发	东港区南湖镇尹家河村	57	男	1943 年
张 全	东港区南湖镇尹家河村	56	男	1943 年
陈路云	东港区南湖镇尹家河村	40	男	1943 年
丁为吉	东港区南湖镇尹家河村	50	男	1943 年
吕三柱	东港区日照街道小岭村	17	男	1943 年
时西茜	东港区日照街道大莲村	37	男	1943 年
马 ×	东港区日照街道大莲村	20	男	1943 年
李培成	东港区涛雒镇崔家庄子村	—	男	1943 年
陈友恩	东港区涛雒镇崔家庄子村	—	男	1943 年
刘庄氏	东港区涛雒镇崔家庄子村	—	女	1943 年
姜 羽	东港区涛雒镇亚月村	—	男	1943 年

姓 名	籍 贯	年龄	性别	死难时间
姜仲法	东港区涛雒镇亚月村	—	男	1943 年
丁以石	东港区涛雒镇丁家营子村	—	男	1943 年
滕小迷	东港区秦楼街道大卜家庵子村	32	男	1943 年
田玉见	东港区秦楼街道田家村	19	男	1943 年
田立端	东港区秦楼街道田家村	42	男	1943 年
田广聚	东港区秦楼街道田家村	20	男	1943 年
田广均	东港区秦楼街道田家村	21	男	1943 年
田广善	东港区秦楼街道田家村	36	男	1943 年
田玉桥	东港区秦楼街道田家村	19	男	1943 年
申永雪	东港区秦楼街道田家村	20	男	1943 年
安大收	东港区秦楼街道小陈家村	21	男	1943 年
安茂丹	东港区秦楼街道小陈家村	43	男	1943 年
安大久	东港区秦楼街道小陈家村	23	男	1943 年
安刘氏	东港区秦楼街道小陈家村	26	女	1943 年
滕糊迷	东港区秦楼街道大卜家庵子村	36	男	1943 年
王凡坤	东港区南湖镇大北湖村	30	男	1944 年 1 月
厉夫功	东港区陈疃镇北鲍疃村	24	男	1944 年 6 月
徐宜地	东港区陈疃镇东石墩村	18	男	1944 年 8 月
张传春	东港区陈疃镇上蔡庄村	32	男	1944 年 8 月
胡善信	东港区南湖镇上湖村	14	男	1944 年 9 月年
胡兆日	东港区南湖镇大北湖村	30	男	1944 年
陈军家人之一	东港区三庄镇西王家寨村	—	女	1944 年
陈军家人之二	东港区三庄镇西王家寨村	—	女	1944 年
陈军家人之三	东港区三庄镇西王家寨村	—	男	1944 年
陈军家人之四	东港区三庄镇西王家寨村	—	男	1944 年
陈军家人之五	东港区三庄镇西王家寨村	—	男	1944 年
陈军家人之六	东港区三庄镇西王家寨村	—	男	1944 年
陈军家人之七	东港区三庄镇西王家寨村	—	男	1944 年
迟令德	东港区涛雒镇高旺庄村	—	男	1944 年
黄 三	东港区涛雒镇涛雒三村	—	男	1944 年
张纪荣	东港区秦楼街道文登路社区	—	男	1944 年
王书籍	东港区南湖镇王家官庄村	23	男	1945 年 1 月
夏为红	东港区两城镇两城四村	—	女	1945 年
张守德	东港区南湖镇中黄山前村	17	男	1945 年

姓　名	籍　贯	年　龄	性　别	死难时间
王茂义	东港区涛雒镇小草坡村	—	男	1945 年
庄茂申之叔	东港区涛雒镇涛雒八村	—	男	—
尹新甫之舅	东港区涛雒镇王家村	—	男	—
尹世学之弟	东港区涛雒镇王家村	—	男	—
尹世锁	东港区涛雒镇刘家湾村	—	男	—
滕照胜	东港区涛雒镇刘家湾村	—	男	—
滕照竹之子	东港区涛雒镇刘家湾村	—	男	—
孙　亮	东港区涛雒镇孙家村	—	男	—
宋开涓	东港区涛雒镇竹子河崖村	—	男	—
成立凤	东港区涛雒镇成家厫头村	—	男	—
成立雀	东港区涛雒镇成家厫头村	—	男	—
郭见宽	东港区涛雒镇南店村	—	男	—
庄奎书	东港区涛雒镇南店村	—	男	—
宋光玉	东港区涛雒镇涛雒四村	—	男	—
沈　×	东港区涛雒镇涛雒四村	—	男	—
合　计	伤亡总数：1134			

责任人：范玉棠　李西胜　　　　　核实人：秦泗宁　张晖　　　　填表人：秦泗宁

填报单位（签章）：日照市东港区委党史研究室　　　　　　填报时间：2009 年 4 月 28 日

日照市岚山区抗日战争时期死难者名录

姓 名	籍 贯	年 龄	性 别	死难时间
于家盆之父	岚山区碑廓镇二朱曹村	—	男	1937 年
崔为先	岚山区碑廓镇二朱曹村	—	男	1937 年
车打罗	岚山区碑廓镇二朱曹村	—	男	1937 年
崔维忠	岚山区碑廓镇二朱曹村	—	男	1937 年
马 氏	岚山区碑廓镇碑廓三村	28	女	1937 年
牟乃喜	岚山区碑廓镇碑廓三村	—	男	1937 年
王玉宝之女	岚山区安东卫街道北街居	7	女	1938 年 1 月 8 日
王刚之姑	岚山区安东卫街道北街居	—	女	1938 年 1 月 8 日
杨老太	岚山区虎山镇桥南头村	—	女	1938 年 2 月
陈为东	岚山区黄墩镇陈家沟村	—	男	1938 年 2 月
王李氏	岚山区高兴镇訾家店村	69	女	1938 年 2 月
申延济之母	岚山区虎山镇高家村	33	女	1938 年 3 月
张成元之妻	岚山区黄墩镇高家村	52	女	1938 年 4 月 25 日
高振时	岚山区黄墩镇高家村	51	男	1938 年 4 月 25 日
李 四	岚山区岚山头街道海州路居	44	男	1938 年 5 月
肖培龙	岚山区岚山头街道海州路居	51	男	1938 年 5 月
肖瘸子	岚山区岚山头街道海州路居	35	男	1938 年 5 月
陈二哥	岚山区岚山头街道海州路居	45	男	1938 年 5 月
徐子峰	岚山区岚山头街道海州路居	40	男	1938 年 5 月
窦乔丙之父	岚山区碑廓镇大朱曹二村	—	男	1938 年 5 月
高玉坤	岚山区后村镇高家沟村	35	男	1938 年 6 月
李仲盘	岚山区后村镇井沟村	—	男	1938 年 6 月
汉日书	岚山区后村镇汉家皋陆三村	—	男	1938 年 6 月
高林兴	岚山区后村镇高家沟村	—	男	1938 年 6 月
小捎子	岚山区后村镇汉家皋陆一村	—	男	1938 年 6 月
张怀露	岚山区后村镇小代疃村	—	男	1938 年 6 月
刘四元	岚山区虎山镇松树园村	—	男	1938 年 7 月 25 日
丁元明之母	岚山区高兴镇南范家村	24	女	1938 年 7 月
周子荣	岚山区高兴镇东辛庄子村	24	男	1938 年 7 月
李世相	岚山区虎山镇董家湖村	14	男	1938 年 8 月 11 日
康怀信之子	岚山区碑廓镇西辛兴村	4	男	1938 年

姓 名	籍 贯	年 龄	性 别	死难时间
郑成用之祖母	岚山区后村镇竹园村	65	女	1938 年
朱常龙	岚山区黄墩镇陈家沟村	—	男	1938 年
周子元	岚山区高兴镇东辛庄子村	23	男	1938 年
牟乃应	岚山区碑廓镇碑廓四村	—	男	1938 年
张胜传之祖父	岚山区碑廓镇碑廓四村	—	男	1938 年
董怀先	岚山区碑廓镇东集后村	—	男	1938 年
董遂书	岚山区碑廓镇东集后村	—	男	1938 年
董怀信	岚山区碑廓镇东集后村	—	男	1938 年
晏令香	岚山区虎山镇松树园村	—	男	1938 年
晏瑞俊之父	岚山区虎山镇松树园村	—	男	1938 年
韩小男	岚山区虎山镇朱家官庄村	4	男	1938 年
梁立耐	岚山区巨峰镇巨峰四村	28	男	1938 年
梁立清	岚山区巨峰镇巨峰四村	27	男	1938 年
金子登	岚山区巨峰镇西赵家庄村	23	男	1938 年
金学贤	岚山区巨峰镇西赵家庄村	22	男	1938 年
韩玉林	岚山区巨峰镇河西村	23	男	1938 年
代金良	岚山区巨峰镇河西村	18	男	1938 年
厉月松	岚山区巨峰镇河西村	19	男	1938 年
厉月永	岚山区巨峰镇河西村	22	男	1938 年
梁芹培	岚山区巨峰镇石桥村	—	男	1938 年
王日升	岚山区巨峰镇大王家沟村	65	男	1938 年
王日祥	岚山区巨峰镇大王家沟村	57	男	1938 年
王日可	岚山区巨峰镇大王家沟村	22	男	1938 年
梁立西	岚山区巨峰镇巨峰四村	30	男	1938 年
张守来	岚山区巨峰镇北卜落村	20	男	1938 年
张守堂	岚山区巨峰镇北卜落村	22	男	1938 年
吕 宜	岚山区巨峰镇车沟村	—	男	1938 年
顾路德	岚山区巨峰镇车沟村	—	男	1938 年
任 祖	岚山区黄墩镇上大峪村	28	男	1939 年 1 月 9 日
苏玉苗	岚山区安东卫街道岚山孟村	18	男	1939 年 5 月 22 日
张成官	岚山区黄墩镇孙蒲旺村	52	男	1939 年 6 月
周 泽	岚山区安东卫街道东街居	41	男	1939 年 9 月 3 日
邢老人之女	岚山区安东卫街道后合庄村	—	女	1939 年 10 月 7 日
代金坡	岚山区安东卫街道后合庄村	37	男	1939 年 10 月 7 日

姓 名	籍 贯	年 龄	性 别	死难时间
高士梅	岚山区虎山镇虎山铺村	28	男	1939 年
韩玉罗	岚山区虎山镇韩家营子村	—	男	1939 年
韩玉宗	岚山区虎山镇韩家营子村	—	男	1939 年
刘林昌	岚山区虎山镇韩家营子村	—	男	1939 年
刘同莲之父	岚山区虎山镇韩家营子村	—	男	1939 年
姚坤兴	岚山区虎山镇韩家营子村	—	男	1939 年
姚坤秀之兄	岚山区虎山镇韩家营子村	—	男	1939 年
姚守坡之祖母	岚山区虎山镇韩家营子村	—	女	1939 年
赵明平	岚山区虎山镇前水车沟村	—	男	1939 年
李学成	岚山区虎山镇大村	26	男	1939 年
刘付氏	岚山区虎山镇东湖三村	30	女	1939 年
岳延芬	岚山区碑廓镇凤凰庄村	—	男	1939 年
凌辛氏	岚山区黄墩镇赵家滩井村	17	女	1939 年
李心密	岚山区后村镇高家沟村	—	男	1939 年
王照龙	岚山区后村镇马家店村	—	男	1939 年
张传友	岚山区巨峰镇费家官庄	36	男	1939 年
平六善	岚山区巨峰镇平家村	—	男	1939 年
滕墩田	岚山区黄墩镇陈家沟村	—	女	1940 年 1 月 10 日
陈永善	岚山区虎山镇刘家小庄村	38	男	1940 年 6 月 19 日
苏二柱	岚山区虎山镇大庄子村	20	男	1940 年 6 月 19 日
苏照峰	岚山区虎山镇大庄子村	—	男	1940 年 6 月 19 日
苏玉党	岚山区虎山镇大庄子村		男	1940 年 6 月
陈 胜	岚山区巨峰镇后屯村		男	1940 年
罗世祥	岚山区巨峰镇丁家林村		男	1940 年
赵建金	—		男	1940 年
姜子牙	岚山区巨峰镇纪家沟村		男	1940 年
曼 儿	岚山区巨峰镇纪家沟村		女	1940 年
辛崇等	岚山区黄墩镇陈家沟村		男	1940 年
朱传海之母	岚山区黄墩镇粮山二村	31	女	1940 年
朱传升之父	岚山区黄墩镇粮山二村	30	男	1940 年
朱德三之母	岚山区黄墩镇粮山二村	30	女	1940 年
朱朋利之外甥	岚山区黄墩镇粮山二村	15	男	1940 年
李茂云	岚山区后村镇马庄一村	—	男	1940 年
李瑞吉	岚山区后村镇陈家沟村	—	男	1940 年

姓　名	籍　贯	年龄	性别	死难时间
李为财	岚山区后村镇陈家沟村	—	男	1940 年
赵玉枚	岚山区后村镇陈家沟村	—	男	1940 年
赵学贡	岚山区后村镇陈家沟村	—	男	1940 年
张怀廷	岚山区后村镇榛子埠村	—	男	1940 年
徐　×	岚山区岚山头街道圣岚路居	38	男	1940 年
赵范田	岚山区岚山头街道官草汪居	30	男	1940 年
常怀岭	岚山区岚山头街道官草汪居	38	男	1940 年
常为江	岚山区岚山头街道官草汪居	36	男	1940 年
刘仕苗	岚山区岚山头街道童海路居	12	男	1940 年
李单全	岚山区虎山镇大村	30	男	1940 年
韩见令	岚山区虎山镇韩家营子村	—	男	1940 年
徐积德	岚山区虎山镇张家结庄村	—	男	1940 年
姚守平之祖母	岚山区虎山镇韩家营子村	—	女	1940 年
姚永杂	岚山区虎山镇韩家营子村	—	男	1940 年
赵明相	岚山区虎山镇虎山铺村	36	男	1940 年
车大曼	岚山区安东卫街道东山村	9	女	1940 年
韩鹤生	岚山区安东卫街道东街居	40	男	1941 年 1 月 7 日
周其三之母	岚山区安东卫街道东街居	60	女	1941 年 1 月 7 日
胡得奎	岚山区安东卫街道东街居	51	男	1941 年 1 月 7 日
刘为佳之子	岚山区高兴镇南范家村	18	男	1941 年 2 月
邱文功	岚山区安东卫街道北街居	40	男	1941 年 3 月 20 日
秦玉升	岚山区高兴镇南范家村	22	男	1941 年 7 月
丁元庆	岚山区高兴镇南范家村	25	男	1941 年 9 月
贺淑信	岚山区高兴镇王家楼子村	25	男	1941 年 11 月
郑培康	岚山区后村镇中山河村	—	男	1941 年
郑世平	岚山区后村镇李家洼村	—	男	1941 年
刘世里	岚山区后村镇新兴村	—	男	1941 年
赵玉坷	岚山区后村镇陈家沟村	—	男	1941 年
郑培英之母	岚山区后村镇西山河村	—	女	1941 年
许家卫	岚山区后村镇西山河村	—	男	1941 年
郑世美	岚山区后村镇中山河村	—	男	1941 年
吴茂义	岚山区虎山镇虎山铺村	30	男	1941 年
胡可一	岚山区虎山镇松树园村	—	男	1941 年
李兆平	岚山区虎山镇松树园村	—	男	1941 年

姓　名	籍　贯	年　龄	性　别	死难时间
晏祥先	岚山区虎山镇松树园村	—	男	1941 年
张纪洋	岚山区虎山镇申张村	—	男	1941 年
张树美	岚山区碑廓镇田家寨一村	—	男	1941 年
徐忠江	岚山区碑廓镇甫田庄村	—	男	1941 年
徐连玉	岚山区岚山头街道环海路居	25	男	1941 年
苏召凤	岚山区岚山头街道环海路居	30	女	1941 年
徐　×	岚山区安东卫街道南门外居	32	男	1941 年
丁为遂	岚山区巨峰镇土山岭村	—	男	1941 年
丁元兰	岚山区巨峰镇土山河村	22	男	1941 年
丁为余	岚山区巨峰镇土山河村	21	男	1941 年
张传西	岚山区巨峰镇车沟村	—	男	1941 年
刘常氏	岚山区巨峰镇刘家庄村	46	女	1941 年
徐延长	岚山区高兴镇安家尧王城村	46	男	1941 年
徐考山	岚山区安东卫街道荻水村	40	男	1942 年 1 月 1 日
陈照福	岚山区安东卫街道东街居	62	男	1942 年 1 月 7 日
丁元起	岚山区虎山镇朱家官庄村	17	男	1942 年 3 月
赵崇法	岚山区虎山镇龙王河村	27	男	1942 年 4 月
李延喜	岚山区虎山镇小村	—	男	1942 年 4 月
张纪存	岚山区虎山镇小村	—	男	1942 年 4 月
六　月	岚山区黄墩镇寺后村	20	男	1942 年 5 月
徐善伟之祖父	岚山区岚山头街道岚阳路居	46	男	1942 年 8 月
徐从来之大娘	岚山区岚山头街道岚阳路居	40	女	1942 年 8 月
王　树	岚山区岚山头街道岚阳路居	18	男	1942 年 8 月
徐　×	岚山区岚山头街道岚阳路居	12	男	1942 年 8 月
徐　×	岚山区岚山头街道岚阳路居	17	男	1942 年 8 月
徐　×	岚山区岚山头街道岚阳路居	21	男	1942 年 8 月
马照全	岚山区碑廓镇马家岭村	54	男	1942 年 10 月间
马玉山之母	岚山区碑廓镇马家岭村	77	女	1942 年 10 月
马光合	岚山区碑廓镇马家岭村	41	男	1942 年 10 月
马玉间	岚山区碑廓镇马家岭村	50	男	1942 年 10 月
马玉莲之母	岚山区碑廓镇马家岭村	62	女	1942 年 10 月
马玉莲之父	岚山区碑廓镇马家岭村	60	男	1942 年 10 月
贾胜昌之伯母	岚山区碑廓镇马家岭村	43	女	1942 年 10 月
朱朋常	岚山区黄墩镇姜家沟村	25	男	1942 年 12 月 29 日

姓 名	籍 贯	年 龄	性 别	死难时间
庄乾经	岚山区黄墩镇上双疃村	—	男	1942 年冬
牟乃侦	岚山区安东卫街道西街居	24	男	1942 年
徐　×	岚山区安东卫街道北街居	—	男	1942 年
肖立明	岚山区岚山头街道甜水河村	20	男	1942 年
肖立元	岚山区岚山头街道甜水河村	20	男	1942 年
陈守荣	岚山区岚山头街道甜水河村	23	女	1942 年
刘仕顺	岚山区岚山头街道甜水河村	24	男	1942 年
马宗治	岚山区碑廓镇小湖村	—	男	1942 年
滕召情	岚山区碑廓镇甫田庄村	—	男	1942 年
王成之祖父	岚山区碑廓镇东秋齐园村	—	男	1942 年
李振廷之三叔	岚山区碑廓镇东秋齐园村	—	男	1942 年
胡满堂	岚山区虎山镇韩家营子村	—	男	1942 年
梁立素	岚山区虎山镇韩家营子村	—	男	1942 年
韦兆秋	岚山区虎山镇蔡家墩村	50	男	1942 年
徐鸿吉	岚山区虎山镇徐家村	36	男	1942 年
赵明全	岚山区虎山镇前稍坡村	20	男	1942 年
韩玉成	岚山区虎山镇韩家营子村	—	男	1942 年
张传娥	岚山区虎山镇泥田沟村	—	男	1942 年
徐元堂	岚山区虎山镇大合坞村	22	男	1942 年
孔任氏	岚山区黄墩镇孔家口子村	39	女	1942 年
高为重	岚山区后村镇高家沟村	—	女	1942 年
魏绪伦	岚山区后村镇井沟村	—	男	1942 年
张传青	岚山区高兴镇潘家洼村	27	男	1942 年
费云相	岚山区高兴镇向阳村	21	男	1942 年
高振云	岚山区高兴镇怀古村	14	男	1942 年
丁　×	岚山区巨峰镇郭家庄村	21	男	1942 年
李开路	岚山区巨峰镇薄家村	45	男	1942 年
李太极	岚山区巨峰镇薄家口村	50	男	1942 年
邵世合之母	岚山区巨峰镇薄家村	40	女	1942 年
袁陪同	岚山区巨峰镇薄家口村	—	男	1942 年
李太昧	岚山区巨峰镇薄家口村	30	男	1942 年
邵兴江	岚山区巨峰镇薄家口村	50	男	1942 年
薄秀安	岚山区巨峰镇薄家口村	60	男	1942 年
陈　×	岚山区巨峰镇前山北头村	—	男	1942 年

姓 名	籍 贯	年 龄	性 别	死难时间
宋加本	岚山区巨峰镇官家湖村	—	男	1942 年
韩德任	岚山区巨峰镇大坡村	10	男	1942 年
韩敬令	岚山区巨峰镇大坡村	13	男	1942 年
梁立周	岚山区巨峰镇大坡村	50	男	1942 年
李其坡	岚山区巨峰镇小官庄村	26	男	1942 年
郑全义	岚山区巨峰镇郑家大沟村	42	男	1942 年
李汉北	岚山区巨峰镇大土山村	—	男	1942 年
葛叶古	岚山区巨峰镇大土山村	—	男	1942 年
冯 五	岚山区巨峰镇费家官庄村	32	男	1942 年
赵龙奎	岚山区巨峰镇后崖下村	19	男	1942 年
鲁××	岚山区巨峰镇沟洼村	—	男	1942 年
韩京东之姑	岚山区黄墩镇北塔岭村	—	女	1943 年 1 月 9 日
付祉余	岚山区虎山镇朱家官庄村	23	男	1943 年 2 月
刘现东	岚山区虎山镇张家结庄村	33	男	1943 年 2 月
韩玉金	岚山区虎山镇朱家官庄村	24	男	1943 年 2 月
唐 奎	岚山区虎山镇朱家官庄村	23	男	1943 年 2 月
杨少泉	莱州市	—	男	1943 年 3 月 8 日
张传利	岚山区高兴镇杨家山前村	34	男	1943 年 4 月
周孝娥	岚山区高兴镇訾家店村	28	男	1943 年 4 月
申永成	岚山区黄墩镇邵家沟村	37	男	1943 年 5 月 5 日
刘世云之女	岚山区后村镇崖头村	—	女	1943 年 5 月
夏小中	岚山区虎山镇大尧沟村	—	男	1943 年 5 月
滕培松	岚山区高兴镇王家楼子村	21	男	1943 年 6 月
叶春生	岚山区安东卫街道界牌岭村	43	男	1943 年 7 月 11 日
李宗瑞	岚山区黄墩镇李家官庄村	22	男	1943 年 7 月
侯甲俊	岚山区安东卫街道辛庄子村	28	男	1943 年 8 月 2 日
郭红文	岚山区后村镇荆家沟村	—	男	1943 年 8 月 15 日
刘现聚	岚山区黄墩镇单家沟村	21	男	1943 年 8 月
单纪奎	岚山区黄墩镇单家沟村	20	男	1943 年 9 月
四师傅	岚山区后村镇大后村	—	男	1943 年 10 月
宋全伦	岚山区后村镇大后村	—	男	1943 年 10 月
陈明生	岚山区虎山镇相家结庄村	—	男	1943 年 10 月
李延德	岚山区虎山镇解放村	21	男	1943 年 10 月
郑光全之女	岚山区后村镇西邵疃村	—	女	1943 年 11 月

姓　名	籍　贯	年　龄	性　别	死难时间
张守奎	岚山区虎山镇张家结庄村	30	男	1943 年 12 月
辛作顺	岚山区黄墩镇大辛庄村	61	男	1943 年春
郑全宗	岚山区巨峰镇沟洼村	—	男	1943 年
郑世雪	岚山区巨峰镇沟洼村	—	男	1943 年
相守西	岚山区巨峰镇前屯村	24	男	1943
吕为歧	岚山区巨峰镇吕家官庄村	24	男	1943 年
徐一地	岚山区巨峰镇土山岭村	—	男	1943 年
徐庆宝	岚山区巨峰镇费家官庄村	28	男	1943 年
安花信	岚山区巨峰镇郭家庄村	40	女	1943 年
王　忠	岚山区巨峰镇后山旺村	78	男	1943 年
张学茂	岚山区巨峰镇后山旺村	—	男	1943 年
刘为山	岚山区巨峰镇秦小庄村	20	男	1943 年
山　双	岚山区巨峰镇秦小庄村	18	男	1943 年
赵聚世	岚山区巨峰镇东赵家庄村	40	男	1943 年
刘二锅腰	岚山区巨峰镇官家湖村	—	男	1943 年
范崇亮	岚山区巨峰镇相家峪村	—	男	1943 年
陈同好	岚山区高兴镇冯家庄村	26	男	1943 年
王善廷	岚山区高兴镇东辛庄子村	27	男	1943 年
郑培郎之父	岚山区后村镇马家店村	—	男	1943 年
郑左傅	岚山区后村镇马家店村	—	男	1943 年
高日端	岚山区后村镇高家沟村	—	男	1943 年
郑全运	岚山区后村镇小邵疃村	—	男	1943 年
李春胜	岚山区后村镇后马庄二村	—	男	1943 年
陈淑云	岚山区后村镇崖头村	—	女	1943 年
郑世波	岚山区后村镇东曲河村	—	男	1943 年
苗成户	岚山区后村镇崖头村	—	男	1943 年
李奎积	岚山区后村镇崖头村	—	男	1943 年
蔡永交	岚山区后村镇丁家院村	—	男	1943 年
曹际顺	岚山区后村镇汉家皋陆三村	—	男	1943 年
魏四秀	岚山区后村镇丁家皋陆村	—	女	1943 年
汉为分	岚山区后村镇汉家皋陆一村	—	男	1943 年
秦洪俭	岚山区黄墩镇秦家滩井村	25	男	1943 年
秦玉弥	岚山区黄墩镇秦家滩井村	25	男	1943 年
秦玉柱	岚山区黄墩镇秦家滩井村	30	男	1943 年

姓 名	籍 贯	年 龄	性 别	死难时间
侯德森	岚山区虎山镇泥田沟村	—	男	1943 年
张传三	岚山区虎山镇泥田沟村	—	男	1943 年
陈为朋	岚山区虎山镇相家结庄村	—	男	1943 年
许小九	岚山区虎山镇大合坞村	—	男	1943 年
童英法	岚山区虎山镇太平村	19	男	1943 年
王运普	岚山区虎山镇四门口村	—	男	1943 年
陈德亮	岚山区虎山镇四门口村	—	男	1943 年
邵性瑞之弟	岚山区虎山镇四门口村	—	男	1943 年
张传聪之祖母	岚山区碑廓镇大河口村	—	女	1943 年
陈 ×	岚山区碑廓镇大河口村	—	男	1943 年
李业新	岚山区碑廓镇甫田庄村	—	男	1943 年
牟敦升之大舅弟	岚山区碑廓镇大朱曹一村	—	男	1943 年
牟敦升之小舅弟	岚山区碑廓镇大朱曹一村	—	男	1943 年
牟敦升之舅妹	岚山区碑廓镇大朱曹一村	—	女	1943 年
黄振瑞	岚山区岚山头街道圣岚路居	30	男	1943 年
李红鼻子	岚山区岚山头街道岚阳路居	23	男	1943 年
刘仕可	岚山区岚山头街道甜水河居	19	男	1943 年
李 氏	岚山区岚山头街道秦官庄居	26	女	1943 年
王 成	岚山区岚山头街道周家庄居	40	男	1943 年
胡为提	岚山区岚山头街道大阡里村	39	男	1943 年
王思源	岚山区安东卫街道北门外居	21	男	1943 年
庄日会	岚山区安东卫街道陈家湖村	22	男	1943 年
梁森培	岚山区巨峰镇大坡村	40	男	1943 年
韩玉月	岚山区巨峰镇大坡村	25	男	1943 年
韩立增	岚山区巨峰镇大坡村	30	男	1943 年
王安友	岚山区高兴镇王家楼子村	31	男	1944 年 1 月
苏兆言	岚山区安东卫街道北街居	—	男	1944 年 1 月
徐市告	岚山区安东卫街道北街居	—	男	1944 年 1 月
废进斋	岚山区安东卫街道北街居	—	男	1944 年 1 月
苏费轩	岚山区安东卫街道北街居	—	男	1944 年 1 月
苏日告	岚山区安东卫街道北街居	—	男	1944 年 1 月
张几之妻	岚山区安东卫街道北街居	—	女	1944 年 1 月
苏照亮	岚山区虎山镇朱家官庄村	34	男	1944 年 1 月
陈善明	岚山区虎山镇朱家官庄村	26	男	1944 年 1 月

姓　名	籍　贯	年　龄	性　别	死难时间
朱迪时	岚山区虎山镇朱家官庄村	39	男	1944 年 1 月
张西林	岚山区虎山镇桥南头村	—	男	1944 年 2 月 28 日
李维勋	岚山区虎山镇解放村	20	男	1944 年 2 月
薄子兰	岚山区黄墩镇大辛庄村	23	男	1944 年 2 月
马成法	岚山区碑廓镇三朱曹村	—	男	1944 年 2 月
马洪吉	岚山区碑廓镇三朱曹村	—	男	1944 年 2 月
大　牛	岚山区碑廓镇三朱曹村	—	男	1944 年 2 月
大老黑	岚山区碑廓镇三朱曹村	—	男	1944 年 2 月
乔二麻子	岚山区安东卫街道竹园村	—	男	1944 年 3 月
王二麻子	岚山区安东卫街道竹园村	—	男	1944 年 3 月
周平瑾之表妹	岚山区安东卫街道北街居	—	女	1944 年 4 月 10 日
申立玉	岚山区安东卫街道西街居	22	男	1944 年 4 月
王翠岭	岚山区安东卫街道西街居	24	男	1944 年 4 月
窦洪亮	岚山区虎山镇崔景阳村	37	男	1944 年 4 月
王河顺	岚山区安东卫街道竹园村	—	男	1944 年 5 月 5 日
陈福路	岚山区安东卫街道东庄居	60	男	1944 年 5 月
秦洪元	岚山区高兴镇訾家店村	24	男	1944 年 5 月
张孙氏	岚山区安东卫街道西街居	30	女	1944 年 5 月
王同利之二祖母	岚山区安东卫街道西街居	40	女	1944 年 5 月
王安聚	岚山区安东卫街道前合庄村	40	男	1944 年 6 月 21 日
韩婷丫	岚山区高兴镇小芳沟村	10	女	1944 年 6 月
张王氏	岚山区虎山镇后水车沟村	48	女	1944 年 7 月 7 日
李子祥	岚山区安东卫街道贾家湖村	46	男	1944 年 7 月 11 日
丁元敏	岚山区安东卫街道贾家湖村	25	男	1944 年 7 月 11 日
孔照信	岚山区黄墩镇高家村	28	男	1944 年 7 月 25 日
高为增	岚山区黄墩镇高家村	19	男	1944 年 7 月 25 日
董为升	岚山区黄墩镇高家村	32	男	1944 年 7 月 25 日
辛公伦	岚山区黄墩镇黄墩四村	17	男	1944 年 7 月 25 日
辛崇敏	岚山区黄墩镇黄墩四村	20	男	1944 年 7 月 30 日
张成约	岚山区黄墩镇孙蒲旺村	31	男	1944 年 7 月
张庄民	岚山区黄墩镇孙蒲旺村	49	女	1944 年 7 月
雷守富	岚山区虎山镇大尧沟村	—	男	1944 年 7 月
李克梅	岚山区后村镇后马庄二村	—	男	1944 年 7 月
小　八	岚山区后村镇后马庄二村	—	男	1944 年 7 月

姓 名	籍 贯	年 龄	性 别	死难时间
孙方庆	岚山区后村镇小后村	—	男	1944 年 7 月
陈欣善	岚山区高兴镇白云村	25	男	1944 年 7 月
徐茂福	岚山区高兴镇白云村	24	男	1944 年 8 月
刘世田之妻	岚山区后村镇山西头村	—	女	1944 年 8 月
老安营	岚山区后村镇山西头村	—	男	1944 年 8 月
老安营之妻	岚山区后村镇山西头村	—	女	1944 年 8 月
老安营之子	岚山区后村镇山西头村	—	男	1944 年 8 月
徐小丫	岚山区后村镇山西头村	—	女	1944 年 8 月
宋加齐	岚山区后村镇小后村	—	男	1944 年 8 月
朱庆法	岚山区黄墩镇姜家沟村	22	男	1944 年 8 月
辛本荣	岚山区黄墩镇黄墩二村	22	男	1944 年 9 月 11 日
徐宣记	岚山区虎山镇张家结庄村	27	男	1944 年 9 月
甄梁氏	岚山区高兴镇后唐家河村	60	女	1944 年 9 月
丁立庄之三弟	岚山区碑廓镇大朱曹二村	—	男	1944 年 9 月
曹汉章	岚山区安东卫街道后合庄北山村	30	男	1944 年 9 月
马成俊	岚山区碑廓镇马家湖村	—	男	1944 年秋
徐宣路	岚山区碑廓镇田家寨二村	—	男	1944 年秋
周立祥	岚山区安东卫街道北门外居	19	男	1944 年 10 月 1 日
郑培交	岚山区后村镇山西头村	—	男	1944 年 10 月 17 日
郑培顺	岚山区后村镇山西头村	—	男	1944 年 10 月 17 日
郑世春	岚山区后村镇山西头村	—	男	1944 年 10 月 17 日
丁老太	岚山区虎山镇桥南头村	—	女	1944 年 10 月 25 日
雷永太	岚山区虎山镇桥南头村	—	男	1944 年 10 月 25 日
李相玉	岚山区虎山镇桥南头村	—	男	1944 年 10 月 25 日
张老太	岚山区虎山镇桥南头村	—	女	1944 年 10 月 25 日
张珍林	岚山区虎山镇桥南头村	—	男	1944 年 10 月 25 日
魏绪培	岚山区安东卫街道西街居	23	男	1944 年 10 月
王永发	岚山区安东卫街道西街居	20	男	1944 年 10 月
曹仁胜	岚山区安东卫街道西街居	24	男	1944 年 10 月
胡二公	岚山区虎山镇解放村	20	男	1944 年 11 月
周立明	岚山区安东卫街道竹园村	—	男	1944 年 11 月
黄利孩	岚山区岚山头街道圣岚路居	20	男	1944 年
张 氏	岚山区岚山头街道圣岚路居	40	女	1944 年
刘振严	岚山区岚山头街道海州路居	28	男	1944 年

姓 名	籍 贯	年 龄	性 别	死难时间
陈英建	—	32	男	1944 年
胡现林	—	30	男	1944 年
张重凤	岚山区岚山头街道童海路居	25	男	1944 年
王守维	岚山区岚山头街道童海路居	27	男	1944 年
马成生	岚山区岚山头街道王家海屋居	24	男	1944 年
徐召迎之父	岚山区岚山头街道环海路居	35	男	1944 年
徐加相之父	岚山区岚山头街道环海路居	32	男	1944 年
苏召龙之父	岚山区岚山头街道环海路居	36	男	1944 年
徐召坡之叔	岚山区岚山头街道环海路居	35	男	1944 年
魏延泽	岚山区碑廓镇大湖村	—	男	1944 年
孙老虎	岚山区碑廓镇大湖村	12	男	1944 年
魏延芬之女	岚山区碑廓镇大湖村	12	女	1944 年
魏延芬之子	岚山区碑廓镇大湖村	10	男	1944 年
牟发善之母	岚山区碑廓镇碑廓二村	—	女	1944 年
牟路余	岚山区碑廓镇碑廓二村	—	男	1944 年
马先乐	岚山区碑廓镇马家湖村	—	男	1944 年
郭合仁	岚山区碑廓镇凤凰庄村	—	男	1944 年
岳延太	岚山区碑廓镇岳家村	—	男	1944 年
冯化同	岚山区碑廓镇付家官庄村	—	男	1944 年
于加海	岚山区碑廓镇二朱曹村	—	男	1944 年
于加成	岚山区碑廓镇二朱曹村	—	男	1944 年
魏林德	岚山区碑廓镇袁家庄村	—	男	1944 年
张承来之妻	岚山区碑廓镇张家店子村	—	女	1944 年
郑培吉	岚山区虎山镇泥田沟村	—	男	1944 年
秦福瑶之母	岚山区虎山镇相家结庄村	48	女	1944 年
秦福瑶之侄	岚山区虎山镇相家结庄村	6	男	1944 年
秦日顺	岚山区虎山镇相家结庄村	—	男	1944 年
王运帮	岚山区虎山镇相家结庄村	—	男	1944 年
许延良	岚山区虎山镇泥田沟村	—	男	1944 年
张成富	岚山区虎山镇申张村	—	男	1944 年
刘连仁	岚山区虎山镇秦家结庄村	—	男	1944 年
秦红月	岚山区虎山镇相家结庄村	—	男	1944 年
徐发湘	岚山区虎山镇四门口村	—	男	1944 年
徐民德	岚山区虎山镇相家结庄村	—	男	1944 年

姓 名	籍 贯	年 龄	性 别	死难时间
徐宣留	岚山区虎山镇相家结庄村	21	男	1944 年
赵洪理	岚山区虎山镇四门口村	—	男	1944 年
张××	岚山区虎山镇桥南头村	—	女	1944 年
张传荣	岚山区黄墩镇上双疃村	—	男	1944 年
庄乾升	岚山区黄墩镇上双疃村	—	男	1944 年
郑培远	岚山区后村镇小邵疃村	—	男	1944 年
成家臣	岚山区后村镇小邵疃村	—	男	1944 年
陈希平	岚山区后村镇东陈家沟村	—	男	1944 年
郑培顺之妻	岚山区后村镇东邵疃村	—	女	1944 年
李克英	岚山区后村镇崖头村	—	女	1944 年
周立县	岚山区安东卫街道北门外居	24	男	1944 年
王文升	岚山区安东卫街道汾水村	—	男	1944 年
卜庆堂	岚山区高兴镇卜家村	43	男	1944 年
丁立合	岚山区高兴镇卜家村	23	男	1944 年
王振成	岚山区高兴镇杨家山前村	36	男	1944 年
韩福友	岚山区高兴镇向阳村	60	男	1944 年
王安义	岚山区高兴镇冯家庄村	19	男	1944 年
丁兆甲	岚山区高兴镇小宋家庄村	19	男	1944 年
赵廷凡之妻	岚山区巨峰镇赵家村	19	女	1944 年
赵廷凡之妹	岚山区巨峰镇赵家村	17	女	1944 年
刘为迎	岚山区巨峰镇后黄埠村	60	男	1944 年
万志意	岚山区巨峰镇后黄埠村	38	男	1944 年
刘加端	岚山区巨峰镇后黄埠村	35	男	1944 年
刘成贤	岚山区巨峰镇后黄埠村	40	男	1944 年
刘为增	岚山区巨峰镇后黄埠村	42	男	1944 年
刘宗贤	岚山区巨峰镇后黄埠村	42	男	1944 年
秦洪高	岚山区巨峰镇后黄埠村	50	男	1944 年
刘加松	岚山区巨峰镇后黄埠村	21	男	1944 年
刘士七	岚山区巨峰镇后黄埠村	40	男	1944 年
刘方贤	岚山区巨峰镇后黄埠村	31	男	1944 年
王百山	岚山区巨峰镇巨峰三村	—	男	1944 年
郑兆亮	岚山区巨峰镇水洪沟村	—	男	1944 年
王有平	岚山区巨峰镇水洪沟村	—	男	1944 年
刘为公	岚山区巨峰镇狮子河村	26	男	1944 年

姓 名	籍 贯	年 龄	性 别	死难时间
张传信	岚山区巨峰镇狮子河村	23	男	1944 年
王龙弯	岚山区巨峰镇秦小庄村	18	男	1944 年
张佃专	岚山区巨峰镇前黄埠村	25	男	1944 年
孟庆运	岚山区巨峰镇前黄埠村	—	男	1944 年
郭红松	岚山区巨峰镇前黄埠村	—	男	1944 年
刘万喜	岚山区巨峰镇前黄埠村	—	男	1944 年
常立提	岚山区巨峰镇常家庄村	21	男	1944 年
常进路	岚山区巨峰镇常家庄村	78	男	1944 年
周老几	岚山区巨峰镇常家庄村	50	男	1944 年
梁作艺	岚山区巨峰镇巨峰五村	19	男	1944 年
雷得堂之母	岚山区巨峰镇马疃村	34	女	1944 年
迟兆中之母	岚山区巨峰镇马疃村	30	女	1944 年
丁立海	岚山区巨峰镇水木头村	—	男	1944 年
刘贤来	岚山区巨峰镇水木头村	—	男	1944 年
李世延	岚山区巨峰镇西卜落村	23	男	1944 年
庄茂友	岚山区巨峰镇陆甲村	23	男	1944 年
葛宗全	岚山区巨峰镇大官庄村	30	男	1944 年
韩正平	岚山区巨峰镇大坡村	23	男	1944 年
韩玉同	岚山区巨峰镇大坡村	25	男	1944 年
李 发	岚山区巨峰镇大坡村	32	男	1944 年
韩敬端	岚山区巨峰镇大坡村	36	男	1944 年
韩正余之兄	岚山区巨峰镇大坡村	30	男	1944 年
梁 ×	岚山区巨峰镇大坡村	26	男	1944 年
梁开培	岚山区巨峰镇大坡村	23	男	1944 年
丁吕祥之母	岚山区巨峰镇大坡村	38	女	1944 年
丁代江之祖母	岚山区巨峰镇大坡村	43	女	1944 年
辛公升	岚山区巨峰镇前崖下村	41	男	1944 年
高为俊	岚山区巨峰镇邱后村	22	男	1944 年
李其陆	岚山区巨峰镇大土山村	—	男	1944 年
庄子兴	岚山区巨峰镇大土山村	—	男	1944 年
丁代氏	岚山区巨峰镇大土山村	—	女	1944 年
李照伟	岚山区巨峰镇大土山村	—	男	1944 年
李其代	岚山区巨峰镇大土山村	—	男	1944 年
孙可里	岚山区巨峰镇大土山村	—	男	1944 年

姓 名	籍 贯	年 龄	性 别	死难时间
徐德金	岚山区巨峰镇西土山村	21	男	1944 年
杨合春	岚山区巨峰镇莲花峪村	25	男	1944 年
郭培军	岚山区巨峰镇莲花峪村	24	男	1944 年
朱长启	岚山区巨峰镇后屯村	—	男	1944 年
李乃明	岚山区巨峰镇前屯村	25	男	1944 年
单纪怀	岚山区黄墩镇单家沟村	20	男	1945 年 2 月
董衍俊	岚山区碑廓镇西集后村	—	男	1945 年 3 月
张百堂	岚山区碑廓镇碑廓二村	—	男	1945 年 3 月
魏贵德	岚山区碑廓镇碑廓二村	—	男	1945 年 3 月
牟乃卓	岚山区碑廓镇碑廓二村	—	男	1945 年 3 月
董彦平之二兄	岚山区碑廓镇碑廓二村	—	男	1945 年 3 月
牟来善	岚山区碑廓镇碑廓四村	—	男	1945 年 3 月
牟林善	岚山区碑廓镇碑廓四村	—	男	1945 年 3 月
段洪德	岚山区安东卫街道西街居	27	男	1945 年 3 月
法光亮	岚山区安东卫街道西街居	18	男	1945 年 4 月
卢丙森	岚山区岚山头街道王家庄居	54	男	1945 年 4 月
韩见英	岚山区虎山镇朱家官庄村	19	男	1945 年 4 月
付成树	岚山区虎山镇朱家官庄村	18	男	1945 年 4 月
高兴坤	岚山区安东卫街道砚台西村	19	男	1945 年 5 月
苏晓初	岚山区安东卫街道南街居	—	男	1945 年 6 月
张传成	岚山区高兴镇卜家村	20	男	1945 年 6 月
王玉文	—	—	男	1945 年 7 月 1 日
张信武	岚山区黄墩镇黑家沟村	—	男	1945 年 7 月 1 日
许×××	—	—	男	1945 年 7 月 1 日
王安友	—	—	男	1945 年 7 月 1 日
郑世更	岚山区高兴镇沈家村	32	男	1945 年 7 月
陈淑连	岚山区后村镇皂户沟村	—	男	1945 年 7 月
尹茂德之妻	岚山区后村镇前马庄一村	—	女	1945 年 7 月
尹茂德之子	岚山区后村镇前马庄一村	—	男	1945 年 7 月
苏兆明	岚山区安东卫街道南街居	—	男	1945 年 7 月
苏兆明之弟	岚山区安东卫街道南街居	—	男	1945 年 7 月
胡××	岚山区安东卫街道南街居	—	男	1945 年 7 月
牟乃正	岚山区碑廓镇碑廓三村	14	男	1945 年 7 月
郭长春之弟	岚山区碑廓镇碑廓三村	17	男	1945 年 7 月

姓 名	籍 贯	年 龄	性 别	死难时间
牟快善之母	岚山区碑廓镇碑廓三村	30	女	1945 年 7 月
牟宗义之兄	岚山区碑廓镇碑廓三村	10	男	1945 年 7 月
牟成善之母	岚山区碑廓镇碑廓三村	27	女	1945 年 7 月
牟快善之弟	岚山区碑廓镇碑廓三村	5	男	1945 年 7 月
辛崇奎	岚山区黄墩镇黄墩二村	28	男	1945 年 8 月
李克涣之五兄	岚山区后村镇石桥村	—	男	1945 年 8 月
甄连玉	岚山区高兴镇后唐家河村	22	男	1945 年 8 月
牟乃礼	岚山区高兴镇东牟家村	23	男	1945 年
宋睿宗	岚山区黄墩镇后大坡村	21	男	1945 年
崔 ×	岚山区后村镇宅科二村	—	男	1945 年
张 佃	岚山区黄墩镇后崖村	29	男	1945 年
吴茂海	岚山区虎山镇虎山铺村	39	男	1945 年
周文岗之妻	岚山区后村镇崖头村	—	女	1945 年
翟五良	岚山区巨峰镇杨家庄村	42	男	1945 年
安丰谋	岚山区巨峰镇郭家庄村	31	男	1945 年
王官三	岚山区巨峰镇山峪村	—	男	1945 年
王 来	岚山区巨峰镇山峪村	—	男	1945 年
丁以紧	岚山区巨峰镇丁吕土山村	—	女	1945 年
李绪萍	岚山区巨峰镇车沟村	—	男	1945 年
丁汝法	岚山区巨峰镇车沟村	—	男	1945 年
相振国	岚山区巨峰镇车沟村	—	男	1945 年
张传来	岚山区巨峰镇车沟村	—	男	1945 年
相振逢	岚山区巨峰镇车沟村	—	男	1945 年
刘加升	岚山区巨峰镇后黄埠村	24	男	1945 年
贾士江之祖母	岚山区巨峰镇西赵家庄村	29	女	1945 年
金昌军之祖母	岚山区巨峰镇西赵家庄村	26	女	1945 年
金云来之祖母	岚山区巨峰镇西赵家庄村	27	女	1945 年
金学贵	岚山区巨峰镇西赵家庄村	19	男	1945 年
朱为林	岚山区巨峰镇西赵家庄村	21	男	1945 年
黄永丰	岚山区巨峰镇西赵家庄村	20	男	1945 年
李永见	岚山区巨峰镇西赵家庄村	22	男	1945 年
金学昆	岚山区巨峰镇西赵家庄村	19	男	1945 年
孟常带	岚山区巨峰镇前黄埠村	—	男	1945 年
郑培森	岚山区巨峰镇狮子河村	26	男	1945 年

姓 名	籍 贯	年 龄	性 别	死难时间
申永迪	岚山区巨峰镇大官庄村	20	男	1945 年
韩子方	岚山区巨峰镇西卜落村	22	男	1945 年
丁立爽	岚山区巨峰镇贾家桃园村	46	男	1945 年
相公龙	岚山区巨峰镇相家楼村	19	男	1945 年
相振宗	岚山区巨峰镇相家楼村	—	男	1945 年
相振随	岚山区巨峰镇相家楼村	—	男	1945 年
纪成友	岚山区巨峰镇徐家庄村	45	男	1945 年
费情柏	岚山区巨峰镇费家官庄村	35	男	1945 年
李代叶	岚山区巨峰镇老龙窝村	21	男	1945 年
李 翠	岚山区巨峰镇石嘴子村	33	男	1945 年
崔 红	岚山区巨峰镇石嘴子村	26	男	1945 年
尚田民	岚山区巨峰镇石嘴子村	45	男	1945 年
尚修俭	岚山区巨峰镇石嘴子村	26	男	1945 年
尚庆店	岚山区巨峰镇石嘴子村	23	男	1945 年
尚明亮	岚山区巨峰镇石嘴子村	23	男	1945 年
尚修根	岚山区巨峰镇石嘴子村	25	男	1945 年
李延秘	岚山区巨峰镇辛留村	24	男	1945 年
赵丰慎	岚山区巨峰镇辛留村	52	男	1945 年
赵丰山	岚山区巨峰镇辛留村	18	男	1945 年
赵丰桃	岚山区巨峰镇辛留村	17	男	1945 年
张传鹤	岚山区高兴镇卜家村	18	男	1945 年
董加得	岚山区高兴镇卜家村	20	男	1945 年
宋家光	岚山区高兴镇杨家山前村	35	男	1945 年
李仲月	岚山区高兴镇向阳村	43	男	1945 年
郑世波	岚山区后村镇西曲河村	—	男	1945 年
陈淑国	岚山区后村镇东陈家沟村	—	男	1945 年
李乐信	岚山区后村镇前马庄一村	—	男	1945 年
曹学玉	岚山区后村镇曲河北岭村	—	男	1945 年
张纪森	岚山区黄墩镇黑家沟村	—	男	1945 年
李业友	岚山区黄墩镇李家官庄村	18	男	1945 年
李宗臻	岚山区黄墩镇李家官庄村	22	男	1945 年
王 俊	岚山区碑廓镇碑廓一村	56	男	1945 年
韩宝勤之子	岚山区碑廓镇碑廓一村	18	男	1945 年
孙 氏	岚山区碑廓镇碑廓一村	45	女	1945 年

姓 名	籍 贯	年 龄	性 别	死难时间
贾茂昌	岚山区碑廊镇付家官庄村	—	男	1945 年
贾胜昌	岚山区碑廊镇付家官庄村	—	男	1945 年
哑 巴	岚山区碑廊镇大滕家庄村	—	男	1945 年
崔照斗	岚山区虎山镇梭罗树村	31	男	1945 年
崔照田	岚山区虎山镇梭罗树村	30	男	1945 年
崔照珍	岚山区虎山镇梭罗树村	30	男	1945 年
孙春圃	岚山区虎山镇相家结庄村	—	男	1945 年
孙树培	岚山区虎山镇相家结庄村	21	男	1945 年
王绪堂	岚山区虎山镇相家结庄村	—	男	1945 年
陈××	岚山区安东卫街道东庄居	—	男	1945 年
高老五之子	岚山区安东卫街道东庄居	—	男	1945 年
王安乾	岚山区安东卫街道北门外居	22	男	1945 年
赵守甫	岚山区安东卫街道东山村	44	男	1945 年
黄凤泮	岚山区岚山头街道圣岚路居	25	男	1945 年
胡为芳	岚山区岚山头街道胡家林村	37	男	1945 年
邹宗齐	岚山区巨峰镇邹家庄村	—	男	—
丁为聚	岚山区巨峰镇邹家庄村	—	男	—
尚 ×	岚山区巨峰镇石嘴子村	—	—	
蔡福洪	岚山区后村镇蔡家官庄村	—	男	1939 年
蔡成祥之子	岚山区后村镇蔡家官庄村	—	男	1939 年
王安记	岚山区高兴镇王家楼子村	56	男	1940 年 8 月
陈常发	岚山区后村镇东陈家沟村	—	男	1940 年
陈常发之妻	岚山区后村镇东陈家沟村	—	女	1940 年
陈常发之女	岚山区后村镇东陈家沟村	—	女	1940 年
陈常仁	岚山区后村镇东陈家沟村	—	男	1940 年
陈常仁之妻	岚山区后村镇东陈家沟村	—	女	1940 年
陈常仁之子	岚山区后村镇东陈家沟村	—	男	1940 年
陈淑杨	岚山区后村镇东陈家沟村	—	男	1940 年
刘克永	岚山区虎山镇韩家营子村	—	男	1940 年
王照国	岚山区虎山镇申张村	—	男	1940 年
王照亮	岚山区虎山镇申张村	—	男	1940 年
张传福	岚山区虎山镇申张村	—	男	1940 年
张纪斗	岚山区虎山镇申张村	—	男	1940 年
张纪桂	岚山区虎山镇申张村	—	男	1940 年

姓 名	籍 贯	年 龄	性 别	死难时间
张纪会	岚山区虎山镇申张村	—	男	1940 年
张成密	岚山区虎山镇申张村	—	男	1940 年
张传荣	岚山区虎山镇申张村	—	男	1940 年
常玉本	岚山区虎山镇申张村	—	男	1940 年
梁带青	岚山区虎山镇申张村	—	男	1940 年
申秀起	岚山区虎山镇申张村	—	男	1940 年
韩见祥	岚山区虎山镇申张村	—	男	1940 年
张成带	岚山区虎山镇申张村	—	男	1940 年
张成田	岚山区虎山镇申张村	—	男	1940 年
张纪路	岚山区虎山镇申张村	—	男	1940 年
张纪元	岚山区虎山镇申张村	—	男	1940 年
张纪芳	岚山区虎山镇申张村	—	男	1940 年
张纪福	岚山区虎山镇申张村	—	男	1940 年
韩玉新	岚山区虎山镇韩家营子村	—	男	1940 年
秦洪全	岚山区高兴镇秦家庄村	38	男	1941 年 3 月
安茂田	岚山区高兴镇东牟家村	30	男	1941 年 12 月
刘乐贤	岚山区高兴镇东牟家村	29	男	1941 年 12 月
孙永连	岚山区高兴镇东牟家村	23	男	1941 年 12 月
张　友	岚山区高兴镇东牟家村	25	男	1941 年 12 月
张继友	岚山区高兴镇白云村	42	男	1941 年 12 月
王仲平之父	岚山区后村镇汉家皋陆一村	—	男	1941 年
王月存	岚山区后村镇汉家皋陆一村	—	男	1941 年
刘为福	岚山区高兴镇刘家尧王城村	26	男	1941 年
杨友田	岚山区高兴镇南范家村	21	男	1942 年 5 月
高为聚之妻	岚山区高兴镇南范家村	23	女	1942 年 6 月
张传奎	岚山区后村镇井沟村	—	男	1942 年
王　信	岚山区虎山镇楼子底村	—	男	1942 年
王　续	岚山区虎山镇楼子底村	—	男	1942 年
庞今文	岚山区虎山镇楼子底村	—	男	1942 年
姚家方	岚山区虎山镇韩家营子村	—	男	1942 年
黄庆迎	岚山区高兴镇东牟家村	41	男	1943 年 9 月
赵为增	岚山区高兴镇高兴岭村	30	男	1943 年秋
牟治安	岚山区高兴镇东牟家村	23	男	1943 年
申士卓	岚山区高兴镇申家庄村	28	男	1943 年

姓 名	籍 贯	年龄	性别	死难时间
申云合	岚山区高兴镇申家庄村	32	男	1943 年
申云田	岚山区高兴镇申家庄村	26	男	1943 年
申士革	岚山区高兴镇申家庄村	27	男	1943 年
宋开成	岚山区高兴镇申家庄村	28	男	1943 年
申云升	岚山区高兴镇申家庄村	25	男	1943 年
郑淑智	岚山区高兴镇大屯村	32	男	1943 年
陈长此	岚山区高兴镇大屯村	18	男	1943 年
苗仲新	岚山区后村镇前马庄一村	—	男	1943 年
郑乾一	岚山区后村镇东曲河村	—	男	1943 年
王 健	岚山区虎山镇楼子底村	—	男	1943 年
王 昌	岚山区虎山镇楼子底村	—	男	1943 年
侯作记之兄	岚山区安东卫街道辛庄子村	40	男	1943 年
侯老九	岚山区安东卫街道辛庄子村	35	男	1943 年
李其均	岚山区安东卫街道辛庄子村	45	男	1943 年
郑全慎	岚山区高兴镇工农岭村	30	男	1944 年 5 月
辛照飞	岚山区黄墩镇大辛庄村	25	男	1944 年 5 月 5 日
刘同发	岚山区安东卫街道潘庄二村	45	男	1944 年 7 月 11 日
刘恢太	岚山区安东卫街道潘庄二村	27	男	1944 年 7 月 11 日
周永连	岚山区安东卫街道潘庄一村	26	男	1944 年 7 月 11 日
张保柱	岚山区安东卫街道前合庄村	48	男	1944 年 7 月 11 日
潘为春之父	岚山区安东卫街道前合庄村	47	男	1944 年 7 月 11 日
邢绪彩之叔父	岚山区安东卫街道前合庄村	43	男	1944 年 7 月 11 日
王永存之父	岚山区安东卫街道前合庄村	45	男	1944 年 7 月 11 日
邢绪林之兄	岚山区安东卫街道前合庄村	26	男	1944 年 7 月 11 日
韩占增	岚山区虎山镇韩家村	25	男	1944 年 7 月 25 日
韩随龙	岚山区虎山镇韩家村	20	男	1944 年 7 月 25 日
韩玉诗	岚山区高兴镇厉家湖村	24	男	1944 年 11 月
郑培随	岚山区后村镇中山河村	—	男	1944 年春
丁元法	岚山区高兴镇杨家庄村	17	男	1944 年
丁立成	岚山区高兴镇丁家大村	26	男	1944 年
丁老汉	岚山区高兴镇大尧王城村	24	男	1944 年
葛国子	岚山区高兴镇大尧王城村	26	男	1944 年
李茂秀	岚山区后村镇后马庄一村	—	男	1944 年
辛培才	岚山区虎山镇前稍坡村	—	男	1944 年

姓　名	籍　贯	年龄	性别	死难时间
万志许	岚山区巨峰镇后黄埠村	22	男	1944 年
辛公六	岚山区黄墩镇芦涧村	19	男	1945 年 3 月
丁立宜之二弟	岚山区后村镇丁家官庄村	—	男	1945 年 5 月
刘世祥	岚山区巨峰镇西赵家庄村	29	男	1945 年 6 月
刘为夏	岚山区巨峰镇西赵家庄村	29	男	1945 年 6 月
赵丰起	岚山区巨峰镇西赵家庄村	—	男	1945 年 6 月
金学彬	岚山区巨峰镇西赵家庄村	21	男	1945 年 6 月
金学桂	岚山区巨峰镇西赵家庄村	24	男	1945 年 6 月
李永思	岚山区巨峰镇西赵家庄村	33	男	1945 年 6 月
刘为节	岚山区巨峰镇西赵家庄村	25	男	1945 年 7 月
姜守园	岚山区高兴镇六合村	—	男	1945 年夏
宋明初	岚山区高兴镇大尧王城村	25	男	1945 年
葛加元	岚山区高兴镇大尧王城村	26	男	1945 年
陈淑常	岚山区后村镇东陈家沟村	—	男	1945 年
王永全	岚山区安东卫街道南门外居	26	男	1945 年
合　计	**691**			

责任人：张继荣　尹世恩　　　　核实人：张继荣　尹世恩　　　　填表人：谭新成
填报单位（签章）：日照市岚山区委党史研究室　　　　　　填报时间：2009 年 4 月 20 日

莒县抗日战争时期死难者名录

姓 名	籍 贯	年 龄	性 别	死难时间
胡 王	莒县招贤镇招贤四村	29	男	1938 年 2 月 18 日
张隆仓	莒县招贤镇招贤一村	40	男	1938 年 2 月 18 日
刘 同	莒县招贤镇招贤一村	60	男	1938 年 2 月 18 日
李门氏	莒县招贤镇招贤三村	51	女	1938 年 2 月 18 日
宋 氏	莒县招贤镇招贤三村	62	女	1938 年 2 月 18 日
齐 坤	莒县招贤镇招贤三村	58	男	1938 年 2 月 19 日
王子成	莒县招贤镇招贤三村	62	男	1938 年 2 月 19 日
王 春	莒县招贤镇招贤三村	58	男	1938 年 2 月 19 日
杜金亮	莒县招贤镇招贤三村	27	男	1938 年 2 月 19 日
杜金玉	莒县招贤镇招贤三村	59	男	1938 年 2 月 19 日
宋 氏	莒县招贤镇招贤三村	53	女	1938 年 2 月 19 日
秦 氏	莒县招贤镇招贤三村	58	女	1938 年 2 月 19 日
秦王氏	莒县招贤镇招贤三村	53	女	1938 年 2 月 19 日
李守现之母	莒县招贤镇招贤三村	47	女	1938 年 2 月 19 日
李守现之弟	莒县招贤镇招贤三村	23	男	1938 年 2 月 19 日
战玉刚	莒县招贤镇招贤三村	57	男	1938 年 2 月 19 日
赵明洲	莒县招贤镇招贤三村	48	男	1938 年 2 月 19 日
赵忠义	莒县招贤镇招贤三村	21	男	1938 年 2 月 19 日
胡 丫	莒县招贤镇招贤三村	16	女	1938 年 2 月 19 日
李侯氏	莒县招贤镇招贤三村	41	女	1938 年 2 月 19 日
李 池	莒县招贤镇招贤三村	2	女	1938 年 2 月 19 日
张则厚	莒县招贤镇招贤二村	38	男	1938 年 2 月 20 日
王成之母	莒县招贤镇招贤二村	—	女	1938 年 2 月 20 日
陈作才之母	莒县招贤镇招贤二村	—	女	1938 年 2 月 20 日
管相柏之母	莒县招贤镇招贤二村	—	女	1938 年 2 月 20 日
柳青乐之祖母	莒县招贤镇招贤二村	—	女	1938 年 2 月 20 日
张崇民之祖母	莒县招贤镇招贤二村	—	女	1938 年 2 月 20 日
彭启之父	莒县招贤镇招贤二村	—	男	1938 年 2 月 20 日
葛怀义之母	莒县招贤镇招贤二村	—	女	1938 年 2 月 20 日
葛恩礼之二兄	莒县招贤镇招贤二村	—	男	1938 年 2 月 20 日
葛瑞奇之母	莒县招贤镇招贤二村	—	女	1938 年 2 月 20 日

姓 名	籍 贯	年 龄	性 别	死难时间
葛瑞奇之弟	莒县招贤镇招贤二村	—	男	1938 年 2 月 20 日
葛瑞奇之妹	莒县招贤镇招贤二村	—	女	1938 年 2 月 20 日
梁纪德之二姐	莒县招贤镇招贤二村	—	女	1938 年 2 月 20 日
王翠礼之母	莒县招贤镇招贤二村	—	女	1938 年 2 月 20 日
赵子州之叔	莒县招贤镇招贤二村	—	男	1938 年 2 月 20 日
王殿喜	莒县招贤镇招贤二村	—	男	1938 年 2 月 20 日
王殿喜之妻	莒县招贤镇招贤二村	—	女	1938 年 2 月 20 日
潘士宽	莒县招贤镇招贤二村	—	男	1938 年 2 月 20 日
陈长时	莒县招贤镇招贤二村	—	男	1938 年 2 月 20 日
张纪德之弟	莒县招贤镇招贤二村	—	男	1938 年 2 月 20 日
胡三之母	莒县招贤镇招贤二村	—	女	1938 年 2 月 20 日
张则臣之母	莒县招贤镇招贤二村	—	女	1938 年 2 月 20 日
张则忠之父	莒县招贤镇招贤二村	—	男	1938 年 2 月 20 日
王实昌之父	莒县招贤镇招贤二村	—	男	1938 年 2 月 20 日
王实昌之母	莒县招贤镇招贤二村	30	女	1938 年 2 月 20 日
张崇录	莒县招贤镇招贤二村	—	男	1938 年 2 月 20 日
葛××	莒县招贤镇招贤二村	—	女	1938 年 2 月 20 日
葛 氏	莒县招贤镇招贤二村	—	女	1938 年 2 月 20 日
柳 氏	莒县招贤镇招贤二村	—	女	1938 年 2 月 20 日
陈 氏	莒县招贤镇招贤二村	—	女	1938 年 2 月 20 日
崔老汉	莒县招贤镇招贤二村	—	男	1938 年 2 月 20 日
柳老汉	莒县招贤镇招贤二村	—	男	1938 年 2 月 20 日
王雨之妻	莒县招贤镇招贤三村	58	女	1938 年 2 月 20 日
王 太	莒县招贤镇招贤三村	21	男	1938 年 2 月 20 日
张 彬	莒县城阳镇大湖村	70	男	1938 年 2 月 22 日
张护吉	莒县城阳镇大湖村	80	男	1938 年 2 月 22 日
王富春	莒县城阳镇大湖村	43	男	1938 年 2 月 22 日
马大友	莒县城阳镇大湖村	42	男	1938 年 2 月 22 日
张马氏	莒县城阳镇大湖村	60	女	1938 年 2 月 22 日
王 松	莒县城阳镇大湖村	62	男	1938 年 2 月 22 日
张 氏	莒县城阳镇大湖村	55	女	1938 年 2 月 22 日
张 瘦	莒县城阳镇大湖村	46	男	1938 年 2 月 22 日
张沂河	莒县城阳镇大湖村	42	男	1938 年 2 月 22 日
张 氏	莒县城阳镇大湖村	60	女	1938 年 2 月 22 日

姓 名	籍 贯	年 龄	性 别	死难时间
李凤柱	莒县城阳镇大湖村	45	男	1938 年 2 月 22 日
李房友	莒县城阳镇大湖村	50	男	1938 年 2 月 22 日
李房友之妻	莒县城阳镇大湖村	49	女	1938 年 2 月 22 日
徐德成	莒县城阳镇大湖村	53	男	1938 年 2 月 22 日
徐德成之妻	莒县城阳镇大湖村	52	女	1938 年 2 月 22 日
徐德成之子	莒县城阳镇大湖村	15	男	1938 年 2 月 22 日
张 军	莒县城阳镇大湖村	52	男	1938 年 2 月 22 日
张军之妻	莒县城阳镇大湖村	51	女	1938 年 2 月 22 日
马孝东	莒县城阳镇大湖村	62	男	1938 年 2 月 22 日
马孝元	莒县城阳镇大湖村	63	男	1938 年 2 月 22 日
张洪成之母	莒县城阳镇大湖村	67	女	1938 年 2 月 22 日
张军之孙女	莒县城阳镇大湖村	5	女	1938 年 2 月 22 日
张 仁	莒县城阳镇大湖村	72	男	1938 年 2 月 22 日
张仁之妻	莒县城阳镇大湖村	71	女	1938 年 2 月 22 日
张茂久	莒县城阳镇大湖村	60	男	1938 年 2 月 22 日
李凤友	莒县城阳镇大湖村	76	男	1938 年 2 月 22 日
韩李氏	莒县城阳镇大湖村	78	女	1938 年 2 月 22 日
李凤信	莒县城阳镇大湖村	77	男	1938 年 2 月 22 日
李王氏	莒县城阳镇大湖村	75	女	1938 年 2 月 22 日
郭冯氏	莒县城阳镇大湖村	73	女	1938 年 2 月 22 日
于 州	莒县城阳镇大湖村	78	男	1938 年 2 月 22 日
何老六	莒县城阳镇大湖村	75	男	1938 年 2 月 22 日
于 氏	莒县城阳镇大湖村	62	女	1938 年 2 月 22 日
于京坤	莒县城阳镇大湖村	45	男	1938 年 2 月 22 日
于大憨	莒县城阳镇大湖村	43	男	1938 年 2 月 22 日
马 坤	莒县城阳镇大湖村	23	男	1938 年 2 月 22 日
张茂田之母	莒县城阳镇大湖村	48	女	1938 年 2 月 22 日
张 里	莒县城阳镇大湖村	50	男	1938 年 2 月 22 日
老白胡	莒县城阳镇大湖村	—	男	1938 年 2 月 22 日
二光棍	莒县城阳镇大湖村	70	男	1938 年 2 月 22 日
李帮田	莒县城阳镇大湖村	53	男	1938 年 2 月 22 日
马二麻	莒县城阳镇大湖村	65	男	1938 年 2 月 22 日
马英祥之外祖母	莒县城阳镇大湖村	47	女	1938 年 2 月 22 日
马孝平	莒县城阳镇大湖村	46	男	1938 年 2 月 22 日

姓 名	籍 贯	年 龄	性 别	死难时间
李房友之子	莒县城阳镇大湖村	13	男	1938年2月22日
周恒顺之祖母	莒县城阳镇大湖村	80	女	1938年2月22日
张 金	莒县城阳镇大湖村	—	男	1938年2月22日
刘公顺之妻	莒县城关	—	女	1938年2月22日
刘公顺之子	莒县城关	—	男	1938年2月22日
刘公顺之子	莒县城关	—	男	1938年2月22日
刘××	莒县	—	女	1938年2月22日
陈王氏	莒县	—	女	1938年2月23日
邓 皆	莒县	—	男	1938年2月23日
邓 文	莒县	—	男	1938年2月23日
邓 秀	莒县	—	男	1938年2月23日
邓 臻	莒县	—	男	1938年2月23日
贾福云	莒县	—	男	1938年2月23日
贾汝清	莒县	—	男	1938年2月23日
贾书云	莒县	—	男	1938年2月23日
贾占云	莒县	—	男	1938年2月23日
蒋王氏	莒县	—	女	1938年2月23日
李存夫	莒县	—	男	1938年2月23日
李 二	莒县	—	男	1938年2月23日
李风山	莒县	—	男	1938年2月23日
李何氏	莒县	—	女	1938年2月23日
李庆贤	莒县	—	男	1938年2月23日
李 三	莒县	—	男	1938年2月23日
李 氏	莒县	—	女	1938年2月23日
李 ×	莒县	—	女	1938年2月23日
李廷瑞	莒县	—	男	1938年2月23日
李小丫	莒县	—	女	1938年2月23日
李秀臣	莒县	—	男	1938年2月23日
李振玉	莒县	—	男	1938年2月23日
刘保中	莒县	—	男	1938年2月23日
刘马氏	莒县	—	女	1938年2月23日
刘树昌	莒县	—	男	1938年2月23日
刘王氏	莒县	—	女	1938年2月23日
刘为昌	莒县	—	男	1938年2月23日

姓 名	籍 贯	年 龄	性 别	死难时间
刘心一	莒县	—	男	1938 年 2 月 23 日
刘 源	莒县	—	男	1938 年 2 月 23 日
马何氏	莒县	—	女	1938 年 2 月 23 日
马京如	莒县	—	男	1938 年 2 月 23 日
马周氏	莒县	—	女	1938 年 2 月 23 日
史小艾	莒县	—	女	1938 年 2 月 23 日
史于氏	莒县	—	女	1938 年 2 月 23 日
宋刘氏	莒县	—	女	1938 年 2 月 23 日
宋 迎	莒县	—	男	1938 年 2 月 23 日
孙德明	莒县	—	男	1938 年 2 月 23 日
孙于氏	莒县	—	女	1938 年 2 月 23 日
孙玉清	莒县	—	男	1938 年 2 月 23 日
孙玉相	莒县	—	男	1938 年 2 月 23 日
孙张氏	莒县	—	女	1938 年 2 月 23 日
谭安祯	莒县	—	男	1938 年 2 月 23 日
唐开林	莒县	—	男	1938 年 2 月 23 日
王夫秋	莒县	—	男	1938 年 2 月 23 日
王全仓	莒县	—	男	1938 年 2 月 23 日
王 氏	莒县	—	女	1938 年 2 月 23 日
王玉春	莒县	—	男	1938 年 2 月 23 日
尉王氏	莒县	—	女	1938 年 2 月 23 日
尉 银	莒县	—	男	1938 年 2 月 23 日
魏 松	莒县	—	男	1938 年 2 月 23 日
邢 氏	莒县	—	女	1938 年 2 月 23 日
许光田	莒县	—	男	1938 年 2 月 23 日
杨 恩	莒县	—	男	1938 年 2 月 23 日
弋先生	莒县	—	男	1938 年 2 月 23 日
岳洪德	莒县	—	男	1938 年 2 月 23 日
张 奎	莒县	—	男	1938 年 2 月 23 日
张隆泰	莒县	—	男	1938 年 2 月 23 日
郑玉新	莒县	—	男	1938 年 2 月 23 日
朱 伯	莒县	—	男	1938 年 2 月 23 日
朱 二	莒县	—	男	1938 年 2 月 23 日
朱修敬	莒县	—	男	1938 年 2 月 23 日

姓 名	籍 贯	年 龄	性 别	死难时间
朱苗苗	莒县城阳镇大果街村	—	女	1938 年 2 月 24 日
李献南	莒县城阳镇大果街村	55	男	1938 年 2 月 24 日
李宾贤	莒县城阳镇大果街村	20	男	1938 年 2 月 24 日
赵花玲	莒县城阳镇大果街村	22	男	1938 年 2 月 24 日
杨 恩	莒县城阳镇大果街村	50	男	1938 年 2 月 24 日
杨恩之妻	莒县城阳镇大果街村	48	女	1938 年 2 月 24 日
马洪义之父	莒县城阳镇大果街村	36	男	1938 年 2 月 24 日
靳 祥	莒县城阳镇大果街村	—	男	1938 年 2 月 24 日
靳祥之妻	莒县城阳镇大果街村	—	女	1938 年 2 月 24 日
曹 三	莒县城阳镇大果街村	33	男	1938 年 2 月 24 日
陆 海	莒县城阳镇大果街村	22	男	1938 年 2 月 24 日
郑月牙	莒县城阳镇大果街村	—	男	1938 年 2 月 24 日
于欢迎	莒县城阳镇大果街村	30	男	1938 年 2 月 24 日
于城仁	莒县城阳镇大果街村	28	男	1938 年 2 月 24 日
于小三	莒县城阳镇大果街村	25	男	1938 年 2 月 24 日
徐培善之妻	莒县城阳镇大果街村	30	女	1938 年 2 月 24 日
李翠安	莒县城阳镇大果街村	—	男	1938 年 2 月 24 日
李翠安之妻	莒县城阳镇大果街村	—	女	1938 年 2 月 24 日
李 ×	莒县城阳镇大果街村	—	女	1938 年 2 月 24 日
李 ×	莒县城阳镇大果街村	—	女	1938 年 2 月 24 日
李 ×	莒县城阳镇大果街村	—	女	1938 年 2 月 24 日
李 ×	莒县城阳镇大果街村	—	女	1938 年 2 月 24 日
朱××	莒县城阳镇大果街村	67	男	1938 年 2 月 24 日
翁学明	莒县城阳镇大果街村	28	男	1938 年 2 月 24 日
鲍××	莒县城阳镇大果街村	6	男	1938 年 2 月 24 日
鲍××	莒县城阳镇大果街村	4	女	1938 年 2 月 24 日
鲍××	莒县城阳镇大果街村	2	女	1938 年 2 月 24 日
田祥家	莒县刘官庄镇大官庄村	—	男	1938 年 2 月 28 日
田立诺之父	莒县刘官庄镇大官庄村	—	男	1938 年 2 月 28 日
老红眼	莒县城阳镇大湖村	65	男	1938 年 2 月
张宣之妻	莒县城阳镇大湖村	45	女	1938 年 2 月
张子明之母	莒县城阳镇大湖村	60	女	1938 年 2 月
孙凤祥	莒县城阳镇东大街二街	—	男	1938 年 2 月

姓 名	籍 贯	年 龄	性 别	死难时间
张龙太	莒县城阳镇东大街二街	—	男	1938 年 2 月
小 修	莒县城阳镇东大街二街	—	男	1938 年 2 月
宋立功	莒县城阳镇东大街二街	—	男	1938 年 2 月
孙开顺之二爷爷	莒县城阳镇东大街二街	—	男	1938 年 2 月
孙开顺之四爷爷	莒县城阳镇东大街二街	—	男	1938 年 2 月
刘洪亮之姥娘	莒县城阳镇东大街二街	—	女	1938 年 2 月
李泽勋	莒县城阳镇东大街二街	—	男	1938 年 2 月
李连勋	莒县城阳镇东大街二街	—	男	1938 年 2 月
张学志	莒县城阳镇东大街二街	—	男	1938 年 2 月
隋永春之哥	莒县城阳镇东大街二街	—	男	1938 年 2 月
隋 ×	莒县城阳镇东大街二街	—	男	1938 年 2 月
庄 ×	莒县城阳镇东大街二街	—	男	1938 年 2 月
邱立松	莒县城阳镇护城官庄村	—	男	1938 年 2 月
周 氏	莒县城阳镇南关一街村	12	女	1938 年 2 月
刘永胜	莒县城阳镇南关一街村	—	男	1938 年 2 月
王金成	莒县城阳镇南关一街村	—	男	1938 年 2 月
于老汉	莒县城阳镇南关一街村	—	男	1938 年 2 月
于砚田	莒县城阳镇南关一街村	—	男	1938 年 2 月
陈保蛋	莒县城阳镇大果街村	15	男	1938 年 2 月
唐克林	莒县城阳镇大果街村	40	男	1938 年 2 月
小 绊	莒县城阳镇大果街村	13	男	1938 年 2 月
小 车	莒县城阳镇大果街村	17	男	1938 年 2 月
朱凤田	莒县城阳镇大果街村	40	男	1938 年 2 月
李守安之祖母	莒县招贤镇招贤村	—	女	1938 年 2 月
樊纪文	莒县招贤镇招贤村	—	男	1938 年 2 月
赵倩君之三婶	莒县城阳镇陈家楼村	—	女	1938 年 2 月
赵水水	莒县城阳镇陈家楼村	—	—	1938 年 2 月
王见青之长子	莒县城阳镇陈家楼村	—	男	1938 年 2 月
王金城	莒县东关	—	男	1938 年 2 月
徐 ×	莒县东关	—	男	1938 年 2 月
刘 ×	莒县东关	—	男	1938 年 2 月
史德义	莒县城阳镇东关一街村	55	男	1938 年 2 月
史云祥	莒县城阳镇东关一街村	22	男	1938 年 2 月
史××	莒县城阳镇东关一街村	—	男	1938 年 2 月

姓 名	籍 贯	年 龄	性 别	死难时间
三 海	莒县城阳镇前西关村	—	男	1938 年 2 月
刘 氏	莒县城阳镇刘家菜园村	—	女	1938 年 2 月
李 氏	莒县城阳镇刘家菜园村	60	女	1938 年 2 月
王泽民	莒县城阳镇南关二街村	19	男	1938 年 2 月
孙洪德	莒县城阳镇南关二街村	23	男	1938 年 2 月
侯润廷	莒县城阳镇南关二街村	32	男	1938 年 2 月
孔广启	莒县城阳镇孔家街村	45	男	1938 年 2 月
孔召勇	莒县城阳镇孔家街村	32	男	1938 年 2 月
孔召池	莒县城阳镇孔家街村	35	男	1938 年 2 月
翟文海	莒县寨里河乡大翟沟村	—	男	1938 年 2 月
翟召祥	莒县寨里河乡大翟沟村	—	男	1938 年 2 月
季成礼之子	莒县里河乡季车沟村	1	男	1938 年 2 月
翟瑞孔	莒县寨里河乡小翟沟村	—	男	1938 年 2 月
高月祥	莒县寨里河乡北墩子村	21	男	1938 年 2 月
于晓治之妻	莒县寨里河乡莲花岭村	25	女	1938 年 2 月
崔德永之长兄	莒县寨里河乡莲花岭村	30	男	1938 年 2 月
李佃竹之父	莒县寨里河乡莲花岭村	45	男	1938 年 2 月
刘录之母	莒县寨里河乡莲花岭村	46	女	1938 年 2 月
于廷科	莒县寨里河乡寨里河村	—	男	1938 年 3 月
于廷富	莒县寨里河乡寨里河村	—	男	1938 年 3 月
李学彦	莒县寨里河乡寨里河村		男	1938 年 3 月
马小春	莒县寨里河乡寨里河村	—	男	1938 年 3 月
李西汗之父	莒县龙山镇瓦楼村	40	男	1938 年 2 月
杨春房	莒县刘官庄镇躲水店子村	—	男	1938 年 2 月
赵崇法	莒县阎庄镇宋家桥村	60	男	1938 年 2 月
赵崇法之妻	莒县阎庄镇宋家桥村	58	女	1938 年 2 月
曹桂成之妻	莒县阎庄镇宋家桥村	30	女	1938 年 2 月
赵崇法之次子	莒县阎庄镇宋家桥村	12	男	1938 年 2 月
赵崇法之儿媳	莒县阎庄镇宋家桥村	30	女	1938 年 2 月
赵崇法之孙	莒县阎庄镇宋家桥村	—	男	1938 年 2 月
赵 坤	莒县阎庄镇宋家桥村	25	男	1938 年 2 月
刘 相	莒县阎庄镇宋家桥村	50	男	1938 年 2 月
李 田	莒县阎庄镇宋家桥村	30	男	1938 年 2 月
鲍 福	莒县阎庄镇宋家桥村	15	男	1938 年 2 月

姓名	籍贯	年龄	性别	死难时间
谷 三	莒县阎庄镇宋家桥村	20	男	1938 年 2 月
厉 义	莒县阎庄镇宋家桥村	65	男	1938 年 2 月
李 成	莒县阎庄镇宋家桥村	35	男	1938 年 2 月
李大庆	莒县阎庄镇宋家桥村	15	男	1938 年 2 月
李 进	莒县阎庄镇宋家桥村	30	男	1938 年 2 月
于 池	莒县阎庄镇宋家桥村	50	男	1938 年 2 月
曹桂成	莒县阎庄镇宋家桥村	35	男	1938 年 2 月
管 福	莒县阎庄镇宋家桥村	20	男	1938 年 2 月
付公宗	莒县阎庄镇宋家桥村	58	男	1938 年 2 月
王 起	莒县阎庄镇大长安坡村	41	男	1938 年 2 月
张佑来	莒县阎庄镇大长安坡村	35	男	1938 年 2 月
张佐伍	莒县阎庄镇大长安坡村	29	男	1938 年 2 月
张 坛	莒县阎庄镇大长安坡村	42	男	1938 年 2 月
张 杰	莒县阎庄镇大长安坡村	45	男	1938 年 2 月
张有实之母	莒县阎庄镇大长安坡村	48	女	1938 年 2 月
王 顺	莒县阎庄镇大长安坡村	43	男	1938 年 2 月
张元英	莒县阎庄镇张当门村	33	男	1938 年 2 月
张万清	莒县阎庄镇张当门村	31	男	1938 年 2 月
张日江之叔	莒县阎庄镇张当门村	36	男	1938 年 2 月
刘明祥	莒县中楼镇集后村	30	男	1938 年 2 月
刘 义	莒县中楼镇集后村	50	男	1938 年 2 月
刘相端	莒县中楼镇集后村	28	男	1938 年 2 月
卢 代	莒县中楼镇集后村	49	男	1938 年 2 月
卢 栽	莒县中楼镇集后村	26	男	1938 年 2 月
董 济	莒县招贤镇大河东村	—	男	1938 年 2 月
刘震东	—	—	男	1938 年 2 月
刘国盛	—	—	男	1938 年 2 月
郑 焕	莒县店子集镇东穆家庄子村	16	女	1938 年 3 月 10 日
郑 军	莒县店子集镇东穆家庄子村	38	男	1938 年 3 月 10 日
郑军之妻	莒县店子集镇东穆家庄子村	39	女	1938 年 3 月 10 日
倪 彩	莒县店子集镇东穆家庄子村	46	男	1938 年 3 月 10 日
范老六	莒县店子集镇东穆家庄子村	53	男	1938 年 3 月 10 日
张福全	莒县寨里河乡寨里河村	—	男	1938 年 3 月
马 氏	莒县寨里河乡寨里河村	—	女	1938 年 3 月

姓 名	籍 贯	年 龄	性 别	死难时间
唐 起	莒县寨里河乡寨里河村	—	男	1938 年 3 月
马 武	莒县寨里河乡寨里河村	—	男	1938 年 3 月
马凤之子	莒县寨里河乡寨里河村	—	男	1938 年 3 月
马 氏	莒县寨里河乡寨里河村	—	女	1938 年 3 月
马 峰	莒县寨里河乡寨里河村	—	男	1938 年 3 月
李佐杰	莒县寨里河乡寨里河村	—	男	1938 年 3 月
刘永昌	莒县城阳镇坝上村	26	男	1938 年春
滕振原	莒县城阳镇坝上村	26	男	1938 年春
滕振奎	莒县城阳镇坝上村	27	男	1938 年春
赵西停	莒县城阳镇坝上村	42	男	1938 年春
刘凤高	莒县城阳镇坝上村	—	男	1938 年春
秦 七	莒县招贤镇招贤村	—	男	1938 年 6 月 28 日
秦七之子	莒县招贤镇招贤村	—	男	1938 年 6 月 28 日
宋庆祉之妻	莒县招贤镇招贤村	—	女	1938 年 6 月 28 日
李王氏	莒县招贤镇招贤村	—	女	1938 年 6 月 28 日
黑子之母	莒县招贤镇招贤村	—	女	1938 年 6 月 28 日
黑 子	莒县招贤镇招贤村	—	男	1938 年 6 月 28 日
李檩棒	莒县招贤镇招贤村	—	男	1938 年 6 月 28 日
宋宜文之祖母	莒县招贤镇招贤村	—	女	1938 年 6 月 28 日
李守明之父	莒县招贤镇招贤村	—	男	1938 年 6 月 28 日
李守明之叔	莒县招贤镇招贤村	—	男	1938 年 6 月 28 日
彭起之妻	莒县招贤镇招贤村	—	女	1938 年 6 月 28 日
宋鹏起之父	莒县招贤镇招贤村	—	男	1938 年 6 月 28 日
廖奎现	莒县招贤镇西双庙村	—	男	1938 年 6 月 28 日
史文全	莒县城阳镇史家庄子村	38	男	1938 年初冬
徐建堂	莒县城阳镇东关一街村	36	男	1938 年
张××	莒县城阳镇东关二街村	—	男	1938 年
李邦田	莒县城阳镇土门首村	45	男	1938 年
蒋东阳	莒县城阳镇土门首村	—	男	1938 年
李万松	莒县城阳镇西陈楼村	25	男	1938 年
王振东	莒县城阳镇西陈楼村	25	男	1938 年
杨洪喜	莒县城阳镇杨家店子村	41	男	1938 年
徐松之妻	莒县城阳镇杨家店子村	60	女	1938 年
柴 氏	莒县城阳镇杨家店子村	70	女	1938 年

姓　名	籍　贯	年　龄	性　别	死难时间
杨玉红之父	莒县刘官庄镇大官庄村	—	男	1938 年
田安川之祖母	莒县刘官庄镇大官庄村	—	女	1938 年
姚汉廷之祖母	莒县刘官庄镇大官庄村	—	女	1938 年
蔡希云之父	莒县刘官庄镇大官庄村	—	男	1938 年
蔡学法之叔	莒县刘官庄镇大官庄村	—	男	1938 年
王连会之三伯	莒县刘官庄镇大官庄村	—	男	1938 年
蔡德坤之祖母	莒县刘官庄镇大官庄村	—	女	1938 年
王　江	莒县城阳镇何亭子村	—	男	1938 年
史张氏	莒县城阳镇北关街	—	女	1938 年
蒋　锡	莒县城阳镇蒋家墩头村	60	男	1938 年
蒋仲春	莒县城阳镇蒋家墩头村	70	男	1938 年
蒋王氏	莒县城阳镇蒋家墩头村	65	女	1938 年
蒋张氏	莒县城阳镇蒋家墩头村	60	女	1938 年
蒋　太	莒县城阳镇蒋家墩头村	60	男	1938 年
王秀开	莒县城阳镇蒋家墩头村	50	男	1938 年
庙学庆	莒县棋山乡姜家庄	35	男	1938 年
高会昌	莒县棋山乡姜家庄	28	男	1938 年
陈佰然	莒县城阳镇陈家屯村	48	男	1938 年
曹根同之四弟	莒县长岭镇坡子村	1	男	1938 年
杜鸿喜	—	—	男	1938 年
孙发启之子	—	—	男	1938 年
李崇德	莒县城阳镇东关三街村	21	男	1938 年
张学希	莒县城阳镇东关五街村	—	女	1938 年
孙余祥	莒县城阳镇东大街二街村	37	男	1938 年
孔继山	莒县城阳镇东大街二街村	72	男	1938 年
刘陈氏	莒县城阳镇东大街二街村	56	女	1938 年
邢　×	莒县城阳镇东大街二街村	—	—	1938 年
孙　×	莒县城阳镇东大街二街村	—	—	1938 年
荆光溪	莒县城阳镇护城官庄村	—	男	1938 年
荆和尚	莒县城阳镇护城官庄村	—	男	1938 年
岳宏德	莒县城阳镇后西关村	27	男	1938 年
李西三	莒县城阳镇后西关村	35	男	1938 年
于老大	莒县城阳镇后西关村	38	男	1938 年
周　×	莒县城阳镇南关一街村	12	女	1938 年

姓 名	籍 贯	年 龄	性 别	死难时间
周备坤	莒县城阳镇南关一街村	15	男	1938 年
王云庆	莒县城阳镇南关一街村	—	男	1938 年
王凤刚	莒县城阳镇王店子村	39	男	1938 年
陈 彦	莒县城阳镇东陈楼村	—	男	1938 年
汪敬远	莒县城阳镇东陈楼村	—	男	1938 年
王中业	莒县城阳镇丰家村	—	男	1938 年
王桂系	莒县城阳镇丰家村	—	男	1938 年
王桂堂	莒县城阳镇丰家村	—	男	1938 年
王 莹	莒县城阳镇丰家村	—	男	1938 年
王桂林	莒县城阳镇丰家村	—	男	1938 年
王家振	莒县城阳镇丰家村	—	男	1938 年
王东思	莒县城阳镇丰家村	—	男	1938 年
宋 田	莒县城阳镇七里墩子村	42	男	1938 年
慕 春	莒县城阳镇七里墩子村	53	男	1938 年
蔡加队之祖母	莒县刘官庄镇大官庄村	—	女	1938 年 2 月
梁永年	莒县城阳镇七里墩子村	44	男	1938 年
慕王氏	莒县城阳镇七里墩子村	29	女	1938 年
杨安吉	莒县城阳镇杨家店子村	36	男	1938 年
沈瑞林	莒县城阳镇沈家村	19	男	1938 年
张建义	莒县城阳镇陈家庄子村	50	男	1938 年
安 林	莒县城阳镇前绪米村	60	男	1938 年
李永全	莒县城阳镇涝坡村	18	男	1938 年
王 海	莒县城阳镇王家岭村	62	男	1938 年
樊乐义	莒县招贤镇招贤一村	50	男	1938 年
李建逊	莒县招贤镇招贤四村	9	男	1938 年
李宋民	莒县龙山镇后仲沟村	—	女	1938 年
赵佃福	莒县龙山镇段家河村	23	男	1938 年
魏 茂	莒县龙山镇段家河村	18	男	1938 年
陈常友	莒县龙山镇后寨村	18	男	1938 年
朱信明之祖母	莒县龙山镇上芦河村	60	女	1938 年
鲍 成	莒县小店乡吕东村	28	男	1938 年
管恩礼之二兄	莒县招贤镇招贤二村	—	男	1938 年
李侯氏	莒县招贤镇招贤三村	41	女	1938 年
刘明功	莒县招贤镇西双庙村	—	男	1938 年

姓 名	籍 贯	年 龄	性 别	死难时间
陈××	莒县招贤镇西双庙村	—	男	1938 年
王 成	莒县招贤镇东双庙村	50	男	1938 年
梁纪芹	莒县招贤镇梁家四山村	33	男	1938 年
梁志允	莒县招贤镇梁家四山村	29	男	1938 年
韩纪贵	莒县招贤镇前门官庄村	—	男	1938 年
韩纪友	莒县招贤镇前门官庄村	—	男	1938 年
孙宝友	莒县招贤镇前门官庄村	—	男	1938 年
于××	莒县招贤镇汀沟店村	—	男	1938 年
葛见成	莒县桑园乡上疃村	20	男	1938 年
周备祥	莒县店子集镇松元村	—	男	1938 年
王庆云	莒县长岭镇上官庄村	68	男	1939 年 1 月
崔义成	莒县招贤镇大土岭村	29	男	1939 年 2 月
李彦福	莒县城阳镇李家村	38	男	1939 年 2 月
刘 业	莒县东莞乡大沈庄村	46	男	1939 年 4 月
刘 氏	莒县东莞乡大沈庄村	32	女	1939 年 4 月
刘张氏	莒县东莞乡大沈庄村	49	女	1939 年 4 月
刘李氏	莒县东莞乡大沈庄村	66	女	1939 年 4 月
刘赵氏	莒县东莞乡大沈庄村	70	女	1939 年 4 月
刘丰七	莒县东莞乡大沈庄村	51	男	1939 年 4 月
刘老土	莒县东莞乡大沈庄村	55	男	1939 年 4 月
刘志肖	莒县东莞乡大沈庄村	68	男	1939 年 4 月
孙行安	莒县东莞乡大沈庄村	71	男	1939 年 4 月
韩义吉	—	62	男	1939 年 4 月
刘 氏	莒县东莞乡大沈庄村	50	女	1939 年 4 月
小 妮	莒县东莞乡大沈庄村	10	女	1939 年 4 月
刘志喜	莒县东莞乡大沈庄村	8	男	1939 年 4 月
刘常升	莒县东莞乡大沈庄村	42	男	1939 年 4 月
刘海花	莒县东莞乡大沈庄村	18	女	1939 年 4 月
刘海泉	莒县东莞乡大沈庄村	16	男	1939 年 4 月
庄克金	莒县东莞乡庄家山村	—	男	1939 年 3 月 9 日
齐 坤	莒县招贤镇董家坡村	—	男	1939 年 2 月 18 日
曾 ×	莒县东莞乡东莞村	13	女	1939 年 3 月 18 日
郑礼林	莒县招贤镇杨家坡村	56	男	1939 年 3 月 19 日
郑明友	莒县招贤镇杨家坡村	50	男	1939 年 3 月 19 日

姓　名	籍　贯	年龄	性别	死难时间
刘房氏	莒县长岭镇西南岭村	31	女	1939年4月
刘房氏之子	莒县长岭镇西南岭村	—	男	1939年4月
李遵具	莒县龙山镇瓦楼村	19	男	1939年4月
公方正	莒县浮来山镇后石灰窑村	30	男	1939年4月
陈大丫	莒县陵阳镇陈河水村	16	男	1939年4月7日
庄志厢	莒县陵阳镇庄家河水村	50	男	1939年4月20日
庄志慎	莒县陵阳镇庄家河水村	40	男	1939年4月20日
马守贞之祖母	莒县小店乡吕西村	—	女	1939年4月23日
马希成之长女	莒县小店乡吕西村	—	女	1939年4月23日
马希成之次女	莒县小店乡吕西村	—	女	1939年4月23日
刘兴荣之妻	莒县小店乡吕西村	—	女	1939年4月23日
刘志福	莒县龙山镇前仲村	—	男	1939年4月23日
葛永祯	莒县长岭镇葛家横沟村	18	男	1939年5月
蒋小网	莒县城阳镇孙家村	13	男	1939年5月
高蒋氏	莒县城阳镇孙家村	35	女	1939年5月
宋平	莒县城阳镇围子村	45	男	1939年5月
孙氏	莒县城阳镇围子村	46	女	1939年5月
房安胡	莒县城阳镇围子村	21	男	1939年5月
庄成提	莒县城阳镇围子村	60	男	1939年5月
葛佃臣	莒县城阳镇围子村	40	男	1939年5月
高有章	莒县城阳镇围子村	60	男	1939年5月
刘二	莒县城阳镇围子村	28	男	1939年5月
李学梦	莒县寨里河乡龙尾村	47	男	1939年5月
李召	莒县寨里河乡龙尾村	50	男	1939年5月
李桂修	莒县库山乡苑家沟	—	男	1939年5月6日
刘宗	莒县东莞乡朱留村	40	男	1939年5月8日
王祥山	莒县城阳镇史家庄子村	18	男	1939年夏
卢梭	莒县小店乡山西头村	—	—	1939年6月
李代青	莒县龙山镇西涝坡村	62	男	1939年6月
张传升	莒县龙山镇西涝坡村	62	男	1939年6月
商文芹	莒县龙山镇西涝坡村	61	男	1939年6月
于欣	莒县中楼镇河东村	50	男	1939年6月
于端	莒县中楼镇板楼村	52	男	1939年6月
金氏	莒县中楼镇板楼村	54	女	1939年6月

姓 名	籍 贯	年 龄	性 别	死难时间
徐凤平	莒县中楼镇中楼村	—	女	1939 年 6 月
陈春录	莒县中楼镇中楼村	—	女	1939 年 6 月
张宗义	莒县中楼镇中楼村	—	男	1939 年 6 月
张春芳之妻	莒县中楼镇中楼村	—	—	1939 年
董立之母	莒县中楼镇中楼村	—	—	1939 年
张崇志	莒县中楼镇中楼村	—	—	1939 年
王茂德	莒县中楼镇中楼村	—	—	1939 年
赵陈氏	莒县中楼镇中楼村	—	—	1939 年
陈马氏	莒县中楼镇中楼村	—	—	1939 年
孟陈氏之子	莒县中楼镇孟家西楼村	1	男	1939 年 6 月—1941 年 2 月
孟凡忠	莒县中楼镇孟家西楼村	28	男	1939 年 6 月—1941 年 2 月
孟光臣	莒县中楼镇孟家西楼村	70	男	1939 年 6 月—1941 年 2 月
孟光臣之妻	莒县中楼镇孟家西楼村	51	女	1939 年 6 月—1941 年 2 月
孟光义	莒县中楼镇孟家西楼村	50	男	1939 年 6 月—1941 年 2 月
孟林氏	莒县中楼镇孟家西楼村	40	女	1939 年 6 月—1941 年 2 月
孟马氏	莒县中楼镇孟家西楼村	60	女	1939 年 6 月—1941 年 2 月
孟庆闹	莒县中楼镇孟家西楼村	10	男	1939 年 6 月—1941 年 2 月
孟庆喜	莒县中楼镇孟家西楼村	34	男	1939 年 6 月—1941 年 2 月
孟王氏	莒县中楼镇孟家西楼村	45	女	1939 年 6 月—1941 年 2 月
孟贤修	莒县中楼镇孟家西楼村	30	男	1939 年 6 月—1941 年 2 月
孟贤修之子	莒县中楼镇孟家西楼村	3	男	1939 年 6 月—1941 年 2 月
孟宪文	莒县中楼镇孟家西楼村	55	男	1939 年 6 月—1941 年 2 月
孟宪武之母	莒县中楼镇孟家西楼村	51	女	1939 年 6 月—1941 年 2 月
孟宪章	莒县中楼镇孟家西楼村	45	男	1939 年 6 月—1941 年 2 月
孟允岩	莒县中楼镇孟家西楼村	36	男	1939 年 6 月—1941 年 2 月
孟朱氏	莒县中楼镇孟家西楼村	28	女	1939 年 6 月—1941 年 2 月
陈修竹	莒县中楼镇中楼村	—	男	1939 年 6 月
陈之成	莒县中楼镇中楼村	—	男	1939 年 6 月
徐凤萍	莒县中楼镇中楼村	—	女	1939 年 6 月
徐 义	莒县城阳镇刘家菜园村	29	男	1939 年 6 月
张 诺	莒县城阳镇公家园村	68	男	1939 年 6 月
孔纪山	莒县城阳镇公家园村	64	男	1939 年 7 月
张玉振	莒县龙山镇西楼村	18	男	1939 年 7 月
唐明滨	莒县龙山镇南楼村	11	男	1939 年 7 月

続表

姓 名	籍 贯	年龄	性别	死难时间
蔡文永	莒县龙山镇高疃村	29	男	1939 年 7 月
张相林	莒县龙山镇西楼村	55	男	1939 年 7 月
林世青	莒县棋山大林茂村	—	男	1939 年 7 月
刘 怀	莒县东莞乡朱留村	35	男	1939 年 7 月 28 日
袁培法	莒县浮来山镇十里堡村	19	男	1939 年 8 月
来成森	莒县小店乡金墩一村	23	男	1939 年 8 月
李信春之弟	莒县龙山镇瓦楼村	20	男	1939 年 8 月
胡士吉	莒县刘官庄镇刘官庄村	—	男	1939 年 8 月
朱连余	莒县刘官庄镇李泉头村	28	男	1939 年 8 月
刘桑木	莒县城阳镇韩家菜园村	25	男	1939 年 8 月
卢新堂之母	莒县城阳镇韩家菜园村	40	女	1939 年 8 月
朱凤余	莒县陵阳镇朱家葛湖村	28	男	1939 年 9 月
正 月	莒县东莞乡庄家山村	—	男	1939 年 9 月 10 日
高墨林	莒县刘官庄镇小河北村	—	—	1939 年 11 月
董信卿	莒县刘官庄镇公婆山河北村	—	男	1939 年 12 月
李聘卿	—	—	男	1939 年 12 月
于金海之父	莒县店子集镇东沟头村	56	男	1939 年 12 月 17 日
蒲国双	莒县东莞乡东莞村	—	男	1939 年 12 月 18 日
张希仁	莒县峤山镇吉兰村	14	男	1939 年
马立发	莒县寨里河乡孟家疃村	25	男	1939 年
杜发信	莒县寨里河乡孟家疃村	28	男	1939 年
付玉蜜	莒县寨里河乡青山沟村	38	男	1939 年
宋延琴	莒县招贤镇大罗庄村	—	男	1940 年 1 月
刘炎兰	莒县兰家官庄村	—	男	1940 年 1 月
陈善敬	莒县洛河乡前四村	—	男	1940 年 1 月
陈立堂	莒县洛河乡前四村	—	男	1940 年 1 月
吕宗祥	—	—	男	1940 年 1 月 19 日
亓井玉	—	—	男	1940 年 2 月
孟宪秋	莒县中楼镇孟家西楼村	—	男	1940 年 2 月
何士善	莒县中楼镇孟家西楼村	25	男	1940 年 2 月
鲁庆德	莒县城阳镇东关一街村	54	男	1940 年 3 月
张希增	莒县城阳镇东关二街村	—	男	1940 年 3 月
赵登成	莒县果庄乡龙潭官庄村	30	男	1940 年春
王 清	莒县果庄乡沙河头村	34	男	1940 年春

姓　名	籍　贯	年龄	性别	死难时间
张中一	莒县刘官庄镇后沙岭村	—	男	1940 年春
刘　法	莒县寨里河乡冯家庄村	—	男	1940 年春
冯　道	莒县寨里河乡冯家庄村	—	男	1940 年春
刘　庆	莒县寨里河乡冯家庄村	—	男	1940 年春
陈凤武	莒县小店乡青山前村	39	男	1940 年春
王成德	莒县城阳镇西汪上村	—	男	1941 年 4 月 18 日
罗　真	—	—	男	1940 年 4 月 20 日
严兆合	莒县小店乡前严家崮西村	—	—	1940 年 4 月 23 日
张乃松	莒县小店乡小店村	26	男	1940 年 5 月
王德勋	莒县刘官庄镇五花营	—	男	1940 年 5 月
王金声之女	莒县小店镇吕崮西村	—	女	1940 年 5 月—1943 年 1 月
车　夫	莒县小店镇吕崮西村	—	男	1940 年 5 月—1943 年 1 月
马小善	莒县小店镇吕崮西村	—	男	1940 年 5 月—1943 年 1 月
马小善之妹	莒县小店镇吕崮西村	—	女	1940 年 5 月—1943 年 1 月
吕汉家人	莒县小店镇吕崮西村	—	男	1940 年 5 月—1943 年 1 月
刘兴武之妻	莒县小店镇吕崮西村	—	女	1940 年 5 月—1943 年 1 月
刘兴武之女	莒县小店镇吕崮西村	—	女	1940 年 5 月—1943 年 1 月
马相廷之妻	莒县小店镇吕崮西村	—	女	1940 年 5 月—1943 年 1 月
张艳得	莒县小店镇吕崮西村	—	男	1940 年 5 月—1943 年 1 月
马永祥	莒县小店镇吕崮西村	—	男	1940 年 5 月—1943 年 1 月
马佐轻	莒县小店镇吕崮西村	—	男	1940 年 5 月—1943 年 1 月
马佐轻之女	莒县小店镇吕崮西村	—	女	1940 年 5 月—1943 年 1 月
王莫之女	莒县小店镇吕崮西村	—	女	1940 年 5 月—1943 年 1 月
王德荣	莒县小店镇吕崮西村	—	男	1940 年 5 月—1943 年 1 月
王德荣妻	莒县小店镇吕崮西村	—	女	1940 年 5 月—1943 年 1 月
王德文	莒县小店镇吕崮西村	—	男	1940 年 5 月—1943 年 1 月
王青山	—	—	男	1940 年 5 月 3 日
刑玉明	—	—	男	1940 年 5 月 4 日
刘玉芳	莒县陵阳镇刘家河口村	24	男	1940 年 5 月 20 日
季春运	莒县东莞乡玄武庵村	35	男	1940 年 5 月 25 日
张泮林	莒县陵阳镇杭头村	47	男	1940 年 7 月
柳星堂	莒县峤山镇老古阿村	25	男	1940 年 8 月
李禄奎	莒县龙山镇上芦峪河村	—	男	1940 年 8 月
于任成	莒县龙山镇上芦峪河村	—	男	1940 年 8 月

姓 名	籍 贯	年 龄	性 别	死难时间
来国贞	莒县大庄子村	—	男	1940 年 8 月
王凤烈之妻	莒县寨里河乡东王标村	30	女	1940 年 8 月
王浩然	莒县棋山乡西杨村	26	男	1940 年 9 月 3 日
贾文箕	莒县库山乡车庄	—	男	1940 年秋
郗明书	莒县果庄乡沙河头村	28	男	1940 年秋
管象德	莒县棋山庞庄村	60	男	1940 年 10 月 29 日
田 氏	莒县城阳镇刘家菜园村	46	女	1940 年 10 月
刘纪强	莒县城阳镇刘家菜园村	18	男	1940 年 10 月
陈凤文	莒县小店乡青山前村	32	男	1940 年 10 月 9 日
张 选	莒县城阳镇小湖村	60	男	1940 年 11 月
马 芬	—	—	男	1940 年 11 月
周绪亮	莒县招贤镇沙沟村	—	男	1940 年 11 月 16 日
张光亮	莒县棋山乡埠南头村	22	男	1940 年 12 月 13 日
孙仕玉	莒县果庄乡孙家庄村	27	男	1940 年 12 月 13 日
张 伦	莒县东莞乡东莞村	33	男	1940 年 12 月 16 日
严日照	莒县果庄乡后梭庄村	19	男	1940 年 12 月 23 日
朱 永	莒县果庄乡后梭庄村	20	男	1940 年 12 月 23 日
田西山	莒县果庄乡后梭庄村	19	男	1940 年 12 月 23 日
张佃庆	沂水县许家湖乡大窑村	21	男	1940 年 12 月 23 日
刘金城	莒县洛河镇皇庄村	23	男	1940 年 12 月 24 日
崔××	莒县长岭镇后山头渊村	—	男	1940 年
邢 五	莒县店子集镇后西庄村	21	男	1940 年
刘希山	莒县寨里河乡孟家疃村	23	男	1940 年
李发元	莒县寨里河乡孟家疃村	40	男	1940 年
周 详	莒县寨里河乡唐家沟村	32	男	1940 年
唐守日	莒县寨里河乡唐家沟村	36	男	1940 年
赵焕祥	莒县寨里河乡陡崖村	—	男	1940 年
赵培现	莒县寨里河乡陡崖村	—	男	1940 年
刘忠合	莒县寨里河乡冯家庄村	—	男	1940 年
季成功之女	莒县寨里河乡季车沟村	6	女	1940 年
马永进之妹	莒县寨里河乡马河水村	5	女	1940 年
马永进之兄	莒县寨里河乡马河水村	9	男	1940 年
辛公利	莒县寨里河乡薛车沟村	—	男	1940 年
庄子升	莒县小店乡前横山村	—	—	1940 年

姓　名	籍　贯	年龄	性别	死难时间
刘　夏	莒县小店乡前横山村	—	—	1940 年
崔重新	莒县小店乡后山头渊村	—	—	1940 年
杨振功	莒县小店乡杨家崮西村	—	男	1940 年
邰博传	莒县浮来山镇后菜园村	19	男	1940 年
李　元	莒县峤山镇念头村	35	男	1940 年
唐学成	莒县龙山镇上芦河村	36	男	1940 年
于志亭	莒县龙山镇上芦河村	32	男	1940 年
邵恩富	莒县刘官庄镇邵泉头	—	男	1940 年
张荣丰	莒县刘官庄镇徐家庄	—	男	1940 年
刘月旭	莒县刘官庄镇刘官庄村	—	男	1940 年
张乃忠	莒县陵阳镇大河北村	28	男	1940 年
王玉竹	莒县桑园乡大井峪村	—	男	1940 年
曹建瑶	莒县长岭镇腊行村	21	男	1940 年
常永周	莒县小店乡后横山村	—	—	1940 年
来召斋	莒县小店乡前李官庄村	—	男	1940 年
来逢福	莒县小店乡前李官庄村	46	—	1940 年
汪玉贵	莒县小店乡耿家庄子村	—	—	1940 年
来永立	莒县小店乡前李官庄村	18	—	1940 年
于海田	莒县小店乡于家官庄村	21	男	1940 年
曹凤斋	莒县小店乡水沟泊村	30	男	1940 年
来逢堆	莒县小店乡前李官庄村	22	男	1940 年
韩立勋	莒县小店乡金墩三村	28	男	1940 年
王凤伍	莒县小店乡前山头渊村	—	男	1940 年
王守德	莒县小店乡前山头渊村	—	男	1940 年
王忠全	莒县小店乡前山头渊村	—	男	1940 年
王继远	莒县小店乡前山头渊村	—	男	1940 年
王家平	莒县小店乡前山头渊村	—	男	1940 年
王家英之母	莒县小店乡前山头渊村		女	1940 年
王云伍	莒县小店乡前山头渊村	—	男	1940 年
王现德	莒县小店乡前山头渊村		男	1940 年
王守连	莒县小店乡前山头渊村	—	男	1940 年
王连顺	莒县小店乡前山头渊村		男	1940 年
崔崇祥	莒县小店乡后山头渊村	28	男	1940 年
胡英亮	莒县小店乡杨家崮西村	—	—	1940 年

姓 名	籍 贯	年 龄	性 别	死难时间
杨振中	莒县小店乡杨家崮西村	—	—	1940 年
赵凤巨	莒县小店乡水沟泊村	—	—	1940 年
韩 德	莒县小店乡后横山村	25	男	1940 年
王 田	莒县小店乡后横山村	36	男	1940 年
曹志成	莒县小店乡水沟泊村	28	—	1940 年
曹凤全	莒县小店乡水沟泊村	28	—	1940 年
唐 道	莒县龙山镇上芦河村	39	男	1940 年
李凤周	莒县龙山镇上芦河村	30	男	1940 年
梁志区	莒县招贤镇梁家四山村	—	男	1940 年
梁志区之妻	莒县招贤镇梁家四山村	—	女	1940 年
梁志区之长子	莒县招贤镇梁家四山村	—	男	1940 年
梁志区之次子	莒县招贤镇梁家四山村	—	男	1940 年
梁志区之长女	莒县招贤镇梁家四山村	—	女	1940 年
郑兆会	莒县招贤镇杨家坡村	20	男	1940 年
大道师	莒县洛河乡周家庄村	—	男	1940 年
周小蒙	莒县洛河乡周家庄村	—	男	1940 年
郭连治	莒县洛河乡郭泥沟村	32	男	1940 年
赵连田	莒县洛河乡郭泥沟村	33	男	1940 年
李新民	莒县城阳镇七里墩子村	23	男	1940 年
张玉彪	莒县城阳镇杨家店子村	29	男	1940 年
杨玉庆	莒县城阳镇杨家店子村	14	男	1940 年
杨培德	莒县城阳镇杨家店子村	22	男	1940 年
杨洪学	莒县城阳镇杨家店子村	19	男	1940 年
吴瑞州	莒县城阳镇杨家店子村	31	男	1940 年
杨洪来	莒县城阳镇杨家店子村	18	男	1940 年
李建成	莒县招贤镇李家庄子村	—	男	1940 年
张 怀	莒县城阳镇董家屯村	—	男	1940 年
史金增	莒县长岭镇后夏庄村	—	男	1941 年 1 月
庄均锋	莒县长岭镇后坡子村	33	男	1941 年 1 月
赵 景	莒县刘官庄镇西沟村	29	男	1941 年 1 月
赵夫顺	莒县中楼镇娄家湖村	—	男	1941 年 1 月
刘安功	莒县中楼镇卢西楼村	22	男	1941 年 1 月
卢洪喜	莒县中楼镇卢西楼村	20	男	1941 年 1 月
朱华同	莒县峤山镇小朱山村	47	男	1941 年 1 月

姓　名	籍　贯	年龄	性别	死难时间
朱佃富	莒县果庄乡大崖头村	31	男	1941年2月10日
单清起	—	—	男	1941年2月
刘京修	莒县长岭镇杨官庄村	31	男	1941年2月
李　元	莒县长岭镇杨官庄村	57	男	1941年2月
张学文	莒县寨里河乡南上涧村	—	男	1941年2月
于秀才	莒县寨里河乡寨里河村	—	男	1941年3月
厉兴亭	莒县陵阳镇厉家庄村	31	男	1941年3月
孙佃旺之孙	莒县果庄乡前梭庄	33	男	1941年春
冯义田	莒县刘官庄镇躲水店子村	—	男	1941年春
孔祥成之妻	莒县刘官庄镇中泉村	—	女	1941年春
姜　春	莒县刘官庄柳河村	—	男	1941年春
姜　栋	莒县刘官庄柳河村	—	男	1941年春
陈中唐	莒县寨里河乡穆家寨村	25	男	1941年4月
穆　六	莒县寨里河乡穆家寨村	32	男	1941年4月
王　锡	莒县寨里河乡穆家寨村	42	男	1941年4月
张录之妻	莒县寨里河乡周王河北村	—	女	1941年4月
曹玉夏	莒县龙山镇西楼村	20	男	1941年5月
王连安	莒县果庄乡小王海坡村	50	男	1941年5月
艾光楼	莒县	—	男	1941年5月
解明仁	莒县东莞乡刘家洼村	23	男	1941年6月3日
冯为善	莒县洛河乡西地村	27	男	1941年6月20日
申乃村	莒县龙山镇前申家沟村	30	男	1941年7月
王纪远	莒县小店乡前山头渊村	26	男	1941年7月
官方正	—	—	男	1941年7月
王　革	莒县刘官庄镇尹店子村	—	男	1941年秋
张　前	莒县夏庄镇南上庄村	30	男	1941年秋
韩士英	莒县中楼镇河东村	—	男	1941年10月
王远鹏	莒县中楼镇河东村	—	男	1941年10月
王茂昆	莒县中楼镇河东村	—	男	1941年10月
卢春山	莒县小店乡卢家孟晏村	28	—	1941年11月
孙俊卿	莒县夏庄镇孙家石岭村	—	男	1941年12月
闵现福	莒县夏庄镇孙家石岭村	—	男	1941年12月
王学勤	莒县棋山乡上峪三村	—	男	1941年12月23日
唐立业	莒县招贤镇董家坡村	46	男	1941年

姓 名	籍 贯	年 龄	性 别	死难时间
葛 海	莒县招贤镇董家坡村	49	男	1941 年
范喜录	莒县招贤镇董家坡村	46	男	1941 年
董永录	莒县招贤镇董家坡村	47	男	1941 年
范庆同	莒县龙山镇范家庄村	21	男	1941 年
刘现桂	莒县龙山镇范家庄村	20	男	1941 年
刘现方	莒县龙山镇范家庄村	20	男	1941 年
范庆典	莒县龙山镇范家庄村	19	男	1941 年
范崇余	莒县龙山镇范家庄村	19	男	1941 年
范锡迎	莒县龙山镇范家庄村	—	男	1941 年
范崇明	莒县龙山镇范家庄村	—	男	1941 年
唐月平	莒县龙山镇范家庄村	27	男	1941 年
唐明区之母	莒县龙山镇范家庄村	—	女	1941 年
宋乃合	莒县龙山镇前仲沟村	—	男	1941 年
任照祥	莒县龙山镇任家口村	30	男	1941 年
侯文华	莒县刘官庄镇侯家庄村	22	男	1941 年
王九锡	莒县刘官庄镇李泉头村	—	男	1941 年
张荣宽	莒县刘官庄镇徐家庄村	—	男	1941 年
唐 欣	莒县龙山镇上芦河村	52	男	1941 年
唐纪艳	莒县龙山镇上芦河村	17	男	1941 年
高 有	莒县招贤镇姚家泉村	—	男	1941 年
刘维仁	莒县桑园乡东庄村	21	男	1941 年
李相海	莒县浮来山镇田家念头村	32	男	1941 年
董竹三	莒县浮来山镇邢家庄村	19	男	1941 年
冯 田	莒县洛河乡北汶村	—	男	1941 年
冯云田	莒县洛河乡北汶村	—	男	1941 年
庄会军	莒县洛河乡北汶村	—	男	1941 年
王兴屯	莒县招贤镇后石汪峪村	17	男	1941 年
孙风山	莒县招贤镇后石汪峪村	—	男	1941 年
申文明	莒县后申家沟村	21	男	1941 年
孔祥师	莒县龙山镇扭沟村	19	男	1941 年
王玉璞	莒县小店乡前山头渊村	51	男	1941 年
魏夫新	莒县小店乡后横山村	28	男	1941 年
于友田	莒县小店乡于家官庄村	44	男	1941 年
于江田	莒县小店乡于家官庄村	20	男	1941 年

姓 名	籍 贯	年龄	性别	死难时间
赵凤斋	莒县小店乡水沟泊村	—	男	1941 年
曹凤柱	莒县小店乡水沟泊村	—	男	1941 年
刘德进	莒县小店乡脉住墩村	42	男	1941 年
崔瑞开	莒县小店乡后山头渊村	25	男	1941 年
于章田	莒县小店乡于家官庄村	21	男	1941 年
董守恕	莒县小店乡董家董庄村	25	男	1941 年
韩存本	莒县小店乡小店村	18	男	1941 年
杨殿会	莒县长岭镇前夏庄村	22	男	1941 年
王安文之妹	莒县长岭镇白土沟村	15	女	1941 年
张进田之妻	莒县长岭镇白土沟村	26	女	1941 年
丰兴然	莒县棋山乡上峪一村	—	男	1941 年
梁老大	莒县招贤镇杨家坡村	20	男	1941 年
杨老大	莒县招贤镇杨家坡村	20	男	1941 年
鲍营	莒县城阳镇付家洼村	40	男	1941 年
潘兆花	莒县城阳镇付家洼村	—	女	1941 年
潘兆富	莒县城阳镇付家洼村	—	男	1941 年
杨京奎	莒县城阳镇董家屯村	—	男	1941 年
战洪志	莒县城阳镇涝坡村	21	男	1941 年
郝守太	莒县城阳镇涝坡村	23	男	1941 年
李金瑞	莒县城阳镇涝坡村	20	男	1941 年
战风娄	莒县城阳镇涝坡村	25	男	1941 年
赵连吉	莒县夏庄镇薛家湖村	—	男	1941 年
赵培善	寨里河乡陡崖村	32	男	1941 年
马绳武	莒县寨里河乡寨里河村	44	男	1941 年
马西忠	莒县寨里河乡寨里河村	—	男	1941 年
左夫	莒县寨里河乡左家岭村	—	男	1941 年
辛兴全	莒县寨里河乡老虎峪村	—	男	1941 年
谷老六	莒县寨里河乡马莲坡村	—	男	1941 年
张凤诚	莒县寨里河乡周王河北村	—	男	1941 年
孟贤德	莒县寨里河乡周王河北村	—	男	1941 年
孟贤德之妻	莒县寨里河乡周王河北村	—	女	1941 年
柳节	莒县招贤镇柳家庄村	60	男	1942 年 1 月
柳恩德	莒县招贤镇柳家庄村	35	男	1942 年 1 月
柳伟	莒县招贤镇柳家庄村	24	男	1942 年 1 月

姓名	籍贯	年龄	性别	死难时间
柳隆春	莒县招贤镇柳家庄村	22	男	1942 年 1 月
王福臣	莒县中楼镇山庄村	—	男	1942 年 1 月
王同乐	莒县中楼镇山庄村	—	男	1942 年 1 月
李贵方	莒县中楼镇对子沟村	59	男	1942 年 1 月
崔兆礼	莒县中楼镇对子沟村	—	男	1942 年 1 月
马先好	莒县中楼镇马家峪村	—	男	1942 年 2 月
马世法	莒县中楼镇马家峪村	—	男	1942 年 2 月
刘光胜	莒县洛河乡东皂湖村	24	男	1942 年 2 月
赵明升	莒县洛河乡前四村	—	男	1942 年 2 月
赵世春之父	莒县夏庄镇北汀水村	—	男	1942 年 2 月
王友相	莒南县	—	男	1942 年 2 月
丁维义	莒南县	—	男	1942 年 2 月
主德元	莒南县	—	男	1942 年 2 月
郑涌	莒南县	—	女	1942 年 2 月
彭桂臻	莒南县	—	女	1942 年 2 月
纪文周	莒县中楼镇库山子村	61	男	1942 年 3 月
井子明	莒县中楼镇井家沟村	42	男	1942 年 3 月
井士江	莒县中楼镇井家沟村	45	男	1942 年 3 月
井荣盾	莒县中楼镇井家沟村	40	男	1942 年 3 月
井宽	莒县中楼镇井家沟村	41	男	1942 年 3 月
井子芳	莒县中楼镇井家沟村	45	男	1942 年 3 月
董克忠	莒县库山乡小库山村	—	男	1942 年春
董纪永	莒县果庄乡泉庄村	24	男	1942 年春
房祥和	莒县刘官庄镇高家庄村	—	男	1942 年春
严继文	莒县刘官庄镇公婆山村	—	男	1942 年春
马成玉	莒县库山乡大库山村	—	男	1942 年夏
孙月桂	莒县浮来山镇刑家庄村	—	男	1942 年 7 月
孙月运	莒县浮来山镇刑家庄村	—	男	1942 年 7 月
董元一	莒县长岭镇大官庄村	41	男	1942 年 7 月
王宁进	莒县库山乡连五河村	—	男	1942 年 8 月 16 日
来国贞	莒县夏庄镇大庄子村	—	女	1942 年秋
马兆村	莒县中楼镇马亓河村	50	男	1942 年 10 月
盛珍	莒县中楼镇鸡山沟村	—	男	1942 年 10 月
盛建	莒县中楼镇鸡山沟村	—	男	1942 年 10 月

姓　名	籍　贯	年　龄	性　别	死难时间
盛汝田	莒县中楼镇鸡山沟村	—	男	1942 年 10 月
刘光兰	莒县中楼镇鸡山沟村	—	男	1942 年 10 月
赵的成	莒县夏庄镇北汀水村	—	男	1942 年 11 月
赵永年	莒县刘官庄镇西沟村	28	男	1942 年 11 月
徐永胜	莒县刘官庄镇徐家庄村	—	男	1942 年 11 月
王　氏	莒县东莞乡北山村	18	女	1942 年 11 月 5 日
孙学善	莒县东莞乡北山村	38	男	1942 年 11 月 8 日
王　氏	莒县东莞乡北山村	42	女	1942 年 11 月 23 日
张良金	诸城市	26	男	1942 年 11 月底
张永帧	莒县夏庄镇麦坡子村	—	男	1942 年 12 月
卢　提	莒县中楼镇集后村	32	男	1942 年 12 月
曹玉山之妹	沂水县曹家河村	—	女	1942 年 12 月 23 日
王治顺	莒县安庄镇王家川村	—	男	1942 年 12 月 23 日
赵　松	莒县安庄镇王家川村	—	男	1942 年 12 月 23 日
徐振成之弟	莒县安庄镇邵家官庄村	7	男	1942 年 12 月 23 日
解合三	莒县安庄镇宝洼村	—	男	1942 年 12 月 23 日
刘　玉	莒县安庄镇安家洼村	—	男	1942 年 12 月 23 日
张　义	莒县安庄镇安家洼村	—	男	1942 年 12 月 23 日
张玉竹	莒县安庄镇西柳村	—	男	1942 年 12 月 23 日
张荣义之父	莒县安庄镇西柳村	—	男	1942 年 12 月 23 日
张　福	莒县安庄镇西柳村	—	男	1942 年 12 月 23 日
刘德春	莒县安庄镇前吴村	—	男	1942 年 12 月 23 日
谢德仁	莒县安庄镇谢南村	—	男	1942 年 12 月 23 日
李玉文	沂水县油漆官庄	—	男	1942 年 12 月 23 日
陈智坡	—	—	男	1942 年 12 月 23 日
孟敬之	—	—	男	1942 年 12 月 23 日
鲍世河	莒县安庄镇南店村	—	男	1942 年 12 月 23 日
王富江	莒县安庄镇王家川村	—	男	1942 年 12 月 23 日
解中三	莒县安庄镇宝洼村	24	男	1942 年 12 月 23 日
商立文	沂水县油漆官庄	—	男	1942 年 12 月 23 日
马　×	—	—	男	1942 年 12 月 23 日
刘　臻	莒县洛河乡东皂湖村	—	男	1942 年 12 月 27 日
曹际同	莒县长岭镇坡子村	—	男	1942 年
范庆溪	莒县龙山镇范家庄村	26	男	1942 年

姓 名	籍 贯	年 龄	性 别	死难时间
张文兰	莒县龙山镇岳庄子村	19	男	1942 年
朱 介	莒县陵阳镇朱家葛湖村	—	男	1942 年
李振连	莒县刘官庄镇东楼村	—	男	1942 年
李玉田	莒县刘官庄镇东楼村	—	男	1942 年
刘贞相	莒县刘官庄镇邵泉头村	—	男	1942 年
山 狗	莒县刘官庄镇王泉头村	—	男	1942 年
徐永平	莒县刘官庄镇徐家庄村	—	男	1942 年
赵永乐	莒县洛河乡罗二村	85	男	1942 年
陈大官	莒县浮来山镇田家店子村	24	男	1942 年
孙久成	莒县浮来山镇邢家庄村	19	男	1942 年
班瑞三	莒县浮来山镇许家湖村	45	男	1942 年
王加俊	莒县寨里河乡大门庄村	31	男	1942 年
刘四德	莒县寨里河乡大门庄村	60	男	1942 年
王起龙	莒县寨里河乡后牛店村	23	男	1942 年
季 科	莒县寨里河乡季家车沟村	—	男	1942 年
马守财	莒县寨里河乡马家河水村	21	男	1942 年
王坤山	莒县寨里河乡穆家寨村	48	男	1942 年
陈淑仁	莒县寨里河乡唐家河水村	22	男	1942 年
刘永力	莒县寨里河乡小坪子村	30	男	1942 年
赵德新	莒县寨里河乡陡崖村	—	男	1942 年
刘文富	莒县寨里河乡周王河北村	—	男	1942 年
刘文富之妻	莒县寨里河乡周王河北村	—	女	1942 年
刘文富之女	莒县寨里河乡周王河北村	—	女	1942 年
刘文富之子	莒县寨里河乡周王河北村	—	男	1942 年
林树珍	莒县峤山镇古乍石村	23	男	1942 年
刘长贵	莒县峤山镇朱庙村	49	男	1942 年
刘成亮	莒县峤山镇朱庙村	36	男	1942 年
刘代吉	莒县峤山镇朱庙村	50	男	1942 年
刘房吉	莒县峤山镇朱庙村	46	男	1942 年
刘学书	莒县峤山镇朱庙村	44	男	1942 年
柳焕贞	莒县峤山镇古乍石村	21	男	1942 年
王成录	莒县峤山镇朱庙村	19	男	1942 年
张家德	莒县峤山镇牛庄三村	19	男	1942 年
张修东	莒县峤山镇古乍石村	16	男	1942 年

姓名	籍贯	年龄	性别	死难时间
许衍庆	莒县桑园乡大双墩坡村	40	男	1942 年
王 氏	莒县招贤镇柳家庄村	56	女	1942 年
王 文	莒县库山乡响场村	—	男	1942 年
刘九奎	莒县库山乡响场村	—	男	1942 年
段成福	莒县小店乡金墩三村	17	男	1942 年
王永增	莒县小店乡前山头渊村	19	男	1942 年
来逢全	莒县小店乡前李官庄村	29	男	1942 年
张友松	莒县小店乡古迹崖村	29	男	1942 年
严修全	莒县小店乡前严家崮西村	27	男	1942 年
尉光森	莒县小店乡尉家垛庄村	26	男	1942 年
杜吉德	莒县小店乡西心河村	—	—	1942 年
赵道忠	莒县小店乡水沟泊村	—	—	1942
胡宗仁	莒县长岭镇前夏庄村	22	男	1942 年
陈淑修	莒县长岭镇前夏庄村	23	男	1942 年
石以盛	莒县长岭镇前夏庄村	24	男	1942 年
卢 堂	莒县长岭镇石井二村	30	男	1942 年
刘文升	莒县长岭镇石井一村	37	男	1942 年
荆玉宗	莒县长岭镇荆家村	—	男	1942 年
唐纪菊之母	莒县龙山镇上芦河村	50	女	1942 年
小 卫	莒县龙山镇上芦河村	9	男	1942 年
唐家诺之弟	莒县龙山镇上芦河村	12	男	1942 年
李 现	莒县龙山镇上芦河村	22	男	1942 年
崔守纹	莒县招贤镇大土岭村	19	男	1942 年
高贵平	莒县招贤镇后石汪峪村	25	女	1942 年
王凤廷之妻	莒县招贤镇后石汪峪村	23	女	1942 年
孙兰之妻	莒县招贤镇后石汪峪村	30	女	1942 年
王 佐	莒县招贤镇西宅科村	48	女	1942 年
张之山	莒县招贤镇西宅科村	—	男	1942 年
管恩武	莒县招贤镇吕家庄村	28	男	1942 年
孙 延	莒县招贤镇吕家庄村	40	男	1942 年
贾胜林	莒县招贤镇贾家岭村	—	男	1942 年
刁俊岭	莒县城阳镇东关五街村	—	男	1942 年
尉成义	莒县城阳镇东关五街村	—	男	1942 年
史清方	莒县城阳镇史家庄子村	20	男	1942 年

姓　名	籍　贯	年　龄	性　别	死难时间
高见荣	莒县城阳镇前绪米村	53	男	1942 年
胡学信之父	莒县城阳镇东汪上村	—	男	1942 年
吴　坤	莒县店子集镇王家坪村	—	男	1942 年
康为芬	莒县店子集镇店子集村	40	男	1942 年
康为理	莒县店子集镇店子集村	37	男	1942 年
陈常提	莒县城阳镇魏家村	—	男	1943 年 1 月
葛树文	莒县长岭镇双墩埠村	86	男	1943 年 1 月
王东山	莒县长岭镇西匣石村	80	男	1943 年 1 月
王　信	莒县长岭镇西匣石村	30	男	1943 年 1 月
吴修伍	莒县长岭镇西匣石村	20	男	1943 年 1 月
和尚能宽	莒县棋山	—	男	1943 年 1 月
孙西周	莒县棋山小林茂村	18	男	1943 年 1 月
孙教祥	莒县棋山小林茂村	29	男	1943 年 1 月
韩春宝	莒县安庄镇邵家官庄村	—	男	1943 年 1 月 28 日
邵富夏	莒县安庄镇邵家官庄村	—	男	1943 年 1 月 28 日
赵立现之姑	莒县安庄镇黑石沟村	—	女	1943 年 1 月 28 日
孙玉亭	莒县峤山镇牛庄三村	38	男	1943 年 1 月 28 日
孙玉相	莒县峤山镇牛庄三村	45	男	1943 年 1 月 28 日
引　妮	莒县棋山天城寨村	20	女	1943 年 2 月
孔照标	莒县中楼镇河峪村	30	男	1943 年 2 月
孔　氏	莒县中楼镇河峪村	28	女	1943 年 2 月
包佃氏	莒县东莞乡东莞村	30	女	1943 年 2 月
柳乐春	莒县招贤镇柳家庄村	—	男	1943 年 2 月
严立山	莒县刘官庄镇严砚疃村	32	男	1943 年 3 月
李世瑞	莒县龙山镇瓦楼村	56	男	1943 年 3 月
赵九升	莒县招贤镇车家春生村	—	男	1943 年 3 月
李光新	莒县招贤镇李家庄子村	41	男	1943 年 3 月
朱　柏	莒县小店乡王家垛庄村	—	—	1943 年 3 月 1 日
范　氏	莒县果庄乡马家岭村	30	女	1943 年 3 月 1 日
李　氏	莒县果庄乡马家岭村	32	女	1943 年 3 月 1 日
战光云	莒县桑园乡战家坛子村	22	男	1943 年 3 月 10 日
孙明芳	莒县果庄乡龙潭官庄村	35	女	1943 年春
张彦录	莒县寨里河乡老营村	—	男	1943 年春
翟公良	莒县寨里河乡擂鼓台村	—	男	1943 年春

姓名	籍贯	年龄	性别	死难时间
翟立成	莒县寨里河乡擂鼓台村	—	男	1943年春
李始治	莒县寨里河乡擂鼓台村	—	男	1943年春
王凤德之母	莒县寨里河乡门庄沟村	52	女	1943年春
李光义	莒县果庄乡魏家海坡村	25	男	1943年春
任可兴	莒县浮来山镇任家庄村	27	男	1943年4月
李永贞	莒县浮来山镇张家泥沟子村	28	男	1943年4月
法克成	莒县陵阳镇陵阳街村	—	男	1943年5月
张之修	莒县峤山镇张家岭村	24	男	1943年5月
李会兄	莒县龙山镇瓦楼村	19	男	1943年5月
隆世臣	莒县东莞乡徐家坡村	28	男	1943年5月26日
李西恩	莒县龙山镇瓦楼村	18	男	1943年6月
车 氏	莒县招贤镇前石汪峪村村	23	女	1943年6月
朱 祥	莒县刘官庄镇李念头村	—	男	1943年夏
张立田	莒县店子集镇西北崖村村	—	男	1943年夏
董佐会	莒县刘官庄镇小河北村	—	男	1943年7月
贾月云	莒县棋山乡狮子门口村	25	男	1943年7月
张荣军	莒县长岭镇大官庄村	29	男	1943年8月
孙明宪	莒县浮来山镇胡家街村	23	男	1943年8月
杜 ×	—	—	—	1943年8月
周德金	莒县中楼镇库山子村	84	男	1943年8月
张西鲁	莒县中楼镇五楼官庄村	41	男	1943年8月
张西浦	莒县中楼镇五楼官庄村	39	男	1943年8月
史春堂	莒县城阳镇史家庄子村	25	男	1943年秋
张希凤	莒县刘官庄镇公婆山村	—	男	1943年秋
李玉闭之子	莒县刘官庄镇兰官庄	—	男	1943年秋
仇德仕	莒县洛河乡仇官庄村	65	男	1943年8月17日
刘 芊	莒县洛河乡章庄村	21	男	1943年9月
刘 答	莒县洛河乡章庄村	23	男	1943年9月
刘守智	莒县洛河乡章庄村	—	男	1943年9月
黄治松	莒县洛河乡章庄村	25	男	1943年9月
马太之妻	莒县洛河乡北汶村	—	女	1943年9月
马太之女	莒县洛河乡北汶村	—	女	1943年9月
蔡 斤	莒县龙山镇高疃村	35	男	1943年9月
任可典	莒县浮来山镇任家庄村	28	男	1943年9月

姓　名	籍　贯	年　龄	性　别	死难时间
钟芝海	莒县浮来山镇田家店子村	32	男	1943 年 9 月
张存余	莒县浮来山镇张家泥沟子村	28	男	1943 年 9 月
陈淑贵	莒县陵阳镇东上庄村	24	男	1943 年 9 月
吕董氏	莒县刘官庄镇何砚疃村	50	女	1943 年 9 月
王　葵	莒县刘官庄镇尹店子村	—	男	1943 年秋
王　苏	莒县刘官庄镇尹店子村	—	男	1943 年秋
宋家超	莒县刘官庄镇前竹元村	—	男	1943 年秋
战玉福	莒县桑园乡战家坛子村	23	男	1943 年 10 月
赵芝廷	莒县小店乡水沟泊村	—	—	1943 年 12 月 23 日
孙传满之婶	莒县棋山大庄坡村	—	女	1943 年 12 月 23 日
何永章	莒县刘官庄镇黄花沟村	—	男	1943 年冬
葛醒农	莒县招贤镇	—	男	1943 年
刘长荣	莒县峤山镇朱庙村	67	男	1943 年
刘文斋	莒县峤山镇朱庙村	24	男	1943 年
王大海	莒县峤山镇王古山村	21	男	1943 年
王　福	莒县峤山镇朱庙村	39	男	1943 年
王小波	莒县峤山镇王古山村	25	男	1943 年
吕　×	莒县招贤镇前石汪峪村	15	女	1943 年
范伟可	莒县龙山镇范家庄村	18	男	1943 年
何淑林	莒县龙山镇石龙口村	28	男	1943 年
郭同奎	莒县龙山镇石龙口村	—	男	1943 年
张成元	莒县刘官庄镇李念头村	—	男	1943 年
李佃升	莒县刘官庄镇李念头村	—	男	1943 年
刘世美	莒县刘官庄镇刘砚疃村	27	男	1943 年
王京廷	莒县刘官庄镇李泉头村	25	男	1943 年
李福荣	莒县刘官庄镇李泉头村	18	男	1943 年
张风林	莒县刘官庄镇徐家庄村	—	男	1943 年
何恩余	莒县刘官庄镇黄花沟村	—	男	1943 年
杨　氏	莒县浮来山镇前官庄村	38	女	1943 年
李世庆	莒县浮来山镇石灰窑村	28	男	1943 年
何聚同	莒县龙山镇石龙口村	85	男	1943 年
邢来顺	莒县库山乡大福照村	—	男	1943 年
毛　五	莒县库山乡庄科村	—	男	1943 年
万振华	莒县库山乡万家山村	—	男	1943 年

姓名	籍贯	年龄	性别	死难时间
赵鹏三	莒县小店乡水沟泊村	—	—	1943年
来逢备	莒县小店乡前李官庄村	43	—	1943年
牛家善	莒县小店乡牛家沟村	22	男	1943年
来成三	莒县小店乡后李官庄村	27	男	1943年
庞培柱	莒县小店乡庞家垛庄村	28	男	1943年
张文俊	莒县小店乡小店村	22	男	1943年
牛学信	莒县小店乡牛家沟村	26	男	1943年
董 田	莒县小店乡前葛杭村	35	男	1943年
孙思国	莒县长岭镇前夏庄村	24	男	1943年
王同福	莒县长岭镇西匣石村	32	男	1943年
王合成	莒县长岭镇石井二村	22	男	1943年
阙夫同	莒县长岭镇石井二村	27	男	1943年
王 军	莒县长岭镇石井一村	27	男	1943年
庄志福	莒县陵阳镇庄家河水村	40	男	1943年
于明兰	莒县龙山镇于店子村	45	男	1943年
刘平得	莒县棋山乡刘王庄村	50	男	1943年
解世兰	莒县桑园乡解家沟村	20	男	1943年
孙奉山	莒县桑园乡桑庄村	—	男	1943年
崔学武	莒县招贤镇姚家泉村	—	男	1943年
李现太	莒县招贤镇北黄埠村	—	男	1943年
王祥科	莒县招贤镇北黄埠村	—	男	1943年
陈永吉	莒县城阳镇三角汪村	—	男	1943年
于兆来	莒县城阳镇孙家村	30	男	1943年
赵立志	莒县城阳镇后绪米村	—	男	1943年
张凤彪	莒县城阳镇后绪米村	38	男	1943年
周学文	莒县城阳镇岔河村	—	男	1943年
尉 ×	莒县城阳镇岔河村	—	男	1943年
翟秀本	莒县寨里河乡春报沟村	—	男	1943年
季成祥	莒县寨里河乡季家车沟村	—	男	1943年
刘纪合	莒县寨里河乡季家车沟村	—	男	1943年
武运芝	莒县寨里河乡穆家寨村	—	男	1943年
武常功	莒县寨里河乡穆家寨村	—	男	1943年
王春娥	莒县寨里河乡穆家寨村	—	男	1943年
段立清	莒县寨里河乡穆家寨村	—	男	1943年

姓 名	籍 贯	年 龄	性 别	死难时间
唐文善	莒县寨里河乡唐家沟村	32	男	1943 年
唐隶吉	莒县寨里河乡唐家沟村	33	男	1943 年
陈 治	莒县寨里河乡唐家河水村	25	男	1943 年
翟瑞堂	莒县寨里河乡小翟家沟村	45	男	1943 年
吴星九	莒县寨里河乡寨里河村	31	男	1943 年
季成贵	莒县寨里河乡周王河北村	—	男	1943 年
赵焕成之长兄	莒县寨里河乡陡崖村	—	男	1943 年
翟东房	莒县寨里河乡陡崖村	—	男	1943 年
赵焕喜	莒县寨里河乡陡崖村	—	男	1943 年
赵 分	莒县寨里河乡陡崖村	—	男	1943 年
赵 培	莒县寨里河乡陡崖村	—	男	1943 年
赵培红	莒县寨里河乡陡崖村	—	男	1943 年
王发龙之二兄	莒县寨里河乡后牛店村	—	男	1943 年
牛佃全	莒县寨里河乡孟家疃村	—	男	1943 年
孙立廷	莒县寨里河乡双石头村	21	男	1943 年
孙立青	莒县寨里河乡双石头村	29	男	1943 年
韩友福	莒县寨里河乡双石头村	30	男	1943 年
孙玉凤	莒县寨里河乡双石头村	31	男	1943 年
孙立吉	莒县寨里河乡双石头村	32	男	1943 年
唐玉梅	莒县寨里河乡唐家沟村	—	女	1943 年
唐守福之舅	莒县寨里河乡唐家沟村	—	男	1943 年
唐守力之母	莒县寨里河乡唐家沟村	—	女	1943 年
刘永利	莒县寨里河乡小坪子村	—	男	1943 年
刘永生	莒县寨里河乡小坪子村	—	男	1943 年
徐德方	莒县寨里河乡姚家沟村	—	男	1943 年
郭德昌	莒县店子集镇后西庄村	27	男	1943 年
林清津	莒县店子集镇王家坪村	—	男	1943 年
朱清全	—	—	男	1944 年 1 月
李凤禄	莒县城阳镇土门首村	58	男	1944 年 1 月
李凤树	莒县城阳镇土门首村	21	男	1944 年 1 月
马胜福	莒县陵阳镇陵阳街村	—	男	1944 年 1 月
高振涛	莒县龙山镇西涝坡村	39	男	1944 年 1 月
王兆堂	莒县龙山镇瓦楼村	30	男	1944 年 1 月
赵夫征	莒县中楼镇娄家湖村	80	男	1944 年 1 月

姓 名	籍 贯	年 龄	性 别	死难时间
刘桂山	莒县阎庄镇东刘官庄村	25	男	1944 年 1 月
傅开勋	—	—	男	1944 年 1 月 22 日
孟宪文之妻	莒县中楼镇孟家西楼村	—	女	1944 年 2 月
许世荣	莒县阎庄镇阎庄村	38	男	1944 年 2 月
于 进	莒县中楼镇板楼村	67	男	1944 年 2 月
林 子	莒县库山乡苑家沟	—	男	1944 年 2 月
赵玉锡	莒县小店乡水沟泊村	—	男	1944 年 2 月 16 日
毕道生	莒县小店乡水沟泊村	—	男	1944 年 2 月 16 日
马振山	莒县小店乡小店村	—	男	1944 年 3 月
严立有	莒县刘官庄镇大砚疃村	30	男	1944 年 3 月
韩王氏	莒县城阳镇韩家菜园村	22	女	1944 年 3 月
罗清起	莒县城阳镇小许庄村	50	男	1944 年 3 月
罗清春	莒县城阳镇小许庄村	48	男	1944 年 3 月
尹世兴	莒县刘官庄镇公婆山村	—	男	1944 年春
张立文	莒县刘官庄镇张念头村	—	男	1944 年春
董允瑞	莒县峤山镇沙岭子村	36	男	1944 年 4 月
王京任	莒县桑园乡寨村	25	男	1944 年 4 月
刘洪运	莒县洛河乡宅科村	—	男	1944 年 4 月 8 日
刘守田	莒县洛河乡丰泥沟村	22	男	1944 年 4 月 8 日
唐永胜	莒县城阳镇大辛庄村	17	男	1944 年 5 月
陈淑安	莒县陵阳镇陈家河水村	25	男	1944 年 5 月
谢忠平	沂南县蒲汪镇茶坡村	—	男	1944 年 5 月
李树庆	莒县浮来山镇前石窑村	—	男	1944 年 5 月
姚学文	莒县浮来山镇前官庄村	28	男	1944 年 5 月
王永田	莒县小店乡东心河村	34	男	1944 年 5 月 10 日
王日久	莒县中楼镇河东村	—	男	1944 年 5 月
罗廷顺	莒县中楼镇河东村	—	男	1944 年 5 月
柳玉明	莒县中楼镇河峪村	45	男	1944 年 5 月
柳宗明	莒县中楼镇河峪村	65	男	1944 年 5 月
柳玉端	莒县中楼镇河峪村	40	男	1944 年 5 月
柳玉欣	莒县中楼镇河峪村	43	男	1944 年 5 月
柳玉京	莒县中楼镇河峪村	50	男	1944 年 5 月
柳庆祥	莒县中楼镇河峪村	53	男	1944 年 5 月
武运山	莒县中楼镇河峪村	56	男	1944 年 5 月

姓 名	籍 贯	年龄	性别	死难时间
柳玉街	莒县中楼镇河峪村	43	男	1944 年 6 月
柳兴海	莒县中楼镇河峪村	28	男	1944 年 6 月
李尊开	莒县中楼镇河峪村	35	男	1944 年 6 月
柳兴森	莒县中楼镇河峪村	36	男	1944 年 6 月
马文一	莒县陵阳镇西汪头村	34	男	1944 年 6 月
战玉山	莒县桑园乡战家坛子村	22	男	1944 年 6 月 25 日
付　正	莒县东莞乡付家庄村	—	男	1944 年 7 月 7 日
李文明之子	莒县安庄镇官家林村	—	男	1944 年 7 月 7 日
赵希荣	莒县寨里河乡龙头沟村	—	女	1944 年 7 月
翟瑞证	莒县寨里河乡龙头沟村	—	男	1944 年 7 月
王树欣	莒县寨里河乡向阳寨村	18	男	1944 年 8 月
许家勤	莒县城阳镇大许庄村	—	男	1944 年 8 月
牟古文	莒县	30	男	1943 年 9 月
纪文利	莒县中楼镇库山子村	62	男	1943 年 9 月
张士春	莒县陵阳镇杭头村	25	男	1944 年 9 月
张德胜	莒县浮来山镇戚家街村	20	男	1944 年 9 月
姚　升	莒县浮来山镇中官庄村	22	男	1944 年 9 月
李兰芳	莒县刘官庄镇小河北村	—	女	1944 年秋
刘德明	莒县浮来山镇刘西街村	42	男	1944 年 10 月 14 日
宋志远	莒县竹园	—	男	1944 年 11 月
曹秉衡	—	—	男	1944 年 11 月
宋文礼	—	—	男	1944 年 11 月
王黎明	—	—	男	1944 年 11 月
马守福之妻	莒县寨里河乡北墩子村	36	女	1944 年
徐德富	莒县寨里河乡姚家沟村	—	男	1944 年
马　黄	莒县寨里河乡北小寨村	41	男	1944 年
刘俊余	莒县寨里河乡大门庄村	30	男	1944 年
王加幸	莒县寨里河乡大门庄村	36	男	1944 年
王云刚	莒县寨里河乡大前村	70	男	1944 年
韩友富	莒县寨里河乡双石头村	21	男	1944 年
孙震福	莒县寨里河乡双石头村	47	男	1944 年
孙　枝	莒县寨里河乡双石头村	49	男	1944 年
孙　亮	莒县寨里河乡孙家沟村	46	男	1944 年
王安义	莒县峤山镇后店村	25	男	1944 年

姓　名	籍　贯	年　龄	性　别	死难时间
王××	莒南县板泉村	19	男	1944 年
于福卫	莒县峤山镇于家庄村	22	男	1944 年
宋文锦	莒县招贤镇东黄埠村	28	男	1944 年
于清平	莒县龙山镇于店子村	35	男	1944 年
张文启	莒县龙山镇泥沟子村	21	男	1944 年
高为兰	莒县龙山镇西涝坡村	41	男	1944 年
杨奎相	莒县龙山镇杨家沟村	—	男	1944 年
杨奎彬	莒县龙山镇杨家沟村	—	男	1944 年
杨奎友	莒县龙山镇杨家沟村	—	男	1944 年
赵时新	莒县龙山镇薄板台村	20	男	1944 年
赵九合	莒县龙山镇薄板台村	23	男	1944 年
王安全	莒县龙山镇薄板台村	19	男	1944 年
杜加理	莒县龙山镇前寨村	32	男	1944 年
于志有	莒县龙山镇上芦河村	23	男	1944 年
唐学亮	莒县龙山镇上芦河村	36	男	1944 年
李　坤	莒县龙山镇上芦河村	24	男	1944 年
于春江	莒县龙山镇上芦河村	22	男	1944 年
李永玲	莒县龙山镇石龙口村	23	男	1944 年
郭传合	莒县龙山镇石龙口村	—	男	1944 年
何文洲	莒县龙山镇石龙口村	22	男	1944 年
何连同	莒县龙山镇石龙口村	24	男	1944 年
朱子珍	莒县刘官庄镇侯家庄村	26	男	1944 年
张荣庆	莒县刘官庄镇侯家庄村	23	男	1944 年
李登田	莒县刘官庄镇李泉头村	28	男	1944 年
徐恒录	莒县刘官庄镇徐家庄村	—	男	1944 年
崔　秀	莒县招贤镇崔家四山村	73	男	1944 年
崔兆福之妻	莒县招贤镇崔家四山村	—	女	1944 年
张志吉	莒县招贤镇西宅科村	48	男	1944 年
贾成泰	莒县招贤镇姚家泉村	—	男	1944 年
董延明	莒县招贤镇大河东村	—	男	1944 年
侯　碟	莒县招贤镇马家店子村	—	男	1944 年
田　军	莒县招贤镇马家店子村	—	男	1944 年
管小山	莒县桑园乡三角山村	24	男	1944 年
袁宝来	莒县浮来山镇十里堡村	30	男	1944 年

姓 名	籍 贯	年 龄	性 别	死难时间
李富余	莒县浮来山镇十里堡村	21	男	1944 年
于彦梅	莒县浮来山镇十里堡村	27	男	1944 年
董利田	莒县浮来山镇十里堡村	38	男	1944 年
袁宝森	莒县浮来山镇十里堡村	18	男	1944 年
刘廷臻	莒县洛河乡章庄村	28	男	1944 年
陈 维	莒县洛河乡章庄村	22	男	1944 年
刘世安	莒县洛河乡北汶村	—	男	1944 年
林玉连	莒县陵阳镇西上庄村	30	男	1944 年
王 友	莒县果庄公社前梭庄村	18	男	1944 年
小 将	莒县库山乡万家山村	—	男	1944 年
岳太全	莒县库山乡苑家沟村	—	男	1944 年
何凤林	莒县小店乡后葛杭村	34	男	1944 年
庞培安	莒县小店乡庞家垛庄村	25	男	1944 年
庞培亮	莒县小店乡庞家垛庄村	33	男	1944 年
王德民	莒县小店乡前山头渊村	22	男	1944 年
王加录	莒县小店乡后山头渊村	19	男	1944 年
张友录	莒县小店乡古迹崖村	30	男	1944 年
何少善之妻	莒县小店乡后葛杭村	—	女	1944 年
王明秀	莒县小店乡吕北村	18	男	1944 年
林焕升	莒县长岭镇石井一村	32	男	1944 年
张文忠	莒县龙山镇张家庄村	—	男	1944 年
刘汉章	莒县龙山镇西花崖头村	—	男	1944 年
徐庆宗	莒县棋山小朱汉村	—	男	1944 年
张 星	莒县棋山管家坡村	20	男	1944 年
张世海	莒县棋山管家坡村	20	男	1944 年
张瑞金	莒县棋山管家坡村	19	男	1944 年
王君金	莒县棋山乡西毛家庄村	19	男	1944 年
孙端节	莒县棋山小林茂村	24	男	1944 年
陈学文	莒县城阳镇东陈楼村	—	男	1944 年
汪陈氏	莒县城阳镇东陈楼村	—	女	1944 年
赵宝贞	莒县城阳镇后沟西村	25	男	1944 年
张同恩	莒县小店乡小店村	22	男	1945 年 2 月
林兆户	莒县阎庄镇林街村	50	男	1945 年 2 月
于 ×	莒县中楼镇孙由村	7	女	1945 年 2 月

姓 名	籍 贯	年 龄	性 别	死难时间
张玉清	莒县阎庄镇渚汀村	51	男	1945 年 3 月
丁 夫	莒县浮来山镇后石灰窑村	25	男	1945 年 3 月
田成龙	莒县浮来山镇田家店子村	25	男	1945 年 3 月
戚立修	莒县浮来山镇邢家庄村	22	男	1945 年 3 月
袁兆秀	莒县龙山镇东楼村	22	男	1945 年 3 月
李日新	莒县城阳镇陈家屯村	47	男	1945 年 3 月
石景昌	—	—	男	1945 年 3 月
郑淑仁	莒县店子集镇郑家石槽村	—	男	1945 年春
董焕文	莒县小店乡前葛杭村	—	男	1945 年春
张茂祥	莒县刘官庄镇东苏庄村	—	男	1945 年春
刘纪代	莒县刘官庄镇齐家庄村	—	男	1945 年春
刘荣合	莒县刘官庄镇齐家庄村	—	男	1945 年春
李兰玉	莒县刘官庄镇东楼村	—	男	1945 年春
刘兴起	莒县库山乡源河村	—	男	1945 年 4 月 1 日
王 官	莒县库山乡源河村	—	男	1945 年 4 月 1 日
史廷学	莒县库山乡解家河村	—	男	1945 年 4 月 12 日
董家治	莒县峤山镇前集村	22	男	1945 年 4 月 19 日
董 太	莒县峤山镇前集村	57	男	1945 年 4 月 20 日
牛 福	莒县峤山镇庙东头村	54	男	1945 年 4 月 21 日
张西芝	莒县峤山镇庙东头村	26	男	1945 年 4 月 22 日
陈学佃	莒县夏庄镇芳湖村	—	男	1945 年 4 月
赵学理	莒县小店乡南官庄村	—	男	1945 年 4 月
李玉山	莒县小店乡南官庄村	—	男	1945 年 4 月
赵学全	莒县小店乡南官庄村	—	男	1945 年 4 月
李九相	莒县小店乡南官庄村	—	男	1945 年 4 月
李玉德	莒县小店乡南官庄村	6	—	1945 年 4 月
王凤五之女	莒县小店乡南官庄村	—	女	1945 年 4 月
卞现荣	莒县陵阳镇西汪头村	28	男	1945 年 4 月
马文仁	莒县陵阳镇西汪头村	35	男	1945 年 4 月
荆玉庆	莒县峤山镇前店村	39	男	1945 年 4 月
吴兆瑞	莒县峤山镇前店村	59	男	1945 年 4 月
杨绍震	寿光市	—	男	1945 年 5 月
柴玉法	莒县峤山镇后店村	26	男	1945 年 5 月
柴玉录	莒县峤山镇后店村	19	男	1945 年 5 月

姓 名	籍 贯	年 龄	性 别	死难时间
柴玉香	莒县峤山镇后店村	24	男	1945 年 5 月
徐志学	莒县峤山镇后店村	21	男	1945 年 5 月
张义增	莒县浮来山镇前菜园村	26	男	1945 年 5 月
赵 田	莒县浮来山镇西杨庄子村	28	男	1945 年 5 月
范崇义	莒县店子集镇店子集村	41	男	1945 年 5 月
崔庆勋	莒县刘官庄镇汤家庄村	—	男	1945 年 6 月
袁安利	莒县龙山镇东楼村	23	男	1945 年 6 月
张兴正	莒县浮来山镇胡家街村	25	男	1945 年 6 月
任春亭	莒县浮来山镇任家庄村	28	男	1945 年 6 月
刘丙祥	莒县浮来山镇石灰窑村	20	男	1945 年 6 月
李 宋	莒县龙山镇瓦楼村	50	男	1945 年 6 月
崔田明	莒县桑园乡桑庄村	—	男	1945 年 6 月 12 日
曹吉亭	莒县长岭镇	—	男	1945 年 7 月
高为兰	莒县龙山镇东涝坡村	—	男	1945 年 7 月
王月明	莒县陵阳镇项家官庄村	42	男	1945 年 7 月
严永田之舅	莒县刘官庄镇前于庄村	—	男	1945 年 7 月
于增街之父	莒县刘官庄镇前于庄村	—	男	1945 年 7 月
于运厚之子	莒县刘官庄镇前于庄村	—	男	1945 年 7 月
宋祥运	莒县刘官庄镇白家湖村	—	男	1945 年 7 月
贾 ×	莒县刘官庄镇贾家庄村	—	男	1945 年 7 月
史西遥	莒县长岭镇下庄村	—	男	1945 年 7 月
于维俊之父	莒县刘官庄镇后于庄村	—	男	1945 年 7 月
谷瑞彩	莒县浮来山镇钟家村	24	男	1945 年 7 月 15 日
李凤仙	莒县店子集镇姜庄村	24	男	1945 年 8 月 1 日
贾秀岭	—	—	男	1945 年 8 月
史西瑶	莒县长岭镇后夏庄村	28	男	1945 年 8 月
李 乾	莒县城阳镇韩家菜园村	—	男	1945 年 8 月
韩永勋之妹	莒县城阳镇韩家菜园村	—	女	1945 年 8 月
张津之姐	莒县城阳镇韩家菜园村	—	女	1945 年 8 月
马世吉之妹	莒县城阳镇韩家菜园村	—	女	1945 年 8 月
毕秀香	莒县小店乡水沟泊村	20	女	1945 年
尚发功	莒县浮来山镇后石灰窑村	23	男	1945 年
冯永增	莒县浮来山镇胡家街村	9	男	1945 年
王金斗	莒县龙山镇王家山村	—	男	1945 年

姓　名	籍　贯	年　龄	性　别	死难时间
小名扣	莒县龙山镇泥沟子村	20	男	1945 年
唐家勋	莒县龙山镇新旺村	50	男	1945 年
郭子奎	莒县龙山镇石龙口村	26	男	1945 年
郭同科	莒县龙山镇石龙口村	21	男	1945 年
张乃英	莒县陵阳镇大河北村	21	男	1945 年
林会质	莒县陵阳镇西上庄村	24	男	1945 年
林树信	莒县陵阳镇西上庄村	27	男	1945 年
孔凡仁	莒县浮来山镇长安口村	21	男	1945 年
杨兆兴之叔	莒县浮来山镇前官庄村	15	男	1945 年
崔运周	莒县洛河乡崔家庄村	28	男	1945 年
崔修亮	莒县洛河乡崔家庄村	27	女	1945 年
宋宝录	莒县洛河乡崔家庄村	28	男	1945 年
刘仕田	莒县洛河乡刘南湖村	31	男	1945 年
刘仕常	莒县洛河乡刘南湖村	25	男	1945 年
杨　栋	莒县洛河乡皇庄村	20	男	1945 年
李洪燕	莒县库山乡苑家沟村	—	男	1945 年
仕学全	莒县库山乡响场村	—	男	1945 年
王玉德	莒县库山乡响场村	—	男	1945 年
王守约	莒县小店乡前山头渊村	26	男	1945 年
王中传	莒县小店乡前山头渊村	22	男	1945 年
张德如	莒县小店乡河南村	35	男	1945 年
庞文瑞	莒县小店乡庞家垛庄村	30	男	1945 年
薛彦忠	莒县小店乡薛家孟晏村	27	男	1945 年
来逢肖	莒县小店乡前李官庄村	35	男	1945 年
高　启	莒县小店乡牛家沟村	25	男	1945 年
杨凤喜	莒县小店乡脉住墩村	32	男	1945 年
殷　凯	莒县小店乡殷家孟晏村	26	男	1945 年
严成东	莒县小店乡后严家崮西村	24	男	1945 年
赵贤明	莒县小店乡后严家崮西村	18	男	1945 年
严修元	莒县小店乡前严家崮西村	25	男	1945 年
殷　民	莒县小店乡殷家孟晏村	23	男	1945 年
郯天俊	莒县果庄公社沙河头村	21	男	1945 年
林瑞兴	莒县果庄公社后梭庄村	21	男	1945 年
郯聚德	莒县果庄公社上茶城村	21	男	1945 年

姓 名	籍 贯	年 龄	性 别	死难时间
张喜梅	莒县招贤镇相家官庄村	—	女	1945 年
魏振兴	莒县店子集镇魏家石河村	—	男	1945 年
林拾伍	莒县店子集镇王家坪村	36	男	1945 年
王振斗	莒县寨里河乡下麻峪子村	—	男	1945 年
辛公团	莒县寨里河老虎峪村	21	男	1945 年
王家连	莒县寨里河老虎峪村	28	男	1945 年
王宗合	莒县寨里河老虎峪村	29	男	1945 年
朱永连	莒县寨里河老虎峪村	57	男	1945 年
辛公山	莒县寨里河乡老虎峪村	22	男	1945 年
王 玉	莒县寨里河乡穆家寨村	—	男	1945 年
王坤山	莒县寨里河乡南上涧村	—	男	1945 年
孙立友	莒县寨里河乡双石头村	24	男	1945 年
夏良周	莒县寨里河乡双石头村	27	男	1945 年
卢修德	莒县寨里河乡孙家沟村	21	男	1945 年
姚佃皆	莒县寨里河乡姚家沟村	—	男	1945 年
姚子富	莒县寨里河乡姚家沟村	—	男	1945 年
牛文友	莒县寨里河乡姚家沟村	—	男	1945 年
马洪喜	莒县寨里河乡寨里河村	27	男	1945 年
武纪功	莒县寨里河乡寨里河村	27	男	1945 年
马 恒	莒县寨里河乡寨里河村	35	男	1945 年
马 芬	莒县寨里河乡寨里河村	39	男	1945 年
郝等于	莒县峤山镇郝家洪沟村	19	男	1945 年
郝 忠	莒县峤山镇郝家洪沟村	19	男	1945 年
林永吉	莒县峤山镇郝家洪沟村	18	男	1945 年
张宜学	莒县峤山镇郝家洪沟村	20	男	1945 年
李振修	莒县峤山镇朱朱里村	40	男	1945 年
董永泰	莒县城阳镇东关三街村	52	男	1945 年
郭炳南	莒县城阳镇前西关村	23	男	1945 年
陈 免	莒县城阳镇东陈楼村	—	男	1945 年
张 坤	莒县城阳镇东陈楼村	—	男	1945 年
张 荣	莒县城阳镇东陈楼村	—	男	1945 年
陈仲梅	莒县城阳镇东陈楼村	—	男	1945 年
孙方明	莒县城阳镇邹家庄子村	23	男	1945 年
邹兆祥	莒县城阳镇邹家庄子村	26	男	1945 年

姓 名	籍 贯	年 龄	性 别	死难时间
孙方成	莒县城阳镇邹家庄子村	17	男	1945 年
管象程	莒县城阳镇兴华村	21	男	1945 年
郭连信	莒县店子集镇后西庄村	24	男	1945 年
申乃花	莒县龙山镇前申家沟村	—	男	—
申乃见	莒县龙山镇前申家沟村	—	男	—
申文田	莒县龙山镇前申家沟村	—	男	—
申及胜	莒县龙山镇前申家沟村	—	男	—
申乃堂	莒县龙山镇前申家沟村	—	男	—
柳彦录	莒县招贤镇柳家庄村	—	男	—
宋志富之兄	莒县招贤镇西黄埠村	—	男	—
田明修之父	莒县招贤镇西黄埠村	—	男	—
宋子宝之叔	莒县招贤镇西黄埠村	—	男	—
田 运	莒县招贤镇西黄埠村	—	男	—
潘兆荣之祖父	莒县招贤镇西黄埠村	—	男	—
李建启之祖母	莒县招贤镇小铺村	—	女	—
张 成	莒县招贤镇姚家泉村	—	男	—
张树坤	莒县招贤镇东全寨村	—	男	—
董庆文	莒县招贤镇小河东村	—	男	—
董际文	莒县招贤镇小河东村	—	男	—
李见宗	莒县招贤镇山头村	—	男	—
李 子	莒县招贤镇山头村	—	男	—
张 开	莒县洛河乡福瞳村	37	男	—
董培卿	莒县城阳镇南关一街村	—	男	—
张相录	莒县夏庄镇张家抱虎村	—	男	—
董立祥	莒县夏庄镇一村	—	男	—
陈士云	莒县店子集镇厉家石河村	—	—	—
刘小玉	莒县陵阳镇刘家河口村	18	男	1938 年
王太忠	莒县棋山乡小河村	35	男	1939 年 3 月
田福顺	莒县小店乡小店村	—	—	1939 年
张安平	莒县小店乡小店村	—	—	1939 年
幕希禄	莒县小店乡小店村	—	—	1939 年
田 生	莒县小店乡小店村	—	—	1939 年
时培博	莒县招贤镇石家官庄村	—	男	1940 年 4 月
王玉华	莒县棋山乡庞庄村	—	男	1940 年 11 月

姓 名	籍 贯	年 龄	性 别	死难时间
吕花生	莒县小店乡吕北村	—	—	1940 年 8 月
李德忠	莒县陵阳镇小寺村	30	男	1940 年
李 氏	莒县陵阳镇小寺村	31	女	1940 年
李明林	莒县陵阳镇小寺村	—	男	1940 年
李明云	莒县陵阳镇小寺村	—	女	1940 年
王 左	莒县桑园乡东宅科村	51	男	1941 年 3 月 11 日
王殿秀	莒县桑园乡东宅科村	52	男	1941 年 3 月 10 日
马 铅	莒县寨里河乡北寨村	—	男	1941 年秋
刘立约	莒县小店镇西心河村	—	—	1941 年
袁 欣	莒县陵阳镇上袁官庄村	25	男	1941 年
王金维之祖父	莒县棋山乡庞庄村	—	男	1941 年
季存良	莒县峤山镇三户庄村	44	男	1941 年
安茂才	莒县洛河乡安岭村	46	男	1942 年 3 月
安 氏	莒县洛河乡安岭村	22	女	1942 年 3 月
安玉荣	莒县洛河乡安岭村	25	男	1942 年 3 月
张廷元	莒县洛河乡安岭村	30	男	1942 年 3 月
张宝泽	莒县洛河乡安岭村	32	男	1942 年 3 月
董 纯	莒县小店乡官路村	—	男	1942 年 4 月
葛 莱	莒县桑园乡东宅科村	55	男	1942 年 5 月
吕华生	莒县小店乡吕西村	—	—	1942 年 8 月 24 日
王 俊	莒县桑园乡东宅科村	53	男	1942 年 10 月
葛 存	莒县桑园乡东宅科村	51	男	1942 年 10 月
郭太元	莒县招贤镇招贤四村	18	男	1942 年
崔来福	莒县招贤镇招贤四村	—	男	1942 年
宋宜福	莒县峤山镇吉兰村	32	男	1942 年
王 锡	莒县峤山镇王古山村	35	男	1942 年
王西现	莒县长岭镇白土沟村	35	男	1942 年
武宝田	莒县长岭镇白土沟村	40	男	1942 年
张秀陈	莒县小店乡后山头渊村	—	—	1942 年
李玉青	莒县陵阳镇大埠堤村	36	男	1942 年
盛丁才	莒县刘官庄镇中云村	—	男	1942 年
王洪彬	莒县招贤镇王家坡村	27	男	1943 年 3 月
王烘奥	莒县招贤镇王家坡村	26	男	1943 年 3 月
战玉岭之兄	莒县桑园乡战家坛子村	28	男	1943 年 8 月

姓 名	籍 贯	年 龄	性 别	死难时间
冯志德	莒县小店乡官路村	—	男	1943 年
宓德川之姐	莒县长岭镇白土沟村	20	女	1943 年
李全胜	莒县陵阳镇大寺村	17	男	1943 年
刘守员之妻	莒县陵阳镇东上庄村	37	女	1943 年
聂凤明	莒县城阳镇后绪米村	—	男	1943 年
翟孝忠	莒县寨里河乡白王标村	13	男	1944 年 4 月
翟孝聪	莒县寨里河乡白王标村	12	男	1944 年 4 月
王德义	莒县桑园乡大山后村	—	男	1944 年 8 月
王长岭	莒县桑园乡大山后村	—	男	1944 年 9 月
许传师	莒县桑园乡小双墩村	19	男	1944 年 9 月
李 顺	莒县桑园乡后黄山村	52	男	1944 年 11 月
王君玉	莒县棋山乡西毛村	—	男	1944 年
魏成良	莒县桑园乡大山后村	—	男	1945 年 6 月
王 聪	莒县招贤镇王家坡村	22	男	1945 年 6 月
张竹林	莒县招贤镇山头村	—	男	1945 年
唐家利	莒县龙山镇新旺村	24	男	1945 年
刘 龙	莒县峤山镇大刘沂水村	40	男	1945 年
申乃阶	莒县前申家沟村	—	男	—
战兴章	莒县招贤镇西双庙村	—	男	—
合 计	**1444**			

责任人：朱吉高　史家义　　　　核实人：王国新　孙凤鸣　　　　填表人：孙凤鸣
填报单位（签章）：莒县县委党史研究室　　　　　　填报时间：2009 年 4 月 20 日

临沂市兰山区抗日战争时期死难者名录

姓　名	籍　贯	年龄	性别	死难时间
范金钰	兰山区兰山街道颜家红埠寺	32	男	1938 年 6 月
范金祥	兰山区兰山街道颜家红埠寺	30	男	1938 年 6 月
全小伙	兰山区兰山街道颜家红埠寺	26	男	1941 年 6 月
孙　×	兰山区兰山街道林庄	—	女	1938 年
李　元	兰山区兰山街道林庄	—	男	1939 年
韦学章	兰山区兰山街道后钦宿	18	男	1938 年
赵玉兰	兰山区兰山街道书院	40	男	1938 年
赵玉兰之子	兰山区兰山街道书院	19	男	1938 年
伏祥兰	兰山区兰山街道南关	40	女	1938 年
徐进荣	兰山区兰山街道南关	49	男	1938 年
金大德	兰山区兰山街道南关	26	男	1938 年
蒋　氏	兰山区兰山街道水田	65	女	1938 年 3 月
化连毕	兰山区兰山街道水田	50	男	1938 年 5 月
化佃安	兰山区兰山街道水田	43	男	1938 年 6 月
董洪成之父	兰山区兰山街道董朱许	36	男	1938 年 4 月
王效先	兰山区兰山街道朝阳	22	男	1940 年
王福运	兰山区兰山街道宋王庄	25	男	1942 年 3 月
孙小鹿	兰山区兰山街道宋王庄	23	男	1940 年 1 月
季宗义	兰山区兰山街道庙上	36	男	1938 年 2 月
刘永现	兰山区兰山街道庙上	28	男	1938 年 2 月
孙克孝	兰山区兰山街道庙上	27	男	1938 年 2 月
陈鹤年	兰山区兰山街道庙上	46	男	1938 年
王俊岭	兰山区兰山街道煤山	—	男	1945 年
刘琨之三叔	兰山区兰山街道张王庄	38	男	1938 年 4 月
李德山	兰山区兰山街道张王庄	31	男	1938 年 4 月
段全忠	兰山区兰山街道张王庄	27	男	1938 年 4 月
张兆明	兰山区兰山街道张王庄	—	男	1938 年 4 月
王家萍	兰山区兰山街道前钦宿	4	女	1938 年 4 月
伍长友	兰山区兰山街道宋王庄	40	男	1938 年 4 月
周旺庚	兰山区兰山街道前园村	—	男	1938 年 4 月
王荣堂	兰山区兰山街道前园村	—	男	1938 年 4 月

姓 名	籍 贯	年 龄	性 别	死难时间
王秋堂	兰山区兰山街道前园村	—	男	1938 年
李士东之父	兰山区义堂镇丈埠屯	—	男	1938 年
杨久合	兰山区义堂镇乾沂庄	80	男	1938 年
张二紧	兰山区义堂镇乾沂庄	70	男	1938 年
陈运广之祖父	兰山区义堂镇小葛庄	—	男	1938 年
陈敬昌之母	兰山区义堂镇小葛庄	—	女	1938 年
陈运连之母	兰山区义堂镇小葛庄	—	女	1938 年
杜庆信之伯父	兰山区义堂镇小葛庄	—	男	1938 年
陈二秃	兰山区义堂镇小葛庄	—	男	1938 年
陈洪昌	兰山区义堂镇小葛庄	—	男	1938 年
王春增	兰山区义堂镇小葛庄	—	男	1938 年
陈艾昌之母	兰山区义堂镇小葛庄	—	女	1938 年
周 氏	兰山区义堂镇刘朱里	—	女	1938 年
李 ×	兰山区义堂镇刘朱里	—	男	1938 年
魏×之妻	兰山区义堂镇刘朱里	—	女	1938 年
赵刘氏	兰山区义堂镇周井铺	45	女	1938 年
张文太	兰山区义堂镇周井铺	50	男	1938 年
胡尊友	兰山区义堂镇代庄	60	男	1938 年
凌成修	兰山区义堂镇代庄	62	男	1938 年
李奎春	兰山区义堂镇代庄	77	男	1938 年
李春田	兰山区义堂镇代庄	52	男	1938 年
李露田之母	兰山区义堂镇代庄	46	女	1938 年
凌景芳	兰山区义堂镇代庄	62	男	1938 年
李传圣	兰山区义堂镇北屠苏	25	男	1942 年
李宗迁	兰山区义堂镇北屠苏	—	男	1945 年
李阿虎	兰山区义堂镇北屠苏	—	男	1945 年
李传顶之弟	兰山区义堂镇北屠苏	—	男	1945 年
史庆仁	兰山区义堂镇北屠苏	—	男	1945 年
王祖同	兰山区义堂镇南楼	21	男	1938 年
陈登朝	兰山区义堂镇南楼	32	男	1938 年
王金玉之父	兰山区义堂镇南楼	—	男	1938 年
杜王氏	兰山区义堂镇化沂庄	—	女	1938 年
徐 四	兰山区义堂镇化沂庄	—	男	1938 年
杜庆生	兰山区义堂镇化沂庄	—	男	1938 年

姓　名	籍　贯	年龄	性别	死难时间
阿　虎	兰山区义堂镇化沂庄	—	男	1938 年
刘王氏	兰山区义堂镇化沂庄	—	女	1938 年
金　大	兰山区义堂镇化沂庄	—	男	1938 年
李　二	兰山区义堂镇化沂庄	—	男	1938 年
曹　三	兰山区义堂镇化沂庄	—	男	1938 年
孙王氏	兰山区义堂镇化沂庄	—	女	1938 年
刘天民	兰山区义堂镇王朱里	30	男	1943 年
王岳飞	兰山区义堂镇王朱里	23	男	1942 年
王宝京之父	兰山区义堂镇王朱里	50	男	1938 年
王全孝	兰山区义堂镇王朱里	49	男	1939 年
刘凤德	兰山区义堂镇王朱里	49	男	1939 年
刘老傻	兰山区义堂镇王朱里	50	男	1939 年
尤少石之祖母	兰山区义堂镇王朱里	52	女	1938 年
尤维成	兰山区义堂镇尤村	55	男	1938 年
尤宗泽	兰山区义堂镇尤村	54	男	1938 年
尤从庄	兰山区义堂镇尤村	47	男	1938 年
尤书昌	兰山区义堂镇尤村	27	男	1938 年
尤从国	兰山区义堂镇尤村	57	男	1938 年
潘德顺之父	兰山区义堂镇尤村	67	男	1938 年
尤赵氏	兰山区义堂镇尤村	65	女	1938 年
尤维现	兰山区义堂镇尤村	34	男	1938 年
李洪喜	兰山区义堂镇堰西	20	男	1938 年
李纪夫	兰山区义堂镇堰西	20	男	1938 年
闫大嘴	兰山区义堂镇堰西	—	男	1938 年
四乍乍	兰山区义堂镇堰西	—	男	1938 年
张从叔	兰山区义堂镇堰西	—	男	1938 年
李四毛	兰山区义堂镇堰西	—	男	1938 年
赵广太	兰山区义堂镇赵庄	18	男	1938 年
孟召祥	兰山区义堂镇赵庄	—	男	1942 年
王俊山	兰山区义堂镇孙朱里	—	男	1941 年
许进佳	兰山区义堂镇孙朱里	—	男	1941 年
许李氏	兰山区义堂镇孙朱里	—	女	1941 年
田学聚	兰山区义堂镇大葛庄	—	男	1938 年
张法田	兰山区义堂镇大葛庄	—	男	1938 年

姓　名	籍　贯	年　龄	性　别	死难时间
杜洪伦	兰山区义堂镇大葛庄	—	男	1938 年 3 月
王之同	兰山区义堂镇大葛庄	—	男	1940 年
田　五	兰山区义堂镇大葛庄	—	男	1945 年 7 月
孙士章	兰山区义堂镇大葛庄	—	男	1942 年 8 月
张　丁	兰山区义堂镇大葛庄	—	男	1943 年
李　氏	兰山区义堂镇大义堂	—	女	1938 年
李氏之女	兰山区义堂镇大义堂	—	女	1938 年
卢青聚之母	兰山区银雀山街道后岗头村	—	女	1938 年
陈登云	兰山区银雀山街道后岗头村	—	男	1938 年
高凤立	兰山区银雀山街道后岗头村	—	男	1942 年
刘乐云	兰山区银雀山街道后岗头村	—	男	1943 年
刘兴章	兰山区银雀山街道后岗头村	—	男	1943 年
虞振扬	兰山区银雀山街道五里堡村	43	男	1938 年
周瑞昌	兰山区银雀山街道道沟村	—	男	1943 年
戴移山	兰山区银雀山街道道沟村	—	男	1944 年
戴八湖	兰山区银雀山街道道沟村	—	男	1945 年
周凤军	兰山区银雀山街道道沟村	—	男	1945 年
戴文未	兰山区银雀山街道道沟村	—	男	1944 年
戴文忠	兰山区银雀山街道道沟村	—	男	1944 年
李秀俊	兰山区银雀山街道陆王庄村	21	男	1940 年
刘　铭	兰山区银雀山街道陆王庄村	21	男	1945 年
曹纪芬之母	兰山区银雀山街道陆王庄村	—	女	1938 年
三秃头	兰山区银雀山街道陆王庄村	—	男	1938 年
密乃坤	兰山区银雀山街道西苗庄	—	男	1938 年
密士友之母	兰山区银雀山街道西苗庄	—	女	1938 年
刘学荣之祖母	兰山区银雀山街道西苗庄	—	女	1938 年
密宝玺	兰山区银雀山街道西苗庄	—	男	1944 年
尚玉启之父	兰山区银雀山街道宏伟村	41	男	1938 年
王文阶	兰山区银雀山街道全家红埠寺	—	男	1938 年
林传兴	兰山区银雀山街道全家红埠寺	—	男	1938 年
朱佃清	兰山区银雀山街道南关	—	男	1944 年
彭金龙之祖父	兰山区银雀山街道南关	—	男	1938 年
陈广福之母	兰山区银雀山街道南关	—	女	1938 年
彭振江	兰山区银雀山街道南关	—	男	1938 年

姓 名	籍 贯	年 龄	性 别	死难时间
陆现奎	兰山区银雀山街道大姜村	33	男	1943 年
蒋 二	兰山区银雀山街道大姜村	23	男	1942 年
王石头	兰山区银雀山街道城前	15	男	1945 年
段 仕	兰山区银雀山街道古城村	—	男	1938 年
彭 化	兰山区银雀山街道古城村	—	男	1938 年
王西贤	兰山区银雀山街道小姜村	—	男	1938 年
张兆德	兰山区银雀山街道小姜村	—	男	1938 年
温 ×	兰山区银雀山街道前岗头	—	男	1938 年
高敬川	兰山区银雀山街道前岗头	—	男	1938 年
马 大	兰山区银雀山街道马宅子	—	男	1938 年
王春茂	兰山区银雀山街道马宅子	—	男	1938 年
杜元法之女	兰山区南坊街道前皮庄村		女	1938 年
王连启	兰山区南坊街道中王庄村	—	男	1943 年
单奎士	兰山区南坊街道单家庄村	41	男	1938 年
单中秀	兰山区南坊街道单家庄村	16	女	1938 年
杨 坤	兰山区南坊街道潦沟村	—	男	1938 年
赵广志	兰山区南坊街道孔官庄村	—	男	1938 年
彭思孝	兰山区南坊街道孔官庄村		男	1939 年
范 珏	兰山区南坊街道南范村	10	男	1938 年 3 月
范可心	兰山区南坊街道南范村	14	男	1938 年 3 月
张 芥	兰山区南坊街道中张村	51	男	1938 年
杨守信之三兄	兰山区南坊街道前七沟村	—	男	1945 年
高老候	兰山区南坊街道大里庄村	80	男	1938 年
于荣一	兰山区南坊街道大里庄村	27	男	1941 年
姜自敏的父亲	兰山区兰山街道大岭村	61	男	1938 年
姜自敏的奶奶	兰山区兰山街道大岭村	79	女	1938 年
王 二	兰山区兰山街道大岭村	50	男	1938 年
王二的妻子	兰山区兰山街道大岭村	42	女	1938 年
徐开源	兰山区兰山街道书院社区	49	男	1938 年
徐守鹏	兰山区兰山街道书院社区	44	男	1938 年
孙培祥之祖母	兰山区兰山街道书院社区	60	女	1938 年
田士英之父	兰山区兰山街道书院社区	47	男	1938 年
田士英之母	兰山区兰山街道书院社区	45	女	1938 年
高庆华之祖父	兰山区兰山街道书院社区	62	男	1938 年

姓 名	籍 贯	年 龄	性 别	死难时间
程主桂之祖父	兰山区兰山街道书院社区	59	男	1938 年
程洪领之父	兰山区兰山街道书院社区	48	男	1938 年
程洪领之母	兰山区兰山街道书院社区	44	女	1938 年
李胜传之祖父	兰山区兰山街道书院社区	61	男	1938 年
宁振芳之祖父	兰山区兰山街道书院社区	60	男	1938 年 3 月
宁振芳之祖母	兰山区兰山街道书院社区	55	女	1938 年 3 月
宁振芳之父	兰山区兰山街道书院社区	35	男	1938 年 3 月
宁振芳之母	兰山区兰山街道书院社区	32	女	1938 年 3 月
宁振芳之大哥	兰山区兰山街道书院社区	12	男	1938 年 3 月
宁振芳之二哥	兰山区兰山街道书院社区	10	男	1938 年 3 月
宁振芳之大姐	兰山区兰山街道书院社区	7	女	1938 年 3 月
宁振芳之二姐	兰山区兰山街道书院社区	4	女	1938 年 3 月
刘大妈	兰山区兰山街道书院社区	49	女	1938 年
王广汉之父	兰山区兰山街道书院社区	53	男	1938 年
王广汉之大哥	兰山区兰山街道书院社区	31	男	1938 年
王广汉之二哥	兰山区兰山街道书院社区	29	男	1938 年
王广汉之大嫂	兰山区兰山街道书院社区	30	女	1938 年
王广汉之二嫂	兰山区兰山街道书院社区	28	女	1938 年
王广汉之侄女	兰山区兰山街道书院社区	13	女	1938 年
王广汉之侄子	兰山区兰山街道书院社区	11	男	1938 年
张德山之父	兰山区兰山街道书院社区	44	男	1938 年
吕善友之子	兰山区兰山街道书院社区	27	男	1938 年
侯 祥	兰山区兰山街道书院社区	42	男	1938 年
徐奶奶	兰山区兰山街道书院社区	63	女	1938 年
张玉西之子	兰山区兰山街道书院社区	31	男	1938 年
蔡新刚之祖父	兰山区兰山街道书院社区	56	男	1938 年
王 前	兰山区南坊街道大里庄村	28	男	1940 年
彭福山	兰山区南坊街道大里庄村	29	男	1942 年
刘 民	兰山区南坊街道后明坡村	36	女	1938 年
刘黄兴	兰山区南坊街道后明坡村	18	男	1942 年
刘 明	兰山区南坊街道后明坡村	18	男	1942 年
刘 方	兰山区南坊街道后明坡村	18	男	1942 年
张西岩	兰山区南坊街道后明坡村	18	男	1938 年
蔡仁义之母	兰山区南坊街道岳坞村	—	女	1938 年

姓 名	籍 贯	年龄	性别	死难时间
岳全珠	兰山区南坊街道岳坞村	—	男	1938 年
岳玉祥之兄	兰山区南坊街道岳坞村	10	男	1938 年
岳凤宽之兄	兰山区南坊街道岳坞村	—	男	1938 年
洪会增	兰山区南坊街道洪店村	—	男	1938 年
崔孝堂	兰山区南坊街道洪店村	18	男	1942 年
李奎文	兰山区南坊街道东南坊村	—	男	1938 年
王景于之父	兰山区南坊街道东南坊村	—	男	1938 年
杜达德	兰山区南坊街道小朱坞村	—	男	1939 年
杜佃俊	兰山区南坊街道小朱坞村	—	男	1938 年
王庆思	兰山区南坊街道小朱坞村	20	男	1940 年 2 月
杜元芳	兰山区南坊街道小朱坞村	22	男	1939 年 5 月
郑明笑	兰山区南坊街道代城子村	39	男	1943 年
代振帮	兰山区南坊街道代城子村	42	男	1943 年
代希春	兰山区南坊街道代城子村	53	男	1938 年
郑玉可	兰山区南坊街道代城子村	55	男	1938 年
代玉营	兰山区南坊街道代城子村	23	男	1938 年
刘 言	兰山区南坊街道代城子村	30	男	1945 年
姜三堂	兰山区南坊街道双庄村	34	男	1938 年
姜克俭	兰山区南坊街道双庄村	29	男	1939 年
徐 氏	兰山区南坊街道双庄村	29	女	1939 年
姜西三	兰山区南坊街道双庄村	98	男	1938 年
姜开俭	兰山区南坊街道双庄村	—	男	1938 年
刘克俊	兰山区南坊街道刘庄村	70	男	1938 年 4 月
刘霞子	兰山区南坊街道刘庄村	15	男	1938 年 4 月
刘克龙	兰山区南坊街道刘庄村	60	男	1938 年 4 月
姚进堂	兰山区南坊街道刘庄村	70	男	1938 年 4 月
刘聋子	兰山区南坊街道刘庄村	70	男	1938 年 4 月
刘聋子之子	兰山区南坊街道刘庄村	40	男	1938 年 4 月
刘聋子之儿媳	兰山区南坊街道刘庄村	—	女	1938 年 4 月
二傻子	兰山区南坊街道刘庄村	70	男	1938 年 4 月
刘增富	兰山区南坊街道刘庄村	70	男	1938 年 4 月
刘增富之妻	兰山区南坊街道刘庄村	70	女	1941 年 4 月
刘克龙之母	兰山区南坊街道刘庄村	70	女	1938 年 4 月
张怀哲	兰山区南坊街道小杏花村	42	男	1938 年

姓　名	籍　贯	年　龄	性　别	死难时间
张怀胜	兰山区南坊街道小杏花村	40	男	1938 年
臧建守	兰山区南坊街道杏花河北村	24	男	1943 年
臧开泰	兰山区南坊街道杏花河北村	15	男	1938 年
臧刘氏	兰山区南坊街道杏花河北村	17	女	1938 年
臧岳氏	兰山区南坊街道杏花河北村	21	女	1938 年
丰寿春	兰山区南坊街道郑城子村	—	男	1938 年
郑兴仁	兰山区南坊街道郑城子村	—	男	1938 年
郑宪林之祖父	兰山区南坊街道郑城子村	—	男	1938 年
郑军福	兰山区南坊街道郑城子村	—	男	1938 年
田玉林之祖母	兰山区南坊街道郑城子村	—	女	1938 年
葛恩祥	兰山区南坊街道朱高村	22	男	1939 年
赵荣勉	兰山区南坊街道后小寺村	—	男	1938 年
赵荣良之祖父	兰山区南坊街道后小寺村	—	男	1938 年
赵荣良之祖母	兰山区南坊街道后小寺村	—	女	1938 年
赵修奎	兰山区南坊街道后小寺村	—	男	1938 年
陈洪亭	兰山区南坊街道陈城子村	—	男	1939 年
陈洪刚	兰山区南坊街道陈城子村	—	男	1939 年
陈高登	兰山区南坊街道陈城子村	—	男	1939 年
陈高登之祖母	兰山区南坊街道陈城子村	—	女	1938 年
李　二	兰山区南坊街道陈城子村	—	男	1939 年
李　三	兰山区南坊街道陈城子村	—	男	1941 年
倪连俭	兰山区南坊街道前小寺村	—	男	1938 年
倪连昌之兄	兰山区南坊街道前小寺村	—	男	1938 年
倪连修	兰山区南坊街道前小寺村	—	男	1938 年
倪连币之祖母	兰山区南坊街道前小寺村	—	女	1938 年
倪永信之父	兰山区南坊街道前小寺村	—	男	1938 年
大　岁	兰山区南坊街道前小寺村	—	男	1938 年
大岁之父	兰山区南坊街道前小寺村	—	男	1938 年
乡蓝之兄	兰山区南坊街道前小寺村	—	男	1938 年
乡蓝之母	兰山区南坊街道前小寺村	—	女	1938 年
杨姜氏	兰山区南坊街道夏家村	—	女	1938 年
杨刘氏	兰山区南坊街道夏家村	—	女	1938 年
夏西久	兰山区南坊街道夏家村	—	男	1938 年
夏西户之曾祖母	兰山区南坊街道夏家村	—	女	1938 年

姓 名	籍 贯	年 龄	性 别	死难时间
夏西户之大姑	兰山区南坊街道夏家村	—	女	1938 年
夏西户之小姑	兰山区南坊街道夏家村	—	女	1938 年
夏光北	兰山区南坊街道夏家村	—	男	1938 年
夏兴章	兰山区南坊街道夏家村	—	女	1938 年
夏庆常之妻	兰山区南坊街道夏家村	—	女	1938 年
夏如喜	兰山区南坊街道夏家村	—	男	1938 年
夏惠氏	兰山区南坊街道夏家村	—	女	1938 年
夏开泰之妻	兰山区南坊街道夏家村	—	女	1938 年
夏开泰	兰山区南坊街道夏家村	—	男	1938 年
夏彭氏	兰山区南坊街道夏家村	—	女	1938 年
夏如登之妻	兰山区南坊街道夏家村	—	女	1938 年
李志新	兰山区南坊街道西南坊村	36	男	1941 年
李儿春	兰山区南坊街道西南坊村	25	男	1944 年
张洪军	兰山区南坊街道西南坊村	42	男	1944 年
张洪林	兰山区南坊街道西南坊村	—	男	1944 年
张言平	兰山区南坊街道西南坊村	—	男	1944 年
张作善	兰山区南坊街道西南坊村	—	男	1944 年
刘 氏	兰山区南坊街道西南坊村	—	女	1944 年
金 氏	兰山区南坊街道西南坊村	—	女	1944 年
金玉德	兰山区南坊街道西南坊村	—	男	1944 年
金凤如	兰山区南坊街道西南坊村	—	男	1944 年
张金氏	兰山区南坊街道西南坊村	—	女	1944 年
张洪信	兰山区南坊街道西南坊村	—	男	1944 年
张言善	兰山区南坊街道西南坊村	—	男	1944 年
张守才	兰山区南坊街道西南坊村	—	男	1944 年
张传圻	兰山区南坊街道西南坊村	—	男	1938 年
蒋春光	兰山区南坊街道西南坊村	—	男	1938 年
赵修文	兰山区南坊街道西南坊村	—	男	1938 年
夏传余之叔	兰山区南坊街道新官庄村	—	男	1938 年
夏继峰之叔	兰山区南坊街道新官庄村	—	男	1938 年
郑永元之祖母	兰山区南坊街道新官庄村	—	女	1938 年
夏继如之祖父	兰山区南坊街道新官庄村	—	男	1938 年
郑济仁	兰山区南坊街道新官庄村	80	男	1939 年
郑友同	兰山区南坊街道新官庄村	50	男	1939 年

姓 名	籍 贯	年 龄	性 别	死难时间
夏西忠之母	兰山区南坊街道新官庄村	70	女	1939 年
夏西堵	兰山区南坊街道新官庄村	70	男	1939 年
夏立顶之祖父	兰山区南坊街道新官庄村	65	男	1939 年
夏西焕	兰山区南坊街道新官庄村	80	男	1939 年
夏西武	兰山区南坊街道新官庄村	—	男	1939 年
夏 玉	兰山区南坊街道新官庄村	70	男	1939 年
郑代氏	兰山区南坊街道新官庄村	50	女	1939 年
夏西奇之母	兰山区南坊街道新官庄村	65	女	1939 年
王尤氏	兰山区南坊街道郗古城村	60	女	1938 年 3 月
王 小	兰山区南坊街道郗古城村	17	男	1938 年 3 月
王佃弓	兰山区南坊街道郗古城村	52	男	1938 年 3 月
王兴同之祖父	兰山区南坊街道郗古城村	57	男	1938 年 3 月
王二憨	兰山区南坊街道郗古城村	61	男	1938 年 3 月
王 丫	兰山区南坊街道郗古城村	18	女	1938 年 3 月
赵 氏	兰山区南坊街道郗古城村	64	女	1938 年 3 月
王克甲	兰山区南坊街道郗古城村	68	男	1938 年 3 月
杨三太	兰山区南坊街道郗古城村	70	女	1938 年 3 月
王兆印之妻	兰山区南坊街道郗古城村	50	女	1938 年 3 月
王守万	兰山区南坊街道郗古城村	60	男	1938 年 3 月
王佃思	兰山区南坊街道郗古城村	42	男	1938 年 3 月
王佃思之母	兰山区南坊街道郗古城村	71	女	1938 年 3 月
王兆奎	兰山区南坊街道郗古城村	60	男	1938 年 3 月
王兆礼	兰山区南坊街道郗古城村	50	男	1938 年 3 月
王佃芳之母	兰山区南坊街道郗古城村	63	女	1938 年 3 月
巩刘氏	兰山区南坊街道郗古城村	62	女	1938 年 3 月
巩张氏	兰山区南坊街道郗古城村	65	女	1938 年 3 月
巩王氏	兰山区南坊街道郗古城村	64	女	1938 年 3 月
巩徐氏	兰山区南坊街道郗古城村	61	女	1938 年 3 月
巩姜氏	兰山区南坊街道郗古城村	65	女	1938 年 3 月
夏王氏	兰山区南坊街道郗古城村	64	女	1938 年 3 月
刘 ×	兰山区南坊街道郗古城村	59	男	1938 年 3 月
刘 氏	兰山区南坊街道郗古城村	57	女	1938 年 3 月
张 氏	兰山区南坊街道郗古城村	72	女	1938 年 3 月
张三之叔	兰山区南坊街道郗古城村	71	男	1938 年 3 月

姓 名	籍 贯	年龄	性别	死难时间
杨 氏	兰山区南坊街道郿古城村	78	女	1938 年 3 月
杨刘氏	兰山区南坊街道郿古城村	72	女	1938 年 3 月
杨立朋	兰山区南坊街道郿古城村	62	男	1938 年 3 月
杨西安	兰山区南坊街道郿古城村	70	男	1938 年 3 月
王德朋	兰山区南坊街道郿古城村	43	男	1938 年 3 月
王良善	兰山区南坊街道郿古城村	63	男	1938 年 3 月
王 氏	兰山区南坊街道郿古城村	66	女	1938 年 3 月
姜 妞	兰山区南坊街道郿古城村	32	女	1938 年 3 月
德安之祖母	兰山区南坊街道郿古城村	66	女	1938 年 3 月
石立户	兰山区半程镇石家庄村	21	男	1944 年 3 月
石贞学	兰山区半程镇石家庄村	23	男	1941 年 6 月
李秀绿	兰山区半程镇石家庄村	18	男	1944 年 8 月
王公安	兰山区半程镇石家庄村	29	男	1939 年
徐自周	兰山区半程镇西石沟村	40	男	1939 年 9 月
小李德	兰山区半程镇西石沟村	30	男	1939 年 9 月
徐进昌	兰山区半程镇西石沟村	29	男	1939 年 9 月
徐进沂	兰山区半程镇后社村	24	男	1945 年 3 月
刘成友	兰山区半程镇后社村	20	男	1944 年 7 月
刘洪法	兰山区半程镇后社村	26	男	1939 年 7 月
徐田一	兰山区半程镇后社村	24	男	1939 年 8 月
范老六	兰山区半程镇后沙汀村	—	男	1945 年
范宝祥	兰山区半程镇后沙汀村	—	男	1945 年
夏文远	兰山区半程镇后沙汀村	—	男	1943 年
薛绍奎	兰山区半程镇后沙汀村	—	男	1940 年
范洪喜	兰山区半程镇后沙汀村	—	男	1945 年
彭家太	兰山区半程镇后沙汀村	—	女	1945 年
姜自道	兰山区半程镇下艾崮村	—	男	1943 年
姜开顿	兰山区半程镇下艾崮村	—	男	1943 年
王凤钦	兰山区半程镇下艾崮村	—	男	1943 年
姜胡氏	兰山区半程镇下艾崮村	—	女	1943 年
姜开归	兰山区半程镇下艾崮村	—	男	1944 年
范玉坤	兰山区半程镇中大合卜村	—	男	1942 年
刘占月	兰山区半程镇龙王庄村	—	男	1938 年
刘占月之妻	兰山区半程镇龙王庄村	—	女	1938 年

姓　名	籍　贯	年　龄	性　别	死难时间
张相芳	兰山区半程镇龙王庄村	—	女	1938 年
周　高	兰山区半程镇小闵庄村	18	男	1941 年
刘近义	兰山区半程镇小闵庄村	20	男	1941 年
彭文修	兰山区半程镇小闵庄村	25	男	1941 年
周　文	兰山区半程镇小闵庄村	—	男	1941 年
周文法之兄	兰山区半程镇小闵庄村	—	男	1941 年
姜良续	兰山区半程镇下艾崮村	—	男	1940 年
李洪德	兰山区半程镇沂田庄村	—	男	1941 年
田宝善	兰山区半程镇沂田庄村	—	男	1941 年
朱　延	兰山区半程镇沂田庄村	—	男	1941 年
杨树英	兰山区半程镇枣林庄村	32	男	1940 年 5 月
徐彦伟	兰山区半程镇清沂庄村	20	男	1941 年
郑　成	兰山区半程镇清沂庄村	36	男	1942 年
魏振相	兰山区半程镇魏峪村	40	男	1941 年
徐杨氏	兰山区半程镇半程村	39	女	1940 年 3 月
卞司氏	兰山区半程镇半程村	40	女	1942 年 3 月
高卞氏	兰山区半程镇半程村	37	女	1942 年 3 月
杨瑞贞	兰山区半程镇半程村	30	男	1940 年
咸收奎	兰山区半程镇半程村	20	男	1940 年
徐洪兴	兰山区半程镇半程村	24	男	1940 年
顾荣德	兰山区半程镇半程村	28	男	1940 年
袁春林	兰山区半程镇上艾崮村	21	男	1941 年
袁均章	兰山区半程镇上艾崮村	25	男	1945 年 3 月
旗连冒	兰山区半程镇上艾崮村	18	男	1945 年 3 月
袁兆所	兰山区半程镇上艾崮村	18	男	1939 年 7 月
袁兆田	兰山区半程镇上艾崮村	26	男	1945 年 3 月
苗际春	兰山区半程镇上艾崮村	27	男	1945 年
谢焦氏	兰山区金雀山街道焦庄村	—	女	1939 年
李　氏	兰山区金雀山街道焦庄村	—	女	1938 年
尚　氏	兰山区金雀山街道焦庄村	—	女	1938 年
尚连茂	兰山区金雀山街道焦庄村	—	男	1939 年
周孝坛之父	兰山区金雀山街道南坛村	—	男	1938 年
烟　含	兰山区金雀山街道南坛村	—	男	1938 年
李殿荣	兰山区金雀山街道南坛村	—	男	1938 年

姓　名	籍　贯	年　龄	性　别	死难时间
李德厦	兰山区金雀山街道南坛村	—	男	1938 年
李德厚	兰山区金雀山街道南坛村	—	男	1938 年
贾西光	兰山区金雀山街道南坛村	—	男	1938 年
高学诗之祖父	兰山区金雀山街道南坛村	—	男	1938 年
李治安祖父之嫂	兰山区金雀山街道南坛村	—	女	1938 年
侯兆敏	兰山区金雀山街道南坛村	—	男	1938 年
侯作良之兄	兰山区金雀山街道南坛村	—	男	1938 年
李　凯	兰山区金雀山街道清泉庄	—	男	1938 年
朱家生	兰山区金雀山街道小埠东村	—	男	1941 年
朱子芙	兰山区金雀山街道小埠东村	—	男	1939 年
徐　朵	兰山区金雀山街道小埠东村	—	女	1938 年
朱王氏	兰山区金雀山街道小埠东村	—	女	1938 年
徐宗仁	兰山区金雀山街道小埠东村	—	男	1941 年
黄秀岭	兰山区金雀山街道三里庄村	—	男	1938 年
付汝明	兰山区金雀山街道付屯村	—	男	1938 年
付大五	兰山区金雀山街道付屯村	—	男	1939 年
绍　沂	兰山区金雀山街道付屯村	—	男	1941 年
付岑营	兰山区金雀山街道付屯村	—	男	1938 年
毛福印	兰山区白沙埠镇毛村	21	男	1938 年
惠风东	兰山区白沙埠镇玩花楼村	29	男	1938 年
崔和山	兰山区白沙埠镇孟庄村	—	男	1938 年
陆佃华	兰山区白沙埠镇马合庄村	—	男	1938 年
崔洪真	兰山区白沙埠镇东朱阜村	19	男	1938 年
陈西月	兰山区白沙埠镇东朱阜村	18	男	1938 年
曲连胜	兰山区白沙埠镇乔湖村	40	男	1938 年
乔果玉	兰山区白沙埠镇乔湖村	36	男	1938 年
刘清明	兰山区白沙埠镇乔湖村	17	男	1938 年
乔正祥	兰山区白沙埠镇乔湖村	36	男	1938 年
徐克阳	兰山区白沙埠镇朱潘村	—	男	1938 年
姜宝沾之父	兰山区白沙埠镇朱潘村	—	男	1938 年
徐百川	兰山区白沙埠镇朱潘村	—	男	1938 年
徐百如之父	兰山区白沙埠镇朱潘村	—	男	1938 年
姜文潜之祖父	兰山区白沙埠镇朱潘村	—	男	1938 年
杜徐氏	兰山区白沙埠镇大墩村	80	女	1938 年

姓 名	籍 贯	年 龄	性 别	死难时间
王志文	兰山区白沙埠镇大墩村	22	男	1938 年
王兆乾	兰山区白沙埠镇大墩村	50	男	1938 年
姜宝阳	兰山区白沙埠镇大墩村	22	男	1938 年
刘张氏	兰山区白沙埠镇东孝友村	31	女	1938 年
王姜氏	兰山区白沙埠镇东孝友村	32	女	1938 年
王 宪	兰山区白沙埠镇东孝友村	34	男	1938 年
张贵林	兰山区白沙埠镇义和官庄村	26	男	1941 年
大老尤	兰山区白沙埠镇大姜村	—	男	1938 年
韩香英	兰山区白沙埠镇诸葛城村	—	女	1939 年
王进兰	兰山区白沙埠镇诸葛城村	15	女	1939 年
张俊英	兰山区白沙埠镇诸葛城村	—	女	1939 年
张纪平	兰山区白沙埠镇诸葛城村	21	男	1938 年
张绪山	兰山区白沙埠镇后城西村	—	男	1938 年
张启龙	兰山区白沙埠镇后城西村	—	男	1938 年
张绪友之叔	兰山区白沙埠镇后城西村	—	男	1938 年
王升堂之父	兰山区白沙埠镇后城西村	—	男	1938 年
张守营	兰山区白沙埠镇后城西村	—	男	1938 年
张于友之父	兰山区白沙埠镇后城西村	—	男	1938 年
张绪山之三子	兰山区白沙埠镇后城西村	—	男	1945 年
张绪远之婶母	兰山区白沙埠镇后城西村	—	女	1945 年
张守军	兰山区白沙埠镇后城西村	—	男	1938 年
刘善一	兰山区白沙埠镇刘湖子村	72	男	1938 年
赵 锉	兰山区白沙埠镇刘湖子村	74	男	1938 年
刘苗氏	兰山区白沙埠镇刘湖子村	70	女	1938 年
曹××	兰山区白沙埠镇船流街村	61	女	1938 年
姜昌才之祖母	兰山区白沙埠镇船流街村	50	女	1938 年
刘西振之祖父	兰山区白沙埠镇船流街村	46	男	1938 年
刘树坤之祖母	兰山区白沙埠镇船流街村	45	女	1938 年
刘书要之父	兰山区白沙埠镇船流街村	46	男	1938 年
陈 二	兰山区白沙埠镇船流街村	28	男	1938 年
大鞭子	兰山区白沙埠镇船流街村	45	男	1938 年
陈聚昌之祖母	兰山区白沙埠镇船流街村	50	女	1938 年
杜庆常之祖父	兰山区白沙埠镇船流街村	44	男	1938 年
张王氏	兰山区白沙埠镇前船流村	65	女	1938 年

姓 名	籍 贯	年龄	性别	死难时间
石李氏	兰山区白沙埠镇前船流村	64	女	1938 年
朱振卫	兰山区白沙埠镇前船流村	71	男	1938 年
张玉合	兰山区白沙埠镇前船流村	81	男	1938 年
朱拐李	兰山区白沙埠镇前船流村	59	男	1938 年
张玉祥	兰山区白沙埠镇前船流村	60	男	1938 年
刘佃帮	兰山区白沙埠镇西船流村	64	男	1938 年
李兰廷	兰山区白沙埠镇西船流村	35	男	1938 年
张二憨	兰山区白沙埠镇西船流村	57	男	1938 年
张贵良	兰山区白沙埠镇西船流村	37	男	1938 年
杜明信	兰山区白沙埠镇西船流村	63	男	1938 年
张培山	兰山区白沙埠镇西船流村	32	男	1938 年
张俊义	兰山区白沙埠镇西船流村	33	男	1938 年
张英胜	兰山区白沙埠镇西船流村	33	男	1938 年
万长春	兰山区白沙埠镇西船流村	35	男	1938 年
朱正堂	兰山区白沙埠镇苗庄村	—	男	1938 年
张荣艺之祖母	兰山区白沙埠镇苗庄村	—	女	1938 年
宋全成	兰山区白沙埠镇钓鱼台村	—	男	1938 年
宋全立	兰山区白沙埠镇钓鱼台村	—	男	1938 年
靳贵荣	兰山区白沙埠镇钓鱼台村	—	男	1938 年
宋友道	兰山区白沙埠镇钓鱼台村	—	男	1938 年
宋文举	兰山区白沙埠镇钓鱼台村	—	男	1938 年
卢玉明	兰山区白沙埠镇钓鱼台村	—	男	1938 年
宋友树	兰山区白沙埠镇钓鱼台村	—	男	1939 年
宋友俊	兰山区白沙埠镇钓鱼台村	—	男	1938 年
宋友举	兰山区白沙埠镇钓鱼台村	—	男	1939 年
靳贵芳	兰山区白沙埠镇钓鱼台村	—	男	1940 年
宋全友之祖父	兰山区白沙埠镇钓鱼台村	—	男	1938 年
刘升阶	兰山区白沙埠镇大安子村	52	男	1938 年
张姜氏	兰山区白沙埠镇小安子村	17	女	1938 年
姜文修	兰山区白沙埠镇小安子村	20	男	1938 年
郑清方	兰山区白沙埠镇崖头村	48	男	1938 年
刘学聋	兰山区白沙埠镇崖头村	33	男	1938 年
王 俊	兰山区白沙埠镇崖头村	36	男	1938 年
王 得	兰山区白沙埠镇崖头村	25	男	1938 年

姓 名	籍 贯	年 龄	性 别	死难时间
王金怀	兰山区白沙埠镇崖头村	30	男	1938 年
刘书信	兰山区白沙埠镇崖头村	76	男	1938 年
王凤信	兰山区白沙埠镇玉平村	—	男	1938 年
曹陈氏	兰山区白沙埠镇郝沂宅子村	70	女	1938 年
杜张氏	兰山区白沙埠镇郝沂宅子村	65	女	1938 年
朱振得	兰山区白沙埠镇新河村	46	男	1938 年
朱春花	兰山区白沙埠镇新河村	48	女	1938 年
朱东峰	兰山区白沙埠镇新河村	63	男	1938 年
张配信	兰山区白沙埠镇新河村	23	男	1938 年
张巴狗	兰山区白沙埠镇新河村	19	男	1938 年
朱春本	兰山区白沙埠镇新河村	58	男	1938 年
朱圣元之母	兰山区白沙埠镇新河村	25	女	1938 年
闫姜氏	兰山区白沙埠镇新河村	60	女	1938 年
闫富挪	兰山区白沙埠镇新河村	63	男	1938 年
闫振信	兰山区白沙埠镇新河村	22	男	1938 年
闫青兰	兰山区白沙埠镇新河村	70	男	1938 年
朱胡闹	兰山区白沙埠镇新河村	66	男	1938 年
孙建如	兰山区白沙埠镇余粮村	24	男	1938 年
薛聋子	兰山区白沙埠镇余粮村	66	男	1938 年
张绍孟	兰山区白沙埠镇溪沂庄村	—	男	1938 年
孟宪松	兰山区朱保镇孟行村	—	男	1938 年
孟头先之妹	兰山区朱保镇孟行村	—	女	1938 年
孟悠阳	兰山区朱保镇孟行村	—	男	1938 年
孟二丫	兰山区朱保镇孟行村	—	女	1945 年 1 月
孟宪崇	兰山区朱保镇孟行村	—	男	1945 年 1 月
刘二傻	兰山区朱保镇孟行村	—	男	1945 年 1 月
猪	兰山区朱保镇张行村	—	男	1938 年
商应绪之兄	兰山区朱保镇商庄村	—	男	1945 年
商开良之三叔	兰山区朱保镇商庄村	—	男	1939 年
商一宏	兰山区朱保镇商庄村	—	男	1938 年
曹广胜之三叔	兰山区朱保镇商庄村	—	男	1942 年
商应奎	兰山区朱保镇商庄村	—	男	1945 年
商金贵之兄	兰山区朱保镇商庄村	—	男	1942 年
商景班	兰山区朱保镇商庄村	—	男	1942 年

姓 名	籍 贯	年 龄	性 别	死难时间
曹广运之舅	兰山区朱保镇商庄村	—	男	1942 年
戴　×	兰山区朱保镇商庄村	—	女	1940 年
商金胜之母	兰山区朱保镇商庄村	—	女	1942 年
商崇佩之祖母	兰山区朱保镇商庄村	—	女	1941 年
商春法	兰山区朱保镇商庄村	—	男	1943 年
商春法之妻	兰山区朱保镇商庄村	—	女	1941 年
商开良之祖父	兰山区朱保镇商庄村	—	男	1938 年
商开喜	兰山区朱保镇商庄村	—	男	1941 年
商开田	兰山区朱保镇商庄村	—	男	1942 年
商开言之妹	兰山区朱保镇商庄村	—	女	1945 年
商一忠	兰山区朱保镇商庄村	—	男	1944 年
商一德	兰山区朱保镇商庄村	—	男	1945 年
沙锅子	兰山区朱保镇商庄村	—	男	1938 年
王士超	兰山区朱保镇前寨村	—	男	1938 年
符尧太	兰山区朱保镇前寨村	—	女	1938 年
符怀成之母	兰山区朱保镇前寨村	—	女	1938 年
符怀成之妻	兰山区朱保镇前寨村	—	女	1938 年
王范氏	兰山区朱保镇前寨村	—	女	1938 年
王恩红	兰山区朱保镇前寨村	—	男	1938 年
王士荣	兰山区朱保镇前寨村	—	男	1938 年
商金成	兰山区朱保镇前寨村	—	男	1940 年
公方亮	兰山区朱保镇前寨村	—	男	1940 年
刘开顺	兰山区朱保镇前寨村	—	男	1938 年
商和臣	兰山区朱保镇前寨村	—	男	1938 年
商景岚	兰山区朱保镇前寨村	—	男	1938 年
王士英	兰山区朱保镇前寨村	—	女	1938 年
商陈氏	兰山区朱保镇前寨村	—	女	1938 年
商李氏	兰山区朱保镇前寨村	—	女	1938 年
商景夫	兰山区朱保镇前寨村	—	男	1938 年
王恩新	兰山区朱保镇前寨村	—	男	1938 年
王士春	兰山区朱保镇前寨村	—	男	1938 年
王士奎	兰山区朱保镇前寨村	—	男	1938 年
王士文	兰山区朱保镇前寨村	—	男	1938 年
李金华	兰山区朱保镇官庄村	—	男	1940 年

姓 名	籍 贯	年 龄	性 别	死难时间
李 氏	兰山区朱保镇官庄村	一	女	1938 年
刘西觉	兰山区朱保镇港上村	一	男	1938 年
姜木匠	兰山区朱保镇港上村	一	男	1938 年
刘西作	兰山区朱保镇港上村	一	男	1938 年
邢 海	兰山区朱保镇港上村	一	男	1938 年
郑铁匠	兰山区朱保镇港上村	一	男	1938 年
邢杜氏	兰山区朱保镇港上村	一	女	1938 年
邢学义	兰山区朱保镇港上村	一	男	1938 年
刘西亮	兰山区朱保镇港上村	一	男	1938 年
孙文二	兰山区朱保镇胡巷村	一	男	1943 年
赵 昌	兰山区朱保镇东楼村	一	男	1939 年
王乃起	兰山区朱保镇东楼村	一	男	1945 年
卢步雨	兰山区朱保镇东楼村	一	男	1942 年
曹东年	兰山区朱保镇东楼村	一	男	1945 年
倪文学	兰山区朱保镇东楼村	一	男	1945 年
王士老	兰山区朱保镇东楼村	一	男	1938 年
李老海	兰山区朱保镇东楼村	一	男	1938 年
田恩柱	兰山区朱保镇西庄村	一	男	1945 年
麻赵氏	兰山区朱保镇前耿卜村	一	女	1938 年
凌王氏	兰山区朱保镇前耿卜村	一	女	1938 年
凌贯俊	兰山区朱保镇前耿卜村	一	男	1938 年
张 ×	兰山区朱保镇前耿卜村	一	男	1938 年
凌老头	兰山区朱保镇前耿卜村	一	男	1938 年
凌杨氏	兰山区朱保镇前耿卜村	一	女	1938 年
刘二柱	兰山区朱保镇前耿卜村	一	男	1938 年
张烧饼	兰山区朱保镇前耿卜村	一	男	1938 年
刘啦子	兰山区朱保镇前耿卜村	一	男	1938 年
赵守财	兰山区朱保镇团卜屯村	一	男	1938 年
韩豁子	兰山区朱保镇团卜屯村	一	男	1938 年
韩豁子之子	兰山区朱保镇团卜屯村	一	男	1938 年
邱凤和	兰山区朱保镇邱庄村	一	男	1938 年
邱凤春	兰山区朱保镇邱庄村	一	男	1938 年
邱道田	兰山区朱保镇邱庄村	一	男	1938 年
孙为主	兰山区朱保镇孙庄村	一	男	1938 年

姓　名	籍　贯	年　龄	性　别	死难时间
闫金兰之母	兰山区朱保镇大芝房村	—	女	1938 年
王学明之二伯	兰山区朱保镇大芝房村	—	男	1945 年
刘金数之祖父	兰山区朱保镇大芝房村	—	男	1945 年
商云秀之继子	兰山区朱保镇大芝房村	—	男	1945 年
刘韩氏之子	兰山区朱保镇大芝房村	—	男	1945 年
闫　×	兰山区朱保镇大芝房村	—	女	1938 年
董大肚子	兰山区朱保镇葛疃村	—	男	1938 年
孟宪崇	兰山区朱保镇葛疃村	—	男	1938 年
孟召贞	兰山区朱保镇葛疃村	—	男	1938 年
王聿惠	兰山区朱保镇葛疃村	—	男	1938 年
王京贵	兰山区朱保镇葛疃村	—	男	1942 年
蒋洪祥	兰山区朱保镇葛疃村	—	男	1942 年
王京山	兰山区朱保镇葛疃村	—	男	1943 年
王京传	兰山区朱保镇葛疃村	—	男	1944 年
张开胜	兰山区朱保镇葛疃村	—	男	1944 年
王京三	兰山区朱保镇葛疃村	—	男	1938 年
孟毛驴	兰山区朱保镇葛疃村	—	男	1938 年
李其兴之伯	兰山区朱保镇太和庄村	—	男	1938 年
李金章之父	兰山区朱保镇太和庄村	—	男	1938 年
杨春荣	兰山区朱保镇太和庄村	—	男	1938 年
李启昌	兰山区朱保镇太和庄村	—	男	1938 年
李　×	兰山区朱保镇太和庄村	—	男	1938 年
郭庆余	兰山区朱保镇沙沟崖村	—	男	1938 年
陈马扎	兰山区朱保镇沙沟崖村	—	男	1938 年
郭良岭	兰山区朱保镇沙沟崖村	—	男	1938 年
陈佃瑞	兰山区朱保镇沙沟崖村	—	男	1938 年
尤金玉	兰山区朱保镇西水磨头村	—	男	1938 年
孙善仁	兰山区朱保镇桥西村	—	男	1938 年
高景利	兰山区朱保镇三义庄村	—	男	1938 年
姜德明	兰山区朱保镇涑河南村	—	男	1938 年
张　三	兰山区朱保镇涑河南村	—	男	1938 年
房宝存	兰山区马厂湖镇北桥村	32	男	1940 年
王茂林	兰山区马厂湖镇北桥村	35	男	1941 年
张广大	兰山区马厂湖镇北桥村	25	男	1941 年

姓　名	籍　贯	年　龄	性　别	死难时间
房宝成	兰山区马厂湖镇北桥村	34	男	1942 年
王关东	兰山区马厂湖镇北桥村	25	男	1941 年
王一从	兰山区马厂湖镇北桥村	28	男	1938 年
房建忠	兰山区马厂湖镇北桥村	67	男	1943 年
韩振青	兰山区马厂湖镇西迭庄村	38	男	1939 年
王夫伦	兰山区马厂湖镇西迭庄村	41	男	1939 年
藤秀君之父	兰山区马厂湖镇西迭庄村	35	男	1939 年
吴广生	兰山区马厂湖镇西迭庄村	27	男	1941 年
张作义	兰山区马厂湖镇南桥村	35	男	1938 年
陈万春之长兄	兰山区马厂湖镇南桥村	27	男	1938 年
张景顺	兰山区马厂湖镇南桥村	41	男	1938 年
刘存光之祖母	兰山区马厂湖镇南桥村	42	女	1938 年
王怀政之曾祖父	兰山区马厂湖镇南桥村	40	男	1938 年
张景顺之子	兰山区马厂湖镇南桥村	21	男	1938 年
张　氏	兰山区马厂湖镇东迭庄村	31	女	1940 年
张蒋氏	兰山区马厂湖镇东迭庄村	28	女	1940 年
张际瑞之父	兰山区马厂湖镇东迭庄村	36	男	1938 年
苗文玉之兄	兰山区马厂湖镇东迭庄村	29	男	1938 年
孙敬义之三叔	兰山区马厂湖镇东迭庄村	34	男	1938 年
陈德明之兄	兰山区马厂湖镇东迭庄村	27	男	1938 年
李玉莲之父	兰山区马厂湖镇寿衣庄村	41	男	1938 年
马连学之叔	兰山区马厂湖镇寿衣庄村	30	男	1938 年
周庆春	兰山区马厂湖镇寿衣庄村	39	男	1938 年
宋崇信之父	兰山区马厂湖镇寿衣庄村	66	男	1938 年
郑生之父	兰山区马厂湖镇寿衣庄村	43	男	1938 年
刘征一	兰山区马厂湖镇皇庄村	35	女	1939 年
韩庆彬之母	兰山区马厂湖镇皇庄村	48	女	1945 年
许世昌	兰山区马厂湖镇皇庄村	49	男	1945 年
许世昌之妻	兰山区马厂湖镇皇庄村	48	女	1938 年
孟庆高	兰山区马厂湖镇皇庄村	47	男	1938 年
钱文海	兰山区马厂湖镇皇庄村	52	男	1938 年
杨守甫	兰山区马厂湖镇皇庄村	18	男	1940 年
孔季氏	兰山区马厂湖镇芦家湖村	61	女	1938 年
小　等	兰山区马厂湖镇芦家湖村	37	男	1938 年

姓 名	籍 贯	年 龄	性 别	死难时间
王怀武	兰山区马厂湖镇前桃园村	31	男	1940 年
李茂圣	兰山区马厂湖镇前桃园村	31	男	1944 年
王树明	兰山区马厂湖镇前桃园村	31	男	1944 年
李广才	兰山区马厂湖镇前桃园村	31	男	1944 年
李圣连	兰山区马厂湖镇前桃园村	37	男	1945 年
魏兴信	兰山区马厂湖镇后桃园村	23	男	1941 年
刘未来	兰山区马厂湖镇武德村	30	男	1938 年
徐大义	兰山区马厂湖镇武德村	9	男	1940 年
刘士俊	兰山区马厂湖镇武德村	21	男	1941 年
邵士杰	兰山区马厂湖镇武德村	24	男	1941 年
窦 三	兰山区马厂湖镇武德村	22	男	1941 年
苗宏发	兰山区马厂湖镇武德村	24	男	1941 年
周麻全	兰山区马厂湖镇武德村	21	男	1941 年
何振太	兰山区马厂湖镇山北头村	27	男	1938 年
张西美	兰山区马厂湖镇山北头村	31	男	1938 年
张西亮	兰山区马厂湖镇山北头村	32	男	1938 年
郇纪如之伯	兰山区马厂湖镇山北头村	41	男	1938 年
张 四	兰山区马厂湖镇小山前村	33	男	1938 年
汪××	兰山区马厂湖镇小山前村	37	男	1938 年
周××	兰山区马厂湖镇小山前村	39	女	1938 年
彭增图	兰山区马厂湖镇小山前村	40	男	1938 年
颜 二	兰山区马厂湖镇小山前村	37	男	1938 年
唐文喜	兰山区马厂湖镇小山前村	23	男	1938 年
刘 将	兰山区马厂湖镇小山前村	21	男	1938 年
武 大	兰山区马厂湖镇小山前村	23	男	1938 年
密唤章	兰山区马厂湖镇大山前村	40	男	1939 年
孙 氏	兰山区马厂湖镇大山前村	49	女	1939 年
倪加进	兰山区马厂湖镇大山前村	22	男	1945 年
张毛旬	兰山区马厂湖镇大山前村	23	男	1945 年
杜元龙	兰山区马厂湖镇大山前村	23	男	1945 年
杜元庆	兰山区马厂湖镇大山前村	44	男	1944 年
张二驼	兰山区马厂湖镇大山前村	31	男	1944 年
李士英	兰山区马厂湖镇庙岭村	23	男	1941 年
李先法	兰山区马厂湖镇庙岭村	30	男	1943 年

姓 名	籍 贯	年龄	性别	死难时间
李先则	兰山区马厂湖镇庙岭村	15	男	1938 年
孙凤启	兰山区马厂湖镇九庄村	30	男	1938 年
陆福春	兰山区马厂湖镇九庄村	35	男	1940 年
殷守兰	兰山区马厂湖镇九庄村	16	男	1942 年
李荣山	兰山区马厂湖镇九庄村	50	男	1942 年
王连友	兰山区马厂湖镇凤凰庄村	16	男	1941 年
苗嵩山	兰山区马厂湖镇无梁殿村	31	男	1938 年
韩 北	兰山区马厂湖镇马厂湖村	21	男	1939 年
赵 氏	兰山区马厂湖镇马厂湖村	28	女	1939 年
史夫田	兰山区马厂湖镇马厂湖村	29	男	1938 年
刘永才	兰山区马厂湖镇马厂湖村	32	男	1940 年
刘李氏	兰山区马厂湖镇马厂湖村	30	女	1940 年
赵俊生	兰山区马厂湖镇黄泥岗村	54	男	1938 年
房延效	兰山区马厂湖镇黄泥岗村	35	男	1939 年
房结实	兰山区马厂湖镇黄泥岗村	—	男	1939 年
李世新	兰山区马厂湖镇中桥村	29	男	1938 年
李清连	兰山区马厂湖镇中桥村	37	男	1940 年
杜 三	兰山区马厂湖镇中桥村	24	男	1943 年
周发祥	兰山区马厂湖镇中桥村	25	男	1943 年
师秀堂	兰山区李官镇泉口村	—	男	1938 年
王开仕	兰山区李官镇小元沂村	—	男	1945 年
董凤永	兰山区李官镇前湖村	36	男	1940 年
崔学珍	兰山区李官镇前湖村	18	男	1941 年
王得山	兰山区李官镇前湖村	35	男	1941 年
崔玉俊	兰山区李官镇前湖村	26	男	1942 年
张灿其	兰山区李官镇寨里村	—	男	1938 年
李洪财	兰山区李官镇寨里村	—	男	1938 年
蔡 二	兰山区李官镇寨里村	—	男	1938 年
杜元荣	兰山区李官镇寨里村	—	男	1938 年
张灿怀	兰山区李官镇寨外村	35	男	1938 年
孙 顶	兰山区李官镇小河口村	46	男	1939 年
孙化海	兰山区李官镇小河口村	43	男	1939 年
高淑迎	兰山区李官镇许庄村	37	男	1944 年
高元功	兰山区李官镇许庄村	42	男	1944 年

姓 名	籍 贯	年 龄	性 别	死难时间
奚永年	兰山区李官镇石屯村	32	男	1938 年
石凤周	兰山区李官镇石屯村	22	男	1938 年
石万户	兰山区李官镇石屯村	65	男	1938 年
石效官	兰山区李官镇石屯村	22	男	1938 年
缪二傻	兰山区李官镇簸箕掌村	20	男	1941 年
刘守平	兰山区李官镇簸箕掌村	28	男	1943 年
陈 三	兰山区李官镇李彭村	—	男	1938 年
李春华	兰山区李官镇李官街村	—	男	1941 年
张兆支	兰山区李官镇李官街村	—	男	1942 年
张化海	兰山区李官镇李官街村	—	男	1943 年
张西成	兰山区李官镇李官街村	—	男	1943 年
张华李	兰山区李官镇李官街村	—	男	1945 年
刘 柱	兰山区李官镇本沂村	—	男	1938 年
王厚华	兰山区李官镇本沂村	—	男	1939 年
刘 三	兰山区李官镇本沂村	—	男	1939 年
刘 四	兰山区李官镇本沂村	—	男	1939 年
李高明	兰山区李官镇后湖村	23	男	1944 年
刘宝增	兰山区李官镇孙庄子村	—	男	1943 年
王孝胜	兰山区李官镇师庄子村	—	男	1939 年
王朝成	兰山区李官镇师庄子村	—	男	1939 年
王洪现之妻	兰山区李官镇师庄子村	—	女	1939 年
刘宝信	兰山区李官镇三官庄村	28	男	1938 年
刘氏春	兰山区李官镇三官庄村	19	男	1939 年
刘春之	兰山区李官镇三官庄村	16	男	1942 年
刘奇文	兰山区李官镇三官庄村	16	男	1938 年
石义传之兄	兰山区李官镇石屯村	19	男	1938 年
郑灿仁之母	兰山区李官镇石屯村	32	女	1938 年
石振生	兰山区李官镇石屯村	37	男	1938 年
丁元明之父	兰山区李官镇石屯村	68	男	1938 年
丁兆帮之祖母	兰山区李官镇石屯村	70	女	1938 年
郑宝花	兰山区李官镇南高里村	35	女	1938 年
史方红	兰山区李官镇大完沂村	—	男	1941 年
李全升	兰山区李官镇苏埠村	27	男	1945 年
石典之妻	兰山区李官镇石屯村	70	女	1938 年

姓　名	籍　贯	年　龄	性　别	死难时间
石凤梅	兰山区李官镇石屯村	8	女	1938 年
郑俊孝之姐	兰山区李官镇石屯村	13	女	1938 年
丁元秋之兄	兰山区李官镇石屯村	20	男	1938 年
石凤泼	兰山区李官镇石屯村	60	男	1938 年
郑友航	兰山区李官镇石屯村	75	男	1938 年
石效文	兰山区李官镇石屯村	62	男	1938 年
石家传之父	兰山区李官镇石屯村	30	男	1938 年
石洪传之父	兰山区李官镇石屯村	28	男	1938 年
石振林之父	兰山区李官镇石屯村	31	男	1938 年
石效成	兰山区李官镇石屯村	26	男	1938 年
石清照	兰山区李官镇石屯村	31	男	1938 年
丁兆帮之父	兰山区李官镇石屯村	50	男	1938 年
丁兆帮之兄	兰山区李官镇石屯村	24	男	1938 年
丁兆帮	兰山区李官镇石屯村	18	男	1938 年
丁兆帮之妹	兰山区李官镇石屯村	13	女	1938 年
丁汉好	兰山区李官镇石屯村	43	男	1938 年
石凤义之兄	兰山区李官镇石屯村	40	男	1938 年
李全胜	兰山区李官镇苏埠村	18	男	1945 年
闫公良	兰山区枣沟头镇小北屯村	—	男	1945 年
吴成德	兰山区枣沟头镇解洼村	23	男	1943 年
全广忠	兰山区枣沟头镇全林村	—	男	1942 年
全广胜	兰山区枣沟头镇全林村	—	男	1942 年
全朝府	兰山区枣沟头镇全林村	—	男	1942 年
全朝桂	兰山区枣沟头镇全林村	—	男	1945 年
徐希四	兰山区枣沟头镇王庄村	17	男	1938 年
朱学文之祖父	兰山区枣沟头镇孟家村	—	男	1945 年
李相新之姐	兰山区枣沟头镇孟家村	—	女	1945 年
李德龙之堂弟	兰山区枣沟头镇孟家村	20	男	1943 年
王建祥	兰山区枣沟头镇孟家村	18	男	1943 年
全成月	兰山区枣沟头镇李家宅村	19	男	1945 年
全志新	兰山区枣沟头镇李家宅村	—	男	1945 年
全志向	兰山区枣沟头镇李家宅村	22	男	1938 年
吴湘主	兰山区枣沟头镇花园村	43	男	1938 年
高尚平	兰山区枣沟头镇花园村	46	男	1944 年

姓 名	籍 贯	年 龄	性 别	死难时间
吴兴堂	兰山区枣沟头镇花园村	—	男	1945 年
全成永	兰山区枣沟头镇花园村	—	男	1945 年
王 夫	兰山区枣沟头镇大枣沟头村	—	男	1938 年
王 昌	兰山区枣沟头镇大枣沟头村	—	男	1938 年
王 田	兰山区枣沟头镇大枣沟头村	—	男	1938 年
邵理太	兰山区枣沟头镇大枣沟头村	—	男	1938 年
魏 真	兰山区枣沟头镇大枣沟头村	—	男	1938 年
杜洪付	兰山区枣沟头镇杜庄村	—	男	1938 年
杜洪可	兰山区枣沟头镇杜庄村	—	男	1939 年
杜佃会	兰山区枣沟头镇杜家庄村	—	男	1940 年
杨敬松	兰山区枣沟头镇小官村	20	男	1938 年
杨玉中之母	兰山区枣沟头镇陶家庄村	—	女	1943 年
刘洪如	兰山区枣沟头镇陶家庄村	—	男	1941 年
姚凤至	兰山区枣沟头镇姚庄村	32	男	1940 年
刘永安	兰山区枣沟头镇姚庄村	34	男	1940 年
关进荣	兰山区枣沟头镇姚庄村	44	男	1944 年
刘步后	兰山区枣沟头镇姚庄村	—	男	1944 年
姚廷本	兰山区枣沟头镇姚庄村	—	男	1944 年
杜元塘	兰山区枣沟头镇大朱坞村	23	男	1941 年
张学君之父	兰山区枣沟头镇北曲坊村	—	男	1941 年
张学道之父	兰山区枣沟头镇北曲坊村	—	男	1941 年
张学明之母	兰山区枣沟头镇北曲坊村	—	女	1941 年
张学忠	兰山区枣沟头镇北曲坊村	—	男	1944 年
杜元龙	兰山区枣沟头镇庞村	22	男	1938 年
杜 氏	兰山区枣沟头镇庞村	23	女	1938 年
刘学元之父	兰山区枣沟头镇庞村	23	男	1939 年
庞成新之父	兰山区枣沟头镇庞村	22	男	1940 年
石成明之祖父	兰山区义堂镇小义堂村	—	男	1938 年
石运礼之祖父	兰山区义堂镇小义堂村	—	男	1938 年
石赞友之祖父	兰山区义堂镇小义堂村	—	男	1938 年
石赞友之父	兰山区义堂镇小义堂村	—	男	1938 年
郭宝申之祖父	兰山区义堂镇小义堂村	—	男	1938 年
吴士壮之祖母	兰山区义堂镇吴屯村	—	女	1938 年
吴聚堂之二伯	兰山区义堂镇吴屯村	—	男	1938 年

姓 名	籍 贯	年 龄	性 别	死难时间
吴守广之父	兰山区义堂镇吴屯村	—	男	1938 年
吴守如之父	兰山区义堂镇吴屯村	—	男	1938 年
吴守恩之祖父	兰山区义堂镇吴屯村	—	男	1938 年
史德峰	兰山区义堂镇后乡村	37	男	1944 年
史 存	兰山区义堂镇后乡村	16	女	1944 年
王连封之妻	兰山区义堂镇营子村	—	女	1938 年
王延轻	兰山区义堂镇营子村	—	男	1938 年
赵庆德	兰山区义堂镇营子村	—	男	1938 年
王延才	兰山区义堂镇营子村	—	男	1938 年
陈为修之父	兰山区义堂镇前城子	—	男	1938 年
陈为传之叔	兰山区义堂镇前城子	—	男	1938 年
陈凤明	兰山区义堂镇前城子	—	男	1938 年
洪才之父	兰山区义堂镇前城子	—	男	1938 年
孙士如之祖母	兰山区义堂镇前城子	—	女	1938 年
孙士明之叔	兰山区义堂镇前城子	—	男	1938 年
孙教文之祖母	兰山区义堂镇前城子	—	女	1938 年
张月桂	兰山区义堂镇圈里	—	男	1938 年
陈 大	兰山区义堂镇圈里	—	男	1938 年
李嬷嬷	兰山区义堂镇圈里	—	女	1938 年
王印弟	兰山区义堂镇圈里	—	男	1938 年
王印普	兰山区义堂镇圈里	—	男	1938 年
张景然	兰山区义堂镇圈里	—	男	1938 年
张 氏	兰山区义堂镇圈里	—	女	1938 年
黄西亮	兰山区义堂镇圈里	—	男	1938 年
王之田	兰山区义堂镇圈里	—	男	1938 年
尤从敏	兰山区义堂镇圈里	—	男	1938 年
张凌氏	兰山区义堂镇圈里	—	女	1938 年
三铁匠	兰山区义堂镇圈里	—	男	1938 年
张文典	兰山区义堂镇埠北头	65	男	1938 年
孙玉贵	兰山区义堂镇埠北头	75	男	1938 年
王祖法之父	兰山区义堂镇埠北头	40	男	1938 年
张德亮之祖母	兰山区义堂镇埠北头	—	女	1938 年
王福印之祖母	兰山区义堂镇埠北头	—	女	1938 年
陈 氏	兰山区义堂镇华夏村	60	女	1938 年

姓名	籍贯	年龄	性别	死难时间
王松山	兰山区义堂镇后城子	—	男	1938 年
许景法之祖父	兰山区义堂镇堰东	—	男	1938 年
陈玉美	兰山区义堂镇堰东	—	—	1938 年
刘自英	兰山区义堂镇堰东	—	—	1938 年
肖玉和之兄	兰山区义堂镇堰东	—	男	1938 年
肖玉和之嫂	兰山区义堂镇堰东	—	女	1938 年
肖玉和之侄	兰山区义堂镇堰东	—	男	1938 年
张一田	兰山区义堂镇堰东	—	男	1938 年
杜元昌	兰山区义堂镇丈埠屯	—	男	1938 年
杨自修	兰山区兰山街道杜朱许	62	男	1938 年
杨兴岭	兰山区兰山街道杜朱许	59	男	1938 年
齐玉贞	兰山区兰山街道杜朱许	55	男	1938 年
王开顺之二兄	兰山区兰山街道杜朱许	15	男	1938 年
董洪德之父	兰山区兰山街道杜朱许	24	男	1938 年
杜维喜	兰山区兰山街道杜朱许	57	男	1938 年
杜伦	兰山区兰山街道杜朱许	35	男	1938 年
张志军之祖父	兰山区兰山街道杜朱许	60	男	1938 年
张佃新	兰山区兰山街道张朱许	40	男	1938 年
张传群	兰山区兰山街道张朱许	18	男	1938 年
韦学章	兰山区兰山街道后钦宿	—	男	1942 年
徐廷胜	河东区	21	男	1938 年
闫氏	兰山区兰山街道洪沟崖	60	女	1938 年
张二	兰山区兰山街道洪沟崖	58	男	1938 年
薛振帮	兰山区半程镇上艾崮村	19	男	1945 年
苏兴德	兰山区半程镇上艾崮村	24	男	1945 年
金瑞生	兰山区半程镇上艾崮村	28	男	1945 年
金瑞堂	兰山区半程镇上艾崮村	24	男	1945 年
袁均玺	兰山区半程镇上艾崮村	40	男	1943 年
郑太刚	兰山区半程镇上艾崮村	37	男	1943 年
袁春柱	兰山区半程镇上艾崮村	31	男	1944 年
孟凡文	兰山区半程镇中孙沟村	22	男	1940 年
孟召古	兰山区半程镇中孙沟村	15	男	1940 年
彭三	兰山区兰山街道林庄	—	男	1938 年
孙氏	兰山区兰山街道林庄	—	女	1938 年

姓 名	籍 贯	年 龄	性 别	死难时间
李 氏	兰山区兰山街道林庄	—	女	1939 年
韩敬之	兰山区兰山街道林庄	—	男	1939 年
曹××	兰山区兰山街道林庄	—	女	1939 年
孙 氏	兰山区兰山街道林庄	—	女	1938 年
李 ×	兰山区兰山街道林庄	—	男	1938 年
李相乾	兰山区兰山街道后十村	—	男	1938 年
田路之母	兰山区兰山街道后十村	—	女	1938 年
丁志奎	兰山区兰山街道后十村	—	男	1939 年
丁 兰	兰山区兰山街道后十村	—	男	1939 年
刘 冲	兰山区兰山街道后十村	—	男	1939 年
丁 代	兰山区兰山街道后十村	—	男	1939 年
丁 修	兰山区兰山街道后十村	—	男	1939 年
位老板	兰山区兰山街道八里屯	80	男	1938 年
邢 大	兰山区兰山街道八里屯	75	男	1938 年
高老大	兰山区兰山街道八里屯	40	男	1938 年
付 二	兰山区兰山街道八里屯	70	男	1938 年
李 氏	兰山区兰山街道八里屯	80	女	1938 年
钟德胜	兰山区兰山街道八里屯	75	男	1938 年
孙明启	兰山区兰山街道八里屯	70	男	1938 年
孙凤奇	兰山区兰山街道八里屯	72	男	1938 年
孙明仁	兰山区兰山街道八里屯	60	男	1938 年
孙长星	兰山区兰山街道八里屯	75	男	1938 年
孙王氏	兰山区兰山街道八里屯	75	女	1938 年
孙明生	兰山区兰山街道八里屯	60	男	1938 年
孙吴氏	兰山区兰山街道八里屯	70	女	1938 年
孙大华	兰山区兰山街道八里屯	42	男	1938 年
庞 氏	兰山区兰山街道八里屯	70	女	1938 年
庞杨氏	兰山区兰山街道八里屯	67	女	1938 年
庞 飞	兰山区兰山街道八里屯	37	女	1938 年
庞 群	兰山区兰山街道八里屯	20	女	1938 年
庞三元	兰山区兰山街道八里屯	75	男	1938 年
庞振启	兰山区兰山街道八里屯	45	男	1938 年
庞士大	兰山区兰山街道八里屯	45	男	1938 年
何 巴	兰山区兰山街道响河屯	—	男	1939 年

姓　名	籍　贯	年　龄	性　别	死难时间
何　虎	兰山区兰山街道响河屯	—	男	1939 年
何三元	兰山区兰山街道响河屯	—	男	1939 年
何二元	兰山区兰山街道响河屯	—	男	1939 年
何贵芹	兰山区兰山街道响河屯	—	男	1939 年
何彭氏	兰山区兰山街道响河屯	—	女	1939 年
刘二巴	兰山区兰山街道响河屯	—	男	1939 年
李殿福	兰山区兰山街道响河屯	—	男	1939 年
李殿伍	兰山区兰山街道响河屯	—	男	1939 年
李广忠	兰山区兰山街道响河屯	—	男	1939 年
马斗	兰山区兰山街道响河屯	—	男	1939 年
李会	兰山区兰山街道响河屯	—	男	1939 年
马会	兰山区兰山街道响河屯	—	男	1939 年
马立辉	兰山区兰山街道响河屯	—	男	1939 年
马周氏	兰山区兰山街道响河屯	—	女	1939 年
周旺庚	兰山区兰山街道前园	39	男	1939 年
董建如	兰山区兰山街道董朱许	40	男	1939 年
董侯八	兰山区兰山街道董朱许	42	男	1939 年
彭腻歪	兰山区兰山街道南坊	—	男	1938 年
石立亭	兰山区兰山街道南坊	—	男	1944 年
姜开运	兰山区兰山街道田庄	20	男	1943 年
赵如松	兰山区兰山街道田庄	32	男	1938 年
田德附	兰山区兰山街道田庄	21	男	1945 年
田树传	兰山区兰山街道田庄	17	男	1943 年
刘爬山	兰山区兰山街道田庄	26	男	1942 年
张纪月	兰山区兰山街道洪沟崖	57	男	1938 年
陈敬堂	兰山区兰山街道洪沟崖	62	男	1938 年
王凤刚	—	26	男	1938 年
陈敬男	兰山区兰山街道洪沟崖	48	男	1944 年
陈敬兰	兰山区兰山街道洪沟崖	34	男	1942 年
陈大年	兰山区兰山街道洪沟崖	19	男	1942 年
曾高启	兰山区兰山街道前洞门	45	男	1942 年
孙华山之父	兰山区兰山街道洪沟崖	45	男	1940 年
邸　氏	兰山区兰山街道洪沟崖	24	女	1940 年
邸华山之母	兰山区兰山街道洪沟崖	50	女	1941 年

姓 名	籍 贯	年 龄	性 别	死难时间
张纪为	兰山区兰山街道洪沟崖	54	男	1942 年
杨 二	兰山区兰山街道洪沟崖	25	男	1943 年
杨 三	兰山区兰山街道洪沟崖	30	男	1943 年
张 林	兰山区兰山街道洪沟崖	—	男	1943 年
陈洪瑞	兰山区兰山街道北关	—	男	1938 年
陈洪勋	兰山区兰山街道北关	—	女	1938 年
孙现贵	兰山区兰山街道北关	—	男	1938 年
曲永斗	兰山区兰山街道北关	—	男	1938 年
赵洪荣	兰山区兰山街道北关	—	男	1938 年
赵丁氏	兰山区兰山街道北关	—	女	1938 年
张毛氏	兰山区兰山街道毛庄	—	女	1938 年 4 月
张奎一	兰山区兰山街道毛庄	—	男	1938 年 4 月
张黄氏	兰山区兰山街道毛庄	—	女	1938 年 4 月
张桂珍	兰山区兰山街道毛庄	—	男	1938 年 4 月
邢 影	兰山区兰山街道毛庄	—	男	1938 年 4 月
魏 喜	兰山区兰山街道毛庄	—	男	1938 年 4 月
魏宗贤	兰山区兰山街道毛庄	—	男	1938 年 4 月
魏金太	兰山区兰山街道毛庄	—	男	1938 年 4 月
魏登柱	兰山区兰山街道毛庄	—	男	1938 年 4 月
魏银太	兰山区兰山街道毛庄	—	男	1938 年 4 月
周 二	兰山区兰山街道毛庄	—	男	1938 年 4 月
魏凯涛	兰山区兰山街道毛庄	—	男	1938 年 4 月
田陈氏	兰山区兰山街道毛庄	—	女	1938 年 4 月
魏登科	兰山区兰山街道毛庄	—	男	1938 年 4 月
王滋生	兰山区兰山街道朝阳	41	男	1938 年
王朝桢	兰山区兰山街道朝阳	54	男	1938 年
邓金荣	兰山区兰山街道朝阳	17	男	1938 年
娄宗玉	兰山区兰山街道小钦宿	—	男	1938 年 4 月
娄大鼻子	兰山区兰山街道小钦宿	—	男	1938 年 4 月
孙老驴	兰山区兰山街道小钦宿	—	男	1938 年 4 月
彭树榴	兰山区兰山街道前十村	—	男	1938 年
彭张氏	兰山区兰山街道前十村	—	女	1938 年
丁保真	兰山区兰山街道前十村	—	男	1938 年
彭小占	兰山区兰山街道前十村	—	女	1938 年

姓　名	籍　贯	年　龄	性　别	死难时间
彭树仁	兰山区兰山街道前十村	—	男	1938 年
彭树伶	兰山区兰山街道前十村	—	男	1942 年
王　氏	兰山区兰山街道南坊	—	女	1938 年
孙建淑	兰山区兰山街道协台前巷	—	女	1938 年 3 月
孙建瑞	兰山区兰山街道协台前巷	—	女	1938 年 3 月
曹　利	兰山区兰山街道大城后	20	男	1938 年
赵催章	兰山区兰山街道大城后	32	男	1938 年
赵　铜	兰山区兰山街道大城后	33	男	1938 年
程　彬	兰山区兰山街道大城后	31	男	1940 年
张昌奎	兰山区兰山街道大城后	22	男	1940 年
胡宗汉	兰山区兰山街道沙埠	—	男	1940 年
刘玉欢	兰山区兰山街道田庄	22	男	1938 年
田荣堂	兰山区兰山街道田庄	20	男	1944 年
田五爷	兰山区兰山街道田庄	34	男	1939 年
田树轩	兰山区兰山街道田庄	17	男	1939 年
付清河	兰山区兰山街道葛王平	27	男	1938 年
付王氏	兰山区兰山街道葛王平	—	女	1938 年
司陈氏	兰山区兰山街道葛王平	—	女	1938 年
司明修	兰山区兰山街道葛王平	—	男	1938 年
曹文瑞	兰山区兰山街道葛王平	—	男	1938 年
付王氏	兰山区兰山街道葛王平	—	女	1938 年
黄凤山	兰山区兰山街道葛王平	—	男	1939 年
黄凤兰	兰山区兰山街道葛王平	—	男	1939 年
董振业	兰山区兰山街道葛王平	—	男	1938 年
盖刘氏	兰山区兰山街道葛王平	—	女	1938 年
付荆氏	兰山区兰山街道葛王平	—	女	1938 年
李　×	兰山区兰山街道葛王平	—	男	1938 年
李哑巴	兰山区兰山街道葛王平	—	男	1938 年
曹　五	兰山区兰山街道葛王平	—	男	1938 年
付范氏	兰山区兰山街道葛王平	—	女	1938 年
冯曲氏	兰山区兰山街道葛王平	—	女	1938 年
李宝仁	兰山区兰山街道白沙	—	男	1938 年
血脖子	兰山区兰山街道白沙	—	男	1938 年
小　汗	兰山区兰山街道白沙	—	男	1938 年

姓 名	籍 贯	年 龄	性 别	死难时间
小二之母	兰山区兰山街道白沙	—	女	1938 年
李宝聚	兰山区兰山街道白沙	—	男	1938 年
杨　氏	兰山区兰山街道白沙	—	女	1938 年
李克善	兰山区兰山街道白沙	—	男	1938 年
李克善之妻	兰山区兰山街道白沙	—	女	1938 年
李克善之母	兰山区兰山街道白沙	—	女	1938 年
李克善之弟媳	兰山区兰山街道白沙	—	女	1938 年
李清顺	兰山区兰山街道白沙	—	女	1938 年
瞎丫头	兰山区兰山街道白沙	—	女	1938 年
吕家山	兰山区兰山街道白沙	—	男	1938 年
三庄户	兰山区兰山街道白沙	—	男	1938 年
白换新	兰山区兰山街道白沙	—	男	1938 年
李克茂	兰山区兰山街道白沙	—	男	1938 年
王××	兰山区兰山街道白沙	—	女	1938 年
石刘氏	兰山区兰山街道协台前巷	—	女	1938 年
石贞兰	兰山区兰山街道协台前巷	—	男	1938 年
石　氏	兰山区兰山街道协台前巷	—	女	1938 年
石贞健	兰山区兰山街道协台前巷	—	男	1938 年
石立川	兰山区兰山街道协台前巷	—	男	1938 年
陈　叔	兰山区兰山街道后园	—	男	1938 年
李润田	兰山区兰山街道后园	—	男	1943 年
刘　氏	兰山区兰山街道后园	—	女	1938 年
刘树昌	兰山区兰山街道后园	35	男	1938 年
孙洪达	兰山区兰山街道后园	—	男	1939 年
赵世房	兰山区兰山街道大岭	50	男	1938 年
赵洪义	兰山区兰山街道大岭	30	男	1938 年
赵姜氏	兰山区兰山街道大岭	28	女	1938 年
赵洪义之长子	兰山区兰山街道大岭	5	男	1938 年
赵洪义之次子	兰山区兰山街道大岭	3	男	1938 年
赵洪义之三子	兰山区兰山街道大岭	1	男	1938 年
赵佃章	兰山区兰山街道大岭	75	男	1938 年
姜桂昌	兰山区兰山街道大岭	20	男	1938 年
姜桂昌之子	兰山区兰山街道大岭	1	男	1938 年
姜密氏	兰山区兰山街道大岭	63	女	1938 年

姓 名	籍 贯	年 龄	性 别	死难时间
王 大	兰山区兰山街道大岭	53	男	1938 年
王大之妻	兰山区兰山街道大岭	40	女	1938 年
张俊英之母	兰山区兰山街道大岭	63	女	1938 年
张俊英之长兄	兰山区兰山街道大岭	43	男	1938 年
张俊英之二兄	兰山区兰山街道大岭	41	男	1938 年
董洪吉之父	兰山区兰山街道大岭	37	男	1938 年
董勤安之祖父	兰山区兰山街道大岭	39	男	1938 年
赵洪宴之祖父	兰山区兰山街道大岭	66	男	1938 年
刘善春之祖母	兰山区兰山街道大岭	68	女	1938 年
刘善仁之祖母	兰山区兰山街道大岭	66	女	1938 年
姜良才之祖父	兰山区兰山街道大岭	67	男	1938 年
姜良之三祖父	兰山区兰山街道大岭	39	男	1938 年
姜良之表奶	兰山区兰山街道大岭	32	女	1938 年
姜良之大姑	兰山区兰山街道大岭	28	女	1938 年
二关东	兰山区兰山街道大岭	50	男	1938 年
黄金光之四祖父	兰山区兰山街道大岭	75	男	1938 年
黄金光之祖父	兰山区兰山街道大岭	50	男	1938 年
黄七沂之母	兰山区兰山街道大岭	48	女	1938 年
黄七沂之长兄	兰山区兰山街道大岭	—	男	1938 年
黄金平之祖母	兰山区兰山街道大岭	60	女	1938 年
刁开松	兰山区兰山街道角沂	46	男	1938 年
刁只成	兰山区兰山街道角沂	12	男	1938 年
刁连成	兰山区兰山街道角沂	8	男	1938 年
刁 三	兰山区兰山街道角沂	4	男	1938 年
陈××	兰山区兰山街道角沂	72	女	1938 年
刘张氏	兰山区兰山街道角沂	76	女	1938 年
刘姜氏	兰山区兰山街道角沂	50	女	1938 年
赵丕发	兰山区兰山街道南通	32	男	1938 年
赵 氏	兰山区兰山街道南通	60	女	1938 年
李 氏	兰山区兰山街道南通	55	女	1938 年
赵大文	兰山区兰山街道南通	70	男	1938 年
马相元	兰山区兰山街道南通	68	男	1938 年
化连氏	兰山区兰山街道水田	55	女	1938 年
蒋 氏	兰山区兰山街道水田	60	女	1938 年

姓 名	籍 贯	年 龄	性 别	死难时间
化佃安	兰山区兰山街道水田	—	男	1939 年
周守仁之母	兰山区兰山街道小岭	28	女	1938 年
周振铎	兰山区兰山街道小岭	21	男	1938 年
四木匠	兰山区兰山街道小岭	32	男	1938 年
四木匠之妻	兰山区兰山街道小岭	30	女	1938 年
孙 氏	兰山区兰山街道后园	—	女	1938 年
孙洪喜	兰山区兰山街道后园	—	男	1941 年
马 氏	兰山区兰山街道韦屯	55	女	1938 年
王兆贤	兰山区兰山街道韦屯	70	男	1938 年
邵慧有之妻	兰山区兰山街道韦屯	76	女	1938 年
孙培银之伯	兰山区兰山街道张王庄	—	男	1938 年
张兆现之叔	兰山区兰山街道张王庄	—	男	1938 年
张兆明	兰山区兰山街道张王庄	—	男	1938 年
李得三	兰山区兰山街道张王庄	—	男	1938 年
刘更昌	—	—	男	1938 年
杨 林	兰山区兰山街道东北园	25	男	1938 年
王 ×	—	—	男	1938 年
哑 巴	兰山区兰山街道小官路	23	男	1938 年
邵性谦	兰山区兰山街道小官路	26	男	1938 年
邵立英	兰山区兰山街道小官路	27	男	1938 年
邵立营	兰山区兰山街道小官路	21	男	1938 年
庞士春	兰山区兰山街道小官路	21	男	1940 年
庞苗氏	兰山区兰山街道八里屯	21	女	1940 年
庞 芬	兰山区兰山街道八里屯	22	女	1940 年
庞 祥	兰山区兰山街道八里屯	23	女	1940 年
庞三好	兰山区兰山街道韦屯	23	男	1940 年
刘 憨	兰山区兰山街道后韦屯	—	男	1938 年
刘憨之妻	兰山区兰山街道后韦屯	—	女	1938 年
孙振荣	兰山区兰山街道南沙埠	—	男	1939 年
孙振荣之父	兰山区兰山街道后韦屯	—	男	1939 年
孙振荣之母	兰山区兰山街道后韦屯	—	女	1939 年
王白氏	兰山区	—	女	1945 年
高怀玉	兰山区	—	男	1939 年
李景海之兄	兰山区兰山街道小李庄	22	男	1941 年

姓　名	籍　贯	年　龄	性　别	死难时间
李景池之叔	兰山区兰山街道小李庄	24	男	1942 年
李景兴	兰山区兰山街道小李庄	21	男	1942 年
李庆余	兰山区兰山街道小李庄	21	男	1942 年
李振东	兰山区兰山街道小李庄	27	男	1943 年
李玉彩之祖父	兰山区兰山街道小李庄	27	男	1943 年
李振坤之叔	兰山区兰山街道小李庄	30	男	1944 年
周守仁之父	兰山区兰山街道小岭	30	男	1938 年
杜汤之母	兰山区兰山街道砚台岭	40	女	1938 年 4 月
杜四胜之祖父	兰山区兰山街道砚台岭	63	男	1938 年 4 月
刘佃元	兰山区兰山街道砚台岭	63	男	1938 年 4 月
刘佃元之妻	兰山区兰山街道砚台岭	60	女	1938 年 4 月
刘兆吉之兄	兰山区兰山街道砚台岭	18	男	1938 年 4 月
刘世银之祖父	兰山区兰山街道砚台岭	60	男	1938 年 4 月
刘景文之兄	兰山区兰山街道砚台岭	45	男	1938 年 4 月
邰世冒之祖母	兰山区兰山街道砚台岭	60	女	1938 年 4 月
刘士伐	兰山区兰山街道砚台岭	36	男	1938 年 4 月
刘同兰之父	兰山区兰山街道砚台岭	35	男	1938 年 4 月
四木匠之母	兰山区兰山街道小岭	53	女	1938 年
四木匠之子	兰山区兰山街道小岭	—	男	1938 年
四木匠之女	兰山区兰山街道小岭	—	女	1938 年
二木匠	兰山区兰山街道小岭	32	男	1938 年
苗维文之祖母	兰山区兰山街道小岭	58	女	1938 年
周德礼之祖母	兰山区兰山街道小岭	58	女	1938 年
王连柱	兰山区兰山街道小岭	32	—	1938 年
周如彬之嫂	兰山区兰山街道小岭	38	女	1938 年
周如彬之子	兰山区兰山街道小岭	21	男	1938 年
周守亮之父	兰山区兰山街道小岭	41	男	1938 年
周守荣之叔	兰山区兰山街道小岭	20	男	1938 年
周振铎之伯	兰山区兰山街道小岭	26	男	1938 年
周振铎之女	兰山区兰山街道小岭	26	女	1938 年
刘　志	兰山区兰山街道二十里堡	32	男	1938 年
徐恒太	兰山区兰山街道二十里堡	38	男	1938 年
徐井之母	兰山区兰山街道二十里堡	24	女	1938 年
徐夫太	兰山区兰山街道二十里堡	38	男	1938 年

姓 名	籍 贯	年 龄	性 别	死难时间
吴 春	兰山区兰山街道二十里堡	40	男	1938 年
邰 三	兰山区兰山街道二十里堡	60	男	1938 年
邰三之孙	兰山区兰山街道二十里堡	20	男	1938 年
吴龙涛	兰山区兰山街道二十里堡	20	男	1938 年
吴 官	兰山区兰山街道二十里堡	28	男	1938 年
吴赵氏	兰山区兰山街道二十里堡	40	女	1938 年
邰 氏	兰山区兰山街道二十里堡	47	女	1938 年
王玉太	兰山区兰山街道二十里堡	47	男	1938 年
王玉二	兰山区兰山街道二十里堡	41	男	1938 年
王 氏	兰山区兰山街道二十里堡	38	女	1938 年
邰凤春	兰山区兰山街道砚台岭	33	男	1938 年
邰凤玉	兰山区兰山街道砚台岭	40	男	1938 年
高 二	兰山区兰山街道砚台岭	40	男	1938 年
蒋王元之祖母	兰山区兰山街道砚台岭	61	女	1938 年
刘士宝之祖母	兰山区兰山街道砚台岭	61	女	1938 年
孙德之母	兰山区兰山街道砚台岭	64	女	1938 年
杜恒亮	兰山区兰山街道砚台岭	40	男	1938 年
刘丕丰之父	兰山区兰山街道砚台岭	30	男	1938 年
刘丕顺之伯父	兰山区兰山街道砚台岭	80	男	1938 年
刘树伯之母	兰山区兰山街道砚台岭	25	女	1938 年
刘祥启之祖父	兰山区兰山街道砚台岭	45	男	1938 年
王憨之子	兰山区兰山街道北道	—	男	1938 年
王憨之妻	兰山区兰山街道北道	—	女	1938 年
祝大斜	兰山区兰山街道北道	—	男	1938 年
刘宗富之三叔	兰山区兰山街道北道	—	男	1938 年
邵三滑	兰山区兰山街道北道	—	男	1938 年
李道士	兰山区兰山街道前洞门	56	男	1938 年
何 大	兰山区兰山街道前洞门	65	男	1938 年
何 二	兰山区兰山街道前洞门	62	男	1938 年
王守德	兰山区兰山街道前洞门	73	男	1938 年
刘城隍	兰山区兰山街道前洞门	48	男	1938 年
赵思友之父	兰山区兰山街道砚台岭	29	男	1938 年
刘洪站之父	兰山区兰山街道砚台岭	32	男	1938 年
邰俊荣之子	兰山区兰山街道砚台岭	4	男	1938 年

姓 名	籍 贯	年 龄	性 别	死难时间
高上之子	兰山区兰山街道砚台岭	12	男	1938 年
高上之女	兰山区兰山街道砚台岭	10	女	1938 年
子洪贵之弟	兰山区兰山街道砚台岭	14	男	1943 年
子洪岭之子	兰山区兰山街道砚台岭	13	男	1938 年
子洪印之弟	兰山区兰山街道砚台岭	12	男	1944 年
郑学涛之兄	兰山区兰山街道砚台岭	10	男	1938 年
杜庆运之兄	兰山区兰山街道砚台岭	13	男	1938 年
杜庆运之妻	兰山区兰山街道刘朱许	—	女	1938 年
杜庆运之子	兰山区兰山街道刘朱许	—	男	1938 年
杜庆运之母	兰山区兰山街道刘朱许	—	女	1938 年
杜庆运之父	兰山区兰山街道刘朱许	—	男	1938 年
杜庆运之妹	兰山区兰山街道刘朱许	—	女	1938 年
阚福民	兰山区兰山街道刘朱许	—	男	1938 年
阚福民之父	兰山区兰山街道刘朱许	—	男	1938 年
阚福民之母	兰山区兰山街道刘朱许	—	女	1938 年
林成修之父	兰山区兰山街道密庄	—	男	1938 年
杨清修之祖父	兰山区兰山街道密庄	—	男	1938 年
杨点一	兰山区兰山街道密庄	—	男	1938 年
刘善喜之祖父	兰山区兰山街道洞门河东村	—	男	1938 年
刘善红之叔	兰山区兰山街道洞门河东村	—	男	1938 年
吴 二	兰山区兰山街道洞门河东村	—	男	1938 年
孙兆会之祖母	兰山区兰山街道洞门河东村	—	女	1938 年
刘兴顺之曾祖母	兰山区兰山街道洞门河东村	—	女	1938 年
周永顺	兰山区兰山街道洞门河东村	—	男	1938 年
郭 六	兰山区兰山街道洞门河东村	—	男	1938 年
颜宗春	兰山区兰山街道洞门河东村	—	男	1938 年
刘善民之曾祖父	兰山区兰山街道洞门河东村	—	男	1938 年
刘善民之曾祖母	兰山区兰山街道洞门河东村	—	女	1938 年
刘思宝之祖母	兰山区兰山街道洞门河东村	—	女	1938 年
孙胜龙	兰山区兰山街道洞门河东村	—	男	1938 年
邵长洪之父	兰山区兰山街道北道	—	男	1938 年
邵长洪之祖父	兰山区兰山街道刘朱许	—	男	1938 年
张阿虎	兰山区兰山街道刘朱许	—	男	1938 年
张阿虎之母	兰山区兰山街道刘朱许	—	女	1938 年

姓　名	籍　贯	年　龄	性　别	死难时间
张阿虎之姐	兰山区兰山街道刘朱许	—	女	1938 年
张阿虎之子	兰山区兰山街道刘朱许	—	男	1938 年
张阿虎之女	兰山区兰山街道刘朱许	—	女	1938 年
季宗义	兰山区兰山街道庙上	—	男	1938 年
刘永现	兰山区兰山街道庙上	—	男	1938 年
陈鹤年	兰山区兰山街道庙上	—	男	1938 年
孙克存	兰山区兰山街道庙上	—	男	1938 年
杨福一	兰山区兰山街道密庄	45	男	1938 年
杨怀修之父	兰山区兰山街道密庄	—	男	1938 年
杨申修之父	兰山区兰山街道密庄	—	男	1938 年
金前举之祖母	兰山区兰山街道北道	—	女	1938 年
金前广之祖母	兰山区兰山街道北道	—	女	1938 年
尹玉堂	兰山区兰山街道北道	—	男	1938 年
李永生	兰山区兰山街道前洞门	47	男	1938 年
马书军	兰山区兰山街道前洞门	64	男	1938 年
方善增	兰山区兰山街道前洞门	30	男	1938 年
王夫堂	兰山区兰山街道前洞门	44	男	1938 年
王夫冒	兰山区兰山街道前洞门	49	男	1938 年
马书因	兰山区兰山街道前洞门	41	男	1938 年
顾十亿	兰山区兰山街道前洞门	39	男	1938 年
李　恩	兰山区兰山街道前洞门	18	女	1938 年
邵兴坤	兰山区兰山街道前钦宿	59	男	1938 年
王兆泰	兰山区兰山街道前钦宿	31	男	1938 年
王李氏	兰山区兰山街道前钦宿	26	女	1938 年
王陈氏	兰山区兰山街道前钦宿	26	女	1938 年
杨学供	兰山区南坊街道前七沟村	—	男	1945 年
杨玉廷	兰山区南坊街道前七沟村	—	男	1942 年
洪全明	兰山区南坊街道洪店村	46	男	1942 年
李建忠之父	兰山区南坊街道东南坊村	—	男	1938 年
涂成信之大伯	兰山区南坊街道东南坊村	—	男	1938 年
李汉旗之弟	兰山区南坊街道东南坊村	—	男	1939 年
王玉宝之弟	兰山区南坊街道东南坊村	—	男	1940 年
王圣才	兰山区南坊街道双庄村	—	男	1938 年
姜连举	兰山区南坊街道双庄村	—	男	1938 年

姓　名	籍　贯	年　龄	性　别	死难时间
姜王氏	兰山区南坊街道双庄村	—	女	1938 年
姜克力	兰山区南坊街道双庄村	—	男	1938 年
李　氏	兰山区南坊街道代城子村	—	女	1938 年
贾建池	兰山区金雀山街道南坛村	—	男	1938 年
田树贞之父	兰山区金雀山街道南坛村	—	男	1938 年
张连祥	兰山区金雀山街道南坛村	—	男	1938 年
高佃奎	兰山区金雀山街道南坛村	—	男	1938 年
朱子宪	兰山区金雀山街道小埠东村	—	男	1942 年
付绍敏	兰山区金雀山街道付屯村	—	男	1938 年
孙善柱	兰山区朱保镇桥西村	—	男	1938 年
丁西坤之二兄	兰山区银雀山街道后岗头	—	男	1942 年
李洪恩之长兄	兰山区银雀山街道后岗头	—	男	1942 年
林振华	兰山区银雀山街道陆王庄	—	男	1942 年
李子明	兰山区银雀山街道陆王庄	—	男	1938 年
密乃擎	兰山区银雀山街道西苗庄	—	男	1938 年
李以鲁	兰山区银雀山街道前店子	—	男	1940 年
房兰慎	兰山区银雀山街道房家村	—	男	1940 年
房维兴	兰山区银雀山街道房家村	—	男	1940 年
王福堂	兰山区银雀山街道房家村	—	男	1940 年
徐道士	兰山区银雀山街道南关	—	男	—
赵兰高	兰山区银雀山街道南关	—	男	—
陈树廷	兰山区兰山街道庙上村	24	男	1941 年 5 月
季现章	兰山区兰山街道庙上村	26	男	1941 年 5 月
刘云庆	兰山区兰山街道庙上村	20	男	1941 年 5 月
刘云起	兰山区兰山街道庙上村	19	男	1941 年 5 月
李树堂	兰山区兰山街道后钦宿村	18	男	1941 年 5 月
杨廷桂	兰山区兰山街道庙上村	20	男	1941 年 5 月
合　计	1316			

负责人：刘玉玲　冯华伟　　　　核实人：赵万春　刘　军　　　　填表人：吴　蕾
填报单位（签章）：临沂市兰山区委党史研究室　　　　　　　　填表时间：2009 年 4 月 11 日

费县抗日战争时期死难者名录

姓 名	籍 贯	年 龄	性 别	死难时间
李验儒	费县梁邱镇东河村	40	男	1938 年
李相海	费县芍药山乡莲花庄村	14	男	1938 年
周京全	费县芍药山乡莲花庄村	14	男	1938 年
张德山之子	费县芍药山乡安山东村	—	男	1938 年
王怀伦之父	费县马庄镇东古口村	18	男	1938 年
习 二	费县汪沟镇张家芝麻沟村	—	男	1938 年
薛眷金	费县薛庄镇高阳村	20	男	1938 年
张振红	费县探沂镇许由城村	—	男	1938 年
李德松	费县薛庄镇黄埠西村	24	男	1938 年
徐正义	费县薛庄镇大良村	68	男	1938 年
侯 四	费县薛庄镇大良村	51	男	1938 年
张凤花	费县胡阳镇西北尹村	22	女	1938 年
王 洋	费县费城镇东葛峪村	—	男	1938 年 2 月
王红杠	费县费城镇东葛峪村	—	男	1938 年 2 月
张王氏	费县费城镇东葛峪村	—	女	1938 年 2 月
齐杨氏	费县费城镇东葛峪村	—	女	1938 年 2 月
张 户	费县费城镇东葛峪村	—	男	1938 年 2 月
闵继全	费县汪沟镇后楼村	36	男	1938 年 2 月
宋长德	费县薛庄镇宋家围子村	25	男	1938 年 2 月
宋沈氏	费县薛庄镇宋家围子村	25	女	1938 年 2 月
王甲丽	费县南张庄乡太白庄村	38	女	1938 年 2 月
姜东兰	费县汪沟镇东陈村	65	男	1938 年 2 月
王 炳	费县汪沟镇东陈村	65	男	1938 年 2 月
顾广松	费县刘庄镇黑土湖村	40	男	1938 年 2 月
禚老婆	费县汪沟镇后楼村	8	男	1938 年 3 月
张文有	费县薛庄镇于家庄村	—	男	1938 年 3 月
孟召童	费县薛庄镇于家庄村	—	男	1938 年 3 月
朱大同	费县薛庄镇于家庄村	—	男	1938 年 3 月
任吉贵之妻	费县上冶镇埠后村	30	女	1938 年 3 月
任春征之妻	费县上冶镇埠后村	30	女	1938 年 3 月
任吉贵之女	费县上冶镇埠后村	9	女	1938 年 3 月

姓 名	籍 贯	年 龄	性 别	死难时间
张玉法	费县费城镇党家庄	12	男	1938 年 4 月
杨洪秋	费县刘庄镇鲁城村	49	男	1938 年 4 月
马凤山	费县刘庄镇鲁城村	37	男	1938 年 4 月
王兰洪	费县薛庄镇彩山前村	20	男	1938 年 4 月
林传甫	费县薛庄镇邱阳村	55	男	1938 年 4 月
王新法	费县南张庄乡太白庄村	38	男	1938 年 4 月
石付忠	费县费城镇窦家庄村	20	男	1938 年 5 月
米 子	费县大田庄乡黄泥沟村	—	男	1938 年 5 月
大个子	费县大田庄乡黄泥沟村	—	男	1938 年 5 月
曹应红之亲属	费县大田庄乡黄泥沟村	—	男	1938 年 5 月
曹德廷	费县大田庄乡黄泥沟村	—	男	1938 年 5 月
曹云泉之亲属	费县大田庄乡黄泥沟村	—	男	1938 年 5 月
社 修	费县大田庄乡黄泥沟村	—	男	1938 年 5 月
曹应成	费县大田庄乡黄泥沟村	—	男	1938 年 5 月
曹应德	费县大田庄乡黄泥沟村	—	男	1938 年 5 月
曹应存	费县大田庄乡黄泥沟村	—	男	1938 年 5 月
小 成	费县大田庄乡黄泥沟村	—	男	1938 年 5 月
陆 月	费县大田庄乡黄泥沟村	—	男	1938 年 5 月
姚 氏	费县大田庄乡黄泥沟村	—	女	1938 年 5 月
陈富东	费县大田庄乡牛岚村	—	男	1938 年 5 月
王光荣	费县薛庄镇黄埠西村	22	女	1938 年 6 月
孙兴民	费县南张庄乡孙家庄村	26	男	1938 年 6 月
李进华	费县南张庄乡太白庄村	38	男	1938 年 6 月
安士才	费县南张庄乡太白庄村	26	男	1938 年 6 月
魏廷法	费县南张庄乡太白庄村	38	男	1938 年 6 月
王发忠	费县南张庄乡太白庄村	26	男	1938 年 6 月
周其相	费县新桥镇墩头村	36	男	1938 年 7 月
裴宝玉	费县新桥镇墩头村	—	男	1938 年 7 月
周子谦	费县汪沟镇田庄村	32	男	1938 年 8 月
朱廷文	费县汪沟镇田庄村	48	男	1938 年 8 月
郭凤荣	费县薛庄镇邱阳村	25	男	1938 年 8 月
能学坤	费县上冶镇东鸭子沟村	20	男	1938 年 8 月
王炳同	费县刘庄镇北王管疃	23	男	1938 年 9 月
杨 宾	费县刘庄镇前接峪村	50	男	1938 年 9 月

姓 名	籍 贯	年 龄	性 别	死难时间
宋弹工	费县刘庄镇前接峪村	49	男	1938 年 9 月
窦玉田之女	费县费城镇窦家庄村	18	女	1938 年 10 月
张玉年	费县汪沟镇张家寨村	25	男	1938 年 11 月
刘保珍	费县新桥镇东朱汪村	59	男	1938 年 12 月 3 日
刘保山	费县新桥镇东朱汪村	42	男	1938 年 12 月 3 日
史 四	费县新桥镇东朱汪村	30	男	1938 年 12 月 3 日
六秃子	费县新桥镇东朱汪村	50	男	1938 年 12 月 3 日
刘文立	费县新桥镇东朱汪村	50	男	1938 年 12 月 3 日
刘闵氏	费县汪沟镇后楼村	50	女	1938 年 12 月
刘思思	费县新桥镇西朱汪村	50	男	1938 年 12 月
皮 三	费县新桥镇西朱汪村.	45	男	1938 年 12 月
李老五	费县费城镇朱二村	25	男	1938 年
李王氏	费县费城镇朱二村	26	女	1938 年
李小栓	费县费城镇朱二村	1	男	1938 年
任洪启	费县费城镇万良庄村	5	男	1938 年
刘庭法	费县费城镇任和庄村	38	男	1938 年
曹夫良	费县费城镇西曹家庄	17	男	1938 年
姜永祥	费县费城镇西策马	14	男	1938 年
贾三续	费县费城镇长涧村	5	男	1938 年
梁 三	费县费城镇大湾村	32	男	1938 年
董开山	费县费城镇老君崖村	—	男	1938 年
崔××	费县朱田镇明石塘村	—	男	1938 年
郑丙成	费县朱田镇朱田村	—	男	1938 年
鞠怀成	费县梁邱镇关阳司村	18	男	1938 年
陈 粮	费县梁邱镇蒋家围子村	—	男	1938 年
徐 大	费县梁邱镇东梁邱村	—	男	1938 年
李 锅	费县梁邱镇东梁邱村	—	男	1938 年
李启全	费县梁邱镇东梁邱村	—	男	1938 年
仇 氏	费县梁邱镇东梁邱村	—	女	1938 年
胡志兴	费县石井镇胡山头村	—	男	1938 年
杨连福	费县石井镇尤宅村	53	男	1938 年
杨夫吉	费县石井镇尤宅村	38	男	1938 年
杨夫良	费县石井镇尤宅村	36	男	1938 年
杨夫民	费县石井镇尤宅村	37	男	1938 年

姓 名	籍 贯	年 龄	性 别	死难时间
杨夫仁	费县石井镇尤宅村	34	男	1938 年
杨夫祥	费县石井镇尤宅村	34	男	1938 年
李京运	费县新庄镇石亭村	—	男	1938 年
自修才	费县新庄镇石亭村	—	男	1938 年
董玉坤之三弟	费县芍药山乡石河村	—	男	1938 年
董玉坤之五弟	费县芍药山乡石河村	35	男	1938 年
董玉坤	费县芍药山乡石河村	—	女	1938 年
董玉坤之五弟媳	费县芍药山乡石河村	—	女	1938 年
董玉坤五弟之子	费县芍药山乡石河村	—	男	1938 年
王金义之母	费县芍药山乡尚庄村	—	女	1938 年
王法孔	费县马庄镇下牛田村	18	男	1938 年
王以祥之叔	费县马庄镇东古口村	21	男	1938 年
魏兴瑞之父	费县刘庄镇西单村	34	男	1938 年
高××	费县刘庄镇西单村	21	男	1938 年
邸建勋	费县刘庄镇石田庄村	18	男	1938 年
王连贵	费县刘庄镇石田庄村	15	男	1938 年
张孝山	费县刘庄镇石田庄村	20	男	1938 年
颜士善	费县新桥镇颜耿村	28	男	1938 年
张玉林	费县新桥镇长久庄村	—	男	1938 年
张元周	费县新桥镇安庆村	45	男	1938 年
张都娥	费县新桥镇安庆村	28	男	1938 年
凌景姚	费县新桥镇麻绪村	20	男	1938 年
凌景昌之兄	费县新桥镇麻绪村	21	男	1938 年
张名堂	费县新桥镇麻绪村	36	男	1938 年
姜开公	费县汪沟镇南阳庄村	28	男	1938 年
张玉吉	费县方城镇红峪子村	28	男	1938 年
张玉生	费县方城镇红峪子村	30	男	1938 年
臧小德	费县方城镇前街村	34	男	1938 年
马石头	费县方城镇西石灰埠村	20	男	1938 年
杨德彦	费县方城镇西石灰埠村	20	男	1938 年
郑相义	费县方城镇中石灰埠村	19	男	1938 年
郑凤西	费县方城镇颜林村	—	男	1938 年
张建永	费县方城镇颜林村	—	男	1938 年
胡秀芝	费县方城镇下盐店村	40	女	1938 年

姓　名	籍　贯	年　龄	性　别	死难时间
魏宝月	费县方城镇下盐店村	14	女	1938 年
葛春起	费县方城镇下盐店村	42	男	1938 年
闫成祥	费县方城镇下盐店村	26	男	1938 年
葛玉才	费县方城镇下盐店村	30	男	1938 年
王士山	费县方城镇上盐店村	20	男	1938 年
王永胜	费县方城镇新古城村	14	男	1938 年
唐一成	费县胡阳镇李家庄村	31	男	1938 年
单得田	费县薛庄镇安定村	10	男	1938 年
韦　三	费县薛庄镇高阳村	18	男	1938 年
林传海	费县薛庄镇鲁庄村	23	男	1938 年
鲁海洋	费县薛庄镇鲁庄村	11	男	1938 年
林传来	费县薛庄镇鲁庄村	13	男	1938 年
钱振启	费县薛庄镇盘石村	27	男	1938 年
钱宝贵	费县薛庄镇盘石村	11	男	1938 年
钱乔氏	费县薛庄镇盘石村	26	女	1938 年
孔现成	费县薛庄镇盘石村	36	男	1938 年
孔现民	费县薛庄镇盘石村	34	男	1938 年
侯士昌	费县薛庄镇盘石村	38	男	1938 年
侯士瑞	费县薛庄镇盘石村	36	男	1938 年
杨如存	费县薛庄镇黄山前村	14	男	1938 年
马龙才	费县薛庄镇赵家庄村	30	男	1938 年
赵长金	费县薛庄镇赵家庄村	27	男	1938 年
宋　安	费县薛庄镇北汤沟村	20	男	1938 年
范国金	费县薛庄镇北汤沟村	30	女	1938 年
赵长久	费县薛庄镇通太庄	23	男	1938 年
孙龙坤	费县南张庄乡安家沟村	26	男	1938 年
林西胜	费县南张庄乡台子沟村	54	男	1938 年
刘玉田	费县南张庄乡小贤河村	22	男	1938 年
刘德友	费县南张庄乡小贤河村	20	男	1938 年
王潘氏	费县南张庄乡前石沟村	40	女	1938 年
康有荣	费县上冶镇四鸭子沟	60	男	1938 年
吴纪曾	费县上冶镇西毕城村	14	男	1938 年
王光现	费县上冶镇北村	20	男	1938 年
张德祥	费县费城镇东马兴庄村	—	男	1938 年

姓 名	籍 贯	年 龄	性 别	死难时间
卢凤吉	费县薛庄镇杏埠村	16	男	1938 年
李存吉	费县薛庄镇杏埠村	20	男	1938 年
刘志远之奶奶	费县新桥镇东朱汪村	60	女	1939 年 1 月 22 日
刘庆桂	费县新桥镇东朱汪村	50	男	1939 年 1 月 22 日
刘庆瑞	费县新桥镇东朱汪村	60	男	1939 年 1 月 22 日
王老五	费县新桥镇东朱汪村	50	男	1939 年 1 月 22 日
王老六	费县新桥镇东朱汪村	—	男	1939 年 1 月 22 日
刘保玺之母	费县新桥镇东朱汪村	—	女	1939 年 1 月 22 日
刘××	费县新桥镇东朱汪村	—	男	1939 年 1 月 22 日
刘××	费县新桥镇东朱汪村	—	男	1939 年 1 月 22 日
刘××	费县新桥镇东朱汪村	—	男	1939 年 1 月 22 日
刘××	费县新桥镇东朱汪村	—	男	1939 年 1 月 22 日
王××	费县新桥镇西东蒋村	—	男	1939 年 1 月 22 日
刘思恩	费县新桥镇西朱汪村	50	男	1939 年 1 月 22 日
刘岐山之父	费县新桥镇西朱汪村	30	男	1939 年 1 月 22 日
刘建兴之父	费县新桥镇西朱汪村	54	男	1939 年 1 月 22 日
刘金山之奶奶	费县新桥镇西朱汪村	72	女	1939 年 1 月 22 日
刘建兴之二哥	费县新桥镇西朱汪村	15	男	1939 年 1 月 22 日
刘运山之爷爷	费县新桥镇西朱汪村	70	男	1939 年 1 月 22 日
杜庆林之父	费县新桥镇西朱汪村	55	男	1939 年 1 月 22 日
卓玉吉之爷爷	费县新桥镇西朱汪村	63	男	1939 年 1 月 22 日
魏连成之大爷	费县新桥镇西朱汪村	55	男	1939 年 1 月 22 日
陈洪文	费县费城镇蒋家村	—	男	1939 年 1 月
刘 氏	费县新庄镇东流村	69	女	1939 年 1 月
吴恩庆	费县新庄镇东流村	25	男	1939 年 1 月
吴清英	费县新庄镇东流村	54	男	1939 年 1 月
吴保贵	费县新庄镇东流村	51	男	1939 年 1 月
赵 氏	费县新庄镇东流村	50	女	1939 年 1 月
吴保成	费县新庄镇东流村	35	男	1939 年 1 月
吴保容	费县新庄镇东流村	26	男	1939 年 1 月
吴广盛	费县新庄镇东流村	28	男	1939 年 1 月
吴广营	费县新庄镇东流村	24	男	1939 年 1 月
吴保佑	费县新庄镇东流村	58	男	1939 年 1 月
吴恩堂	费县新庄镇东流村	22	男	1939 年 1 月

姓 名	籍 贯	年 龄	性 别	死难时间
吴保进	费县新庄镇东流村	29	男	1939 年 1 月
王 氏	费县新庄镇东流村	78	女	1939 年 1 月
吴相运	费县新庄镇东流村	57	男	1939 年 1 月
吴保仁	费县新庄镇东流村	46	男	1939 年 1 月
吴廷保	费县新庄镇东流村	—	男	1939 年 1 月
吴清壁	费县新庄镇东流村	—	男	1939 年 1 月
吴绍周	费县新庄镇东流村	24	男	1939 年 1 月
吴广孝	费县新庄镇东流村	39	男	1939 年 1 月
刘 氏	费县新庄镇东流村	38	女	1939 年 1 月
吴保民	费县新庄镇东流村	19	男	1939 年 1 月
吴保周	费县新庄镇东流村	17	男	1939 年 1 月
吴保芳	费县新庄镇东流村	16	女	1939 年 1 月
吴保府	费县新庄镇东流村	12	男	1939 年 1 月
吴广信	费县新庄镇东流村	33	男	1939 年 1 月
吴廷元	费县新庄镇东流村	54	男	1939 年 1 月
吴相勇	费县新庄镇东流村	41	男	1939 年 1 月
吴广德	费县新庄镇东流村	60	男	1939 年 1 月
钱 氏	费县新庄镇东流村	30	女	1939 年 1 月
亓 氏	费县新庄镇东流村	50	女	1939 年 1 月
臧 氏	费县新庄镇东流村	35	女	1939 年 1 月
张 氏	费县新庄镇东流村	52	女	1939 年 1 月
孙 氏	费县新庄镇东流村	50	女	1939 年 1 月
张 氏	费县新庄镇东流村	18	女	1939 年 1 月
曹 氏	费县新庄镇东流村	45	女	1939 年 1 月
吴保茹	费县新庄镇东流村	17	女	1939 年 1 月
陈 四	费县新庄镇东流村	51	男	1939 年 1 月
吴保辰	费县新庄镇东流村	25	男	1939 年 1 月
王 氏	费县新庄镇东流村	22	女	1939 年 1 月
曹 氏	费县新庄镇东流村	25	女	1939 年 1 月
钱如山	费县新庄镇东流村	60	男	1939 年 1 月
钱如山之妻	费县新庄镇东流村	58	女	1939 年 1 月
李胜兴	费县新庄镇东流村	40	男	1939 年 1 月
孙义山	费县新庄镇东流村	48	男	1939 年 1 月
孙义石	费县新庄镇东流村	36	男	1939 年 1 月

姓 名	籍 贯	年 龄	性 别	死难时间
孙家奋	费县新庄镇东流村	28	男	1939 年 1 月
孙开让	费县新庄镇东流村	26	男	1939 年 1 月
孙开一	费县新庄镇东流村	24	男	1939 年 1 月
周　氏	费县新庄镇东流村	18	女	1939 年 1 月
董　氏	费县新庄镇东流村	50	女	1939 年 1 月
沈×之妻	费县新庄镇东流村	30	女	1939 年 1 月
王　五	费县新庄镇东流村	24	男	1939 年 1 月
陈启仲	费县新庄镇东流村	3	男	1939 年 1 月
王　大	费县新庄镇东流村	25	男	1939 年 1 月
曹　三	费县新庄镇东流村	22	男	1939 年 1 月
窦铁匠	费县新庄镇东流村	36	男	1939 年 1 月
沈志顺	费县新庄镇东流村	—	男	1939 年 1 月
李顺兴	费县新庄镇东流村	—	男	1939 年 1 月
吴相合	费县新庄镇东流村	25	男	1939 年 1 月
孙开现	费县新庄镇东流村	38	男	1939 年 1 月
陈修文	费县费城镇南新安村	25	男	1939 年 2 月
陈修文	费县费城镇西官庄村	31	男	1939 年 2 月
李佃中	费县费城镇官庄村	19	男	1939 年 2 月
张　心	费县胡阳镇大固安村	39	男	1939 年 2 月
林传增	费县薛庄镇邱阳村	31	男	1939 年 2 月
李进东	费县南张庄乡太白庄村	38	男	1939 年 2 月
王玉珍	费县费城镇北王庄	25	男	1939 年 2 月
唐在连	费县上冶镇万仓村	—	男	1939 年 3 月
杜金山	费县上冶镇东埠子村	40	男	1939 年 3 月
王小二	费县费城镇北马庄村	23	男	1939 年 4 月
张培德	费县费城镇北马庄村	25	男	1939 年 4 月
邢庆伦	费县胡阳镇新兴村	—	男	1939 年 4 月
张大花	费县薛庄镇于家庄村	27	女	1939 年 4 月
张永前	费县马庄镇河西村	20	男	1939 年 5 月
闫召克	费县上冶镇平安楼村	22	男	1939 年 5 月
徐玉德之父	费县刘庄镇旺山前村	—	男	1939 年 6 月
王功臣	费县新桥镇王唐庄村	27	男	1939 年 6 月
张志如	费县南张庄乡中武汇村	—	男	1939 年 6 月
魏光举	费县南张庄乡太白庄村	39	男	1939 年 6 月

姓 名	籍 贯	年 龄	性 别	死难时间
许宝光	费县汪沟镇许寨村	32	男	1939 年 7 月
田向荣	费县上冶镇姚河村	37	男	1939 年 8 月
翟文春	费县汪沟镇翟庄村	21	男	1939 年 9 月 11 日
康 祥	费县费城镇西新安村	19	男	1939 年 9 月
王吉云	费县胡阳镇东徕庄村	49	男	1939 年 9 月
韩帮永	费县上冶镇宁国村	21	男	1939 年 9 月
任志合	费县上冶镇二村	51	男	1939 年 10 月
任昌启	费县上冶镇二村	—	男	1939 年 10 月
杨 中	费县薛庄镇前庄村	28	男	1939 年 11 月
董绍白	费县费城镇民主街	—	男	1939 年
张 根	费县费城镇朱二村	24	男	1939 年
王 彬	费县费城镇朱二村	25	男	1939 年
史文义	费县费城镇自由街	15	男	1939 年
李洪西	费县费城镇鲁公庙	—	男	1939 年
任××	费县费城镇鲁公庙	—	男	1939 年
志 来	费县费城镇西曹家庄	19	男	1939 年
徐怀青	费县费城镇月庄村	—	男	1939 年
王电辉	费县费城镇月庄村	—	男	1939 年
张俊生	费县费城镇管村	24	男	1939 年
孔照发	费县费城镇管村	22	男	1939 年
王殿政	费县费城镇管村	49	男	1939 年
杨玉宝	费县费城镇西柳村	—	男	1939 年
刘中邦	费县费城镇西柳村	—	男	1939 年
高成吉	费县费城镇西柳村	—	男	1939 年
安××	费县费城镇社庄村	—	男	1939 年
杨××	费县费城镇社庄村	—	男	1939 年
焦广增	费县费城镇社庄村	—	男	1939 年
杨龙子	费县费城镇岔河村	20	男	1939 年
米××	费县费城镇岔河村	—	男	1939 年
陈修文	费县费城镇长埠岭村	23	男	1939 年
李任氏	费县费城镇牛头山村	—	女	1939 年
李祥年之子	费县费城镇牛头山村	—	男	1939 年
李××	费县费城镇	—	男	1939 年
贾中友之妻	费县费城镇簸箕掌	29	女	1939 年

姓　名	籍　贯	年　龄	性　别	死难时间
杨复义之子	费县费城镇南峪村	18	男	1939 年
杨培义	费县费城镇山后湾村	16	男	1939 年
蒋三娃	费县费城镇山后湾村	17	男	1939 年
蒋　四	费县费城镇山后湾村	17	男	1939 年
杨德义	费县费城镇凉山头村	—	男	1939 年
杨培刚	费县费城镇凉山头村	—	男	1939 年
李××	费县朱田镇明石塘村	—	男	1939 年
李××	费县朱田镇明石塘村	—	男	1939 年
李士俊	费县朱田镇明石塘村	—	男	1939 年
李士俊之长子	费县朱田镇明石塘村	—	男	1939 年
李士俊之次子	费县朱田镇明石塘村	—	男	1939 年
李士俊之次女	费县朱田镇明石塘村		女	1939 年
李士俊之三子	费县朱田镇明石塘村	—	男	1939 年
李士俊之三女	费县朱田镇明石塘村		女	1939 年
李纪堂	费县朱田镇明石塘村	—	男	1939 年
李京富	费县朱田镇明石塘村	—	男	1939 年
刘圣全	费县朱田镇北廉庄村	—	男	1939 年
廉德成	费县朱田镇北廉庄村	—	男	1939 年
廉德成之子	费县朱田镇北廉庄村	—	男	1939 年
廉德成之女	费县朱田镇北廉庄村		女	1939 年
廉德成之妻	费县朱田镇北廉庄村	—	女	1939 年
王夫正	费县朱田镇上崮前村	53	男	1939 年
朱开霄	费县朱田镇上崮前村	38	男	1939 年
刘　×	费县朱田镇上崮前村	32	男	1939 年
郑　×	费县朱田镇上崮前村	37	男	1939 年
董凤义	费县朱田镇大山湾村	—	男	1939 年
朱开风	费县朱田镇黄汪头村	—	男	1939 年
朱顺然	费县朱田镇黄汪头村	—	男	1939 年
李郭氏	费县朱田镇大王庄村	58	女	1939 年
刘××	费县朱田镇崮山村	—	男	1939 年
王××	费县朱田镇崮山村	—	男	1939 年
李××	费县朱田镇崮山村	—	男	1939 年
刘××	费县朱田镇崮山村	—	男	1939 年
邱××	费县朱田镇崮山村	—	女	1939 年

姓　名	籍　贯	年　龄	性　别	死难时间
曹修良	费县朱田镇四亩地村	44	男	1939 年
曹　群	费县朱田镇四亩地村	41	男	1939 年
曹连巨	费县朱田镇四亩地村	43	男	1939 年
曹　祥	费县朱田镇四亩地村	43	男	1939 年
朱　氏	费县朱田镇北小山村	27	女	1939 年
陈凤仙	费县朱田镇朱田村	—	男	1939 年
姚文绪	费县朱田镇朱田村	—	男	1939 年
王玉明	费县朱田镇朱田村	—	男	1939 年
宁清宜	费县朱田镇朱田村	—	男	1939 年
张京文	费县朱田镇朱田村	—	男	1939 年
刘玉仆	费县朱田镇西南岭村	—	男	1939 年
刘怀奎	费县梁邱镇关阳司村	19	男	1939 年
张　景	费县梁邱镇书房村	—	—	1939 年
刘　敬	费县梁邱镇书房村	—	—	1939 年
颜西厚	费县梁邱镇关阳司村	43	男	1939 年
王成友	费县梁邱镇王家邵庄村	45	男	1939 年
张付林	费县梁邱镇王家邵庄村	23	男	1939 年
夏传道	费县梁邱镇聂家沟村	21	男	1939 年
范崔年	费县梁邱稻港村	26	男	1939 年
耿凡焕	费县石井镇老宅子村	18	男	1939 年
邵长余	费县石井镇大安村	—	男	1939 年
杨连启	费县石井镇柴禾峪村	28	男	1939 年
王福才	费县石井镇陈屿村	16	男	1939 年
刘德怀	费县石井镇龙泉村	5	男	1939 年
李堂坤	费县石井镇任吴庄村	19	男	1939 年
李邵氏	费县石井镇任吴庄村	20	女	1939 年
曹玉清	费县新庄镇崇山头村	—	男	1939 年
陈郭氏	费县新庄镇朱家茧坡村	—	女	1939 年
朱　大	费县芍药山乡红果峪村	—	男	1939 年
陈学点	费县芍药山乡北天井汪村	—	男	1939 年
赵万荣	费县芍药山乡北天井汪村	—	男	1939 年
孙文选	费县芍药山乡南天井汪村	—	男	1939 年
孙营州	费县芍药山乡南天井汪村	—	男	1939 年
孙大三	费县芍药山乡南天井汪村	—	男	1939 年

姓 名	籍 贯	年 龄	性 别	死难时间
侯玉良之父	费县马庄镇马庄村	32	男	1939 年
翟秀文之祖父	费县马庄镇马庄村	53	男	1939 年
王如梅	费县马庄镇南马庄村	18	男	1939 年
麦 墩	费县马庄镇北豹窝村	31	男	1939 年
马义谦	费县马庄镇北豹窝村	32	男	1939 年
李常国	费县马庄镇王大夫庄村	19	男	1939 年
谭洪毡	费县马庄镇上牛田村	18	男	1939 年
姚子一	费县马庄镇宋家峪村	—	男	1939 年
戚守堂之兄	费县马庄镇柴山口	20	男	1939 年
周山阳	费县刘庄镇沂艾庄村	63	男	1939 年
代荣立	费县刘庄镇鲁城村	42	男	1939 年
马俊昌	费县刘庄镇鲁城村	40	男	1939 年
全宗奇	费县刘庄镇鲁城村	32	男	1939 年
孙德香	费县刘庄镇太来庄村	—	男	1939 年
郑××	费县刘庄镇太来庄村	—	女	1939 年
周新廷	费县探沂镇沈家村	22	男	1939 年
狄 堂	费县新桥镇狄家庄	—	男	1939 年
周安邦	费县新桥镇墩头村	—	男	1939 年
续洪鹅	费县新桥镇西石桥村	28	男	1939 年
续连发	费县新桥镇西石桥村	30	男	1939 年
续洪如	费县新桥镇西石桥村	28	男	1939 年
魏永坤	费县新桥镇魏家荒村	29	男	1939 年
田光美	费县新桥镇长久庄村	26	男	1939 年
孟庆友之父	费县新桥镇清福庄村	47	男	1939 年
张 围	费县汪沟镇张家芝麻沟村	—	男	1939 年
张 资	费县汪沟镇张家芝麻沟村	—	男	1939 年
张进荣	费县汪沟镇张家芝麻沟村	—	男	1939 年
闵庆喜	费县汪沟镇闵寨村	13	男	1939 年
闵庆德	费县汪沟镇闵寨村	35	男	1939 年
冯自安	费县汪沟镇西长夫村	38	男	1939 年
李振武	费县汪沟镇桃花店村	33	男	1939 年
胡凤海	费县方城镇红峪子村	24	男	1939 年
王永传	费县方城镇北王庄村	27	男	1939 年
吴德春	费县方城镇昌国村	23	男	1939 年

姓　名	籍　贯	年　龄	性　别	死难时间
郑凤仪	费县方城镇颜林村	—	男	1939 年
王　大	费县方城镇上盐店村	23	男	1939 年
徐××	费县方城镇同庄村	—	男	1939 年
杜××	费县方城镇同庄村	—	男	1939 年
李树贵	费县胡阳镇李家庄村	25	男	1939 年
花　连	费县胡阳镇北山阳村	15	男	1939 年
刘树明	费县胡阳镇北山阳村	22	男	1939 年
卢凤苗	费县薛庄镇高阳村	20	女	1939 年
晏明德	费县薛庄镇高阳村	31	男	1939 年
尹作甫	费县薛庄镇鲁庄村	21	男	1939 年
鲁庆祥	费县薛庄镇鲁庄村	16	男	1939 年
范有志	费县薛庄镇兴隆庄村	27	男	1939 年
范学来	费县薛庄镇兴隆庄村	36	男	1939 年
范友存	费县薛庄镇兴隆庄村	37	男	1939 年
孙兴文	费县薛庄镇赵家庄村	33	男	1939 年
赵李氏	费县薛庄镇赵家庄村	31	女	1939 年
孙兴合	费县薛庄镇赵家庄村	37	男	1939 年
张学成	费县薛庄镇大沟村	33	男	1939 年
丁富才	费县薛庄镇大沟村	40	男	1939 年
彭季玉	费县薛庄镇黄泥崖村	35	男	1939 年
李大全	费县薛庄镇黄泥崖村	36	男	1939 年
彭得金	费县薛庄镇黄泥崖村	38	男	1939 年
彭季粮	费县薛庄镇黄泥崖村	37	男	1939 年
张京伦	费县南张庄乡石桥村	46	男	1939 年
安廷元	费县南张庄乡安家沟村	20	男	1939 年
王开为	费县上冶镇四鸭子沟	62	男	1939 年
任立修	费县上冶镇五村	32	男	1939 年
王重山	费县上冶镇五村	29	男	1939 年
吴纪奋	费县上冶镇五村	22	男	1939 年
彭　二	费县上冶镇五村	28	男	1939 年
徐茂昌	费县上冶镇里仁村	39	男	1939 年
吴金贵	费县上冶镇小仲口村	18	男	1939 年
韩昌子	费县上冶镇万仓村	—	男	1939 年
王久发	费县上冶镇万仓村	—	男	1939 年

姓 名	籍 贯	年 龄	性 别	死难时间
张明礼	费县上冶镇西毕城村	14	男	1939 年
周洪夏	费县上冶镇西毕城村	15	男	1939 年
吴士文	费县上冶镇西毕城村	14	男	1939 年
吴开仑	费县上冶镇西毕城村	18	男	1939 年
柳德龙	费县上冶镇埠后村	20	男	1939 年
殷德宽	费县上冶镇埠后村	22	男	1939 年
韩玉琢	费县上冶镇埠后村	19	男	1939 年
杨胜祥	费县上冶镇翟家村	33	男	1939 年
张开召	费县上冶镇翟家村	29	男	1939 年
张家强	费县上冶镇翟家村	42	男	1939 年
刘道信	费县上冶镇北村	20	男	1939 年
王照爱	费县上冶镇北村	26	男	1939 年
王照爱之妻	费县上冶镇北村	24	女	1939 年
王照爱之妹夫	费县上冶镇北村	21	男	1939 年
王照爱之女	费县上冶镇北村	4	女	1939 年
王照爱之妹	费县上冶镇北村	20	女	1939 年
张松林	费县大田庄乡西渐富村	16	男	1939 年
张彦凤	费县大田庄乡西渐富村	—	男	1939 年
张彦长	费县大田庄乡西渐富村	—	男	1939 年
张风林	费县大田庄乡西渐富村		男	1939 年
张全家	费县大田庄乡西渐富村	—	男	1939 年
苏丙祥	费县大田庄乡西渐富村		男	1939 年
张彦恩	费县大田庄乡西渐富村	—	男	1939 年
卢修才	费县薛庄镇杏埠村	17	男	1939 年
康荣顺	费县费城镇西新安村	22	男	1940 年 1 月
高士金	费县方城镇高围子村	25	男	1940 年 1 月
孔令全	费县方城镇诸满村	10	男	1940 年 1 月
尹李氏	费县胡阳镇西北尹村	11	女	1940 年 1 月
王儒连	费县薛庄镇彩山前村	24	男	1940 年 2 月
田金山	费县上冶镇姚河村	21	男	1940 年 2 月
王德申	费县探沂镇立纪庄村	10	男	1940 年 3 月
代××	费县汪沟镇东姜庄村	44	男	1940 年 3 月
王佩珍	费县薛庄镇阳口村	41	男	1940 年 3 月
能恒胜	费县上冶镇东鸭子沟村	11	男	1940 年 3 月

姓 名	籍 贯	年 龄	性 别	死难时间
杨玉珍	费县上冶镇曹家楼村	18	男	1940 年 3 月
任志京	费县上冶镇许家庄村	35	男	1940 年 3 月
王 氏	费县上冶镇许家庄村	32	女	1940 年 3 月
任 杰	费县上冶镇许家庄村	9	男	1940 年 3 月
任志向	费县上冶镇许家庄村	17	男	1940 年 3 月
任乃九	费县胡阳镇丁家庄村	19	男	1940 年 4 月
张凤英	费县费城镇西寺湾村	—	女	1940 年 5 月
徐 妮	费县薛庄镇大良村	8	女	1940 年 5 月
安垦英	费县南张庄乡太白庄村	33	男	1940 年 5 月
廉士东	费县朱田镇北崖村	20	男	1940 年 6 月
邵理启	费县汪沟镇北桃园	22	男	1940 年 6 月
徐正和	费县薛庄镇大良村	21	男	1940 年 6 月
王付田	费县南张庄乡保安庄村	34	男	1940 年 6 月
刘 祥	费县方城镇平和村	20	男	1940 年 6 月
林希远	费县费城镇仁和庄村	40	男	1940 年 7 月
林张氏	费县费城镇仁和庄村	39	女	1940 年 7 月
林长栓	费县费城镇仁和庄村	19	男	1940 年 7 月
林小栓	费县费城镇仁和庄村	15	男	1940 年 7 月
林 玲	费县费城镇仁和庄村	9	女	1940 年 7 月
王传臣	费县费城镇仁和庄村	34	男	1940 年 7 月
王刘氏	费县费城镇仁和庄村	33	女	1940 年 7 月
王 刚	费县费城镇仁和庄村	13	男	1940 年 7 月
刘茂宽	费县刘庄镇毛家河村	33	男	1940 年 7 月
王连坤	费县薛庄镇西宋庄村	19	男	1940 年 7 月
齐自贞	费县上冶镇姚河村	48	男	1940 年 7 月
石兴长	费县胡阳镇茂圣庄	20	男	1940 年 7 月
英宗瓜	费县探沂镇公进庄村	20	男	1940 年 7 月
陈玉贵	费县费城镇刘庄村	18	男	1940 年 8 月
孙夫生	费县朱田镇楼下村	37	男	1940 年 8 月
胡闻氏	费县朱田镇楼下村	35	女	1940 年 8 月
李风采	费县马庄镇光山头村	29	男	1940 年 8 月
周老大	费县刘庄镇前接峪村	24	男	1940 年 8 月
王大山	费县薛庄镇于家庄村	20	男	1940 年 8 月
康明祥	费县方城镇诸满村	31	男	1940 年 9 月

姓　名	籍　贯	年　龄	性　别	死难时间
宋夫文	费县薛庄镇从庄村	22	男	1940 年 11 月
常德安	费县朱田镇兴富庄村	—	男	1940 年 12 月
李守明	费县费城镇民主街	—	男	1940 年
文德修	费县费城镇自由街	53	男	1940 年
王玉山	费县费城镇洞山村	23	男	1940 年
张志全	费县费城镇高家楼	20	男	1940 年
张王氏	费县费城镇高家楼	19	女	1940 年
张　强	费县费城镇高家楼	3	男	1940 年
张　振	费县费城镇高家楼	—	男	1940 年
付张氏	费县费城镇高家楼	23	女	1940 年
付大丰	费县费城镇高家楼	25	男	1940 年
付　春	费县费城镇高家楼	2	女	1940 年
付李氏	费县费城镇高家楼	41	女	1940 年
王　三	费县费城镇朱家庄	29	男	1940 年
张继增	费县费城镇高家楼	37	男	1940 年
丁夏来	费县费城镇任和庄村	18	男	1940 年
李道士	费县费城镇肖山坡	20	男	1940 年
大　妮	费县费城镇西王庄	10	女	1940 年
张丕法	费县费城镇于家泉	30	男	1940 年
刘货郎	费县费城镇下小埠村	60	男	1940 年
谢德龙之子	费县费城镇田家庄	13	男	1940 年
谢德龙之母	费县费城镇田家庄	—	女	1940 年
卜学奎	费县费城镇员外村	30	男	1940 年
陈发祥	费县费城镇东村	—	男	1940 年
王朝祥之长兄	费县费城镇东村	—	男	1940 年
齐××	费县费城镇社庄村	—	男	1940 年
胡洪儒	费县费城镇社庄村	—	男	1940 年
胡××	费县费城镇社庄村	—	男	1940 年
张振元	费县费城镇居民村	12	男	1940 年
赵元福	费县费城镇居民村	23	男	1940 年
滕恩祥	费县费城镇居民村	15	男	1940 年
李恩四	费县费城镇居民村	25	男	1940 年
张廷香之母	费县费城镇居民村	29	女	1940 年
王照玺	费县费城镇王家庄村	25	男	1940 年

姓 名	籍 贯	年 龄	性 别	死难时间
刘学汉	费县费城镇岔河村	—	男	1940 年
王庆怀	费县费城镇居民村	19	男	1940 年
孙 忽	费县费城镇曹车村	24	男	1940 年
贾瑞晓	费县费城镇长涧村	21	男	1940 年
贾绝户	费县费城镇长涧村	18	男	1940 年
贾李氏	费县费城镇长涧村	16	女	1940 年
继学良	—	—	男	1940 年
盖文德	—	—	男	1940 年
郭振生	费县费城镇红山头村	—	男	1940 年
四 巴	费县费城镇上杨湾村	16	男	1940 年
小万儿	费县费城镇上杨湾村	20	男	1940 年
宝 德	费县费城镇上杨湾村	19	男	1940 年
翟保法之弟	费县费城镇南峪村	18	男	1940 年
夏 氏	费县费城镇北岭村	—	女	1940 年
二麻子	费县费城镇北岭村	—	男	1940 年
伊老大	费县费城镇吴家村	37	男	1940 年
梁淑举	费县费城镇豹山头	19	男	1940 年
栗××	费县朱田镇西北哨	—	男	1940 年
王成文	费县朱田镇明石塘村	—	男	1940 年
刘玉志	费县朱田镇明石塘村	—	男	1940 年
宋 大	费县朱田镇石下峪村	30	男	1940 年
张 氏	费县朱田镇石下峪村	25	女	1940 年
张 氏	费县朱田镇宁家沟村	—	女	1940 年
陶小怀	费县朱田镇知方村	24	男	1940 年
二半调子	费县朱田镇兴富庄村	50	男	1940 年
王夫星之妹	费县朱田镇上崮前村	19	女	1940 年
彭允起	费县朱田镇上崮前村	27	男	1940 年
彭相宇	费县朱田镇上崮前村	16	男	1940 年
彭赵明	费县朱田镇上崮前村	27	男	1940 年
英 三	费县朱田镇石屋山后村	17	男	1940 年
廉丕安	费县朱田镇石屋山后村	22	男	1940 年
高孝法	费县朱田镇北小山村	24	男	1940 年
李怀忠之父	费县朱田镇东小山村	47	男	1940 年
郑丙兴	费县朱田镇朱田村	—	男	1940 年

姓　名	籍　贯	年　龄	性　别	死难时间
盛如明	费县梁邱镇关阳司村	27	男	1940 年
宋开太之子	费县梁邱镇梁邱西村	20	男	1940 年
陈学师之孙	费县梁邱镇梁邱西村	19	男	1940 年
魏二成	费县梁邱镇梁邱西村	22	男	1940 年
袁　征	费县梁邱镇梁邱西村	21	男	1940 年
袁　四	费县梁邱镇梁邱西村	20	男	1940 年
李家伟	费县梁邱镇梁邱西村	23	男	1940 年
魏京奎	费县梁邱镇梁邱西村	22	男	1940 年
刘　娃	费县梁邱镇梁邱西村	23	男	1940 年
刘　×	费县梁邱镇梁邱西村	20	男	1940 年
朱　刚	费县梁邱镇梁邱西村	18	男	1940 年
夏京全	费县梁邱镇南王庄村	23	男	1940 年
王成金	费县石井镇小岩子村	30	男	1940 年
王诏先	费县石井镇大安村	—	男	1940 年
郭云祥	费县石井镇大安村	—	男	1940 年
张记得	费县石井镇高桥村	21	男	1940 年
张三木匠	费县石井镇龙泉村	29	男	1940 年
张贵三	费县新庄镇石亭村	—	男	1940 年
赵京春	费县新庄镇石亭村	—	男	1940 年
张启云	费县新庄镇石亭村	—	男	1940 年
陈××	费县芍药镇西山口村	—	男	1940 年
陈友才之妹	费县芍药镇西山口村	22	女	1940 年
陈友才之祖母	费县芍药镇西山口村	—	女	1940 年
陈××	费县芍药镇西山口村	—	女	1940 年
赵守恒	费县芍药山乡北天井汪村	—	男	1940 年
赵守幸	费县芍药山乡北天井汪村	—	男	1940 年
刘东友之母	费县芍药山乡尚庄村	—	女	1940 年
宁万春	费县芍药山乡尚庄村	—	男	1940 年
朱德成之四伯	费县马庄镇马庄村	23	男	1940 年
张德亮	费县马庄镇马庄村	23	男	1940 年
徐志德	费县马庄镇北豹窝村	40	男	1940 年
徐玉仁	费县马庄镇北豹窝村	30	男	1940 年
王之广	费县马庄镇大夏庄村	70	男	1940 年
窦洪学	费县马庄镇双桥庄村	20	男	1940 年

姓 名	籍 贯	年 龄	性 别	死难时间
付新德	费县马庄镇堂子村	18	男	1940 年
张万岭	费县马庄镇大井头村	22	男	1940 年
王兆君	费县马庄镇东古口村	23	男	1940 年
王玉振	费县马庄镇东古口村	22	男	1940 年
刁守玉	费县马庄镇西古口村	21	男	1940 年
韩兆娥之妻	费县马庄镇柳行头村	51	女	1940 年
韩兆娥	费县马庄镇柳行头村	50	男	1940 年
全永传	费县刘庄镇鲁城村	32	男	1940 年
马夫顺	费县刘庄镇旺山前村	—	男	1940 年
刘二嫚	费县刘庄镇蔡岭村	9	女	1940 年
仇焕义	费县新桥镇东西蒋村	20	男	1940 年
曹文生	费县新桥镇西西蒋村	53	男	1940 年
狄玉海	费县新桥镇忠义山村	40	男	1940 年
狄玉海之弟	费县胡阳镇北尹村	—	男	1940 年
魏连理	费县新桥镇魏家荒村	25	男	1940 年
魏玉海	费县新桥镇魏家荒村	22	男	1940 年
田光传	费县新桥镇长久庄村	28	男	1940 年
闫书钝	费县新桥镇小埠村	21	男	1940 年
刘冠勋	费县新桥镇西大埠村	—	男	1940 年
苏宝贵	费县新桥镇西大埠村	—	男	1940 年
凌高启	费县新桥镇麻绪村	19	男	1940 年
陈 四	费县汪沟镇东姜庄村	46	男	1940 年
陈玉海	费县汪沟镇东姜庄村	49	男	1940 年
李闵氏	费县汪沟镇李家寨村	21	女	1940 年
孙广修	费县方城镇相村	20	男	1940 年
刘安门	费县方城镇高围子村	21	男	1940 年
高士文	费县方城镇高围子村	35	男	1940 年
刘文贵	费县方城镇高围子村	44	男	1940 年
薛纪苍	费县方城镇上盐店村	25	男	1940 年
王兴龙	费县胡阳镇中徕庄村	25	男	1940 年
梅王氏	费县薛庄镇高阳村	25	女	1940 年
梅印法	费县薛庄镇高阳村	23	男	1940 年
籍华东	费县薛庄镇幸福庄村	23	男	1940 年
林传华	费县薛庄镇鲁庄村	27	男	1940 年

姓 名	籍 贯	年龄	性别	死难时间
鲁全祥	费县薛庄镇鲁庄村	28	男	1940 年
桑付思	费县薛庄镇北长行村	15	男	1940 年
桑学志	费县薛庄镇北长行村	38	男	1940 年
花马氏	费县薛庄镇北长行村	16	女	1940 年
彭振邦	费县上冶镇永兴村	45	男	1940 年
王召信	费县上冶镇永兴村	48	男	1940 年
王 巴	费县上冶镇永兴村	41	男	1940 年
孙纪顺	费县上冶镇古城村	21	男	1940 年
任陈氏	费县上冶镇埠后村	20	女	1940 年
任善修	费县上冶镇埠后村	18	男	1940 年
李文祥	费县上冶镇埠后村	16	男	1940 年
李学生	费县上冶镇民义村	19	男	1940 年
刘宝三	费县上冶镇民义村	22	男	1940 年
曹进山	费县上冶镇翟家村	36	男	1940 年
孙百生	费县上冶镇平安楼村	30	男	1940 年
薛眷胜	费县薛庄镇高阳村	35	女	1940 年
宁克琴之叔	费县芍药山乡尚庄村	—	男	1940 年
孙士法	费县薛庄镇鲁家庄村	28	男	1940 年
孔 召	费县刘庄镇前接峪村	21	男	1941 年 1 月
张和成	费县汪沟镇西姜庄村	22	男	1941 年 1 月
邵县公	费县方城镇诸满村	34	男	1941 年 1 月
魏振依	费县南张庄乡太白庄村	40	男	1941 年 1 月
魏孙氏	费县南张庄乡太白庄村	41	女	1941 年 1 月
魏廷英	费县南张庄乡太白庄村	18	男	1941 年 1 月
安廷华	费县南张庄乡太白庄村	29	男	1941 年 1 月
韩学道	费县上冶镇宁国村	24	男	1941 年 1 月
秦洪善之父	费县费城镇南广丰村	23	男	1941 年 2 月
徐怀亮	费县马庄镇光山头村	38	男	1941 年 2 月
林传友	费县薛庄镇邱阳村	29	男	1941 年 2 月
曹淑俊	费县上冶镇城南头村	30	男	1941 年 2 月
王常运	费县上冶镇城南头村	19	男	1941 年 2 月
孙际常	费县上冶镇城南头村	18	男	1941 年 2 月
彭 假	费县上冶镇仲口屯村	30	男	1941 年 3 月
刘 氏	费县上冶镇许家庄村	33	女	1941 年 3 月

姓 名	籍 贯	年 龄	性 别	死难时间
胡加修	费县汪沟镇王庄	63	男	1941 年 4 月
魏宝振	费县胡阳镇新胜庄村	—	男	1941 年 4 月
刘金宝	费县薛庄镇于家庄村	34	男	1941 年 4 月
聂怀平	费县南张庄乡聂家沟村	23	男	1941 年 4 月
刘希军	费县朱田镇小泗彦村	—	男	1941 年 5 月
刘廷才	费县朱田镇小泗彦村	—	男	1941 年 5 月
李志斗	费县朱田镇上水连	—	男	1941 年 5 月
宁则新	费县朱田镇下水连	—	男	1941 年 5 月
廉德九	费县朱田镇元宝石村	19	男	1941 年 5 月
刘家财	费县刘庄镇毛家河村	22	男	1941 年 5 月
刘思占	费县刘庄镇毛家河村	52	男	1941 年 5 月
王 想	费县上冶镇仲口屯村	31	男	1941 年 5 月
甄荣启	费县上冶镇宁国村	26	男	1941 年 5 月
刘德胜	费县费城镇唐山村	23	男	1941 年 6 月
杨培胜	费县费城镇山后湾村	22	男	1941 年 6 月
王彦甲	费县朱田镇南马口村	43	男	1941 年 6 月
仲王氏	费县朱田镇南马口村	45	女	1941 年 6 月
王左廷	费县朱田镇南马口村	23	男	1941 年 6 月
王珍廷	费县朱田镇南马口村	21	男	1941 年 6 月
李中士	费县朱田镇南马口村	15	男	1941 年 6 月
王信廷	费县朱田镇南马口村	20	男	1941 年 6 月
王丕山	费县朱田镇北马口村	23	男	1941 年 6 月
王廷兰	费县朱田镇北马口村	31	女	1941 年 6 月
屈 贵	费县方城镇朱岭庄村	55	男	1941 年 6 月
王大海	费县薛庄镇土山西村	21	男	1941 年 6 月
王醉汉	费县费城镇文明村	27	男	1941 年 7 月
王 淑	费县刘庄镇毛家河村	22	男	1941 年 7 月
籍学仁	费县薛庄镇西宋庄村	28	男	1941 年 7 月
郭王氏	费县薛庄镇邱阳村	45	女	1941 年 7 月
潘王氏	费县上冶镇曲池村	17	女	1941 年 7 月
任宝珠	费县费城镇仁和庄村	52	男	1941 年 8 月
张金星	费县新庄镇	49	男	1941 年 8 月
杨培永	费县费城镇山后湾村	22	男	1941 年 8 月
韩小妮	费县刘庄镇许庄村	4	女	1941 年 8 月

姓 名	籍 贯	年 龄	性 别	死难时间
董学敏	费县刘庄镇前接峪村	20	男	1941 年 8 月
张成东	费县探沂镇石行村	17	男	1941 年 8 月
金玉箱	费县方城镇诸满村	31	男	1941 年 8 月
孙吉成	费县薛庄镇毛沟村	22	男	1941 年 8 月
王汝坤	费县薛庄镇东宋庄村	25	男	1941 年 8 月
孙龙义	费县薛庄镇东宋庄村	29	男	1941 年 8 月
任纪圣	费县上冶镇许家庄村	29	男	1941 年 8 月
张巨刚	费县上冶镇曲池村	20	男	1941 年 8 月
王 强	费县薛庄镇白马峪村	20	男	1941 年 8 月
全玉华	费县刘庄镇万庄村	21	男	1941 年 8 月
陈丕祥	费县朱田镇包家庄村	54	男	1941 年 9 月
王玉明	费县刘庄镇毛家河村	38	男	1941 年 9 月
刘化春	费县方城镇朱岭庄村	18	男	1941 年 9 月
曹玉海	费县胡阳镇曹家庄村	21	男	1941 年 9 月
胡荣玉	费县薛庄镇言店村	15	男	1941 年 9 月
胡荣金	费县薛庄镇言店村	21	男	1941 年 9 月
张文义	费县汪沟镇新张庄村	—	男	1941 年 11 月
张 和	费县汪沟镇新张庄村	—	男	1941 年 11 月
刘汝星	费县汪沟镇西姜庄村	29	男	1941 年 11 月
戚沂水	费县汪沟镇宝店村	16	男	1941 年 11 月
刘青山	费县汪沟镇宝店村	16	男	1941 年 11 月
朱玉生	费县薛庄镇胡家庄村	31	男	1941 年 11 月
王儒合	费县薛庄镇彩山前村	29	男	1941 年 11 月
王儒信	费县薛庄镇彩山前村	31	男	1941 年 11 月
张向林	费县薛庄镇言店村	28	男	1941 年 11 月
刘 善	费县薛庄镇言店村	28	男	1941 年 11 月
赵玉兰	费县上冶镇东鸭子沟村	19	男	1941 年 11 月
范长花	费县薛庄镇白马峪村	21	女	1941 年 11 月
戚××	费县薛庄镇转山前村	20	男	1941 年 11 月
王法义	费县薛庄镇大古台村	51	男	1941 年 11 月
李月江	费县汪沟镇王庄	49	男	1941 年 12 月
韩王氏	费县胡阳镇新胜村	21	女	1941 年 12 月
方练伯	—	—	男	1941 年
李子敬	—	—	男	1941 年

姓 名	籍 贯	年 龄	性 别	死难时间
何 健	—	—	男	1941 年
王锡东	—	—	男	1941 年
李绍贤	—	—	男	1941 年
李××	—	—	男	1941 年
甄 磊	莱芜市	22	女	1941 年
辛 锐	济南市	23	女	1941 年
刘箴厚	—	—	男	1941 年
逯 克	—	—	男	1941 年
卢再厉	—	—	男	1941 年
张道兴	—	—	男	1941 年
王秀全	—	—	男	1941 年
郁永言	—	—	男	1941 年
文 白	—	—	男	1941 年
郭季田	—	—	男	1941 年
陈 虹	—	—	男	1941 年
方 曙	—	—	男	1941 年
雷 根	—	—	男	1941 年
叶凤川	—	—	男	1941 年
姜德奎	—	—	男	1941 年
祁若君	—	—	男	1941 年
孙友功	—	—	男	1941 年
秦同锁	—	—	男	1941 年
杜 彤	—	—	男	1941 年
刘惠东	—	—	男	1941 年
段现云	—	—	男	1941 年
张振华	—	—	男	1941 年
鲁 明	—	—	男	1941 年
齐 德	—	—	男	1941 年
张××	—	—	男	1941 年
袁子和	—	—	男	1941 年
冷凝清	—	—	男	1941 年
李铭述	—	—	男	1941 年
吴友三	—	—	男	1941 年
刘秉高	—	—	男	1941 年

续表

姓 名	籍 贯	年 龄	性 别	死难时间
邱则民	—	—	男	1941 年
唐国琮	—	—	男	1941 年
李　凝	—	—	男	1941 年
李岱亭	—	—	男	1941 年
鲍振东	—	—	男	1941 年
林志中	—	—	男	1941 年
宋相丰	—	—	男	1941 年
徐樊钿	—	—	男	1941 年
张庆业	—	—	男	1941 年
曹俊声	—	—	男	1941 年
闫勋臣	—	—	男	1941 年
丁慎永	—	—	男	1941 年
齐香廷	—	—	男	1941 年
张振宾	—	—	男	1941 年
李岱阳	—	—	男	1941 年
杜茂法	—	—	男	1941 年
李　明	—	—	男	1941 年
王　峙	—	—	男	1941 年
孙守同	—	—	男	1941 年
马建功	—	—	男	1941 年
陈玉柱	—	—	男	1941 年
杨公易	—	—	男	1941 年
丁光德	—	—	男	1941 年
颜长贞	—	—	男	1941 年
韩中升	—	—	男	1941 年
马洪全	—	—	男	1941 年
王行千	—	—	男	1941 年
褚西林	—	—	男	1941 年
孙子平	—	—	男	1941 年
杨化村	—	—	男	1941 年
吴法中	—	—	男	1941 年
杨芸言	—	—	男	1941 年
秦纪春	—	—	男	1941 年
高玉民	—	—	男	1941 年

姓 名	籍 贯	年 龄	性 别	死难时间
陈日信	—	—	男	1941 年
方聚安	—	—	男	1941 年
王贵九	—	—	男	1941 年
马振汉	—	—	男	1941 年
郭登科	—	—	男	1941 年
范恩庆	—	—	男	1941 年
彭孝顺	—	—	男	1941 年
苗茂才	—	—	男	1941 年
郑西海	—	—	男	1941 年
白廷胜	—	—	男	1941 年
严 历	—	—	男	1941 年
李凤禄	—	—	男	1941 年
任咸三	—	—	男	1941 年
李丰年	—	—	男	1941 年
马国正	—	—	男	1941 年
孙效东	—	—	男	1941 年
刘成孝	—	—	男	1941 年
杨树侯	—	—	男	1941 年
王华勉	—	—	男	1941 年
初月兰	—	—	男	1941 年
苗振田	—	—	男	1941 年
李长胜	—	—	男	1941 年
周玉城	—	—	男	1941 年
李惠东	—	—	男	1941 年
陈东坡	—	—	男	1941 年
隋子厚	—	—	男	1941 年
宋奉文	—	—	男	1941 年
周凤林	—	—	男	1941 年
李仁甫	—	—	男	1941 年
杨书梓	—	—	男	1941 年
狄连三	—	—	男	1941 年
毛同深	—	—	男	1941 年
鲁绪斋	—	—	男	1941 年
刘冠群	—	—	男	1941 年

姓　名	籍　贯	年　龄	性　别	死难时间
秦晋南	—	—	男	1941 年
王寿昌	—	—	男	1941 年
王　峰	—	—	男	1941 年
高现全	—	—	男	1941 年
王同福	—	—	男	1941 年
宋占廷	—	—	男	1941 年
李印章	—	—	男	1941 年
刘伯午	—	—	男	1941 年
王华训	—	—	男	1941 年
吴静生	—	—	男	1941 年
赵　乃	—	—	男	1941 年
范子钧	—	—	男	1941 年
赵秀芝	—	—	男	1941 年
李配相	—	—	男	1941 年
李碧东	—	—	男	1941 年
李见文	—	—	男	1941 年
赵绪珩	—	—	男	1941 年
蕑　锐	—	—	男	1941 年
管怀琛	—	—	男	1941 年
张仲华	—	—	男	1941 年
孙　德	—	—	男	1941 年
路松和	—	—	男	1941 年
员士起	—	—	男	1941 年
祈玉堂	—	—	男	1941 年
杨永恕	—	—	男	1941 年
刘盛茂	—	—	男	1941 年
郑公平	—	—	男	1941 年
颜景云	—	—	男	1941 年
于光复	—	—	男	1941 年
袁万德	—	—	男	1941 年
李振东	—	—	男	1941 年
殷古球	—	—	男	1941 年
王云亭	—	—	男	1941 年
郭长洪	—	—	男	1941 年

姓　名	籍　贯	年　龄	性　别	死难时间
吴光觉	—	—	男	1941 年
王希华	—	—	男	1941 年
朱凤云	—	—	男	1941 年
殷兰田	—	—	男	1941 年
左连礼	—	—	男	1941 年
王香英	—	—	男	1941 年
张仲一	—	—	男	1941 年
宋季祥	—	—	男	1941 年
高振元	—	—	男	1941 年
宋希庭	—	—	男	1941 年
王振南	—	—	男	1941 年
吴永贵	—	—	男	1941 年
赵志作	—	—	男	1941 年
王允奎	—	—	男	1941 年
陈云松	—	—	男	1941 年
陈良宪	—	—	男	1941 年
王怀勋	—	—	男	1941 年
杨宗学	—	—	男	1941 年
王亚农	—	—	男	1941 年
王　龙	—	—	男	1941 年
张世武	—	—	男	1941 年
郭恒德	—	—	男	1941 年
张延福	—	—	男	1941 年
刘曾亮	—	—	男	1941 年
黄书堂	—	—	男	1941 年
丁洪瑞	—	—	男	1941 年
于金吾	—	—	男	1941 年
孙兴盛	—	—	男	1941 年
李世安	—	—	男	1941 年
张尔作	—	—	男	1941 年
殷长生	—	—	男	1941 年
郭茂堂	—	—	男	1941 年
胡善春	—	—	男	1941 年
孙××	—	—	男	1941 年

姓 名	籍 贯	年 龄	性 别	死难时间
宋举文	—	—	男	1941 年
孙世敏	—	—	男	1941 年
程××	—	—	男	1941 年
李 武	—	—	男	1941 年
张世瑞	—	—	男	1941 年
杜 丹	—	—	男	1941 年
放牛娃	—	—	男	1941 年
曹冰痕	—	—	男	1941 年
马××	—	—	男	1941 年
陈××	—	—	男	1941 年
刘志霭	—	—	女	1941 年
王秀芝	—	—	女	1941 年
麻文轩	—	—	女	1941 年
徐维新	—	—	男	1941 年
甘喜风	—	—	男	1941 年
汤士惠	—	—	男	1941 年
张××	—	—	男	1941 年
王××	—	—	男	1941 年
陈田心	—	—	男	1941 年
周慕华	—	—	女	1941 年
胡兴柱	—	—	男	1941 年
石 峰	—	—	男	1941 年
刘洪祥	—	—	男	1941 年
张京友	—	—	男	1941 年
韩新义	—	—	男	1941 年
魏永坤	—	—	男	1941 年
刘振海	—	—	男	1941 年
王子玉	—	—	男	1941 年
徐洪祥	—	—	男	1941 年
刘恩清	—	—	男	1941 年
李献泗	—	—	男	1941 年
贺连生	—	—	男	1941 年
马士傅	—	—	男	1941 年
郭宗竹	—	—	男	1941 年

姓 名	籍 贯	年 龄	性 别	死难时间
张京帮	—	—	男	1941 年
翟文林	—	—	男	1941 年
尚可圣	—	—	男	1941 年
荻希曾	—	—	男	1941 年
张洪珍	—	—	男	1941 年
李常太	—	—	男	1941 年
李德功	—	—	男	1941 年
史京昌	—	—	男	1941 年
于田锡	—	—	男	1941 年
卜广德	—	—	男	1941 年
邵理营	—	—	男	1941 年
马纪全	—	—	男	1941 年
李茂松	—	—	男	1941 年
郑凤西	—	—	男	1941 年
苏兴民	—	—	男	1941 年
张孟珍	—	—	男	1941 年
左照林	—	—	男	1941 年
石友祥	—	—	男	1941 年
李 环	—	—	男	1941 年
闵庆中	—	—	男	1941 年
冯子安	—	—	男	1941 年
闻士起	—	—	男	1941 年
张 村	—	—	男	1941 年
邓 奎	—	—	男	1941 年
林 铎	—	—	男	1941 年
李 烈	—	—	男	1941 年
李文丰	—	—	男	1941 年
张棣年	—	—	男	1941 年
刘光芝	—	—	男	1941 年
刘咨蔼	—	—	男	1941 年
田汉海	—	—	男	1941 年
刘玉海	—	—	男	1941 年
吕敬斋	—	—	男	1941 年
刘长烈	—	—	男	1941 年

姓　名	籍　贯	年　龄	性　别	死难时间
张希文	—	—	男	1941 年
张芹芬	—	—	男	1941 年
蔡保泰	—	—	男	1941 年
周光华	—	—	男	1941 年
范　书	—	—	男	1941 年
唐正明	—	—	男	1941 年
牟隆恩	—	—	男	1941 年
纪日胜	—	—	男	1941 年
陈从芝	—	—	男	1941 年
张兰楷	—	—	男	1941 年
王其恩	—	—	男	1941 年
吴文俊	—	—	男	1941 年
钱子东	—	—	男	1941 年
刘长安	—	—	男	1941 年
张光远	—	—	男	1941 年
钱　钧	—	—	男	1941 年
李村絮	—	—	男	1941 年
鞠文明	—	—	男	1941 年
赵参福	—	—	男	1941 年
庞希良	—	—	男	1941 年
谢婉英	—	—	男	1941 年
郁廷范	—	—	男	1941 年
邢业吉	—	—	男	1941 年
田嘉滨	—	—	男	1941 年
刘洪轩	—	—	男	1941 年
徐介一	—	—	男	1941 年
巩金福	—	—	男	1941 年
李久德	—	—	男	1941 年
刘子美	—	—	男	1941 年
荣　忠	—	—	男	1941 年
刘长道	—	—	男	1941 年
杨元禄	—	—	男	1941 年
王印溥	—	—	男	1941 年
刘连太	—	—	男	1941 年

姓 名	籍 贯	年 龄	性 别	死难时间
陈裕明	—	—	男	1941 年
刘吉禄	—	—	男	1941 年
胡乃志	—	—	男	1941 年
刘聚厚	—	—	男	1941 年
王立人	—	31	男	1941 年
刘连堂	—	—	男	1941 年
赵冰谷	—	—	—	1941 年
徐泉林	—	—	男	1941 年
刘光明	—	—	男	1941 年
程 克	—	—	男	1941 年
陆 乾	—	—	男	1941 年
崔 雄	—	—	男	1941 年
刘献泗	—	—	男	1941 年
胡家译	—	—	—	1941 年
杨松梅	—	—	—	1941 年
崔永太	费县薛庄安定庄村	31	男	1941 年
王克国	费县薛庄安定庄村	34	男	1941 年
王德义	费县薛庄安定庄村	37	男	1941 年
王刘氏	费县薛庄安定庄村	33	女	1941 年
王兴龙	费县薛庄镇可乐司村	41	男	1941 年
朱玉青	费县薛庄镇可乐司村	29	男	1941 年
闵庆云	费县薛庄镇可乐司村	21	女	1941 年
张 氏	费县薛庄镇彭兰子村	20	男	1941 年
高友瑞	费县费城镇民主街	16	男	1941 年
张三麻子	费县费城镇民主街	—	男	1941 年
陈玉才	费县费城镇玉贵庄村	17	男	1941 年
于 丑	费县费城镇万良庄村	9	男	1941 年
范二麻	费县费城镇东洪沟	—	男	1941 年
解清山	费县费城镇西洪沟	21	男	1941 年
郭洪章	费县费城镇西洪沟	43	男	1941 年
孙小三	费县费城镇左家王庄村	60	男	1941 年
陈玉和	费县费城镇左家王庄村	32	男	1941 年
王××	费县费城镇下小埠村	21	男	1941 年
王瑞森	费县费城镇下小埠村	18	男	1941 年

姓 名	籍 贯	年 龄	性 别	死难时间
赵 刚	费县费城镇下小埠村	11	男	1941 年
赵凤山之妻	费县费城镇岩坡村	—	女	1941 年
李孝中	费县费城镇管村	27	男	1941 年
刘成仁	费县费城镇胡村	21	男	1941 年
孟召玉	费县费城镇东村	—	男	1941 年
李 四	费县费城镇信古村	34	男	1941 年
贾学富	费县费城镇小官庄村	38	男	1941 年
董凤兰	费县费城镇老君崖村	—	女	1941 年
王 小	费县费城镇老君崖村	—	男	1941 年
焦文艳	费县费城镇北岭村	—	男	1941 年
杨长勋	费县费城镇北岭村	—	男	1941 年
朱 然	费县费城镇黄汪头村	20	男	1941 年
张老大	费县费城镇豹子峪村	32	男	1941 年
张老二	费县费城镇豹子峪村	30	男	1941 年
李家太	—	—	男	1941 年
李 ×	费县朱田镇幸福岭村	—	男	1941 年
王 ×	费县朱田镇幸福岭村	—	男	1941 年
李 ×	费县朱田镇幸福岭村	—	女	1941 年
刘希昌	费县朱田镇明石塘村	—	男	1941 年
刘希君	费县朱田镇明石塘村	—	男	1941 年
张宝友	费县朱田镇石下峪村	18	男	1941 年
史安林	费县朱田镇西崮湾村	24	男	1941 年
史洪让	费县朱田镇西崮湾村	28	男	1941 年
李如祥	费县朱田镇大山湾村	—	男	1941 年
王金明	费县朱田镇大王庄村	31	男	1941 年
曹玉启	费县朱田镇尤家庄村	20	男	1941 年
陈毛孩	费县朱田镇久太庄村	—	男	1941 年
高孝生	费县朱田镇北小山村	26	男	1941 年
陈怀有	费县朱田镇北小山村	24	男	1941 年
陈怀道	费县朱田镇北小山村	30	男	1941 年
宁士宝	费县朱田镇桑行村	—	男	1941 年
王玉才	费县朱田镇大岭村	22	男	1941 年
胡 ×	费县朱田镇洪山庄村	—	男	1941 年
范守义	费县梁邱镇稻港村	20	男	1941 年

姓 名	籍 贯	年龄	性别	死难时间
范福太	费县梁邱镇稻港村	12	男	1941 年
赵明合	费县梁邱镇稻港村	22	男	1941 年
程明杰	费县梁邱镇杨树行村	17	男	1941 年
李 三	费县梁邱镇东梁邱村	—	男	1941 年
王义增	费县马庄镇北豹窝村	24	男	1941 年
徐文还	费县马庄镇北豹窝村	41	男	1941 年
李宗义	费县马庄镇光山头村	19	男	1941 年
谭振刚	费县马庄镇上牛田村	36	男	1941 年
周翟氏	费县马庄镇上牛田村	39	女	1941 年
李春顺	费县马庄镇中程庄村	21	男	1941 年
赵德存	费县马庄镇西程庄村	20	男	1941 年
刘明现	费县马庄镇东程庄村	55	男	1941 年
姚学友	费县马庄镇宋家峪村	—	男	1941 年
姚学明	费县马庄镇宋家峪村	21	男	1941 年
姚子俊	费县马庄镇宋家峪村	18	男	1941 年
闻明全之弟	费县马庄镇柳行头村	25	男	1941 年
李纪原	费县马庄镇柳行头村	33	男	1941 年
闻明友	费县马庄镇柳行头村	31	男	1941 年
韩光夫	费县马庄镇柳行头村	29	男	1941 年
张子省	费县马庄镇张胜村	24	男	1941 年
刘三石头之父	费县刘庄镇青山湖村	—	男	1941 年
代学长	费县刘庄镇羊角湾村	18	男	1941 年
代学生	费县刘庄镇羊角湾村	21	男	1941 年
颜乘瑞	费县探沂镇马山村	—	男	1941 年
韦夫敬	费县探沂镇马山村	—	男	1941 年
狄皮前	费县方城镇诸满村	18	男	1941 年
王西顶之父	费县新桥镇西东蒋村	35	男	1941 年
魏玉才	费县新桥镇魏家荒村	23	男	1941 年
闻士启	费县新桥镇小吉乐村	23	男	1941 年
吕振吉	费县新桥镇吕家寨村	19	男	1941 年
吕育人	费县新桥镇吕家寨村	30	男	1941 年
王常义	费县汪沟镇大柳汪村	20	男	1941 年
李德六	费县汪沟镇韩家沟村	15	男	1941 年
朱廷文	费县汪沟镇临沂庄	34	男	1941 年

姓 名	籍 贯	年 龄	性 别	死难时间
赵连美之前妻	费县汪沟镇竹园	—	女	1941 年
赵春才	费县汪沟镇竹园	—	男	1941 年
冯××	费县汪沟镇上草沟村	—	男	1941 年
孟召田	费县汪沟镇上草沟村	—	男	1941 年
曹玉平	费县汪沟镇东集前村	—	男	1941 年
宋闫氏	费县方城镇宋庄村	—	女	1941 年
韦士德	费县方城镇前街村	49	男	1941 年
刘 田	费县方城镇房庄村	16	男	1941 年
侯沛德	费县方城镇闫庄村	—	男	1941 年
翟兴田	费县方城镇大义山村	16	男	1941 年
冷宝利	费县胡阳镇南山阳村	20	男	1941 年
季发友	费县胡阳镇北山阳村	17	男	1941 年
王西坤	费县胡阳镇茶树庄村	24	男	1941 年
崔永太	费县薛庄镇安定村	31	男	1941 年
王克国	费县薛庄镇安定村	34	男	1941 年
王德义	费县薛庄镇安定村	37	男	1941 年
王利民	费县薛庄镇安定村	33	女	1941 年
王 文	费县薛庄镇幸福庄村	21	男	1941 年
宋 氏	费县薛庄镇茂山庄村	19	女	1941 年
翟佃伍	费县薛庄镇王林村	35	男	1941 年
黄 ×	费县薛庄镇大青山村	20	男	1941 年
张存真	费县薛庄镇大青山村	20	男	1941 年
张花氏	费县薛庄镇北长行村	14	女	1941 年
金传才	费县薛庄镇卧龙村	21	男	1941 年
王××	费县薛庄镇前薛庄村	26	男	1941 年
金××	费县薛庄镇前薛庄村	25	男	1941 年
王×之妻	费县薛庄镇前薛庄村	24	女	1941 年
金×之妻	费县薛庄镇前薛庄村	27	女	1941 年
赵培理	费县薛庄镇赵家庄村	27	男	1941 年
聂洪奎	费县薛庄镇聂家庄村	19	男	1941 年
聂义文	费县薛庄镇聂家庄村	23	男	1941 年
籍 举	费县薛庄镇聂家庄村	25	男	1941 年
聂凤义	费县薛庄镇聂家庄村	23	男	1941 年
聂洪海	费县薛庄镇聂家庄村	32	男	1941 年

姓 名	籍 贯	年 龄	性 别	死难时间
宋开文	费县薛庄镇后疃村	19	男	1941 年
仲崇山	费县薛庄镇从庄村	21	男	1941 年
薛玉成	费县薛庄镇从庄村	22	男	1941 年
仲木为	费县薛庄镇从庄村	24	男	1941 年
李仲氏	费县薛庄镇从庄村	34	女	1941 年
仲崇阳	费县薛庄镇从庄村	19	男	1941 年
张仲氏	费县薛庄镇从庄村	17	女	1941 年
王成花	费县上冶镇四鸭子沟	62	女	1941 年
麻光勇	费县上冶镇城南头村	20	男	1941 年
张大余	费县上冶镇里仁村	49	男	1941 年
刘景先	费县上冶镇里仁村	60	男	1941 年
刘中贤	费县上冶镇石桥村	21	男	1941 年
吴宝柱	费县上冶镇石桥村	31	男	1941 年
刘学伦	费县上冶镇石桥村	29	男	1941 年
李长发	费县上冶镇石桥村	30	男	1941 年
刘学武	费县上冶镇石桥村	38	男	1941 年
张万友	费县上冶镇民义村	19	男	1941 年
蒋明理	费县上冶镇民义村	20	男	1941 年
梅小花	费县薛庄镇高阳村	37	女	1941 年
梅晓艳	费县薛庄镇高阳村	33	女	1941 年
周运增	费县马庄镇王大夫庄村	16	男	1941 年
孙龙山	费县薛庄镇杏埠村	16	男	1941 年
卢运祥	费县薛庄镇杏埠村	18	男	1941 年
林传善	费县薛庄镇鲁家庄村	24	男	1941 年
李殿举	费县马庄镇西程庄村	29	男	1942 年 1 月
陈云廷	费县马庄镇西程庄村	30	男	1942 年 1 月
王守会	费县马庄镇西程庄村	19	男	1942 年 1 月
王道尊	费县薛庄镇东吉山村	14	男	1942 年 1 月
田孙氏	费县上冶镇姚河村	24	女	1942 年 1 月
自珍之四叔	费县上冶镇姚河村	48	男	1942 年 1 月
韩宝一	费县上冶镇宁国村	37	男	1942 年 1 月
陈茂坤	费县胡阳镇西北尹村	14	男	1942 年 1 月
王凤廷	费县新桥镇大吉乐村	19	男	1942 年 2 月
孙兴祥	费县南张庄乡西龙岗村	21	男	1942 年 2 月

姓 名	籍 贯	年 龄	性 别	死难时间
王 氏	费县费城镇肖山坡	19	女	1942 年 3 月
刘 七	费县探沂镇石行村	31	男	1942 年 3 月
赵刘氏	费县探沂镇石行村	33	女	1942 年 3 月
李加山	费县新桥镇李家唐庄	40	男	1942 年 3 月
梁玉川	费县费城镇北燕庄	24	男	1942 年 4 月
梁玉川之妻	费县费城镇北燕庄	22	女	1942 年 4 月
朱敬瑶	费县费城镇东胡村	22	男	1942 年 5 月
贾相乾	费县费城镇小官庄村	18	男	1942 年 5 月
李刁氏	费县芍药山乡崮后村	—	女	1942 年 5 月
刘汝佃	费县汪沟镇西姜庄村	34	男	1942 年 5 月
薛 三	费县薛庄镇高阳村	37	男	1942 年 5 月
刘元东	费县大田庄乡东安太村	—	男	1942 年 5 月
朱士友	费县朱田镇西场村	28	男	1942 年 6 月
朱士三	费县朱田镇西场村	34	男	1942 年 6 月
刘登汉	费县刘庄镇毛家河村	41	男	1942 年 6 月
蔡长法	费县薛庄镇胡家庄村	30	男	1942 年 6 月
韩光进	费县薛庄镇韩家庄村	22	男	1942 年 6 月
房士来	费县上冶镇宁国村	19	男	1942 年 6 月
史张氏	费县朱田镇北崖村	30	女	1942 年 7 月
马文全	费县方城镇诸满村	30	男	1942 年 7 月
李 四	费县胡阳镇新胜庄村	—	男	1942 年 7 月
孙龙伟	费县南张庄乡孙家庄村	23	男	1942 年 7 月
田三荣	费县上冶镇姚河村	46	男	1942 年 7 月
李 文	费县费城镇学田庄	20	男	1942 年 8 月
程学余	费县费城镇桃园村	28	男	1942 年 8 月
曹永田	费县朱田镇北马口村	24	男	1942 年 8 月
刘茂坤	费县刘庄镇毛家河村	24	男	1942 年 8 月
王荣艾	费县刘庄镇毛家河村	25	男	1942 年 8 月
姚开元	费县新桥镇富平庄村	40	男	1942 年 8 月
朱宗银	费县汪沟镇西集前	22	男	1942 年 8 月
全得周	费县汪沟镇西集前	21	女	1942 年 8 月
籍学之	费县薛庄镇西宋庄村	40	男	1942 年 8 月
韩士群	费县上冶镇宁国村	23	男	1942 年 8 月
王店振	费县上冶镇宁国村	15	男	1942 年 8 月

姓　名	籍　贯	年　龄	性　别	死难时间
韩士伟	费县上冶镇宁国村	14	男	1942 年 8 月
韩士春	费县上冶镇宁国村	15	男	1942 年 8 月
韩士冻	费县上冶镇宁国村	13	男	1942 年 8 月
王守堂	费县薛庄镇西吉山村	25	男	1942 年 9 月
王守伦	费县薛庄镇西吉山村	32	男	1942 年 9 月
颜振公	费县方城镇岭子后村	65	男	1942 年 9 月 22 日
范秀堂	费县方城镇岭子后村	36	男	1942 年 9 月 22 日
邱光明	费县方城镇岭子后村	20	男	1942 年 9 月 22 日
邱三公	费县方城镇岭子后村	40	男	1942 年 9 月 22 日
王守仁	费县薛庄镇西吉山村	34	男	1942 年 12 月
朱云生	费县费城镇小安子村	19	男	1942 年
郭寿修	费县费城镇北十里铺	—	男	1942 年
蔡德全	费县费城镇北十里铺	—	男	1942 年
郭兆庆	费县费城镇西洪沟	16	男	1942 年
郭建斌	费县费城镇西洪沟	19	男	1942 年
商×氏	费县费城镇西王庄	45	女	1942 年
黄　二	费县费城镇左家王庄	38	男	1942 年
梅胜三	费县费城镇左家王庄	33	男	1942 年
田　三	费县费城镇左家王庄	30	男	1942 年
霍成忠	费县费城镇东策马	22	男	1942 年
王瑞林	费县费城镇上小埠村	38	男	1942 年
王瑞明之兄	费县费城镇下小埠村	22	男	1942 年
齐子文	费县费城镇下小埠村	—	男	1942 年
张王氏	费县费城镇左城崖	—	女	1942 年
吕彦义	费县费城镇胡村	30	男	1942 年
吕俊香	费县费城镇东胡村	21	男	1942 年
朱士前	费县费城镇永胜	—	男	1942 年
潘进东	费县费城镇永胜	—	男	1942 年
潘　三	费县费城镇永胜	—	男	1942 年
张海庭	费县费城镇曹车村	29	男	1942 年
魏同玲	费县费城镇信古村	38	男	1942 年
张　三	费县费城镇信古村	30	男	1942 年
郭二元	费县费城镇信古村	20	男	1942 年
高自魁	费县费城镇信古村	18	男	1942 年

姓 名	籍 贯	年 龄	性 别	死难时间
杨××	费县费城镇东新村	28	男	1942 年
朱云道	费县费城镇德胜村	14	男	1942 年
朱士臣	费县费城镇德胜村	16	男	1942 年
翟士江	费县费城镇翟家庄村	26	男	1942 年
杨大嘴	费县费城镇下杨湾村	22	男	1942 年
艳 友	费县费城镇下杨湾村	17	男	1942 年
杨法仁	费县费城镇西安田村	16	男	1942 年
王 二	费县费城镇西安田村	38	男	1942 年
张广善	费县费城镇西安田村	14	男	1942 年
薛守成	费县费城镇南石岗村	22	男	1942 年
尹成明	费县费城镇豹山头	—	男	1942 年
梁西美	费县费城镇豹山头	—	男	1942 年
姜友才	费县费城镇杨树沟村	26	男	1942 年
李家才	费县朱田镇大王庄村	—	男	1942 年
孙 ×	费县朱田镇幸福岭村	—	男	1942 年
孙 ×	费县朱田镇幸福岭村	—	男	1942 年
张 ×	费县朱田镇幸福岭村	—	男	1942 年
张 氏	费县朱田镇幸福岭村	—	女	1942 年
蒋如才	费县朱田镇外麻沃村	30	男	1942 年
邱顺田	费县朱田镇里麻沃村	29	男	1942 年
李加如	费县朱田镇渔林涧村	24	男	1942 年
李加苍	费县朱田镇渔林涧村	25	男	1942 年
郭自刚	费县朱田镇绿竹芽村	—	男	1942 年
肖云卿	费县朱田镇大王庄村	29	男	1942 年
刘宝山	费县朱田镇尤家庄村	20	男	1942 年
邱士元	费县朱田镇尤家庄村	21	男	1942 年
刘德怀	费县朱田镇久太庄村	22	男	1942 年
陈二小	费县朱田镇北小山村	—	男	1942 年
胡启胜	费县朱田镇小泉庄村	20	男	1942 年
孙守良	费县朱田镇小泉庄村	—	男	1942 年
高怀义	费县朱田镇小泉庄村	—	男	1942 年
王 三	费县朱田镇小泉庄村	—	男	1942 年
孔庆如	费县朱田镇可乐庄村	27	男	1942 年
白保诚	费县朱田镇洪山庄村	—	男	1942 年

姓　名	籍　贯	年　龄	性　别	死难时间
白凤起	费县朱田镇洪山庄村	—	男	1942 年
刘圣合	费县梁邱镇上阳庄村	36	男	1942 年
刘圣启	费县梁邱镇上阳庄村	52	男	1942 年
刘圣忠	费县梁邱镇上阳庄村	24	男	1942 年
张洪英	费县梁邱镇关阳司村	52	女	1942 年
张洪亮	费县梁邱镇关阳司村	22	男	1942 年
尹供瑞	费县梁邱镇东张庄村	22	男	1942 年
朱××	费县梁邱镇东张庄村	21	男	1942 年
闫廷秀	费县梁邱镇雁鸣湖村	35	男	1942 年
裴昌恩	费县梁邱镇孟家庄村	25	男	1942 年
李春儒	费县梁邱镇北梁邱村	27	男	1942 年
付德元	费县梁邱镇营子村	18	男	1942 年
范玉氏	费县梁邱镇息城村	42	男	1942 年
王金华	费县梁邱镇息城村	36	男	1942 年
王敬胜	费县梁邱镇马路蹄河村	20	男	1942 年
张福林	费县梁邱镇东村	—	男	
裴福明	费县梁邱镇东梁邱村	—	男	1942 年
童金昌	费县石井镇大安村	—	男	1942 年
刘德文	费县石井镇尤宅村	40	男	1942 年
荆守玉	费县石井镇高桥村	15	男	1942 年
徐秀德	费县石井镇高桥村	24	男	1942 年
李　亡	费县石井镇莲花村	30	男	1942 年
王衍胜	费县石井镇城前村	—	男	1942 年
李元中	费县新庄镇祥和村	—	男	1942 年
亓克元	费县新庄镇祥和村	—	男	1942 年
董戚辰	费县芍药山乡石河村	52	男	1942 年
朱自才	费县芍药山乡南泉村	22	男	1942 年
朱大印	费县芍药山乡楼子峪村	25	男	1942 年
王兆福	费县芍药山乡鱼林山村	21	男	1942 年
刁胜常	费县芍药山乡鱼林山村	22	男	1942 年
刘义德	费县芍药山乡鱼林山村	18	男	1942 年
姜永元	费县芍药山乡东湾村	16	男	1942 年
王义成	费县马庄镇北豹窝村	37	男	1942 年
徐玉龙	费县马庄镇北豹窝村	35	男	1942 年

姓 名	籍 贯	年 龄	性 别	死难时间
赵一明	费县马庄镇大夏庄村	40	男	1942 年
周计银	费县马庄镇上牛田村	12	男	1942 年
胡寿康	费县马庄镇中程庄村	29	男	1942 年
刘玉祥	费县马庄镇东程庄村	40	男	1942 年
李清法	费县马庄镇东程庄村	25	男	1942 年
鲍家富	费县马庄镇北山湾村	26	男	1942 年
李志安	费县马庄镇北山湾村	26	男	1942 年
李学栋之二叔	费县马庄镇柳行头村	25	男	1942 年
李纪增之兄	费县马庄镇柳行头村	25	男	1942 年
张爱昌之兄	费县马庄镇张胜村	24	男	1942 年
张金昌	费县马庄镇张胜村	26	男	1942 年
张学山	费县马庄镇张胜村	26	男	1942 年
姚 三	费县马庄镇张胜村	26	男	1942 年
张现昌	费县马庄镇张胜村	25	男	1942 年
高赵氏	费县刘庄镇北新庄村	27	女	1942 年
张志学	费县刘庄镇西王管疃村	16	男	1942 年
刘长顺	费县刘庄镇蔡岭村	57	男	1942 年
禄福中	费县刘庄镇蔡岭村	12	男	1942 年
殷树春	费县探沂镇东庄村	27	男	1942 年
王 兰	费县新桥镇西东蒋村	27	男	1942 年
王兰良之父	费县新桥镇西东蒋村	31	男	1942 年
续庆开	费县新桥镇西石桥村	32	男	1942 年
魏龙田之父	费县新桥镇小吉乐村	—	男	1942 年
魏龙新	费县新桥镇小吉乐村	—	男	1942 年
崔京如	费县新桥镇小吉乐村	—	男	1942 年
吕跃吉	费县新桥镇吕家寨村	34	男	1942 年
吕玉志	费县新桥镇吕家寨村	37	男	1942 年
吕玉臣	费县新桥镇吕家寨村	37	男	1942 年
吕德吉	费县新桥镇吕家寨村	30	男	1942 年
孟安顿	费县新桥镇小埠村	25	男	1942 年
宋振海	费县新桥镇西大埠村	—	男	1942 年
李庄户	费县新桥镇麻绪村	22	男	1942 年
吴 氏	费县汪沟镇安固庄村	70	女	1942 年
金高文	费县汪沟镇安固庄村	70	男	1942 年

姓　名	籍　贯	年　龄	性　别	死难时间
丫　头	费县汪沟镇安固庄村	12	男	1942 年
刘中义之父	费县汪沟镇安固庄村	57	男	1942 年
刘如贤	费县汪沟镇安固庄村	56	男	1942 年
金玉琢	费县汪沟镇安固庄村	70	男	1942 年
刘如胜	费县汪沟镇安固庄村	56	男	1942 年
小　印	费县汪沟镇竹园	—	男	1942 年
孙玉相	费县汪沟镇福全村	—	男	1942 年
孙树发	费县汪沟镇福全村	23	男	1942 年
朱金氏	费县汪沟镇沙岭子村	—	女	1942 年
闫振银	费县汪沟镇沙岭子村	—	男	1942 年
宋称砣	费县方城镇宋庄村	—	男	1942 年
范　三	费县方城镇岭子后村	50	男	1942 年
沈沛兴	费县方城镇新富庄村	21	男	1942 年
寻怀珠	费县方城镇东石灰埠村	16	男	1942 年
刘志堂之弟	费县方城镇高围子村	21	男	1942 年
翟文林	费县方城镇大义山村	17	男	1942 年
张邦松	费县方城镇胜良村	24	男	1942 年
王少印	费县胡阳镇石拉子村	17	男	1942 年
贺方全	费县薛庄镇北平村	23	男	1942 年
梅　大	费县薛庄镇高阳村	34	男	1942 年
苏二月	费县薛庄镇谭家庄	19	男	1942 年
吴开元	费县薛庄镇谭家庄	22	男	1942 年
戚纪贵	费县薛庄镇谭家庄	20	男	1942 年
宋荣吉	费县薛庄镇谭家庄	20	男	1942 年
花连松	费县薛庄镇王林村	32	男	1942 年
翟文金	费县薛庄镇王林村	28	男	1942 年
张善建	费县薛庄镇王林村	29	男	1942 年
翟文国	费县薛庄镇王林村	35	男	1942 年
孙兴才	费县薛庄镇石岚村	28	男	1942 年
胡长圣	费县薛庄镇石岚村	24	男	1942 年
黄万荣	费县薛庄镇石岚村	3	男	1942 年
孙兴国	费县薛庄镇石岚村	7	男	1942 年
胡孙氏	费县薛庄镇言店村	17	女	1942 年
花现成	费县薛庄镇北长行村	29	男	1942 年

姓 名	籍 贯	年 龄	性 别	死难时间
孙龙江	费县薛庄镇赵家庄村	30	男	1942 年
宋现启	费县薛庄镇大沟村	31	男	1942 年
孙士兴	费县薛庄镇东南哨村	24	男	1942 年
孙士宝	费县薛庄镇东南哨村	23	男	1942 年
李从军	费县薛庄镇黄泥崖村	39	男	1942 年
彭季军	费县薛庄镇黄泥崖村	40	男	1942 年
王汝德	费县薛庄镇东宋庄村	31	男	1942 年
王孙氏	费县薛庄镇东宋庄村	28	女	1942 年
孙龙东	费县薛庄镇东宋庄村	29	男	1942 年
杨作奎	费县南张庄乡杨家庄村	62	男	1942 年
波佩军	费县上冶镇刘官村	20	男	1942 年
崔德良	费县上冶镇一村	64	男	1942 年
刘俊杰	费县上冶镇一村	61	男	1942 年
曹庆义	费县上冶里仁村	42	男	1942 年
巩文选	费县上冶里仁村	44	男	1942 年
曹玉龙	费县上冶里仁村	21	男	1942 年
杨德让	费县上冶里仁村	22	男	1942 年
李恒修	费县上冶镇大仲口村	32	男	1942 年
任纪法	费县上冶镇大仲口村	29	男	1942 年
刘光祥	费县上冶镇石桥村	40	男	1942 年
刘光现	费县上冶镇石桥村	38	男	1942 年
刘光美	费县上冶镇石桥村	40	男	1942 年
刘中效	费县上冶镇石桥村	21	男	1942 年
李中仁	费县上冶镇石桥村	24	男	1942 年
李长胜	费县上冶镇石桥村	36	男	1942 年
刘学宝	费县上冶镇石桥村	27	男	1942 年
刘光增	费县上冶镇石桥村	41	男	1942 年
刘光远	费县上冶镇石桥村	39	男	1942 年
刘光信	费县上冶镇石桥村	30	男	1942 年
孙成富	费县上冶镇古城村	24	男	1942 年
郭文安	费县上冶镇国庄村	27	男	1942 年
郭宝尹	费县上冶镇国庄村	26	男	1942 年
吴纪山	费县上冶镇国庄村	26	男	1942 年
郭德怀	费县上冶镇民义村	20	男	1942 年

姓 名	籍 贯	年 龄	性 别	死难时间
张付德	费县上冶镇民义村	21	男	1942 年
刘进三	费县上冶镇民义村	21	男	1942 年
许广修	费县大田庄乡东安太村	—	男	1942 年
许克洪	费县大田庄乡东安太村	—	男	1942 年
李宗启	费县城北乡新石沟村	37	男	1942 年
王 珂	费县费城镇东马兴庄村	—	男	1942 年
李顺祥	费县薛庄镇杏埠村	15	男	1942 年
张 松	费县薛庄镇杏埠村	29	男	1942 年
苏继全	费县薛庄镇鲁家庄村	27	男	1942 年
林传良	费县薛庄镇鲁家庄村	28	男	1942 年
鲁运祥	费县薛庄镇鲁家庄村	22	男	1942 年
翟纪昌	费县汪沟镇翟庄村	5	男	1943 年 1 月
刘现章	费县薛庄镇西吉山村	31	男	1943 年 1 月
韩刘氏	费县薛庄镇韩家庄村	24	女	1943 年 1 月
周二鼻	费县上冶镇姚河村	49	男	1943 年 1 月
杨树勤	费县胡阳镇东风村	22	男	1943 年 1 月
孙龙法	费县薛庄镇西吉山村	31	男	1943 年 2 月
李化轩	费县上冶镇蔡庄村	24	男	1943 年 2 月
刘殿文	费县费城镇幸福村	—	男	1943 年 3 月
张保德	费县费城镇南屿村	13	男	1943 年 4 月
陈相兰	费县费城镇北燕庄	20	男	1943 年 4 月
张×××	费县新桥镇富平庄村	23	男	1943 年 4 月
王大厚	费县薛庄镇于家庄村	39	男	1943 年 4 月
张 氏	费县薛庄镇前庄村	—	女	1943 年 4 月
孙百江	费县南张庄乡白埠村	50	男	1943 年 4 月
聂京申	费县南张庄乡聂家沟村	5	男	1943 年 4 月
张小三	费县上冶镇仲口屯村	23	男	1943 年 4 月
李化伦	费县上冶镇蔡庄村	25	男	1943 年 5 月
田 氏	费县上冶镇姚河村	47	女	1943 年 5 月
曲宝山	费县费城镇学田庄	20	男	1943 年 6 月
王宝如	费县费城镇北王庄村	35	男	1943 年 6 月
小狗剩	费县费城镇员外村	24	男	1943 年 6 月
李中顺	费县朱田镇包家庄村	20	男	1943 年 6 月
陈光文	费县朱田镇包家庄村	27	男	1943 年 6 月

姓 名	籍 贯	年 龄	性 别	死难时间
石王氏	费县刘庄镇毛家河村	47	女	1943 年 6 月
豆 氏	费县刘庄镇毛家河村	51	女	1943 年 6 月
豆思英	费县刘庄镇毛家河村	23	女	1943 年 6 月
陈士如	费县胡阳镇西北尹村	22	男	1943 年 6 月
张 ×	费县费城镇代庄村	23	男	1943 年 7 月
孙廷富	费县胡阳镇大固安村	45	男	1943 年 7 月
刘瑞生	费县上冶镇蔡庄村	23	男	1943 年 7 月
能宗征	费县上冶镇东鸭子沟村	37	男	1943 年 7 月
王子强	费县费城镇仁和庄村	25	男	1943 年 8 月
王邦伦	费县上冶镇东埠子村	39	男	1943 年 8 月
王敬善	费县朱田镇大由吾村	20	男	1943 年 9 月
周配玉	费县胡阳镇代家庄村	20	男	1943 年 9 月
狗 蛋	费县费城镇北燕庄	11	男	1943 年 10 月
王得中	费县马庄镇南豹窝村	31	男	1943 年 11 月 18 日
王兆中	费县费城镇窦家庄村	6	男	1943 年 12 月
刘永贵	费县费城镇土龙沟村	—	男	1943 年 12 月
石洪友	费县朱田镇西岗湾	—	男	1943 年 12 月
戚树祥	费县汪沟镇戚家庄村	34	男	1943 年 12 月
戚高蛋	费县汪沟镇戚家庄村	25	男	1943 年 12 月
陈维金	费县上冶镇蔡庄村	21	男	1943 年 12 月
曹元会	费县胡阳镇义和庄村	22	男	1943 年 12 月
杜常德	费县费城镇民主街	—	男	1943 年
边立方	费县费城镇民主街	—	男	1943 年
陈玉岗	费县费城镇玉贵庄村	21	男	1943 年
王酥明	费县费城镇玉贵庄村	20	男	1943 年
闫廷闭	费县费城镇东洪沟	—	男	1943 年
邢玉荣	费县费城镇鲁公庙	—	男	1943 年
王夫启	费县费城镇西胡家村	20	男	1943 年
刁××	费县费城镇楼子岇	—	男	1943 年
刘怀良	费县费城镇胡村	40	男	1943 年
吕庆江	费县费城镇胡村	40	男	1943 年
胡××	费县费城镇社庄村	8	男	1943 年
王朝英	费县费城镇东村	—	男	1943 年
刘运成	费县费城镇岔河村	—	男	1943 年

姓 名	籍 贯	年 龄	性 别	死难时间
张二九	费县费城镇永胜	—	男	1943 年
潘 二	费县费城镇永胜	—	男	1943 年
杨四木匠	费县费城镇曹车村	34	男	1943 年
陈 双	费县费城镇信古村	17	男	1943 年
贺玉军	费县费城镇信古村	16	男	1943 年
高文德	费县费城镇信古村	23	男	1943 年
高自德	费县费城镇信古村	18	男	1943 年
杨德胜	费县费城镇东新村	36	男	1943 年
朱士英	费县费城镇东新安村	27	男	1943 年
朱勇德	费县费城镇东新安村	27	男	1943 年
吴××	平邑县地方镇一村	29	男	1943 年
朱士启	费县费城镇长埠岭村	38	男	1943 年
林西明	费县费城镇西新安村	16	男	1943 年
赵永远	费县费城镇西新安村	27	男	1943 年
周永庆	费县费城镇西新安村	18	男	1943 年
齐 氏	费县费城镇西新安村	13	女	1943 年
吴××	费县费城镇南石岗村	22	男	1943 年
尚换瑞	费县费城镇豹子峪村	20	男	1943 年
杨 贵	费县费城镇豹子峪村	—	男	1943 年
杨培昌	费县费城镇南石岗村	—	男	1943 年
虾召米	—	—	男	1943 年
王醉汉	费县费城镇燕庄村	42	男	1943 年
曹××	费县朱田镇幸福岭村	—	男	1943 年
王××	费县朱田镇幸福岭村	—	男	1943 年
尚 三	费县朱田镇唐家庄村	—	男	1943 年
尚××	费县朱田镇唐家庄村	—	男	1943 年
李 童	费县朱田镇唐家庄村	—	男	1943 年
尚 童	费县朱田镇唐家庄村	—	女	1943 年
尚 平	费县朱田镇唐家庄村	—	男	1943 年
曹 华	费县朱田镇唐家庄村	—	男	1943 年
曹××	费县朱田镇唐家庄村	—	男	1943 年
王××	费县朱田镇大卜罗湾	6	男	1943 年
吕永才	费县朱田镇道坑村	19	男	1943 年
史洪友	费县朱田镇西崮湾村	33	男	1943 年

姓　名	籍　贯	年　龄	性　别	死难时间
卢　氏	费县朱田镇上崮前村	20	女	1943 年
朱　九	费县朱田镇绿竹芽村	—	男	1943 年
尹作明	费县朱田镇绿竹芽村	—	男	1943 年
李甲财	费县朱田镇大王庄村	29	男	1943 年
李甲泰	费县朱田镇大王庄村	42	男	1943 年
邓秀荣之母	费县朱田镇糯米湾村	35	女	1943 年
李自运	费县朱田镇四亩地村	33	男	1943 年
刘学祥	费县朱田镇尤家庄村	21	男	1943 年
殷子腾	费县朱田镇殷庄村	—	男	1943 年
王玉忠	费县朱田镇小泉庄村	—	男	1943 年
胡××	费县朱田镇小泉庄村	17	男	1943 年
张宝友	费县朱田镇西南岭村	20	男	1943 年
范明德	费县朱田镇石沟村	36	男	1943 年
乔成才	费县朱田镇石沟村	18	男	1943 年
李××	费县朱田镇石沟村	20	男	1943 年
李加生	费县梁邱镇赶牛路村	22	男	1943 年
李从生	费县梁邱镇赶牛路村	33	男	1943 年
王大柱	费县梁邱镇关阳司村	27	男	1943 年
宁西红	费县梁邱镇关阳司村	19	男	1943 年
徐士照	费县梁邱镇东张庄村	22	男	1943 年
朱士田	费县梁邱镇董家峪村	23	男	1943 年
孔传文	费县梁邱镇雁鸣湖村	20	男	1943 年
肖洪德	费县梁邱镇岭东头村	44	男	1943 年
张秀武	费县梁邱镇张庄村	30	男	1943 年
夏中团	费县梁邱镇聂家沟村	41	男	1943 年
赵云柱	费县梁邱镇马路蹄河村	20	男	1943 年
李以合	费县梁邱镇东梁邱村	—	男	1943 年
霍贵余之姐	费县梁邱镇东梁邱村	—	女	1943 年
卞洪义	费县石井镇高桥村	6	男	1943 年
裴怀厚	费县石井镇莲花村	18	男	1943 年
栗纪奎	费县石井镇小乔子村	—	男	1943 年
李××	费县石井镇城前村	—	男	1943 年
李王氏	费县石井镇龙山村	58	女	1943 年
张启法	费县新庄镇华强村	17	男	1943 年

姓 名	籍 贯	年 龄	性 别	死难时间
朱修昌	费县芍药山乡楼子峪村	22	男	1943 年
刁守德	费县芍药山乡裕民村	27	男	1943 年
梁瑞吉	费县芍药山乡大桥村	22	男	1943 年
陈友才	费县芍药山乡西山口村	27	男	1943 年
张××	费县芍药山乡西南峪村	—	男	1943 年
邵性德	费县马庄镇马庄村	28	男	1943 年
王如英	费县马庄镇南马庄村	23	女	1943 年
朱占房	费县马庄镇南马庄村	23	男	1943 年
顾文法	费县马庄镇王大夫庄村	20	男	1943 年
明光华	费县马庄镇王大夫庄村	18	男	1943 年
刘传如	费县马庄镇王大夫庄村	20	男	1943 年
张凤国	费县马庄镇大夏庄村	50	男	1943 年
李合太	费县马庄镇双桥庄村	47	男	1943 年
陈兴才	费县马庄镇双桥庄村	20	男	1943 年
谭洪粘	费县马庄镇上牛田村	29	男	1943 年
赵沈氏	费县马庄镇陈围子村	41	女	1943 年
胡寿银	费县马庄镇中程庄村	21	男	1943 年
付春山	费县马庄镇西程庄村	23	男	1943 年
翟守仁	费县马庄镇东程庄村	20	男	1943 年
王西楼	费县刘庄镇西王管疃村	20	男	1943 年
马凤林	费县刘庄镇鲁城村	40	男	1943 年
王荣芝	费县刘庄镇毛家河村	23	男	1943 年
王荣明	费县刘庄镇毛家河村	25	男	1943 年
王荣甫	费县刘庄镇毛家河村	22	男	1943 年
刘仲海	费县刘庄镇毛家河村	21	男	1943 年
王小妮	费县刘庄镇蔡岭村	13	女	1943 年
刘布祥	费县刘庄镇刘庄村	33	男	1943 年
宋 大	费县刘庄镇玉泉村	26	男	1943 年
周成凯	费县刘庄镇汤家屯村	47	男	1943 年
李仲勋	费县探沂镇立纪庄村	18	男	1943 年
颜子珠	费县探沂镇马山村	—	男	1943 年
纪芳荣之子	费县新桥镇宋家唐庄	20	男	1943 年
王二皇	费县新桥镇西东蒋村	28	男	1943 年
咸绍滨	费县新桥镇东石桥村	40	男	1943 年

姓　名	籍　贯	年　龄	性　别	死难时间
李××	费县新桥镇富平庄村	45	男	1943 年
姚　魏	费县新桥镇富平庄村	33	男	1943 年
姚　孟	费县新桥镇富平庄村	31	男	1943 年
闫文山	费县新桥镇安庆村	36	男	1943 年
刘相柱	费县汪沟镇大杏花村	—	男	1943 年
沈兴伦	费县汪沟镇解峪子村	30	男	1943 年
李相成	费县汪沟镇西集前	23	男	1943 年
王京同	费县汪沟镇西集前	25	男	1943 年
王孝二	费县汪沟镇西集前	24	男	1943 年
王孝大	费县汪沟镇西集前	30	男	1943 年
夏传文	费县汪沟镇石牛栏村	—	男	1943 年
郑福贵	费县汪沟镇石牛栏村	—	男	1943 年
闵召启	费县汪沟镇石牛栏村	—	男	1943 年
孙百明之母	费县方城镇昌国村	32	女	1943 年
寻怀岁	费县方城镇东石灰埠村	19	男	1943 年
全凤银	费县方城镇上盐店村	25	男	1943 年
林清学	费县方城镇上盐店村	28	男	1943 年
王文爱	费县方城镇大义山村	19	男	1943 年
王宗才	费县方城镇大义山村	19	男	1943 年
刘宝连	费县方城镇朱岭庄村	32	男	1943 年
邵理贵	费县方城镇东街村	40	男	1943 年
钱宝山	费县方城镇东街村	18	男	1943 年
刘凤臣	费县胡阳镇中徕庄村	27	男	1943 年
钱宝山	费县胡阳镇岩峪村	28	男	1943 年
薛兆金	费县薛庄镇高阳村	22	男	1943 年
孙百庆	费县薛庄镇石岚村	23	男	1943 年
胡长兴	费县薛庄镇石岚村	24	男	1943 年
黄万福	费县薛庄镇石岚村	21	男	1943 年
王增利	费县薛庄镇石岚村	22	男	1943 年
王胡氏	费县薛庄镇言店村	19	女	1943 年
马德加	费县薛庄镇北长行村	20	男	1943 年
花全致	费县薛庄镇北长行村	17	男	1943 年
张士现	费县薛庄镇东南哨村	40	男	1943 年
林清芝	费县南张庄乡西龙岗村	35	男	1943 年

姓 名	籍 贯	年 龄	性 别	死难时间
葛正才	费县南张庄乡龙雨村	27	男	1943 年
丁全富	费县南张庄乡西武汇村	—	男	1943 年
丁 飞	费县南张庄乡西武汇村	—	男	1943 年
张信杰	费县南张庄乡西武汇村	—	男	1943 年
张敬云	费县南张庄乡西武汇村	—	男	1943 年
张付文	费县上冶镇四鸭子沟	58	男	1943 年
刘奋平	费县上冶镇刘官村	22	男	1943 年
曹瑞年	费县上冶里仁村	20	男	1943 年
李宗阳	费县芍药山乡虎头山后村	34	男	1943 年
吴士成	费县上冶镇大仲口村	28	男	1943 年
任纪忠	费县上冶镇大仲口村	35	男	1943 年
李会泽	费县上冶镇大仲口村	34	男	1943 年
李长成	费县上冶镇石桥村	39	男	1943 年
刘学孔	费县上冶镇石桥村	25	男	1943 年
李长荣	费县上冶镇石桥村	42	男	1943 年
李长美	费县上冶镇石桥村	41	男	1943 年
李长德	费县上冶镇石桥村	31	男	1943 年
刘中祥	费县上冶镇石桥村	26	男	1943 年
刘学奎	费县上冶镇石桥村	23	男	1943 年
孙一臣	费县上冶镇水湖村	22	男	1943 年
任继彬	费县上冶镇东岭村	22	男	1943 年
李凤德	费县薛庄镇杏埠村	34	男	1943 年
李吉明	费县薛庄镇杏埠村	35	男	1943 年
卢付花	费县薛庄镇杏埠村	17	女	1943 年
鲁才祥	费县薛庄镇鲁家庄村	22	男	1943 年
苏继梅	费县薛庄镇鲁家庄村	23	女	1943 年
吕长胜	费县薛庄镇盘石村	30	男	1943 年
夏京山	费县费城镇北燕庄	25	男	1944 年 1 月
张永胜	费县南张庄乡中武汇村	—	男	1944 年 1 月 12 日
周大鼻	费县上冶镇姚河村	52	男	1944 年 2 月
陈守本之父	费县上冶镇姚河村	51	男	1944 年 2 月
许广胜	费县上冶镇双邱村	—	男	1944 年 2 月
王士成	费县费城镇肖山坡	24	男	1944 年 3 月
廉茂功	费县朱田镇大由吾村	23	男	1944 年 3 月

姓 名	籍 贯	年 龄	性 别	死难时间
王化生	费县刘庄镇南新庄村	40	男	1944 年 3 月
朱云谦	费县上冶镇兴国村	34	男	1944 年 3 月
朱墩善	费县上冶镇兴国村	31	男	1944 年 3 月
朱 儒	费县上冶镇兴国村	29	男	1944 年 3 月
朱正守	费县上冶镇兴国村	32	男	1944 年 3 月
王英怀	费县胡阳镇西北尹村	22	男	1944 年 3 月
谭洪德	费县探沂镇柴卜村	43	男	1944 年 4 月
赵新成	费县上冶镇曲池村	21	男	1944 年 4 月
李本力	费县马庄镇南豹窝村	34	男	1944 年 5 月
邵性良	费县方城镇诸满村	43	男	1944 年 5 月
邵立秀	费县方城镇诸满村	21	男	1944 年 5 月
王佩如	费县薛庄镇阳口村	39	男	1944 年 5 月
王儒信	费县薛庄镇阳口村	30	男	1944 年 5 月
徐成义	费县上冶镇蔡庄村	27	男	1944 年 5 月
查胜才	费县费城镇查山头村	32	男	1944 年 6 月
查石全	费县费城镇查山头村	24	男	1944 年 6 月
查五巴	费县费城镇查山头村	20	男	1944 年 6 月
刘德顺	费县费城镇新刘庄村	—	男	1944 年 6 月
刘西柱	费县朱田镇大由吾村	23	男	1944 年 6 月
王 五	费县上冶镇曲池村	21	男	1944 年 6 月
米瑞喜	费县芍药山乡崮后村	19	男	1944 年 7 月
王天福	费县汪沟镇西汪沟村	60	男	1944 年 7 月
邵小娥	费县方城镇诸满村	—	女	1944 年 7 月
姚 二	费县方城镇古城里村	32	男	1944 年 7 月
孙廷庆	费县胡阳镇大固安村	48	男	1944 年 7 月
张 氏	费县薛庄镇前庄村	26	女	1944 年 7 月
姬长乐	费县大田庄乡姬庄村	51	男	1944 年 7 月
代 苗	费县刘庄镇鲁城村	21	男	1944 年 8 月
李桂春	费县上冶镇蔡庄村	23	男	1944 年 8 月
李化山	费县上冶镇蔡庄村	31	男	1944 年 8 月
齐可玉	费县上冶镇蔡庄村	23	男	1944 年 8 月
李学现	费县上冶镇蔡庄村	25	男	1944 年 8 月
姚柱山	费县薛庄镇毛沟村	23	男	1944 年 9 月
李成银之母	费县上冶镇蔡庄村	24	女	1944 年 9 月

姓 名	籍 贯	年 龄	性 别	死难时间
宗庆棒	费县费城镇宗家庄村	39	男	1944 年 10 月
陆如新	费县上冶镇东鸭子沟村	23	男	1944 年 10 月
朱文明	费县费城镇窦家庄村	37	男	1944 年 11 月
翟 四	费县上冶镇双邱村	—	男	1944 年 12 月
朱文远	费县费城镇胜利街	14	男	1944 年
季 三	费县费城镇胜利街	—	男	1944 年
季 四	费县费城镇胜利街	—	男	1944 年
李开瑞	费县费城镇胜利街	—	男	1944 年
程秀明	费县费城镇胜利街	—	男	1944 年
陈志民	费县费城镇中山	38	男	1944 年
来 印	费县费城镇小安子村	18	男	1944 年
王居巨	费县费城肖山前村	31	男	1944 年
王培基	费县费城镇东马兴庄村	—	男	1944 年
郭宗礼	费县费城镇西马兴庄村	26	男	1944 年
张清振	费县费城镇平等街	24	男	1944 年
潘永良	费县费城镇北十里铺	—	男	1944 年
闫 修	费县费城镇东洪沟	—	男	1944 年
李夫田之舅	费县费城镇西洪沟	42	男	1944 年
相××	费县费城镇鲁公庙	—	男	1944 年
李茂贵	费县费城镇桑家庄	—	男	1944 年
吕俊庆	费县费城镇胡村	35	男	1944 年
霍玉香	费县费城镇胡村	24	男	1944 年
吕成江	费县费城镇胡村	27	男	1944 年
刘安×	费县费城镇岔河村	—	男	1944 年
孙有林	费县费城镇岔河村	—	男	1944 年
刘化×	费县费城镇岔河村	—	男	1944 年
李桂才	费县费城镇永胜	19	男	1944 年
高文生	费县费城镇信古村	26	男	1944 年
高庆祥	费县费城镇信古村	11	男	1944 年
杨增简	费县费城镇东新村	38	男	1944 年
杨志军	费县费城镇东新村	18	男	1944 年
邢××	平邑县地方镇毛草湾村	30	男	1944 年
李 卓	费县费城镇牛头山村	—	男	1944 年
朱士庭	费县费城镇南许崖	30	男	1944 年

姓 名	籍 贯	年 龄	性 别	死难时间
董凤云	费县费城镇老君崖村	—	男	1944 年
董凤然	费县费城镇老君崖村	—	男	1944 年
郭圣才	费县费城镇老君崖村	—	男	1944 年
尤自行	费县朱田镇尤家围子村	—	男	1944 年
刘德宝	费县朱田镇尤家围子村	—	男	1944 年
张恒友	费县朱田镇刘家围子村	—	男	1944 年
尚××	费县朱田镇唐家庄村	—	男	1944 年
尚××	费县朱田镇唐家庄村	—	男	1944 年
尚×氏	费县朱田镇唐家庄村	—	女	1944 年
曹××	费县朱田镇唐家庄村	—	男	1944 年
李 氏	费县朱田镇唐家庄村	—	女	1944 年
尚 氏	费县朱田镇唐家庄村	—	女	1944 年
陈广兴	费县朱田镇龙杏村	18	男	1944 年
史振伦	费县朱田镇北廉庄村	—	男	1944 年
王成喜	费县朱田镇圣山西村	12	男	1944 年
王自学	费县朱田镇西崮湾村	34	男	1944 年
李自德	费县朱田镇四亩地村	32	男	1944 年
吴文中	费县朱田镇大洼村	16	男	1944 年
王凤山	费县朱田镇盘车沟村	24	男	1944 年
胡启运	费县朱田镇小泉庄村	25	男	1944 年
李 二	费县朱田镇小泉庄村	23	男	1944 年
宁青海	费县朱田镇桑行村	—	男	1944 年
李桂法	费县朱田镇石沟村	20	男	1944 年
姜学仁	费县朱田镇石沟村	24	男	1944 年
王玉顺	费县朱田镇白涧厂村	—	男	1944 年
张俊启	费县梁邱镇书房村	18	男	1944 年
李京祥	费县梁邱镇南燕山村	18	男	1944 年
党敬昌	费县梁邱镇西柱子村	22	男	1944 年
张玉启	费县梁邱镇关阳司村	22	男	1944 年
李忠友	费县梁邱镇关阳司村	18	男	1944 年
张洪法	费县梁邱镇关阳司村	22	男	1944 年
陈 重	费县梁邱镇营子村	18	男	1944 年
惠振生	费县梁邱镇营子村	19	男	1944 年
李家配	费县梁邱镇孔家汪村	—	男	1944 年

姓 名	籍 贯	年 龄	性 别	死难时间
陈 三	费县石井镇小岩子村	35	男	1944 年
裴怀远	费县石井镇莲花村	19	男	1944 年
周运全	费县石井镇梨行村	34	男	1944 年
王家山	费县石井镇石井村	26	男	1944 年
何广林	费县新庄镇胜庄村	—	男	1944 年
何云功	费县新庄镇胜庄村	—	男	1944 年
包兰柱	费县新庄镇胜庄村	—	男	1944 年
马 大	费县新庄镇胜庄村	—	男	1944 年
杨怀坦	费县新庄镇岳山村	38	男	1944 年
杨赵氏	费县新庄镇岳山村	54	女	1944 年
张先生	费县新庄镇驻驿村	—	男	1944 年
李宪章	费县新庄镇驻驿村	—	男	1944 年
孔现德	费县新庄镇驻驿村	—	男	1944 年
吴宝才	费县新庄镇驻驿村	—	男	1944 年
李 三	费县新庄镇信兴庄村	—	男	1944 年
刘黑虎	平邑县	—	男	1944 年
朱宗加	费县芍药山乡南泉村	25	男	1944 年
刘存才	费县芍药山乡楼子峪村	21	男	1944 年
朱瑞良	费县芍药山乡南家湾村	—	男	1944 年
赵守顺	费县芍药山乡北天井汪村	—	男	1944 年
刘长兴	费县芍药山乡东天井汪村	—	男	1944 年
赵学廷	费县芍药山乡东天井汪村	—	男	1944 年
陈玉德	费县芍药山乡大寨村	24	男	1944 年
宋长爱	费县芍药山乡亚子村	33	男	1944 年
陈万春	费县芍药山乡亚子村	36	男	1944 年
宋玉平	费县芍药山乡亚子村	32	男	1944 年
宋玉至	费县芍药山乡亚子村	31	男	1944 年
陈万启	费县芍药山乡亚子村	30	男	1944 年
陈民昌	费县芍药山乡亚子村	34	男	1944 年
宋清梅	费县芍药山乡亚子村	38	男	1944 年
朱学江	费县芍药山乡赵庄村	21	男	1944 年
朱 宝	费县马庄镇马庄村	42	男	1944 年
王兰山	费县马庄镇南马庄村	18	男	1944 年
邵会全	费县马庄镇南马庄村	34	男	1944 年

姓 名	籍 贯	年 龄	性 别	死难时间
王洪秀	费县马庄镇南马庄村	29	男	1944 年
王尊代	费县马庄镇南马庄村	28	男	1944 年
徐继功	费县马庄镇北豹窝村	14	男	1944 年
徐玉同	费县马庄镇北豹窝村	40	男	1944 年
张明伦	费县马庄镇长丰庄村	33	男	1944 年
苗大瞒	费县马庄镇沾花庄村	33	男	1944 年
张得顺	费县马庄镇沾花庄村	9	男	1944 年
谭大腿	费县马庄镇上牛田村	63	男	1944 年
周董氏	费县马庄镇上牛田村	—	女	1944 年
李春成	费县马庄镇中程庄村	26	男	1944 年
姚美岑	费县马庄镇水泉庄	19	男	1944 年
闻明学	费县马庄镇柳行头村	33	男	1944 年
陈德生	费县刘庄镇南新庄村	20	男	1944 年
吕成章	费县刘庄镇南新庄村	24	男	1944 年
徐甲林	费县刘庄镇黑土湖村	18	男	1944 年
王庆运	费县刘庄镇黑土湖村	19	男	1944 年
王玉禅	费县刘庄镇黑土湖村	19	男	1944 年
侯其祥	费县刘庄镇黑土湖村	19	男	1944 年
曹 三	费县刘庄镇黑土湖村	18	男	1944 年
刘茂轩	费县刘庄镇毛家河村	27	男	1944 年
窦殿首	费县刘庄镇窦家村	—	男	1944 年
窦思明	费县刘庄镇窦家村	—	男	1944 年
窦洪怀	费县刘庄镇窦家村	—	男	1944 年
窦广令	费县刘庄镇窦家村	—	男	1944 年
谭玉合	费县刘庄镇蔡岭村	57	男	1944 年
魏天贵	费县刘庄镇汤家屯村	42	男	1944 年
周胜德	费县刘庄镇汤家屯村	29	男	1944 年
马二元	费县探沂镇斗立庄村	34	男	1944 年
王清银	费县新桥镇西东蒋村	28	男	1944 年
吕凤吉	费县新桥镇吕家寨村	37	男	1944 年
吕艳吉	费县新桥镇吕家寨村	36	男	1944 年
林镢头	费县新桥镇大官庄村	34	男	1944 年
张克圣之母	费县汪沟镇张家芝麻沟村	—	女	1944 年
刘成兰	费县汪沟镇公家埝	18	女	1944 年

姓 名	籍 贯	年 龄	性 别	死难时间
公方杰	费县汪沟镇公家埝	52	男	1944 年
刘保吉	费县汪沟镇解峪子村	21	男	1944 年
曹允法	费县方城镇宋庄村	—	男	1944 年
谭桂昌	费县方城镇连汪崖村	50	男	1944 年
王胡二	费县方城镇向阳村	20	男	1944 年
王士法	费县方城镇上盐店村	27	男	1944 年
王玉奎之妻	费县胡阳镇成立庄村	—	女	1944 年
韦 五	费县薛庄镇高阳村	23	男	1944 年
吕吉平	费县薛庄镇盘石村	22	男	1944 年
钱志英	费县薛庄镇盘石村	10	女	1944 年
钱守平	费县薛庄镇盘石村	21	男	1944 年
刘 住	费县薛庄镇盘石村	20	男	1944 年
刘成贵	费县薛庄镇南长行村	23	男	1944 年
孙 ×	费县薛庄镇东南哨村	39	男	1944 年
孙荣常	费县南张庄乡南张庄村	—	男	1944 年
杨志如	费县上冶镇刘官村	20	男	1944 年
张京红	费县上冶镇刘官村	35	男	1944 年
杨志修	费县上冶镇三村	58	男	1944 年
杨玉管	费县上冶里仁村	16	男	1944 年
王光大	费县上冶里仁村	22	男	1944 年
任志良	费县上冶镇小仲口村	21	男	1944 年
吴 坤	费县上冶镇小仲口村	20	男	1944 年
刘学荣	费县上冶镇石桥村	41	男	1944 年
刘学胜	费县上冶镇石桥村	34	男	1944 年
李长春	费县上冶镇石桥村	40	男	1944 年
丁 云	费县上冶镇石桥村	42	女	1944 年
刘安成	费县上冶镇石桥村	43	男	1944 年
刘安贵	费县上冶镇石桥村	34	男	1944 年
刘安荣	费县上冶镇石桥村	39	女	1944 年
耿刘氏	费县上冶镇石桥村	36	女	1944 年
彭进山	费县上冶镇永兴村	46	男	1944 年
彭为勤	费县上冶镇永兴村	55	男	1944 年
彭春兰	费县上冶镇永兴村	54	男	1944 年
任继和	费县上冶镇东岭村	23	男	1944 年

姓　名	籍　贯	年　龄	性　别	死难时间
任庆珍	费县上冶镇东岭村	23	男	1944 年
张纪增	费县大田庄乡齐鲁地村	19	男	1944 年
贾永中	费县大田庄乡齐鲁地村	24	男	1944 年
侯凤明	费县薛庄镇杏埠村	35	男	1944 年
张　明	费县薛庄镇杏埠村	37	男	1944 年
林传增	费县薛庄镇鲁家庄村	26	男	1944 年
张允力	费县薛庄镇鲁家庄村	25	男	1944 年
孙士来	费县薛庄镇鲁家庄村	23	男	1944 年
吕玉夫	费县薛庄镇盘石村	22	男	1944 年
吕长友	费县薛庄镇盘石村	21	男	1944 年
全广元	费县刘庄镇鲁城村	37	男	1945 年 1 月
陈夫海	费县刘庄镇鲁城村	45	男	1945 年 1 月
邵性立	费县汪沟镇西汪沟村	61	男	1945 年 1 月
王瑞山	费县汪沟镇山水口村	55	男	1945 年 1 月
李夫堂	费县胡阳镇西北尹村	23	男	1945 年 1 月
王金全	费县费城镇北燕庄	20	男	1945 年 2 月
陈景胜	费县费城镇北燕庄	26	男	1945 年 2 月
邢　彬	费县费城镇姚草湾村	39	男	1945 年 3 月
李××	费县费城镇西石沟村	38	男	1945 年 3 月
吴××	费县费城镇大洼村	37	男	1945 年 3 月
王成安	费县朱田镇三家村	—	男	1945 年 3 月
孙瑞昌	费县胡阳镇东永旺村	34	男	1945 年 4 月
孙荣昌	费县胡阳镇东永旺村	31	男	1945 年 4 月
李大付	费县上冶镇曲池村	25	男	1945 年 4 月
刘钦爱	费县朱田镇龙王口村	40	男	1945 年 5 月
刘××	费县朱田镇龙王口村	37	男	1945 年 5 月
徐正德	费县薛庄镇大良村	32	男	1945 年 5 月
代荣香	费县刘庄镇北王管疃	45	男	1945 年 6 月 25 日
程学如	费县费城镇桃园村	28	男	1945 年 6 月
郝小具	费县探沂镇楼方村	18	男	1945 年 6 月
王金安	费县上冶镇东埠子村	40	男	1945 年 6 月
曹玉成	费县上冶镇曲池村	25	男	1945 年 6 月
赵成田	费县上冶镇曲池村	24	男	1945 年 7 月
姚得柱	费县朱田镇龙杏村	23	男	1945 年 8 月

姓 名	籍 贯	年 龄	性 别	死难时间
徐大存	费县薛庄镇大良村	50	男	1945 年 8 月
范学友	费县薛庄镇大良村	52	男	1945 年 8 月
窦金明	费县朱田镇魏家沟村	27	男	1945 年 9 月
廉士柱	费县朱田镇北崖村	27	男	1945 年 9 月
陈国玉	费县费城镇玉贵庄村	22	男	1945 年
李长德	费县费城肖山前村	27	男	1945 年
侯存良	费县费城镇北疃村	27	男	1945 年
吕彦奎	费县费城镇胡村	22	男	1945 年
朱杏云	费县费城镇东胡村	22	男	1945 年
朱德民	费县费城镇东胡村	19	男	1945 年
朱德俊	费县费城镇东胡村	28	男	1945 年
朱德堂	费县费城镇东胡村	33	男	1945 年
左景云	费县费城镇十五里亭村	23	男	1945 年
王瑞月	费县费城镇南许崖	10	男	1945 年
刘岩友	费县费城镇老君崖村	—	男	1945 年
董凤顶	费县费城镇老君崖村	—	男	1945 年
马洪杰	费县朱田镇尤家围子村	—	男	1945 年
李相伦	费县朱田镇明石塘村	—	男	1945 年
范桂仓	费县朱田镇宁家沟村	—	男	1945 年
李文成	费县朱田镇良田庄村	26	男	1945 年
林化龙	费县朱田镇良田庄村	25	男	1945 年
芦玉山	费县朱田镇良田庄村	21	男	1945 年
朱俊喜	费县朱田镇良田庄村	26	男	1945 年
王法元	费县朱田镇大由吾村	22	男	1945 年
刘圣元	费县朱田镇北廉庄村	—	男	1945 年
高茂玉	费县朱田镇北廉庄村	—	男	1945 年
刘圣田	费县朱田镇北廉庄村	—	男	1945 年
王夫田	费县朱田镇道坑村	47	男	1945 年
王京法	费县朱田镇	19	男	1945 年
季如启	费县朱田镇绿竹芽村	—	男	1945 年
周东才	费县朱田镇四亩地村	55	男	1945 年
刘凤仓	费县朱田镇四亩地村	24	男	1945 年
宁士友	费县朱田镇石沟村	24	男	1945 年
邱冒田	费县朱田镇合义庄村	—	男	1945 年

姓　名	籍　贯	年　龄	性　别	死难时间
王德胜	费县朱田镇白涧厂村	—	男	1945 年
邢××	费县朱田镇洪山庄村	—	男	1945 年
刘　洪	费县梁邱镇书房村	18	男	1945 年
宫成元	费县梁邱镇小阳庄村	19	男	1945 年
张明恩	费县梁邱镇关司西村	43	男	1945 年
张洪东	费县梁邱镇关司西村	27	男	1945 年
张京常	费县梁邱镇关司西村	29	男	1945 年
朱　圈	费县梁邱镇关阳司村	20	男	1945 年
李怀荣	费县梁邱镇郝家村	29	男	1945 年
梁金吉	费县梁邱镇梁家峪村	21	男	1945 年
夏京生	费县梁邱镇梁家峪村	28	男	1945 年
曹勇奎	费县梁邱镇赵家庄村	27	男	1945 年
王家旬	费县梁邱镇北梁邱村	21	男	1945 年
李明现	费县梁邱镇相家庄村	24	男	1945 年
崔文山	费县梁邱镇稻港村	25	男	1945 年
肖德胜	费县梁邱镇马路蹄河村	18	男	1945 年
孙士敬	费县梁邱镇马路蹄河村	15	男	1945 年
李相金	费县石井镇龙泉村	19	男	1945 年
宋井喜	费县石井镇石井村	27	男	1945 年
付生传	费县新庄镇富隆村	21	男	1945 年
刘德忠	费县新庄镇富隆庄村	—	男	1945 年
吴兴成	费县新庄镇富隆庄村	—	男	1945 年
武振山	费县新庄镇富隆庄村	—	男	1945 年
吴恩元	费县新庄镇富隆庄村	—	男	1945 年
吴广芝	费县新庄镇富隆庄村	—	男	1945 年
杨怀密	费县新庄镇岳山村	26	男	1945 年
杨怀富	费县新庄镇岳山村	27	男	1945 年
马玉奎	费县新庄镇东脱衣村	—	男	1945 年
刘东兰	费县新庄镇东圣即村	26	男	1945 年
代　凶	费县芍药山乡北天井汪村	—	男	1945 年
赵杨氏	费县芍药山乡北天井汪村	—	女	1945 年
杨培胜	费县梁邱镇杨家庄村	22	男	1945 年
徐广胜	费县芍药山乡北山口村	21	男	1945 年
姜永固	费县芍药山乡东湾村	35	男	1945 年

姓 名	籍 贯	年 龄	性 别	死难时间
朱学礼	费县芍药山乡赵庄村	23	男	1945 年
陈怀忠	费县芍药山乡赵庄村	19	男	1945 年
朱瑞良	费县芍药山乡赵庄村	19	男	1945 年
王太元	费县马庄镇马庄村	25	男	1945 年
卢 光	费县马庄镇南马庄村	25	男	1945 年
吴凤祥	费县马庄镇南豹窝村	30	男	1945 年
吴士泰	费县马庄镇南豹窝村	29	男	1945 年
王一流	费县马庄镇大夏庄村	55	男	1945 年
晁自忠	费县马庄镇沾花庄村	22	男	1945 年
李玉奎	费县马庄镇光山头村	29	男	1945 年
谭玉寻	费县马庄镇上牛田村	23	男	1945 年
周银海	费县马庄镇上牛田村	72	男	1945 年
周李氏	费县马庄镇上牛田村	43	女	1945 年
陈玉启	费县马庄镇陈围子村	36	男	1945 年
阚兴玉	费县马庄镇陈围子村	35	男	1945 年
李士明	费县马庄镇西程庄村	24	男	1945 年
李卖盐	费县马庄镇东古口村	29	男	1945 年
刘永昌	费县马庄镇东古口村	29	男	1945 年
王怀友之父	费县马庄镇东古口村	29	男	1945 年
李头征之父	费县马庄镇东古口村	28	男	1945 年
张志安	费县刘庄镇西王管疃村	19	男	1945 年
王有文	费县刘庄镇西王管疃村	20	男	1945 年
王有道	费县刘庄镇西王管疃村	20	男	1945 年
狄建章	费县刘庄镇毛家河村	24	男	1945 年
张友山	费县刘庄镇毛家河村	36	男	1945 年
窦洪青	费县刘庄镇窦家村	—	男	1945 年
窦广来	费县刘庄镇窦家村	—	男	1945 年
窦洪见之父	费县刘庄镇窦家村	—	男	1945 年
窦计奎	费县刘庄镇窦家村	—	男	1945 年
单士德	费县刘庄镇蔡岭村	17	男	1945 年
续洪山	费县新桥镇西石桥村	24	男	1945 年
魏茂君	费县新桥镇小吉乐村	19	男	1945 年
李春荣	费县新桥镇安庆村	39	男	1945 年
刘文启	费县新桥镇张家墩村	17	男	1945 年

姓 名	籍 贯	年 龄	性 别	死难时间
孟 沟	费县新桥镇小埠村	15	男	1945 年
张连贵	费县汪沟镇张家芝麻沟村	—	男	1945 年
靠 鱼	费县汪沟镇张家芝麻沟村	—	男	1945 年
姜山义	费县汪沟镇曹庄村	26	男	1945 年
曹玉公	费县汪沟镇曹庄村	—	男	1945 年
曹欠高	费县汪沟镇曹庄村	—	男	1945 年
姜开勋之次子	费县汪沟镇曹庄村	—	男	1945 年
曹玉修	费县汪沟镇曹庄村	—	男	1945 年
曹玉秀	费县汪沟镇曹庄村	—	男	1945 年
朱学路	费县汪沟镇东集前村	—	男	1945 年
宋宝恩	费县方城镇宋庄村	—	男	1945 年
相连义	费县方城镇相村	29	男	1945 年
谭贵昌	费县方城镇丁旺村	—	男	1945 年
朱会昌	费县方城镇昌国村	27	男	1945 年
李学山	费县方城镇昌国村	22	男	1945 年
刘 才	费县方城镇房庄村	23	男	1945 年
孙长顺	费县胡阳镇胡阳村	16	男	1945 年
张允修	费县薛庄镇大兴庄村	27	男	1945 年
桑 大	费县薛庄镇北长行村	18	男	1945 年
徐元宝	费县南张庄乡永目村	22	男	1945 年
徐元堂	费县南张庄乡永目村	23	男	1945 年
刘敬全	费县南张庄乡小贤河村	—	男	1945 年
刘可新	费县南张庄乡小贤河村	—	男	1945 年
李金龙	费县上冶镇刘官村	21	男	1945 年
韩志德	费县上冶镇刘官村	21	男	1945 年
任志亮	费县上冶镇东埠子村	38	男	1945 年
滕运恩	费县城北乡院上村	25	男	1945 年
滕怀恩	费县城北乡院上村	27	男	1945 年
滕相彬	费县城北乡院上村	24	男	1945 年
韩畜亭	费县城北乡院上村	29	男	1945 年
马尽生	费县大田庄乡西安太村	25	男	1945 年
张明亮	费县大田庄乡齐鲁地村	19	男	1945 年
王玉合	费县大田庄乡齐鲁地村	20	男	1945 年
贾永言	费县大田庄乡齐鲁地村	20	男	1945 年

姓 名	籍 贯	年 龄	性 别	死难时间
张步雨	费县大田庄乡齐鲁地村	—	男	1945 年
王德琢	费县大田庄乡齐鲁地村	32	男	1945 年
王士祥	费县方程镇上盐店村	27	男	1945 年
付王氏	费县薛庄镇高阳村	34	女	1945 年
赵如良	费县马庄镇王大夫庄村	16	男	1945 年
徐怀让	费县马庄镇光山头村	20	男	1945 年
张焕员	费县薛庄镇杏埠村	22	男	1945 年
卢付山	费县薛庄镇杏埠村	25	男	1945 年
林传山	费县薛庄镇鲁家庄村	25	男	1945 年
孙士夫	费县薛庄镇鲁家庄村	26	男	1945 年
鲁运胜	费县薛庄镇鲁家庄村	13	男	1945 年
梁福平	费县费城镇青山前	—	男	—
刘亚勋	费县费城镇杨树沟村	—	男	—
杨士元	费县朱田镇曹家沟村	—	男	—
韩道玉	费县梁邱镇英家口村	—	男	—
韩道亮	费县梁邱镇英家口村	—	男	—
王自国	费县梁邱镇英家口村	—	男	—
杨孝安	费县梁邱镇黄土地村	—	男	—
李伯友	费县梁邱镇黄土地村	—	男	—
李长营	费县芍药山乡葫芦山前	—	男	—
王德坤	费县新桥镇东石桥村	29	男	—
咸京荣之叔	费县新桥镇东石桥村	—	男	—
咸 ×	费县新桥镇东石桥村	—	男	—
刘德夫	费县汪沟镇吴家庄村	—	男	1939 年 4 月
王彦增之弟	费县汪沟镇吴家庄村	—	男	1939 年 4 月
王学奎	费县薛庄镇大古台村	—	男	—
王得祥	费县薛庄镇大古台村	—	男	—
王德民	费县薛庄镇大古台村	—	男	—
王之龄	费县薛庄镇大古台村	—	男	—
连 三	费县朱田镇	—	男	—
连 二	费县朱田镇	—	男	—
张 四	费县薛庄镇东南哨村	—	男	—
连二之内弟	费县朱田镇	—	男	—
王 海	费县薛庄镇大古台村	—	男	—

姓 名	籍 贯	年 龄	性 别	死难时间
林希运	费县费城镇任和庄村	—	男	—
王京太	费县芍药山乡大寨村	21	男	—
李家祥	费县朱田镇黄汪头村	—	男	1938 年
梁春善	费县胡阳镇李家庄	26	男	1938 年
刘兆礼之三伯	费县新桥镇西大埠庄村	30	男	1938 年
宋士英之父	费县新桥镇西大埠庄村	42	男	1938 年
孙××	费县刘庄镇西单村	21	女	1938 年
赵洪来	费县薛庄镇赵家庄村	26	男	1938 年
尹二和	费县薛庄镇大良村	36	男	1939 年 2 月
尹成人	费县薛庄镇大良村	43	男	1939 年 9 月
李丙才	费县梁邱镇关司东村	19	女	1939 年
李电洪	费县梁邱镇关司西前村	19	女	1939 年
李风昌	费县梁邱镇关司东前村	45	男	1939 年
李三明	费县梁邱镇关司西前村	21	男	1939 年
李堂美	费县梁邱镇关司东中村	30	女	1939 年
李堂兴	费县梁邱镇关司西前村	20	男	1939 年
刘得山	费县梁邱镇后村	29	男	1939 年
刘见英	费县梁邱镇关司东前村	39	女	1939 年
刘兆祥之五叔	费县新桥镇西大埠庄村	38	男	1939 年
裴明产	费县朱田镇崔家沟村	15	男	1939 年
盛如才	费县梁邱镇关司东村	15	男	1939 年
宋得友	费县新桥镇西大埠庄村	36	男	1939 年
徐庆花	费县梁邱镇关司东中村	29	女	1939 年
颜宏刚	费县马庄镇东程庄村	33	男	1939 年
颜振才	费县梁邱镇关司东村	30	男	1939 年
燕三之妻	费县梁邱镇关司东前村	56	女	1939 年
英殿荣	费县马庄镇长丰庄村	38	男	1939 年
翟守本	费县马庄镇东程庄村	31	男	1939 年
张洪志	费县梁邱镇关司东前村	45	男	1939 年
张益生	费县梁邱镇关司东中村	41	男	1939 年
赵长远	费县薛庄镇赵家庄村	26	男	1939 年
朱二之妻	费县梁邱镇关司东前村	56	女	1939 年
曹刚义	费县薛庄镇大良村	40	男	1940 年 8 月
卞其杉	费县朱田镇李家庄村	—	男	1940 年

姓 名	籍 贯	年 龄	性 别	死难时间
卜永连	费县朱田镇李家庄村	17	男	1940 年
范成英	费县梁邱镇关司东前村	53	女	1940 年
井 六	费县石井镇石井村	41	男	1940 年
井 五	费县石井镇石井村	44	男	1940 年
李 洪	费县梁邱镇关司西前村	23	男	1940 年
李 明	费县梁邱镇关司东村	—	男	1940 年
李 莹	费县梁邱镇关司东中村	—	女	1940 年
李殿红	费县梁邱镇关司东村	21	女	1940 年
李殿平	费县梁邱镇关司东村	55	女	1940 年
李凤银	费县梁邱镇关司西前村	20	男	1940 年
李凤先	费县梁邱镇关司西前村	42	女	1940 年
李万立	费县梁邱镇后村	55	男	1940 年
林西昆	费县费城镇小安子村	54	男	1940 年
刘 勇	费县费城镇西安田村	—	男	1940 年
刘三之祖母	费县梁邱镇关司东前村	60	女	1940 年
吕庆荣之父	费县费城镇西柳村	—	男	1940 年
吕永吉之父	费县费城镇西柳村	—	男	1940 年
宁楚再	费县芍药山乡尚庄村	—	男	1940 年
宁夫才	费县芍药山乡尚庄村	—	男	1940 年
宁文春	费县芍药山乡尚庄村	—	男	1940 年
宋景喜	费县石井镇石井村	41	男	1940 年
隋永俊	费县费城镇南十里铺村	28	男	1940 年
王 英	费县梁邱镇关司东前村	53	女	1940 年
王加山	费县石井镇石井村	40	男	1940 年
文春之祖父	费县芍药山乡尚庄村	—	男	1940 年
张洪雨	费县梁邱镇关司西村	8	男	1940 年
张加英	费县梁邱镇关司东前村	47	女	1940 年
张景英	费县梁邱镇关司东中村	51	女	1940 年
张万明	费县梁邱镇关司西前村	29	男	1940 年
张维前	费县梁邱镇关司东中村	60	男	1940 年
朱士合	费县朱田镇崮前村	—	男	1940 年
朱守玉	费县芍药山乡南泉村	19	男	1940 年
朱廷业	费县芍药山乡南泉村	20	男	1940 年
刘 氏	费县胡阳镇东风村	20	女	1941 年 1 月

姓 名	籍 贯	年 龄	性 别	死难时间
尹成银	费县胡阳镇西北尹村	20	男	1941 年 1 月
徐 荣	费县薛庄镇大良村	24	女	1941 年 5 月
殷 大	费县薛庄镇大良村	41	男	1941 年 7 月
张力中	费县薛庄镇前庄村	—	男	1941 年 7 月
张王中	费县薛庄镇前庄村	—	男	1941 年 7 月
曹成友	费县胡阳镇曹家庄	17	男	1941 年 9 月
曹丕友	费县胡阳镇曹家庄	32	男	1941 年 9 月
曹玉林	费县胡阳镇曹家庄	26	男	1941 年 9 月
刘树祥	费县胡阳镇曹家庄	19	男	1941 年 9 月
刘树志	费县胡阳镇曹家庄	38	男	1941 年 9 月
张凤德	费县胡阳镇曹家庄	20	男	1941 年 9 月
张连坤	费县胡阳镇曹家庄	31	男	1941 年 9 月
陈洪杰	费县费城镇下店子村	—	男	1941 年
董玉堂	费县芍药山乡石河村	15	男	1941 年
鞠凤成	费县薛庄镇赵家庄村	35	男	1941 年
李丙新	费县梁邱镇关司西前村	33	男	1941 年
李凤刚	费县梁邱镇后村	29	男	1941 年
李堂才	费县梁邱镇关司西前村	44	男	1941 年
李堂东	费县梁邱镇关司东前村	—	男	1941 年
李堂明	费县梁邱镇关司西前村	43	女	1941 年
李文兰	费县梁邱镇关司东前村	41	女	1941 年
刘加义	费县梁邱镇后村	61	男	1941 年
刘兆兴	费县梁邱镇关司西前村	21	男	1941 年
聂怀义	费县薛庄镇聂家庄村	21	男	1941 年
聂宗理	费县薛庄镇聂家庄村	21	男	1941 年
盛 锋	费县梁邱镇关司东村	39	女	1941 年
盛 云	费县梁邱镇关司东村	34	男	1941 年
王芙合	费县城北乡崮子村	—	男	1941 年
王入坤	费县薛庄镇彩山前村	31	男	1941 年
王以起	费县梁邱镇关司东村	21	男	1941 年
吴增高	费县新桥镇西大埠庄村	25	男	1941 年
徐广山	费县梁邱镇关司东中村	17	男	1941 年
宣玉荣	费县梁邱镇关司东前村	28	女	1941 年
张二已	费县薛庄镇北长行村	20	男	1941 年

姓 名	籍 贯	年 龄	性 别	死难时间
张廷山	费县梁邱镇关司东中村	28	男	1941 年
张廷香	费县梁邱镇关司东中村	29	女	1941 年
朱德来	费县芍药山乡楼子峪村	21	男	1941 年
庄文德	费县方城镇上盐店村	31	男	1941 年
王立刚	费县薛庄镇黄埠前村	18	男	1942 年 1 月
杨四毛	费县薛庄镇大良村	44	男	1942 年 3 月
殷顺子	费县薛庄镇大良村	31	男	1942 年 7 月
郭善力	费县薛庄镇邱阳村	35	男	1942 年 8 月
耿现才	费县石井镇木厂村	—	女	1942 年
李丙亮	费县梁邱镇后村	56	男	1942 年
李春仁	费县马庄镇中程庄村	22	男	1942 年
李大胜	费县梁邱镇后村	19	男	1942 年
李殿军	费县梁邱镇关司西前村	19	女	1942 年
李殿行	费县梁邱镇关司西前村	15	男	1942 年
李殿银	费县梁邱镇关司西前村	42	男	1942 年
李风行	费县梁邱镇关司东村	55	男	1942 年
李广海	费县石井镇石井村	22	男	1942 年
李见增	费县朱田镇李家庄村	—	男	1942 年
李京才	费县梁邱镇后村	28	男	1942 年
李京花	费县梁邱镇关司东前村	54	女	1942 年
李兴才	费县梁邱镇关司西前村	21	男	1942 年
邱××	费县芍药山乡牛角峪村	—	男	1942 年
任长胜	费县费城镇和乐村	39	男	1942 年
任长增	费县费城镇和乐村	30	男	1942 年
任梁氏	费县费城镇和乐村	66	女	1942 年
任如臣	费县费城镇和乐村	48	男	1942 年
任守城	费县费城镇和乐村	40	男	1942 年
任守宽	费县费城镇和乐村	16	男	1942 年
任王氏	费县费城镇和乐村	39	女	1942 年
任小醒	费县费城镇和乐村	24	男	1942 年
任增秀	费县费城镇和乐村	8	女	1942 年
孙百文	费县薛庄镇东宋庄村	30	男	1942 年
王 二	费县梁邱镇关司东村	54	男	1942 年
王炳辉	费县马庄镇东程庄村	25	男	1942 年

姓　名	籍　贯	年　龄	性　别	死难时间
王奎珍	费县费城镇和乐村	41	女	1942 年
王西伀	费县薛庄镇彩山前村	23	男	1942 年
王尹氏	费县石井镇木厂村	—	女	1942 年
王周氏	费县石井镇黄公庄村	—	女	1942 年
文振伍	费县费城镇和乐村	35	男	1942 年
闻曹氏	费县费城镇和乐村	24	女	1942 年
闻士昌	费县费城镇和乐村	29	男	1942 年
闻振海	费县费城镇和乐村	37	男	1942 年
邢安良	费县费城镇和乐村	29	男	1942 年
邢启成	费县费城镇和乐村	24	男	1942 年
徐广亮	费县梁邱镇关司东中村	25	男	1942 年
徐英明	费县梁邱镇关司东中村	61	男	1942 年
哑　巴	费县芍药山乡英鱼林山村	—	男	1942 年
颜　明	费县梁邱镇关司东村	53	女	1942 年
燕西武	费县梁邱镇关司东前村	—	男	1942 年
杨福霞	费县梁邱镇关司东前村	—	女	1942 年
尹洪富	费县石井镇木厂村	—	男	1942 年
尹洪海	费县石井镇木厂村	—	男	1942 年
尹洪祥	费县石井镇木厂村	—	男	1942 年
尹洪远	费县石井镇木厂村	—	男	1942 年
尹旭贵	费县石井镇木厂村	—	男	1942 年
翟守兰	费县马庄镇东程庄村	20	女	1942 年
张连连	费县梁邱镇关司东中村	39	女	1942 年
赵明德	费县费城镇上店子村	—	男	1942 年
左大烧包	费县费城镇簸箕掌村	37	男	1942 年
李加大	费县朱田镇大山河村	—	男	1943 年 3 月
王中立	费县朱田镇大山河村	—	男	1943 年 3 月
殷　德	费县薛庄镇大良村	30	男	1943 年 3 月
刘大妮	费县费城镇北石岗村	15	女	1943 年 4 月
胡文俊	费县薛庄镇邱阳村	27	男	1943 年 6 月
尹三妮子	费县薛庄镇大良村	27	女	1943 年 7 月
胡士霞	费县梁邱镇关司东前村	37	女	1943 年
胡学英	费县梁邱镇关司东前村	37	女	1943 年
李　英	费县梁邱镇关司西前村	30	女	1943 年

姓 名	籍 贯	年 龄	性 别	死难时间
李丙进	费县梁邱镇关司东前村	35	男	1943 年
李殿斗	费县梁邱镇关司东村	40	女	1943 年
李凤凤	费县梁邱镇关司西前村	42	女	1943 年
李凤刚	费县梁邱镇关司东村	21	男	1943 年
李季民	费县胡阳镇新兴村	16	男	1943 年
李自德之弟	费县梁邱镇邵庄村	—	男	1943 年
刘 伟	费县梁邱镇关司东中村	20	男	1943 年
刘金成	费县梁邱镇后村	50	男	1943 年
刘金后	费县梁邱镇后村	69	男	1943 年
刘如意	费县费城镇上店子村	—	男	1943 年
刘瑞荣	费县梁邱镇关司东中村	16	女	1943 年
刘文圣	费县朱田镇大卜罗湾村	21	男	1943 年
孙明英	费县梁邱镇关司西前村	32	女	1943 年
薛庆凤	费县梁邱镇关司东前村	62	女	1943 年
翟守田	费县马庄镇许油洞村	17	男	1943 年
张洪美	费县梁邱镇关司东中村	49	女	1943 年
张振明	费县梁邱镇关司西前村	16	男	1943 年
赵保太	费县费城镇下店子村	—	男	1943 年
赵洪勋	费县费城镇下店子村	—	男	1943 年
郭大旗	费县薛庄镇大良村	49	男	1944 年 3 月
杨 二	费县薛庄镇前庄村	24	男	1944 年 7 月
郭凤花	费县薛庄镇邱阳村	30	女	1944 年 8 月
周玉忠	费县探沂镇后杨村	22	男	1944 年 12 月
代兴明	费县梁邱镇关司西前村	40	男	1944 年
房志学	费县费城镇上店子村	—	男	1944 年
胡学瑞	费县梁邱镇关司东村	51	男	1944 年
李 霞	费县梁邱镇关司东前村	55	女	1944 年
李 祥	费县朱田镇唐家庄村	—	男	1944 年
李殿英	费县梁邱镇关司东前村	67	女	1944 年
李殿珍	费县梁邱镇关司东前村	49	男	1944 年
李凤才	费县梁邱镇后村	40	男	1944 年
李克兴	费县梁邱镇关司西前村	38	男	1944 年
李堂生	费县梁邱镇关司西前村	62	男	1944 年
刘相勋	费县新桥镇西大埠庄村	36	男	1944 年

姓 名	籍 贯	年 龄	性 别	死难时间
孙志高	费县马庄镇中牛田村	28	男	1944 年
吴殿印	费县梁邱镇关司东村	32	女	1944 年
吴明才	费县梁邱镇关司东村	39	男	1944 年
张 英	费县梁邱镇关司东前村	55	女	1944 年
张胜英	费县梁邱镇关司西前村	21	女	1944 年
赵老六	费县费城镇上店子村	—	男	1944 年
周志得	费县马庄镇西程庄村	22	男	1944 年
周志美	费县马庄镇中牛田村	21	男	1944 年
杨连祥	费县薛庄镇南长行村	30	男	1945 年 2 月
杨大宏	费县薛庄镇大良村	38	男	1945 年 8 月
王善合	费县朱田镇魏家沟村	27	男	1945 年 9 月
王运廷	费县朱田镇魏家沟村	27	男	1945 年
黄玉堂	费县梁邱镇关司东前村	25	男	1945 年
李 荣	费县梁邱镇关司东村	59	女	1945 年
李丙全	费县梁邱镇关司东前村	25	男	1945 年
李丙生	费县梁邱镇关司东村	40	男	1945 年
李风英	费县梁邱镇关司东村	47	女	1945 年
李茂信	费县费城镇南十里铺村	32	男	1945 年
齐天松	费县马庄镇齐家湾村	29	男	1945 年
邱风英	费县梁邱镇关司东前村	39	女	1945 年
孙 苓	费县梁邱镇关司西前村	38	女	1945 年
孙英霞	费县梁邱镇关司东前村	63	女	1945 年
王京胜	费县芍药山乡磨其山村	21	男	1945 年
赵 二	费县芍药山乡牛角峪村	—	男	1945 年
朱鸿昌	费县费城镇上店子村	—	男	1945 年
庄文法	费县方城镇上盐店村	37	男	1945 年
宁东方	费县朱田镇桑行村	—	男	—
宁士来	费县朱田镇桑行村	—	男	—
宁士启	费县朱田镇桑行村	—	男	—
宁士守	费县朱田镇桑行村	—	男	—
杨风祥	费县芍药山乡磨其山村	22	男	1945 年
翟秀玉	费县马庄镇东程庄村	21	男	1945 年
张殿美	费县梁邱镇关司西前村	33	女	1945 年
张殿荣	费县梁邱镇关司西前村	28	女	1945 年

姓 名	籍 贯	年 龄	性 别	死难时间
张殿三	费县梁邱镇关司西前村	42	男	1945 年
朱××	费县探沂镇马山村	—	男	—
合 计	**2311**			

责任人：姚方年　　　　核实人：姚方年　马煜　徐鹏　朱玉阳　　　　填表人：徐鹏　朱玉阳　相洪东

填报单位（签章）：费县县委党史研究室　　　　　　　　　　　填报时间：2009 年 4 月 6 日

平邑县抗日战争时期死难者名录

姓　名	籍　贯	年　龄	性　别	死难时间
庄振江	平邑县地方镇小平安庄村	25	男	1937 年
李志学	平邑县流峪镇下崮安村	18	男	1938 年 1 月
苑耙子	平邑县流峪镇下崮安村	17	男	1938 年 1 月
徐思元	平邑县流峪镇下崮安村	18	男	1938 年 1 月
付宗胜	平邑县流峪镇下崮安村	17	男	1938 年 1 月
袁京抢	平邑县流峪镇下崮安村	18	男	1938 年 1 月
袁京银	平邑县流峪镇下崮安村	19	男	1938 年 1 月
张　英	平邑县流峪镇新峪村	15	女	1938 年 1 月
李兆兰	平邑县流峪镇新峪村	14	女	1938 年 1 月
王万银	平邑县平邑镇王付岭村	19	男	1938 年 1 月
韩忠安	平邑县平邑镇王付岭村	27	男	1938 年 1 月
刘怀信	平邑县流峪镇新峪村	17	男	1938 年 2 月
刘怀礼	平邑县流峪镇新峪村	15	男	1938 年 2 月
程士元	平邑县保太镇保太村	9	男	1938 年 2 月
高纪成	平邑县平邑镇高泉村	—	男	1938 年 2 月
孟现德	平邑县流峪镇苗家庄村	31	男	1938 年 3 月
王丙兰	平邑县流峪镇新峪村	16	女	1938 年 3 月
徐洪信	平邑县流峪镇新峪村	16	男	1938 年 3 月
徐　顺	平邑县白彦镇白彦村	38	男	1938 年 3 月
郑玉梅	平邑县武台镇西近台村	75	男	1938 年 3 月
纪兴枝之兄	平邑县仲村镇康阜庄村	28	男	1938 年 4 月
蒋光兰	平邑县仲村镇康阜庄村	2	男	1938 年 4 月
王天德	平邑县仲村镇康阜庄村	30	男	1938 年 4 月
王成礼	平邑县仲村镇康阜庄村	39	男	1938 年 4 月
于东德	平邑县仲村镇双合村	18	男	1938 年 4 月
于庆章	平邑县仲村镇双合村	60	男	1938 年 4 月
王孙氏	平邑县保太镇东子宿村	23	女	1938 年 4 月
廉配俭	平邑县地方镇两泉村	—	男	1938 年 4 月
王高氏	平邑县地方镇两泉村	—	女	1938 年 4 月
张春祥	平邑县地方镇两泉村	—	女	1938 年 4 月
张凤立	平邑县铜石镇仁泉峪村	17	男	1938 年 5 月

姓 名	籍 贯	年 龄	性 别	死难时间
赵吉文	平邑县仲村镇岐山村	17	男	1938 年 5 月
孙难煞	平邑县温水镇仁孝村	30	男	1938 年 5 月
卜现勤	平邑县卞桥镇卜家崖村	32	女	1938 年 5 月
芦陈氏	平邑县地方镇义和村	18	女	1938 年 5 月
常清连	平邑县流峪镇苗家庄村	24	男	1938 年 6 月
董开兰	平邑县铜石镇董李村	38	男	1938 年 6 月
郝西胜	平邑县铜石镇郝山头村	28	男	1938 年 6 月
杨树林	平邑县铜石镇北诸冯村	27	男	1938 年 6 月
李桂平	平邑县铜石镇昌盛村	18	男	1938 年 6 月
公大侄	平邑县卞桥镇公家庄村	18	男	1938 年 6 月
公庆解	平邑县卞桥镇公家庄村	12	男	1938 年 6 月
公大王之二叔	平邑县卞桥镇公家庄村	12	男	1938 年 6 月
公庆兰之大祖母	平邑县卞桥镇公家庄村	21	女	1938 年 6 月
公大坤	平邑县卞桥镇公家庄村	8	男	1938 年 6 月
郭小朋	平邑县卞桥镇柳子沟村	39	男	1938 年 6 月
赵振兰	平邑县卞桥镇柳子沟村	29	男	1938 年 6 月
王 二	平邑县温水镇西纯庄村	37	男	1938 年 7 月
魏 全	平邑县温水镇西纯庄村	32	男	1938 年 7 月
赵 三	平邑县温水镇西纯庄村	31	男	1938 年 7 月
杜文奎	平邑县武台镇承安庄村	34	男	1938 年 8 月
蒋李氏	平邑县卞桥镇蒋家庄村	—	女	1938 年 8 月
蒋广建	平邑县卞桥镇蒋家庄村	—	男	1938 年 8 月
田文哲	平邑县资邱乡田家寨村	19	男	1938 年 9 月
田增武	平邑县资邱乡田家寨村	25	男	1938 年 9 月
沈德法	平邑县资邱乡田家寨村	28	男	1938 年 9 月
田增明	平邑县资邱乡田家寨村	29	男	1938 年 9 月
田增存	平邑县资邱乡田家寨村	29	男	1938 年 9 月
田增峰	平邑县资邱乡田家寨村	29	男	1938 年 9 月
唐守洪	平邑县资邱乡田家寨村	28	男	1938 年 9 月
田增相	平邑县资邱乡田家寨村	29	男	1938 年 9 月
田增方	平邑县资邱乡田家寨村	28	男	1938 年 9 月
张月成	平邑县铜石镇仁泉峪村	10	男	1938 年 9 月
闫洪彬	平邑县铜石镇北诸冯村	33	男	1938 年 9 月
郭宝运	平邑县白彦镇高庄村	18	男	1938 年 9 月

姓　名	籍　贯	年　龄	性　别	死难时间
左玉祥	平邑县地方镇宋家庄村	27	男	1938 年 9 月
乔修田	平邑县仲村镇驿头村	24	男	1938 年 10 月
彭青峰	平邑县温水镇西围沟村	27	男	1938 年 10 月
彭玉坤	平邑县温水镇西围沟村	29	男	1938 年 10 月
王本元	平邑县温水镇西围沟村	30	男	1938 年 10 月
林传礼	平邑县温水镇务本村	51	男	1938 年 10 月
王本力	平邑县温水镇西围沟村	26	男	1938 年 10 月
王张氏	平邑县温水镇西围沟村	23	女	1938 年 10 月
王本杰	平邑县温水镇西围沟村	31	男	1938 年 10 月
公丕增	平邑县温水镇西围沟村	28	男	1938 年 10 月
公茂仙	平邑县温水镇西围沟村	28	男	1938 年 10 月
公丕士	平邑县温水镇西围沟村	27	男	1938 年 10 月
公丕章	平邑县温水镇西围沟村	26	男	1938 年 10 月
公丕启	平邑县温水镇西围沟村	27	男	1938 年 10 月
公丕银	平邑县温水镇西围沟村	22	男	1938 年 10 月
公茂瑞	平邑县温水镇西围沟村	29	男	1938 年 10 月
公　氏	平邑县温水镇西围沟村	25	女	1938 年 10 月
王本贵	平邑县温水镇西围沟村	30	男	1938 年 10 月
王本富	平邑县温水镇西围沟村	26	男	1938 年 10 月
刘风启	平邑县温水镇西围沟村	28	男	1938 年 10 月
彭玉文	平邑县温水镇西围沟村	30	男	1938 年 10 月
彭廷贵	平邑县温水镇西围沟村	29	男	1938 年 10 月
彭廷绪	平邑县温水镇西围沟村	30	男	1938 年 10 月
公丕顺	平邑县温水镇西围沟村	31	男	1938 年 10 月
公茂德	平邑县温水镇西围沟村	32	男	1938 年 10 月
公丕员	平邑县温水镇西围沟村	30	男	1938 年 10 月
彭学贤	平邑县温水镇西围沟村	—	男	1938 年 10 月
公丕思	平邑县温水镇西围沟村	—	男	1938 年 10 月
彭成仁	平邑县温水镇西围沟村	15	男	1938 年 10 月
公茂学	平邑县温水镇西围沟村	28	男	1938 年 10 月
公茂钦	平邑县温水镇西围沟村	25	男	1938 年 10 月
公茂申	平邑县温水镇西围沟村	27	男	1938 年 10 月
石立旺	平邑县保太镇埠南村	20	男	1938 年 10 月
蒋纪华	平邑县卞桥镇蒋家庄村	—	男	1938 年 10 月

姓 名	籍 贯	年 龄	性 别	死难时间
蒋卢氏	平邑县卞桥镇蒋家庄村	—	女	1938 年 10 月
蒋光友	平邑县卞桥镇蒋家庄村	—	男	1938 年 10 月
蒋唐氏	平邑县卞桥镇蒋家庄村	—	女	1938 年 10 月
仇文章	平邑县卞桥镇左家村	42	男	1938 年 10 月
仇文章之妻	平邑县卞桥镇左家村	40	女	1938 年 10 月
高伟年	平邑县卞桥镇东卞桥村	45	男	1938 年 10 月
李学敏	平邑县地方镇宋家庄村	58	男	1938 年 10 月
李建庭	平邑县地方镇宋家庄村	24	男	1938 年 10 月
李周氏	平邑县平邑镇八埠庄村	—	女	1938 年 10 月
司继存	平邑县柏林镇太平村	—	男	1938 年 11 月
丁瑞廷	平邑县仲村镇马尾村	22	男	1938 年 11 月
丁瑞德	平邑县仲村镇马尾村	19	男	1938 年 11 月
刘永河	平邑县仲村镇马尾村	28	男	1938 年 11 月
徐 增	平邑县白彦镇东岭村	42	男	1938 年 12 月
李凤娄	平邑县平邑镇八埠庄村	—	男	1938 年 12 月
马清喜之母	平邑县平邑镇颛臾村	—	女	1938 年 12 月
张如全	平邑县平邑镇颛臾村	—	男	1938 年 12 月
邱正田	平邑县郑城镇小北庄村	31	男	1938 年
王成忠	平邑县郑城镇七一村	—	男	1938 年
王传章	平邑县郑城镇双兴村	—	男	1938 年
冯立祥	平邑县丰阳镇张家庄村	—	男	1938 年
付 四	平邑县丰阳镇张家庄村	—	男	1938 年
陈学堂	平邑县流峪镇乐平庄村	17	男	1938 年
裴现仁	平邑县流峪镇西古路沟村	22	男	1938 年
裴现令	平邑县流峪镇西古路沟村	15	男	1938 年
裴明胡	平邑县魏庄乡南峪村	26	男	1938 年
李电香	平邑县柏林镇太平村	—	男	1938 年
马从宝	平邑县柏林镇太平村	—	男	1938 年
胡春阳	平邑县柏林镇乔家庄	—	男	1938 年
闫崇之	平邑县柏林镇乔家庄	—	男	1938 年
杨修文	平邑县仲村镇岐山村	15	男	1938 年
曹 二	平邑县仲村镇岐山村	17	男	1938 年
李大文	平邑县仲村镇于家庄村	37	男	1938 年
于张氏	平邑县仲村镇于家庄村	35	女	1938 年

姓 名	籍 贯	年 龄	性 别	死难时间
于恩志	平邑县仲村镇于家庄村	35	男	1938 年
葛春平	平邑县仲村镇民合村	25	男	1938 年
段纪星	平邑县温水镇桥头庄村	60	男	1938 年
孟召坤	平邑县温水镇桥头庄村	35	男	1938 年
段洪吉	平邑县温水镇桥头庄村	36	男	1938 年
郭传德	平邑县温水镇桥头庄村	38	男	1938 年
王志轩	平邑县温水镇温泉村	16	男	1938 年
陈纪典	平邑县保太镇西埠阴村	—	男	1938 年
孙玉启	平邑县白彦镇西岔村	21	男	1938 年
徐德振	平邑县白彦镇金斗村	—	男	1938 年
张玉年	平邑县白彦镇金斗村	—	男	1938 年
蒋自强	平邑县武台镇水沟三村	13	男	1938 年
咸立存	平邑县武台镇咸家庄村	32	男	1938 年
赵君锡	平邑县卞桥镇石桥村	37	男	1938 年
卜庆德	平邑县卞桥镇南安靖村	29	男	1938 年
卜现山	平邑县卞桥镇南安靖村	28	男	1938 年
仇焕章	平邑县卞桥镇北官庄村	18	男	1938 年
卢兴邦之父	平邑县卞桥镇西荆埠村	—	男	1938 年
武从善之妻	平邑县卞桥镇东荆埠村	—	女	1938 年
武玉根	平邑县卞桥镇东荆埠村	—	男	1938 年
蒋配龙	平邑县卞桥镇蒋家庄村	—	男	1938 年
蒋刘氏	平邑县卞桥镇蒋家庄村	—	女	1938 年
牛宗山	平邑县卞桥镇大广粮村	—	男	1938 年
牛永长	平邑县卞桥镇大广粮村	—	男	1938 年
牛永胜	平邑县卞桥镇大广粮村	—	男	1938 年
王洪茂	平邑县卞桥镇洼店村	29	男	1938 年
崔如务	平邑县卞桥镇洼店村	28	男	1938 年
武顺元	平邑县地方镇东朱尹村	28	男	1938 年
张汝珍	平邑县地方镇西瑶草村	45	男	1938 年
李日瑞	平邑县地方镇大瑶草村	24	男	1938 年
杨文明	平邑县地方镇爱华村	32	男	1938 年
胡茂友	平邑县地方镇爱华村	31	男	1938 年
杨文忠	平邑县地方镇爱华村	35	男	1938 年
张 氏	平邑县地方镇爱华村	37	女	1938 年

姓 名	籍 贯	年 龄	性 别	死难时间
郑武氏	平邑县地方镇爱华村	37	女	1938 年
杨妈妈	平邑县地方镇爱华村	53	女	1938 年
刘茂平	平邑县地方镇爱华村	37	男	1938 年
孙运田	平邑县地方镇爱华村	49	男	1938 年
刘才胜	平邑县地方镇爱华村	57	男	1938 年
杨郭氏	平邑县地方镇爱华村	58	女	1938 年
杨近家	平邑县地方镇前东固村	—	男	1938 年
吴赵全	平邑县平邑镇刘家村	14	男	1938 年
崔胜堂	平邑县平邑镇东张庄三村	14	男	1938 年
孙金斗	平邑县平邑镇孙家村	25	男	1938 年
王玉德之子	平邑县平邑镇小井村	—	男	1938 年
吴佃学之二兄	平邑县平邑镇小井村	—	男	1938 年
邢文祥	平邑县平邑镇红峪村	12	男	1938 年
王 柱	平邑县平邑镇永唐村		男	1938 年
高峻青	平邑县平邑镇石固村	—	男	1938 年
高凤祥	平邑县平邑镇石固村	—	男	1938 年
韩勇祥	平邑县平邑镇石固村	—	男	1938 年
金彦忠之兄	平邑县平邑镇西城居村	30	男	1938 年
孙宝祥	平邑县平邑镇城中居村	35	男	1938 年
郭洪恩	平邑县平邑镇城中居村	20	男	1938 年
高凤廷	平邑县平邑镇石固村	—	男	1938 年
孙百法	平邑县平邑镇石固村	—	男	1938 年
于付彪	平邑县平邑镇石固村	—	男	1938 年
徐 城	平邑县平邑镇石固村	—	男	1938 年
孙学得	平邑县流峪镇山头村	14	男	1939 年 1 月
陈四昌	平邑县地方镇前西固村	30	男	1939 年 1 月
唐美中	平邑县资邱乡唐刘村	24	男	1939 年 2 月
石增夫	平邑县保太镇埠南村	22	男	1939 年 2 月
孙学金	平邑县流峪镇山头村	16	男	1939 年 3 月
董开录	平邑县铜石镇董李村	43	男	1939 年 3 月
于光臣	平邑县铜石镇泰和村	27	男	1939 年 3 月
郭增彬	平邑县仲村镇周郭村	65	男	1939 年 3 月
耿传让	平邑县保太镇黄疃村	45	男	1939 年 3 月
孙敬香	平邑县平邑镇河湾村	24	男	1939 年 3 月

姓 名	籍 贯	年 龄	性 别	死难时间
郭增光	平邑县仲村镇依山村	—	男	1939 年 4 月
郭元昌	平邑县仲村镇依山村	—	男	1939 年 4 月
将圣先	平邑县仲村镇康阜庄村	30	男	1939 年 4 月
张继祥之母	平邑县仲村镇张兴庄村	38	女	1939 年 4 月
张广全	平邑县仲村镇张兴庄村	31	男	1939 年 4 月
郭增先	平邑县仲村镇依山村	—	男	1939 年 4 月
张大巴	平邑县地方镇辛庄村	20	男	1939 年 4 月
深德成	平邑县平邑镇茄山头村	52	男	1939 年 4 月
朱开友	平邑县平邑镇茄山头村	46	男	1939 年 4 月
窦元忠	平邑县资邱乡岐古村	29	男	1939 年 5 月
贾书屯	平邑县资邱乡辉泉村	32	男	1939 年 5 月
高希公	平邑县仲村镇岐山村	14	男	1939 年 5 月
陈孝年	平邑县温水镇仁孝村	20	男	1939 年 5 月
郭 乾	平邑县温水镇仁孝村	19	男	1939 年 5 月
李春录	平邑县卞桥镇佟家庄村	22	男	1939 年 5 月
刘德宝	平邑县卞桥镇龙虎寨村	18	男	1939 年 5 月
池学修	平邑县卞桥镇龙虎寨村	16	男	1939 年 5 月
殷 青	平邑县卞桥镇龙虎寨村	15	男	1939 年 5 月
仇永太	平邑县卞桥镇左家村	61	男	1939 年 5 月
孙丙均	平邑县地方镇大平安庄村	32	男	1939 年 5 月
石德荣	平邑县地方镇大平安庄村	30	男	1939 年 5 月
夏成相	平邑县地方镇大平安庄村	28	男	1939 年 5 月
朱丕菊	平邑县地方镇大平安庄村	—	男	1939 年 5 月
陈福纪	平邑县地方镇大平安庄村	30	男	1939 年 5 月
李清三	平邑县地方镇大平安庄村	30	男	1939 年 5 月
蒋学会	平邑县地方镇大平安庄村	26	男	1939 年 5 月
吴子堂	平邑县地方镇大平安庄村	50	男	1939 年 5 月
朱天正	平邑县地方镇大平安庄村	28	男	1939 年 5 月
郝一瑞	平邑县地方镇大平安庄村	28	男	1939 年 5 月
李清明	平邑县地方镇大平安庄村	28	男	1939 年 5 月
姚三顺	平邑县地方镇大平安庄村	21	男	1939 年 5 月
孔庆三	平邑县地方镇大平安庄村	23	男	1939 年 5 月
朱天成	平邑县地方镇大平安庄村	27	男	1939 年 5 月
孙加余	平邑县地方镇大平安庄村	28	男	1939 年 5 月

姓 名	籍 贯	年 龄	性 别	死难时间
朱大田	平邑县地方镇大平安庄村	45	男	1939 年 5 月
唐明忠	平邑县地方镇大平安庄村	26	男	1939 年 5 月
张敬龙	平邑县地方镇大平安庄村	31	男	1939 年 5 月
高继来	平邑县地方镇大平安庄村	30	男	1939 年 5 月
朱天盛	平邑县地方镇大平安庄村	26	男	1939 年 5 月
朱天义	平邑县地方镇大平安庄村	30	男	1939 年 5 月
张桂三之妻	平邑县地方镇大平安庄村	44	女	1939 年 5 月
张荣桂之妻	平邑县地方镇大平安庄村	44	女	1939 年 5 月
胡玉芝之母	平邑县地方镇大平安庄村	50	女	1939 年 5 月
朱天合之妻	平邑县地方镇大平安庄村	24	女	1939 年 5 月
徐桂法之妻	平邑县地方镇大平安庄村	52	女	1939 年 5 月
张富德	平邑县地方镇大平安庄村	26	男	1939 年 5 月
朱玉庆	平邑县地方镇大平安庄村	24	男	1939 年 5 月
朱玉清	平邑县地方镇大平安庄村	26	男	1939 年 5 月
汪海盈	平邑县地方镇大平安庄村	28	男	1939 年 5 月
王保衡	平邑县地方镇大平安庄村	30	男	1939 年 5 月
张富勋	平邑县地方镇大平安庄村	34	男	1939 年 5 月
苗现云	平邑县地方镇大平安庄村	35	女	1939 年 5 月
吴福才	平邑县地方镇大平安庄村	32	男	1939 年 5 月
张桂祥	平邑县地方镇大平安庄村	30	男	1939 年 5 月
刘庆汉	平邑县地方镇大平安庄村	28	男	1939 年 5 月
陈开友	平邑县地方镇大平安庄村	24	男	1939 年 5 月
王好生	平邑县地方镇大平安庄村	32	男	1939 年 5 月
徐英明	平邑县地方镇大平安庄村	34	男	1939 年 5 月
徐玉廷	平邑县地方镇大平安庄村	30	男	1939 年 5 月
孙丙杨	平邑县地方镇大平安庄村	27	男	1939 年 5 月
张连美	平邑县地方镇大平安庄村	36	男	1939 年 5 月
孙敬善	平邑县地方镇大平安庄村	38	男	1939 年 5 月
孙怀明	平邑县地方镇大平安庄村	32	男	1939 年 5 月
孙敬远	平邑县地方镇大平安庄村	30	男	1939 年 5 月
窦近义	平邑县地方镇大平安庄村	26	男	1939 年 5 月
胡 拨	平邑县地方镇大平安庄村	28	男	1939 年 5 月
史文祥	平邑县地方镇大平安庄村	32	男	1939 年 5 月
王振伦之妻	平邑县地方镇大平安庄村	45	女	1939 年 5 月

姓 名	籍 贯	年 龄	性 别	死难时间
刘化恩之妻	平邑县地方镇大平安庄村	40	女	1939 年 5 月
吕子久	平邑县地方镇红石岭村	31	男	1939 年 5 月
高纪付	平邑县平邑镇高泉村	—	男	1939 年 5 月
高永进	平邑县平邑镇高泉村	—	男	1939 年 5 月
裴美生	平邑县流峪镇南蒲芦村	16	男	1939 年 6 月
庄立现	平邑县铜石镇金圣堂村	19	男	1939 年 6 月
管永盛	平邑县仲村镇小鲁村	36	男	1939 年 6 月
鲁德胜	平邑县仲村镇小鲁村	—	男	1939 年 6 月
姜石运	平邑县仲村镇马尾村	25	男	1939 年 6 月
姜牛子	平邑县仲村镇马尾村	21	男	1939 年 6 月
蒋配星	平邑县卞桥镇蒋家庄村	—	男	1939 年 6 月
胡大顺	平邑县平邑镇新建村	20	男	1939 年 6 月
赵笃中	平邑县资邱乡辉泉村	36	男	1939 年 7 月
景完全	平邑县卞桥镇东卞桥村	39	男	1939 年 7 月
景万顺	平邑县卞桥镇东卞桥村	37	男	1939 年 7 月
杨安成	平邑县资邱乡资邱村	26	男	1939 年 8 月
张广发	平邑县仲村镇张兴庄村	16	男	1939 年 8 月
郭李氏	平邑县仲村镇周郭村	83	女	1939 年 8 月
公丕存之曾祖	平邑县保太镇公家庄村	43	男	1939 年 8 月
公丕存之祖父	平邑县保太镇公家庄村	25	男	1939 年 8 月
徐长恩之祖父	平邑县保太镇公家庄村	42	男	1939 年 8 月
刘 ×	平邑县流峪镇南蒲芦村	23	男	1939 年 9 月
付志田	平邑县仲村镇周郭村	67	男	1939 年 9 月
文振忠	平邑县仲村镇马家峪村	38	男	1939 年 9 月
刘永圣	平邑县资邱乡杨庄村	23	男	1939 年 10 月
赵兴存	平邑县资邱乡杨庄村	26	男	1939 年 10 月
孙宝峰之母	平邑县柏林镇东武安村	—	女	1939 年 10 月
孙宝峰之妻	平邑县柏林镇东武安村	—	女	1939 年 10 月
孙宝峰之叔	平邑县柏林镇东武安村	—	男	1939 年 10 月
孙宝合之父	平邑县柏林镇东武安村	—	男	1939 年 10 月
孙殿臣	平邑县柏林镇东武安村	—	男	1939 年 10 月
周俊才	平邑县仲村镇周郭村	74	男	1939 年 10 月
毛立梓	平邑县保太镇万庄村	—	男	1939 年 10 月
刘堂永	平邑县地方镇前西固村	—	男	1939 年 10 月

姓 名	籍 贯	年 龄	性 别	死难时间
徐敬远	平邑县地方镇三合村	21	男	1939 年 10 月
吴志后之母	平邑县平邑镇刘家村	24	女	1939 年 10 月
夏玉柱	平邑县平邑镇刘家村	20	男	1939 年 10 月
郭元俊	平邑县仲村镇周郭村	67	男	1939 年 11 月
高自厚	平邑县地方镇西东固村	55	男	1939 年 12 月
陈光太	平邑县资邱乡岐古村	21	男	1939 年
胡京胜	平邑县郑城镇陈家庄村	—	男	1939 年
徐思公	平邑县郑城镇陈家庄村	—	男	1939 年
陈成三	平邑县郑城镇后水湾村	22	男	1939 年
陈成利	平邑县郑城镇后水湾村	21	男	1939 年
陈成深	平邑县郑城镇后水湾村	18	男	1939 年
孙广清	平邑县郑城镇后水湾村	18	男	1939 年
徐金玉	平邑县临涧镇余粮店村	18	男	1939 年
王德群之妻	平邑县临涧镇南唐村	18	女	1939 年
裴现伍	平邑县流峪镇西古路沟村	27	男	1939 年
张绍兵	平邑县魏庄乡南峪村	26	男	1939 年
金宝宽	平邑县柏林镇山庄村	54	男	1939 年
陶立志	平邑县柏林镇固城村	28	男	1939 年
王得胜	平邑县柏林镇固城村	38	男	1939 年
沈贵宝	平邑县柏林镇固城村	—	男	1939 年
程兆祥	平邑县柏林镇前贯庄村	50	男	1939 年
孙怀明	平邑县柏林镇前贯庄村	—	男	1939 年
刘均凯	平邑县仲村镇北仲二村	24	男	1939 年
孙传忠	平邑县仲村镇北昌乐村	—	男	1939 年
林西玉	平邑县仲村镇北仲一村	—	男	1939 年
葛现兵之祖母	平邑县仲村镇新合村	49	女	1939 年
刘世沼	平邑县温水镇东围沟村	18	男	1939 年
林化一	平邑县温水镇元郭四村	30	男	1939 年
王老大	平邑县温水镇西纯庄村	31	男	1939 年
史张氏	平邑县温水镇西纯庄村	30	女	1939 年
管传宝	平邑县保太镇管家庄村	20	男	1939 年
李长志	平邑县保太镇黄疃村	19	男	1939 年
班守旭	平邑县保太镇大三阳一村	18	男	1939 年
沈传运	平邑县保太镇大三阳一村	17	男	1939 年

姓 名	籍 贯	年 龄	性 别	死难时间
昌　×	平邑县保太镇管家庄村	19	男	1939 年
蒋克玉	平邑县武台镇水沟三村	16	男	1939 年
蒋克冉	平邑县武台镇水沟二村	50	男	1939 年
蒋广铃	平邑县武台镇水沟二村	58	男	1939 年
孙宗怀	平邑县武台镇水沟二村	24	男	1939 年
肖洪峰	平邑县武台镇北武台村	—	男	1939 年
仇大巴	平邑县卞桥镇南安靖村	24	男	1939 年
唐合斗	平邑县卞桥镇曹家庄村	—	男	1939 年
唐美启	平邑县卞桥镇曹家庄村	—	女	1939 年
唐东营	平邑县卞桥镇曹家庄村	—	男	1939 年
唐合计	平邑县卞桥镇曹家庄村	—	男	1939 年
唐东汇	平邑县卞桥镇曹家庄村	—	男	1939 年
蒋兰友	平邑县卞桥镇小楼村	29	男	1939 年
公大海	平邑县卞桥镇公家庄村	29	男	1939 年
庆合松	平邑县卞桥镇左家村	50	男	1939 年
葛凤太	平邑县地方镇上炭沟村	17	男	1939 年
马成俊	平邑县地方镇埠西桥村	—	男	1939 年
刘开胜	平邑县地方镇后西固村	38	男	1939 年
刘玉增	平邑县地方镇利沟村	30	男	1939 年
刘　氏	平邑县平邑镇德化庄村	33	女	1939 年
刘德伦	平邑县平邑镇德化庄村	20	男	1939 年
牛连章	平邑县平邑镇舜帝庙村	26	男	1939 年
李新更	平邑县平邑镇西张二村	37	男	1939 年
孟广城	平邑县平邑镇西张庄三村	23	男	1939 年
孟继朵	平邑县平邑镇西张庄三村	37	男	1939 年
梁殿荣	平邑县平邑镇西张庄三村	38	男	1939 年
吴开坤	平邑县平邑镇西张庄三村	37	男	1939 年
孟继举	平邑县平邑镇西张庄三村	36	男	1939 年
邵巩氏	平邑县平邑镇西张庄三村	37	女	1939 年
孟郑氏	平邑县平邑镇西张庄三村	36	女	1939 年
廉京才	平邑县平邑镇大井一村	21	男	1939 年
冯志传	平邑县平邑镇小井村	—	男	1939 年
冯传德	平邑县平邑镇小井村	—	男	1939 年
马殿元	平邑县平邑镇红峪村	16	男	1939 年

姓 名	籍 贯	年 龄	性 别	死难时间
林传一	平邑县平邑镇莲花山村	—	男	1939 年
杨兴才	平邑县平邑镇莲花山村	—	男	1939 年
朱成信之兄	平邑县平邑镇西城居村	20	男	1939 年
李广生	平邑县平邑镇五村	50	男	1939 年
李广生之妻	平邑县平邑镇城中居村	44	女	1939 年
张存德	平邑县平邑镇城中居村	30	男	1939 年
张存山	平邑县平邑镇城中居村	29	男	1939 年
魏昌信	平邑县平邑镇蒙阳居村	37	男	1939 年
魏胡氏	平邑县平邑镇蒙阳居村	35	女	1939 年
魏运兴	平邑县平邑镇蒙阳居村	27	男	1939 年
闫 氏	平邑县平邑镇北苑村	70	女	1939 年
陈登荣	平邑县平邑镇北苑村	45	男	1939 年
魏 ×	平邑县平邑镇东苑居村	41	男	1939 年
魏 ××	平邑县平邑镇东苑居村	37	男	1939 年
王 氏	平邑县平邑镇东苑居村	28	女	1939 年
公小狗	平邑县平邑镇颛臾村	—	男	1939 年
见学义	平邑县平邑镇白马村	25	男	1939 年
陈现让	平邑县平邑镇白马村	30	男	1939 年
毛兴恪	平邑县保太镇万庄村	—	男	1940 年 1 月
李如流	平邑县地方镇范家台村	25	男	1940 年 1 月
李志贵	平邑县铜石镇月阳村	35	男	1940 年 2 月
李志刚	平邑县铜石镇月阳村	41	男	1940 年 2 月
李永泰	平邑县铜石镇月阳村	29	男	1940 年 2 月
孙有义	平邑县铜石镇李家村	21	男	1940 年 2 月
李德安	平邑县白彦镇大朱庄村	42	男	1940 年 2 月
武京合	平邑县地方镇小平安庄村	18	男	1940 年 2 月
胡京良	平邑县地方镇小平安庄村	15	男	1940 年 2 月
张明仪	平邑县资邱乡顺河村	38	男	1940 年 3 月
张传中	平邑县资邱乡顺河村	18	男	1940 年 3 月
胡宝吉	平邑县郑城镇柿子峪村	—	男	1940 年 3 月
德 三	平邑县郑城镇柿子峪村	—	男	1940 年 3 月
胡文秀	平邑县郑城镇柿子峪村	—	男	1940 年 3 月
郭二孩	平邑县郑城镇柿子峪村	—	男	1940 年 3 月
胡金春	平邑县郑城镇柿子峪村	—	男	1940 年 3 月

姓 名	籍 贯	年 龄	性 别	死难时间
胡丙坤	平邑县郑城镇柿子峪村	—	男	1940 年 3 月
胡保吉	平邑县郑城镇柿子峪村	—	男	1940 年 3 月
刘学年	平邑县铜石镇银洞沟村	32	男	1940 年 3 月
梁二傻子	平邑县魏庄乡大魏庄村	49	男	1940 年 3 月
金宝富	平邑县柏林镇许家庄村	—	男	1940 年 3 月
马守印	平邑县保太镇公家庄村	19	男	1940 年 3 月
郭小合	平邑县武台镇卧龙坑村	15	男	1940 年 3 月
李留妃	平邑县地方镇小平安庄村	24	男	1940 年 3 月
韩李氏	平邑县仲村镇康阜庄村	70	女	1940 年 4 月
杨之续	平邑县地方镇南京庄村	23	男	1940 年 4 月
张沼秀	平邑县流峪镇流峪村	—	男	1940 年 5 月
李玉阶	平邑县流峪镇流峪村	—	男	1940 年 5 月
张凤银	平邑县铜石镇仁泉峪村	20	男	1940 年 5 月
王天庭	平邑县铜石镇银洞沟村	27	男	1940 年 5 月
周少文	平邑县仲村镇东乐里村	41	男	1940 年 5 月
高春开	平邑县仲村镇东乐里村	19	男	1940 年 5 月
高梦先	平邑县仲村镇东乐里村	50	男	1940 年 5 月
安俊一	平邑县温水镇西纯庄村	31	男	1940 年 5 月
公方柱之叔	平邑县保太镇公家庄村	25	男	1940 年 5 月
公方柱之婶	平邑县保太镇公家庄村	20	女	1940 年 5 月
殷记连	平邑县卞桥镇龙虎寨村	17	男	1940 年 5 月
刘冒顺	平邑县地方镇小平安庄村	24	男	1940 年 5 月
陈文昌	平邑县地方镇前西固村	25	男	1940 年 5 月
杨占生	平邑县地方镇后东固村	45	男	1940 年 5 月
李德成	平邑县白彦镇大朱庄村	44	男	1940 年 6 月
蒋夫右	平邑县白彦镇大朱庄村	41	男	1940 年 6 月
彭允兰	平邑县卞桥镇东卞桥村	38	女	1940 年 6 月
张凤举	平邑县铜石镇昌里村	—	男	1940 年 7 月
高夫志	平邑县温水镇东围沟村	27	男	1940 年 7 月
殷传生	平邑县卞桥镇龙虎寨村	20	男	1940 年 7 月
池文义	平邑县卞桥镇龙虎寨村	30	男	1940 年 7 月
宋光合	平邑县地方镇小平安庄村	24	男	1940 年 7 月
蒋京海	平邑县铜石镇玉带山村	23	男	1940 年 8 月
刘振良	平邑县铜石镇银洞沟村	33	男	1940 年 8 月

姓 名	籍 贯	年龄	性别	死难时间
丁邵氏	平邑县仲村镇泽国庄村	17	女	1940年8月
马王氏	平邑县仲村镇泽国庄村	21	女	1940年8月
丁现爱	平邑县仲村镇泽国庄村	22	男	1940年8月
丁现珍	平邑县仲村镇泽国庄村	24	男	1940年8月
闫 三	平邑县温水镇西公利村	21	男	1940年8月
管振江	平邑县温水镇西公利村	29	男	1940年8月
闫廷付	平邑县温水镇西公利村	29	男	1940年8月
周李氏	平邑县卞桥镇蒋家庄村	—	女	1940年8月
武新田	平邑县地方镇小平安庄村	15	男	1940年8月
孙福公	平邑县平邑镇东旺沟村	16	男	1940年8月
孙广福	平邑县平邑镇东旺沟村	13	男	1940年8月
林西雨	平邑县铜石镇金山村	—	男	1940年9月
李 江	平邑县铜石镇金山村	—	男	1940年9月
李成全	平邑县铜石镇金山村	—	男	1940年9月
杜光具	平邑县温水镇堡前村	28	男	1940年9月
宋振山	平邑县卞桥镇栏马村	38	男	1940年9月
宋振海	平邑县卞桥镇栏马村	35	男	1940年9月
崔振祥	平邑县卞桥镇栏马村	39	男	1940年9月
崔振海	平邑县卞桥镇栏马村	41	男	1940年9月
彭廷振	平邑县卞桥镇栏马村	31	男	1940年9月
崔振德	平邑县卞桥镇栏马村	31	男	1940年9月
池文义	平邑县卞桥镇栏马村	36	男	1940年9月
崔永前	平邑县卞桥镇栏马村	46	男	1940年9月
崔振堂	平邑县卞桥镇栏马村	44	男	1940年9月
彭东太	平邑县卞桥镇栏马村	38	男	1940年9月
卜兆年	平邑县卞桥镇栏马村	39	男	1940年9月
殷传玉	平邑县卞桥镇栏马村	44	男	1940年9月
宋现富	平邑县卞桥镇栏马村	43	男	1940年9月
崔××	平邑县卞桥镇栏马村	28	男	1940年9月
殷丕才	平邑县卞桥镇栏马村	31	男	1940年9月
吕恒吉	平邑县地方镇王崮山村	40	男	1940年9月
吕自宽	平邑县地方镇王崮山村	40	男	1940年9月
石二文	平邑县地方镇王崮山村	32	男	1940年9月
张贵才	平邑县地方镇王崮山村	31	男	1940年9月

姓 名	籍 贯	年 龄	性 别	死难时间
张学立	平邑县地方镇三山村	20	男	1940 年 9 月
武京海	平邑县地方镇小平安庄村	25	男	1940 年 9 月
刘庆荣	平邑县地方镇东金池村	22	男	1940 年 9 月
孙宝祥	平邑县资邱乡邱上村	—	男	1940 年 10 月
彭维富	平邑县资邱乡邱上村	—	男	1940 年 10 月
杨俊芝	平邑县资邱乡邱上村	—	男	1940 年 10 月
彭进福	平邑县资邱乡邱上村	—	男	1940 年 10 月
彭允元	平邑县资邱乡邱上村	—	男	1940 年 10 月
林本艺	平邑县铜石镇拖车沟村	14	男	1940 年 10 月
薛玉坡	平邑县柏林镇郑家庄村	—	男	1940 年 10 月
郑连申	平邑县柏林镇郑家庄村	—	男	1940 年 10 月
薛宗文	平邑县柏林镇西武安村	32	男	1940 年 10 月
续守忠	平邑县温水镇东围沟村	20	男	1940 年 10 月
李配祥	平邑县武台镇黑山前村	38	男	1940 年 10 月
周洪仁	平邑县卞桥镇蒙胜村	30	男	1940 年 10 月
崔传道	平邑县资邱乡杨庄村	28	男	1940 年 12 月
刘如家	平邑县铜石镇银洞沟村	28	男	1940 年 12 月
张合远	平邑县武台镇水沟一村	—	男	1940 年 12 月
赵小巴	平邑县资邱乡八顶庄	33	男	1940 年
韩老二	平邑县资邱乡八顶庄	40	男	1940 年
彭廷贵之妻	平邑县资邱乡邱上村	28	女	1940 年
高供田	平邑县资邱乡岳家村	19	男	1940 年
楚宝四	平邑县资邱乡国太村	26	男	1940 年
王聪贤	平邑县资邱乡时家村	40	男	1940 年
时洪奎	平邑县资邱乡时家村	3	男	1940 年
王光平	平邑县资邱乡时家村	2	男	1940 年
王光好	平邑县资邱乡时家村	2	男	1940 年
温广成	平邑县郑城镇郑城村	19	男	1940 年
李士信	平邑县郑城镇松林村	—	男	1940 年
苗广军	平邑县郑城镇松林村	—	男	1940 年
徐德才	平邑县郑城镇铁岭村	17	男	1940 年
刘玉海	平邑县流峪镇西古路沟村	24	男	1940 年
裴仲德	平邑县流峪镇西古路沟村	18	男	1940 年
郭东祥	平邑县铜石镇王家庄	19	男	1940 年

姓 名	籍 贯	年 龄	性 别	死难时间
史瑞玉	平邑县铜石镇牛寨子村	20	男	1940 年
王成殿	平邑县柏林镇汪家坡村	—	男	1940 年
王春祥	平邑县柏林镇汪家坡村	—	男	1940 年
彭玉田	平邑县柏林镇汪家坡村	—	男	1940 年
郭　×	平邑县柏林镇黄崖村	—	男	1940 年
胡敬宝	平邑县柏林镇乔家庄	24	男	1940 年
李大强	平邑县仲村镇武岩村	30	男	1940 年
孙光来	平邑县仲村镇北仲二村	46	男	1940 年
王学仁	平邑县仲村镇牛家庄村	24	男	1940 年
牛　选	平邑县仲村镇牛家庄村	44	男	1940 年
赵连友	平邑县仲村镇西合村	13	男	1940 年
席良华	平邑县仲村镇德胜村	36	男	1940 年
席小增	平邑县仲村镇德胜村	19	女	1940 年
齐自玉	平邑县仲村镇前进村	—	男	1940 年
唐加让	平邑县仲村镇三合四村	—	男	1940 年
马宝兰	平邑县仲村镇南近台村	24	男	1940 年
杨现坤	平邑县仲村镇南近台村	36	男	1940 年
管修三	平邑县仲村镇南近台村	23	男	1940 年
马车焕	平邑县仲村镇南近台村	35	男	1940 年
王保胜之妻	平邑县仲村镇北仲村	22	女	1940 年
王保传	平邑县仲村镇北仲村	17	男	1940 年
王保田之妻	平邑县仲村镇北仲村	20	女	1940 年
王保田之子	平邑县仲村镇北仲村	1	男	1940 年
尹兆田	平邑县温水镇小河村	56	男	1940 年
尹士训	平邑县温水镇小河村	11	男	1940 年
尹士荣	平邑县温水镇小河村	9	男	1940 年
尹续山	平邑县温水镇小河村	25	男	1940 年
林希珠	平邑县温水镇小河村	34	男	1940 年
林化石	平邑县温水镇元郭四村	28	男	1940 年
高伦山	平邑县温水镇东公利村	19	男	1940 年
王三举	平邑县保太镇后崖村	15	男	1940 年
耿化田	平邑县保太镇黄疃村	48	男	1940 年
张玉庭	平邑县白彦镇平山村	—	男	1940 年
吴功瑞	平邑县白彦镇邱庄村	—	男	1940 年

姓 名	籍 贯	年 龄	性 别	死难时间
高希洞	平邑县白彦镇邱庄村	—	男	1940 年
邱荣昌	平邑县白彦镇邱庄村	—	男	1940 年
邱道海	平邑县白彦镇邱庄村	—	男	1940 年
邱传刚	平邑县白彦镇邱庄村	—	男	1940 年
吴京全	平邑县白彦镇孟沟村	55	男	1940 年
徐德强	平邑县白彦镇孟沟村	28	男	1940 年
咸光长	平邑县武台镇咸家庄村	40	男	1940 年
石王氏	平邑县卞桥镇石桥村	30	女	1940 年
唐正东	平邑县卞桥镇曹家庄村	—	男	1940 年
唐东亚	平邑县卞桥镇曹家庄村	—	男	1940 年
刘纪营	平邑县卞桥镇东荆埠村	—	男	1940 年
刘德昌	平邑县卞桥镇龙虎寨村	25	男	1940 年
宋万才	平邑县卞桥镇小楼村	28	男	1940 年
公丕兰	平邑县卞桥镇公家山村	30	男	1940 年
公丕文	平邑县卞桥镇公家山村	32	男	1940 年
公丕宝	平邑县卞桥镇公家山村	41	男	1940 年
公大思	平邑县卞桥镇公家庄村	26	男	1940 年
张庞氏	平邑县地方镇黄崖头村	—	女	1940 年
王现富	平邑县地方镇岳庄村	20	男	1940 年
刘 胡	平邑县地方镇后西固村	44	男	1940 年
王玉德	平邑县地方镇后西固村	8	男	1940 年
武纪文	平邑县地方镇东朱尹村	32	男	1940 年
陈丙连	平邑县平邑镇盛泉村	22	男	1940 年
王京堂	平邑县平邑镇孙家村	24	男	1940 年
王京山	平邑县平邑镇孙家村	22	男	1940 年
谢成启	平邑县平邑镇孙家村	26	男	1940 年
赵明启	平邑县平邑镇小井村	—	男	1940 年
刘广武	平邑县平邑镇毛家庄村	41	男	1940 年
杨廷全	平邑县平邑镇莲花山村	—	男	1940 年
陈登启	平邑县平邑镇北苑村	33	男	1940 年
周 发	平邑县平邑镇刘家村	31	男	1941 年 1 月
姚殿左	平邑县资邱乡资邱村	18	男	1941 年 2 月
田中玉	平邑县资邱乡资邱村	24	男	1941 年 2 月
毛启存	平邑县铜石镇毛家岭村	9	男	1941 年 2 月

姓　名	籍　贯	年　龄	性　别	死难时间
苗成文之母	平邑县白彦镇南径村	—	女	1941 年 2 月
苗广友之妻	平邑县白彦镇南径村	—	女	1941 年 2 月
李广友	平邑县白彦镇太皇崮村	65	男	1941 年 2 月
张如宽	平邑县资邱乡顺河村	38	男	1941 年 3 月
张清明	平邑县郑城镇柿子峪村	—	男	1941 年 3 月
闫立地	平邑县铜石镇北诸冯村	20	男	1941 年 3 月
孙殿克	平邑县铜石镇毛家岭村	21	男	1941 年 4 月
唐明山	平邑县卞桥镇城泉村	37	男	1941 年 4 月
殷记存	平邑县卞桥镇龙虎寨村	17	男	1941 年 4 月
徐兆全	平邑县流峪镇东古路沟村	19	男	1941 年 5 月
赵云曲	平邑县流峪镇东古路沟村	19	男	1941 年 5 月
裴现坤	平邑县流峪镇西古路沟村	17	男	1941 年 5 月
韩玉背	平邑县流峪镇栗园村	19	男	1941 年 5 月
张京礼	平邑县流峪镇老泉崖村	7	男	1941 年 5 月
张淑存	平邑县流峪镇老泉崖村	40	男	1941 年 5 月
孙　宾	平邑县铜石镇郭泉村	16	男	1941 年 5 月
尹西红	平邑县柏林镇宋合村	—	男	1941 年 5 月
郑所法	平邑县白彦镇小朱庄村	28	男	1941 年 5 月
朱九林	平邑县白彦镇小朱庄村	29	男	1941 年 5 月
唐美发	平邑县卞桥镇南安靖村	30	男	1941 年 5 月
薛宗云	平邑县柏林镇西武安村	30	男	1941 年 6 月
姜学典	平邑县仲村镇康阜庄村	40	男	1941 年 6 月
刁存良	平邑县仲村镇岐山村	20	男	1941 年 6 月
李加仁	平邑县仲村镇岐山村	21	男	1941 年 6 月
赵　大	平邑县温水镇西纯庄村	34	男	1941 年 6 月
许文长	平邑县柏林镇许家庄村	32	男	1941 年 7 月
汪兆起	平邑县柏林镇许家庄村	32	男	1941 年 7 月
胡存付	平邑县温水镇西公利村	29	男	1941 年 7 月
赵之明	平邑县地方镇东金池村	25	男	1941 年 7 月
许如光	平邑县卞桥镇东家庄村	51	男	1941 年 8 月
东野庆瑶	平邑县卞桥镇东家庄村	50	男	1941 年 8 月
东野庆成	平邑县卞桥镇东家庄村	49	男	1941 年 8 月
东野长随	平邑县卞桥镇东家庄村	17	男	1941 年 8 月
东野庆琢	平邑县卞桥镇东家庄村	19	男	1941 年 8 月

姓 名	籍 贯	年 龄	性 别	死难时间
东野传训	平邑县卞桥镇东家庄村	20	男	1941 年 8 月
东野传黄	平邑县卞桥镇东家庄村	49	男	1941 年 8 月
东野慧兰	平邑县卞桥镇东家庄村	25	女	1941 年 8 月
东野庆俊	平邑县卞桥镇东家庄村	40	男	1941 年 8 月
东野传英	平邑县卞桥镇东家庄村	31	女	1941 年 8 月
东野庆岑	平邑县卞桥镇东家庄村	37	男	1941 年 8 月
东野传洋	平邑县卞桥镇东家庄村	48	男	1941 年 8 月
东野庆明	平邑县卞桥镇东家庄村	51	男	1941 年 8 月
东野广文	平邑县卞桥镇东家庄村	23	男	1941 年 8 月
王 氏	平邑县卞桥镇东家庄村	49	女	1941 年 8 月
任克成	平邑县卞桥镇东家庄村	51	男	1941 年 8 月
任昌贵	平邑县卞桥镇东家庄村	28	女	1941 年 8 月
王清合	平邑县卞桥镇东家庄村	25	女	1941 年 8 月
唐 氏	平邑县卞桥镇东家庄村	51	女	1941 年 8 月
杨 氏	平邑县卞桥镇东家庄村	18	女	1941 年 8 月
崔 氏	平邑县卞桥镇东家庄村	48	女	1941 年 8 月
东野传诸	平邑县卞桥镇东家庄村	20	男	1941 年 8 月
张 氏	平邑县卞桥镇东家庄村	50	女	1941 年 8 月
李小岁	平邑县温水镇兴孝村	45	男	1941 年 9 月
李刘氏	平邑县地方镇宋家庄村	61	女	1941 年 9 月
陈香妮	平邑县平邑镇茄山头村	13	女	1941 年 9 月
李相德	平邑县仲村镇康阜庄村	49	男	1941 年 10 月
李德芝	平邑县仲村镇小鲁村	—	男	1941 年 10 月
程兆伦	平邑县仲村镇马家峪村	30	男	1941 年 10 月
孙富荣	平邑县仲村镇马家峪村	32	男	1941 年 10 月
文广力	平邑县仲村镇马家峪村	35	男	1941 年 10 月
张茂德	平邑县仲村镇马家峪村	34	男	1941 年 10 月
胡子义之子	平邑县白彦镇泊石板村	6	男	1941 年 10 月
胡子义之女	平邑县白彦镇泊石板村	5	女	1941 年 10 月
邓全九	平邑县平邑镇南阳村	18	男	1941 年 10 月
巩成来	平邑县平邑镇南阳村	20	男	1941 年 10 月
陈广元	平邑县平邑镇南阳村	22	男	1941 年 10 月
裴明信	平邑县平邑镇南阳村	17	男	1941 年 10 月
张殿法	平邑县平邑镇南阳村	22	男	1941 年 10 月

姓 名	籍 贯	年 龄	性 别	死难时间
张殿生	平邑县平邑镇南阳村	20	男	1941 年 10 月
张洪礼	平邑县平邑镇南阳村	19	男	1941 年 10 月
张洪明	平邑县平邑镇南阳村	18	男	1941 年 10 月
裴明成	平邑县平邑镇南阳村	20	男	1941 年 10 月
陈广祥	平邑县平邑镇南阳村	30	男	1941 年 10 月
陈清友	平邑县平邑镇南阳村	23	男	1941 年 10 月
巩传厚	平邑县平邑镇南阳村	21	男	1941 年 10 月
施兴义	平邑县平邑镇南阳村	20	男	1941 年 10 月
陈清松	平邑县平邑镇南阳村	19	男	1941 年 10 月
巩成志	平邑县平邑镇南阳村	21	男	1941 年 10 月
躬兴峰	平邑县平邑镇南阳村	22	男	1941 年 10 月
陈十迁	平邑县郑城镇埠西村	—	男	1941 年 11 月
鲁 大	平邑县郑城镇埠西村	—	男	1941 年 11 月
徐思军	平邑县铜石镇红旗村	33	男	1941 年 11 月
邱昌元	平邑县郑城镇兴源村	—	男	1941 年 12 月
邱××	平邑县郑城镇兴源村	—	男	1941 年 12 月
韩老大	平邑县资邱乡八顶庄	36	男	1941 年
王 宿	平邑县资邱乡八顶庄	31	男	1941 年
常万绪	平邑县资邱乡八顶庄	35	男	1941 年
赵京举	平邑县资邱乡八顶庄	37	男	1941 年
常老大	平邑县资邱乡八顶庄	—	男	1941 年
池洪山	平邑县资邱乡关庙村	31	男	1941 年
高连喜	平邑县资邱乡关庙村	27	男	1941 年
蔡柱生	平邑县资邱乡岳家村	21	男	1941 年
桂开杰	平邑县资邱乡时家村	—	男	1941 年
时 大	平邑县资邱乡时家村	10	男	1941 年
王 大	平邑县资邱乡时家村	11	男	1941 年
赵京行	平邑县资邱乡赵家村	20	男	1941 年
时洪杰之次子	平邑县资邱乡时家村	—	男	1941 年
桂开运之子	平邑县资邱乡时家村	—	男	1941 年
桂开秋之子	平邑县资邱乡时家村	—	男	1941 年
桂开彦之子	平邑县资邱乡时家村	—	男	1941 年
李 平	平邑县郑城镇北杨家庄村	20	男	1941 年
李丙才	平邑县郑城镇北杨家庄村	16	男	1941 年

姓　名	籍　贯	年　龄	性　别	死难时间
张传义	平邑县郑城镇兴源村	—	男	1941 年
王传数	平邑县郑城镇双兴村	—	男	1941 年
徐　忠	平邑县郑城镇油篓村	27	男	1941 年
郭东修	平邑县铜石镇王家庄	24	男	1941 年
赵京更	平邑县铜石镇诸冯铺村	13	男	1941 年
张启田	平邑县魏庄乡苍山湾村	30	男	1941 年
成友之四叔	平邑县柏林镇坦埠岭村	—	男	1941 年
成友婶	平邑县柏林镇坦埠岭村	—	女	1941 年
刘　氏	平邑县柏林镇石崖前村	20	女	1941 年
卢西红	平邑县柏林镇宋合村	—	男	1941 年
金　×	平邑县柏林镇许家庄村	28	男	1941 年
王成有之四祖父	平邑县柏林镇坦埠岭村	—	男	1941 年
王成友之大叔	平邑县柏林镇坦埠岭村	—	男	1941 年
王成友之三叔	平邑县柏林镇坦埠岭村	—	男	1941 年
孙廷江	平邑县仲村镇康家寨村	35	男	1941 年
孙廷春之叔	平邑县仲村镇康家寨村	38	男	1941 年
华　军	平邑县仲村镇康家寨村	35	男	1941 年
齐习中	平邑县仲村镇段庄村	27	男	1941 年
唐彦德	平邑县仲村镇三合四村	—	男	1941 年
王自道	平邑县仲村镇南近台村	35	男	1941 年
孙运祥	平邑县温水镇仁孝村	30	男	1941 年
李维山	平邑县保太镇大三阳四村	21	男	1941 年
李守德	平邑县保太镇柳家村	21	男	1941 年
连茂景	平邑县白彦镇东村	32	男	1941 年
刘兴臣	平邑县白彦镇黑石查村	—	男	1941 年
刘兴参	平邑县白彦镇黑石查村	28	男	1941 年
寇成金	平邑县白彦镇寇家山村	39	男	1941 年
寇连启	平邑县白彦镇里山蒋村	—	男	1941 年
袁如俊	平邑县白彦镇里山蒋村	—	男	1941 年
袁本泉	平邑县白彦镇里山蒋村	—	男	1941 年
吴京国	平邑县白彦镇孟沟村	34	男	1941 年
赵汉本之妻	平邑县武台镇东武沟村	—	女	1941 年
蒋自林	平邑县武台镇水沟三村	—	男	1941 年
唐召荣	平邑县卞桥镇南安靖村	37	女	1941 年

姓　名	籍　贯	年　龄	性　别	死难时间
唐召兴	平邑县卞桥镇南安靖村	33	女	1941 年
公丕怀	平邑县卞桥镇公家庄村	29	男	1941 年
公丕怀之弟	平邑县卞桥镇公家庄村	27	男	1941 年
张永才	平邑县地方镇王家庄村	20	男	1941 年
杨德申	平邑县地方镇上炭沟村	21	男	1941 年
杨忠合	平邑县地方镇爱华村	57	男	1941 年
杨忠进	平邑县地方镇爱华村	56	男	1941 年
杨麻子	平邑县地方镇爱华村	59	男	1941 年
朱西武	平邑县地方镇爱华村	55	男	1941 年
赵××	平邑县地方镇爱华村	38	女	1941 年
王宝恒	平邑县地方镇八一村	—	男	1941 年
邵庆申	平邑县地方镇八一村	—	男	1941 年
杨夫家	平邑县地方镇前东固村	—	男	1941 年
杨护家	平邑县地方镇前东固村	—	男	1941 年
陈放殿	平邑县平邑镇东贺庄村	28	男	1941 年
牛现才	平邑县平邑镇舜帝庙村	18	男	1941 年
吴志才	平邑县平邑镇小井村	13	男	1941 年
马传本	平邑县平邑镇小井村	—	男	1941 年
陈汉堤	平邑县平邑镇石固村	—	男	1941 年
耿汉堤	平邑县平邑镇石固村	—	男	1941 年
付廷秀	平邑县平邑镇白庄村	58	男	1941 年
朱刘氏	平邑县平邑镇西城居村	20	女	1941 年
王吉文	平邑县平邑镇店子村	—	男	1941 年
乾宏祥	平邑县平邑镇浚东村	—	男	1941 年
王继东	平邑县平邑镇白龙泉村	20	男	1941 年
岳敬富	平邑县平邑镇白龙泉村	21	男	1941 年
姚立志	平邑县平邑镇南阳村	20	男	1941 年
芦修仁	平邑县平邑镇白马村	20	男	1941 年
赵春节	平邑县铜石镇毛家岭村	21	男	1942 年 1 月
王清山	平邑县卞桥镇东家庄村	22	男	1942 年 1 月
王永祥	平邑县卞桥镇东家庄村	41	男	1942 年 1 月
王清启	平邑县卞桥镇东家庄村	23	男	1942 年 1 月
王清圣	平邑县卞桥镇东家庄村	28	男	1942 年 1 月
王永连	平邑县卞桥镇东家庄村	29	男	1942 年 1 月

姓 名	籍 贯	年 龄	性 别	死难时间
彭希伟	平邑县郑城镇玉溪村	19	男	1942 年 2 月
续恩文	平邑县温水镇东围沟村	62	男	1942 年 2 月
续志先	平邑县温水镇东围沟村	40	男	1942 年 2 月
续广先	平邑县温水镇东围沟村	38	男	1942 年 2 月
续守华	平邑县温水镇东围沟村	17	男	1942 年 2 月
王玉山	平邑县铜石镇北诸冯村	25	男	1942 年 3 月
刘德元	平邑县铜石镇金昌村	15	男	1942 年 3 月
刘玉山	平邑县柏林镇宋合村	—	男	1942 年 3 月
王顺平	平邑县仲村镇武岩村	31	男	1942 年 3 月
林传富	平邑县温水镇永庆村	42	男	1942 年 3 月
林希单	平邑县温水镇永庆村	23	男	1942 年 3 月
李成修	平邑县地方镇王崮山村	23	男	1942 年 3 月
李成琢	平邑县地方镇王崮山村	21	男	1942 年 3 月
廉德中	平邑县地方镇红石岭村	35	男	1942 年 3 月
杨凤彩	平邑县地方镇后东固村	57	男	1942 年 3 月
陈继昌	平邑县平邑镇柴山后村	—	男	1942 年 3 月
董见明	平邑县资邱乡顺河村	40	男	1942 年 4 月
蒋广元	平邑县白彦镇石洞口村	18	男	1942 年 4 月
张清平	平邑县流峪镇义新庄村	20	男	1942 年 5 月
张文义	平邑县流峪镇义新庄村	21	男	1942 年 5 月
宋士兴	平邑县流峪镇义新庄村	20	男	1942 年 5 月
何瑞泉	平邑县流峪镇义新庄村	21	男	1942 年 5 月
张永成	平邑县仲村镇南大支坡村	17	男	1942 年 5 月
刘韩金	平邑县仲村镇岐山村	18	男	1942 年 5 月
路宗保	平邑县仲村镇岐山村	20	男	1942 年 5 月
杨殿民	平邑县平邑镇晗哺村	25	男	1942 年 6 月
张庆仁	平邑县平邑镇晗哺村	23	男	1942 年 6 月
彭兆春	平邑县卞桥镇东卞桥村	52	男	1942 年 7 月
彭允新	平邑县卞桥镇东卞桥村	42	男	1942 年 7 月
武付友	平邑县卞桥镇东卞桥村	40	男	1942 年 7 月
杨廷吉	平邑县平邑镇晗哺村	17	男	1942 年 7 月
刘志三	平邑县资邱乡资邱村	31	男	1942 年 8 月
王春坤	平邑县流峪镇义和庄村	30	男	1942 年 8 月
管如合	平邑县铜石镇金昌村	12	男	1942 年 8 月

姓 名	籍 贯	年 龄	性 别	死难时间
李茂勤	平邑县仲村镇武岩村	21	男	1942 年 8 月
吴胜刚	平邑县仲村镇南大支坡村	20	男	1942 年 8 月
吴胜士	平邑县仲村镇南大支坡村	19	男	1942 年 8 月
朱旭灵	平邑县白彦镇小朱庄村	41	男	1942 年 8 月
廉士凡	平邑县地方镇辛庄村	22	男	1942 年 8 月
廉德士	平邑县地方镇辛庄村	23	男	1942 年 8 月
廉茂梓	平邑县地方镇辛庄村	21	男	1942 年 8 月
廉德祥	平邑县地方镇辛庄村	22	男	1942 年 8 月
武开春	平邑县地方镇甘草峪村	19	男	1942 年 8 月
唐孝义	平邑县资邱乡唐刘村	27	男	1942 年 9 月
齐可发	平邑县仲村镇段庄村	29	男	1942 年 9 月
唐美贤之母	平邑县卞桥镇曹家庄村	—	女	1942 年 9 月
李明祥	平邑县地方镇王家庄村	18	男	1942 年 9 月
李成周	平邑县地方镇王家庄村	—	男	1942 年 9 月
唐东来	平邑县资邱乡唐刘村	56	男	1942 年 10 月
闫登云	平邑县温水镇花连村	41	男	1942 年 10 月
林茂永	平邑县温水镇元郭一村	34	男	1942 年 10 月
余先生	平邑县卞桥镇东卞桥村	42	男	1942 年 10 月
石殿举	平邑县地方镇红石岭村	32	男	1942 年 10 月
薛洪进	平邑县平邑镇晗哺村	24	男	1942 年 10 月
陈山猛	平邑县仲村镇陈家寨	6	男	1942 年 11 月
段孝为	平邑县仲村镇陈家寨	21	男	1942 年 11 月
陈孝男	平邑县仲村镇陈家寨	16	男	1942 年 11 月
徐万成	平邑县地方镇和顺村	37	男	1942 年 11 月
耿万顺	平邑县保太镇黄疃村	17	男	1942 年 12 月
常小报	平邑县资邱乡八顶庄	39	男	1942 年
赵学凤之姑	平邑县资邱乡八顶庄	—	女	1942 年
曹光生	平邑县资邱乡官庄村	18	男	1942 年
小 凡	平邑县资邱乡关庙村	11	女	1942 年
高孟青	平邑县资邱乡岳家村	34	男	1942 年
岳五麻	平邑县资邱乡岳家村	24	男	1942 年
王付增	平邑县资邱乡辉泉村	21	男	1942 年
时胜才	平邑县资邱乡时家村	22	男	1942 年
时洪俊	平邑县资邱乡时家村	26	男	1942 年

姓 名	籍 贯	年 龄	性 别	死难时间
桂德才	平邑县资邱乡赵家村	15	男	1942 年
王成彬	平邑县郑城镇双兴村	—	男	1942 年
刘德余	平邑县郑城镇郑城村	23	男	1942 年
巩 大	平邑县临涧镇南庞庄村	21	男	1942 年
巩 四	平邑县临涧镇南庞庄村	15	男	1942 年
巩 强	平邑县临涧镇南庞庄村	22	男	1942 年
牛克酌	平邑县流峪镇邵家庄村	22	男	1942 年
李开玉	平邑县流峪镇流峪村	—	男	1942 年
吴安友	平邑县流峪镇流峪村	—	男	1942 年
刘传珠	平邑县铜石镇小广泉村	50	男	1942 年
王围仓	平邑县铜石镇下大峪村	18	男	1942 年
刘 臭	平邑县铜石镇下大峪村	21	男	1942 年
田家梓	平邑县铜石镇下大峪村	21	男	1942 年
徐三连	平邑县铜石镇王家庄	24	男	1942 年
郭东明	平邑县铜石镇王家庄	25	男	1942 年
赵元德	平邑县铜石镇诸冯铺村	44	男	1942 年
段付振	平邑县铜石镇铜石村	24	男	1942 年
徐一斗	平邑县铜石镇铜石村	20	男	1942 年
徐守啓	平邑县铜石镇铜石村	10	男	1942 年
徐守地	平邑县铜石镇铜石村	—	男	1942 年
徐四云	平邑县铜石镇十字庄村	17	男	1942 年
徐四雨	平邑县铜石镇十字庄村	22	男	1942 年
刘长三	平邑县铜石镇东丘村	27	男	1942 年
张很明	平邑县魏庄乡苍山湾村	30	男	1942 年
张汝拨	平邑县魏庄乡苍山湾村	31	男	1942 年
冯青云	平邑县魏庄乡苍山湾村	24	男	1942 年
冯松国	平邑县魏庄乡虎窝村	31	男	1942 年
梁纪富	平邑县魏庄乡东大泉村	25	男	1942 年
二 子	平邑县柏林镇石崖前村	4	男	1942 年
孙安靖	平邑县柏林镇足食村	—	男	1942 年
孙前思	平邑县柏林镇足食村	—	男	1942 年
解 ×	平邑县柏林镇邢家庄村	—	男	1942 年
宋万香	平邑县柏林镇乔家庄	27	男	1942 年
闫志太	平邑县柏林镇乔家庄	17	男	1942 年

姓 名	籍 贯	年 龄	性 别	死难时间
李西久	平邑县柏林镇固城村	—	男	1942 年
刁玉瑞	平邑县仲村镇岐山村	19	男	1942 年
高梦三	平邑县仲村镇东乐里村	42	男	1942 年
刘　刚	平邑县仲村镇北仲一村	27	男	1942 年
王延刚	平邑县仲村镇峡圩村	17	男	1942 年
咸广蛋	平邑县仲村镇兴民庄村	46	男	1942 年
王树林	平邑县仲村镇东流村	—	男	1942 年
杨洪章	平邑县仲村镇梅家沟村	19	男	1942 年
杨修兆	平邑县仲村镇梅家沟村	19	男	1942 年
孙玉奋	平邑县温水镇南马村	—	男	1942 年
宋春英	平邑县温水镇元郭四村	40	女	1942 年
曹　宝	平邑县温水镇东公利村	21	男	1942 年
李开功	平邑县保太镇大三阳三村	45	男	1942 年
郑洪路	平邑县白彦镇山阴村	—	男	1942 年
李桂先之母	平邑县白彦镇李家沟村	—	女	1942 年
李电邦	平邑县白彦镇李家沟村	—	男	1942 年
李电玉	平邑县白彦镇李家沟村	—	男	1942 年
李电国	平邑县白彦镇李家沟村	—	男	1942 年
李电远	平邑县白彦镇李家沟村	—	男	1942 年
李振言	平邑县白彦镇李家沟村	—	男	1942 年
陈友胜	平邑县白彦镇谷堆村	40	男	1942 年
吴松荣	平邑县白彦镇贺郎铺村	70	男	1942 年
吴京贵	平邑县白彦镇东村	38	男	1942 年
谢清胜	平邑县白彦镇黄坡西村	21	男	1942 年
谢洪连	平邑县白彦镇小黄坡村	—	男	1942 年
谢恒顺	平邑县白彦镇小黄坡村	22	男	1942 年
谢洪柱	平邑县白彦镇小黄坡村	25	男	1942 年
孟××	平邑县白彦镇崮北村	—	男	1942 年
王　氏	平邑县白彦镇崮北村	—	女	1942 年
陈　氏	平邑县白彦镇崮北村	—	女	1942 年
吴功德	平邑县白彦镇石洞口村	37	男	1942 年
袁凤友	平邑县白彦镇袁家庄村	70	男	1942 年
袁王氏	平邑县白彦镇袁家庄村	60	女	1942 年
赵继秋	平邑县武台镇武沟寨村	41	男	1942 年

姓 名	籍 贯	年 龄	性 别	死难时间
赵怀太	平邑县武台镇东武沟村	—	男	1942 年
孙相奎	平邑县武台镇东武沟村	—	男	1942 年
赵继昌	平邑县武台镇东武沟村	—	男	1942 年
于泽义	平邑县武台镇北武台村	32	男	1942 年
路宝有	平邑县武台镇蒋里村	9	男	1942 年
赵凤友	平邑县卞桥镇石桥村	25	男	1942 年
唐张氏	平邑县卞桥镇曹家庄村	—	女	1942 年
唐东红	平邑县卞桥镇曹家庄村	—	男	1942 年
唐秀化	平邑县卞桥镇曹家庄村	—	女	1942 年
任 民	平邑县卞桥镇东家庄村	30	女	1942 年
东野庆良	平邑县卞桥镇东家庄村	41	男	1942 年
东野长荣	平邑县卞桥镇东家庄村	19	女	1942 年
东野庆扬	平邑县卞桥镇东家庄村	40	男	1942 年
殷传洋	平邑县卞桥镇龙虎寨村	12	男	1942 年
宋万志	平邑县卞桥镇小楼村	26	男	1942 年
孙玉山	平邑县卞桥镇小楼村	36	男	1942 年
宋殷奎	平邑县卞桥镇小楼村	24	男	1942 年
佟志启	平邑县地方镇大平安庄村	—	男	1942 年
范复义	平邑县地方镇岳庄村	23	男	1942 年
唐继才	平邑县地方镇埠西桥村	—	男	1942 年
范德祥	平邑县地方镇范家台村	28	男	1942 年
腾化道	平邑县地方镇西金池村	38	男	1942 年
张邵氏	平邑县地方镇西瑶草村	—	女	1942 年
李纪远	平邑县地方镇大瑶草村	23	男	1942 年
李庆远	平邑县地方镇大瑶草村	23	男	1942 年
李济远	平邑县地方镇大瑶草村	40	男	1942 年
李日强	平邑县地方镇大瑶草村	24	男	1942 年
李日昌	平邑县地方镇大瑶草村	23	男	1942 年
李清泉	平邑县地方镇大瑶草村	23	男	1942 年
邓 氏	平邑县地方镇大井头村	70	女	1942 年
赵德志	平邑县地方镇大井头村	20	男	1942 年
徐广德	平邑县地方镇爱华村	55	男	1942 年
张 氏	平邑县地方镇爱华村	59	女	1942 年
刘 氏	平邑县地方镇爱华村	61	女	1942 年

姓　名	籍　贯	年　龄	性　别	死难时间
杨年贵	平邑县地方镇后东固村	—	男	1942 年
杨凤德	平邑县地方镇后东固村	—	男	1942 年
赵笃臣	平邑县地方镇八一村	—	男	1942 年
姜美英	平邑县地方镇八一村	—	女	1942 年
陈玉美	平邑县地方镇八一村	—	女	1942 年
李加秀	平邑县地方镇前东固村	—	男	1942 年
杨保超	平邑县地方镇前东固村	—	男	1942 年
阮志共	平邑县平邑镇小井村	—	男	1942 年
刘以洪	平邑县平邑镇小井村	—	男	1942 年
韩京荣之婆婆	平邑县平邑镇刘家村	—	女	1942 年
周焕章	平邑县平邑镇仁德村	23	男	1942 年
张雨居	平邑县平邑镇仁德村	22	男	1942 年
王安俊	平邑县平邑镇白庄村	18	男	1942 年
杜素美	平邑县平邑镇白庄村	17	男	1942 年
刘文采	平邑县平邑镇毛家庄村	20	男	1942 年
孙洪太	平邑县平邑镇毛家庄村	22	男	1942 年
刘庆常	平邑县平邑镇毛家庄村	25	男	1942 年
胡兆同	平邑县平邑镇新安村	24	男	1942 年
安克恒	平邑县平邑镇三村二	17	男	1942 年
李文合	平邑县平邑镇三村二	26	男	1942 年
杨　妮	平邑县平邑镇三村二	18	女	1942 年
魏宗绪	平邑县平邑镇蒙阳居村	39	男	1942 年
张志顺	平邑县平邑镇小南泉村	31	男	1942 年
刘殿学之祖母	平邑县平邑镇八埠庄村	—	女	1942 年
李丙全	平邑县平邑镇八埠庄村	—	男	1942 年
李马生之母	平邑县平邑镇八埠庄村	—	女	1942 年
李　信	平邑县平邑镇民居村	—	男	1942 年
米云开	平邑县平邑镇店子村	—	男	1942 年
裴径队	平邑县平邑镇浚东村	—	男	1942 年
陈庆荣	平邑县平邑镇白马村	30	男	1942 年
陈宝金	平邑县平邑镇白马村	45	男	1942 年
高付祥	平邑县平邑镇窦家村	30	男	1942 年
翟淑青	平邑县流峪镇城子村	22	男	1943 年 1 月
孙广银	平邑县流峪镇山头村	18	男	1943 年 1 月

姓 名	籍 贯	年 龄	性 别	死难时间
赵京泰	平邑县武台镇南武沟村	19	男	1943 年 1 月
祝洪明	平邑县平邑镇河湾村	28	男	1943 年 1 月
李连文	平邑县平邑镇河湾村	26	男	1943 年 1 月
张善廷	平邑县资邱乡资邱村	30	男	1943 年 2 月
胡敬存	平邑县铜石镇王府庄村	17	男	1943 年 2 月
宋相艾	平邑县温水镇东升村	22	男	1943 年 2 月
贾庆祥	平邑县白彦镇贾家庄村	22	男	1943 年 2 月
孙加贞	平邑县地方镇东金池村	20	男	1943 年 2 月
张志安	平邑县平邑镇新建村	25	男	1943 年 2 月
张朋清	平邑县资邱乡顺河村	38	男	1943 年 3 月
杨万达	平邑县资邱乡资邱村	33	男	1943 年 3 月
姚付勋	平邑县资邱乡资邱村	41	男	1943 年 3 月
翟淑千	平邑县流峪镇城子村	20	男	1943 年 3 月
李长来	平邑县仲村镇李家庄村	41	男	1943 年 3 月
文广厚	平邑县仲村镇马家峪村	40	男	1943 年 3 月
李 氏	平邑县仲村镇马家峪村	35	女	1943 年 3 月
徐文堂	平邑县仲村镇北大支坡村	19	男	1943 年 3 月
胡丕美	平邑县地方镇利渊村	79	男	1943 年 3 月
高学士	平邑县地方镇后东固村	60	男	1943 年 3 月
王自振之父	平邑县平邑镇利国村	—	男	1943 年 3 月
魏 ×	平邑县平邑镇奎山村	22	男	1943 年 3 月
张朋文	平邑县资邱乡顺河村	36	男	1943 年 4 月
许长河	平邑县柏林镇许家庄村	—	男	1943 年 4 月
郭志早	平邑县仲村镇周郭村	—	男	1943 年 4 月
唐 明	平邑县地方镇埠西桥村	—	男	1943 年 4 月
巩传明	平邑县平邑镇南阳村	22	男	1943 年 4 月
唐友勤	平邑县平邑镇南阳村	21	男	1943 年 4 月
林存德	平邑县平邑镇毛家洼村	17	男	1943 年 4 月
刘 三	平邑县仲村镇北大支坡村	32	男	1943 年 5 月
王文江	平邑县地方镇王崮山村	23	男	1943 年 5 月
张富贵	平邑县地方镇王崮山村	22	男	1943 年 5 月
田德俊	平邑县地方镇王崮山村	21	男	1943 年 5 月
李元才	平邑县地方镇王崮山村	20	男	1943 年 5 月
郑秀生	平邑县地方镇三合村	24	男	1943 年 5 月

姓 名	籍 贯	年 龄	性 别	死难时间
高怀云	平邑县地方镇三合村	18	男	1943 年 5 月
杨夫四	平邑县平邑镇河湾村	25	男	1943 年 5 月
王凤章之母	平邑县平邑镇利国村	—	女	1943 年 5 月
王继芹之祖父	平邑县平邑镇利国村	—	男	1943 年 5 月
高学才	平邑县平邑镇东旺沟村	20	男	1943 年 5 月
孙征三	平邑县平邑镇黄草村	29	男	1943 年 5 月
孟现元	平邑县郑城镇城东村	16	男	1943 年 6 月
孟广仁	平邑县郑城镇城东村	21	男	1943 年 6 月
程运泉	平邑县郑城镇城东村	18	男	1943 年 6 月
郭学智	平邑县流峪镇义新庄村	20	男	1943 年 6 月
邵立运	平邑县温水镇务本村	24	男	1943 年 6 月
谭生宝	平邑县武台镇蒋里村	25	男	1943 年 6 月
张文元	平邑县卞桥镇城泉村	42	男	1943 年 6 月
张文明	平邑县卞桥镇城泉村	42	男	1943 年 6 月
胡连柱	平邑县地方镇利渊村	17	男	1943 年 6 月
徐士昌	平邑县地方镇后东固村	38	男	1943 年 6 月
高纪社	平邑县地方镇后东固村	70	男	1943 年 6 月
孙小月	平邑县平邑镇河湾村	22	女	1943 年 6 月
唐 伍	平邑县资邱乡资邱村	33	男	1943 年 7 月
邵泽思	平邑县流峪镇土门村	19	男	1943 年 7 月
孟繁礼	平邑县流峪镇山头村	21	男	1943 年 7 月
吴胜永	平邑县仲村镇南大支坡村	18	男	1943 年 7 月
任青莲	平邑县仲村镇北大支坡村	22	男	1943 年 7 月
朱九树	平邑县白彦镇小朱庄村	33	男	1943 年 7 月
胡建候	平邑县地方镇胡家洼村	21	男	1943 年 7 月
高 礼	平邑县平邑镇南城子村	22	男	1943 年 7 月
于京文	平邑县平邑镇南城子村	14	男	1943 年 7 月
季夫武	平邑县平邑镇河湾村	24	男	1943 年 7 月
彭 礼	平邑县温水镇北温水村	24	男	1943 年 8 月
彭金善	—	23	男	1943 年 8 月
东野广沼	平邑县卞桥镇东家庄村	21	男	1943 年 8 月
崔桂芳	平邑县保太镇三关庙村	23	女	1943 年 9 月
徐兴花	平邑县保太镇三关庙村	24	女	1943 年 9 月
孙顺利	平邑县保太镇三关庙村	22	男	1943 年 9 月

姓　名	籍　贯	年龄	性别	死难时间
蒋佃成	平邑县白彦镇石洞口村	17	男	1943 年 9 月
孙居明	平邑县地方镇下炭沟村	23	男	1943 年 9 月
王启瑞	平邑县地方镇新华村	20	男	1943 年 9 月
陈二巴	平邑县温水镇东围沟村	17	男	1943 年 10 月
谢福芹	平邑县白彦镇黄坡西村	30	男	1943 年 10 月
卜现中	平邑县资邱乡八顶庄	31	男	1943 年
高老大	平邑县资邱乡八顶庄	33	男	1943 年
彭维熙	平邑县资邱乡邱上村	36	男	1943 年
刘茂海	平邑县资邱乡官庄村	23	男	1943 年
卜凡贵	平邑县资邱乡官庄村	34	男	1943 年
杨现爱	平邑县资邱乡官庄村	24	男	1943 年
刘长更	平邑县资邱乡官庄村	22	男	1943 年
王京胜	平邑县资邱乡官庄村	17	男	1943 年
池张氏	平邑县资邱乡关庙村	37	女	1943 年
池　二	平邑县资邱乡关庙村	7	男	1943 年
池　四	平邑县资邱乡关庙村	8	男	1943 年
柳纪太	平邑县资邱乡后东庄	—	男	1943 年
高永秀	平邑县资邱乡岳家村	25	男	1943 年
尹文荣	平邑县资邱乡尹家村	33	男	1943 年
尹玉才	平邑县资邱乡尹家村	33	男	1943 年
尹玉琢	平邑县资邱乡尹家村	32	男	1943 年
尹玉龄	平邑县资邱乡尹家村	38	男	1943 年
尹清远	平邑县资邱乡尹家村	36	男	1943 年
徐占修	平邑县资邱乡尹家村	37	男	1943 年
尹文诺	平邑县资邱乡尹家村	45	男	1943 年
刘传英	平邑县郑城镇郑城村	17	男	1943 年
杨夫玉	平邑县郑城镇南杨庄村	—	男	1943 年
杨夫才	平邑县郑城镇南杨庄村	—	男	1943 年
王立存	平邑县郑城镇双兴村	—	男	1943 年
张纪美	平邑县郑城镇南杨庄村	23	男	1943 年
程焕云	平邑县郑城镇郑城村	39	男	1943 年
刘顺德	平邑县郑城镇前水湾村	51	男	1943 年
赵天宝	平邑县丰阳镇张家庄村	—	男	1943 年
孟宪章	平邑县流峪镇邵家庄村	21	男	1943 年

姓　名	籍　贯	年　龄	性　别	死难时间
赵　二	平邑县铜石镇上大峪村	43	男	1943 年
孙二友	平邑县铜石镇下大峪村	24	男	1943 年
王　正	平邑县铜石镇下大峪村	23	男	1943 年
张纪存	平邑县铜石镇和气庄村	31	男	1943 年
王运行	平邑县铜石镇和气庄村	25	男	1943 年
付兆胜	平邑县铜石镇西丘村	18	男	1943 年
周四妮	平邑县铜石镇西皋村	20	女	1943 年
陈帮雨	平邑县魏庄乡苍山湾村	17	男	1943 年
陈帮信	平邑县魏庄乡苍山湾村	22	男	1943 年
徐电信	平邑县魏庄乡西湖村	16	男	1943 年
曹凤玉之兄	平邑县魏庄乡东故县村	—	男	1943 年
王　×	平邑县柏林镇石崖前村	29	男	1943 年
王小狗	平邑县柏林镇石崖前村	27	男	1943 年
王　氏	平邑县柏林镇石崖前村	26	女	1943 年
刘　氏	平邑县柏林镇石崖前村	38	女	1943 年
公立正	平邑县柏林镇邢家庄村	—	男	1943 年
陈　政	平邑县柏林镇陈家庄村	—	男	1943 年
孙廷彦	平邑县仲村镇康家寨村	27	男	1943 年
刘长吉	平邑县仲村镇北近台村	39	男	1943 年
金大元	平邑县仲村镇北近台村	23	男	1943 年
马文良	平邑县仲村镇魏平村	45	男	1943 年
王德成	平邑县仲村镇临城村	26	男	1943 年
毛开绪	平邑县仲村镇前进村	—	男	1943 年
王绪祥	平邑县仲村镇东合村	—	男	1943 年
高希让	平邑县仲村镇峡玕村	20	男	1943 年
乔照富	平邑县仲村镇驿头村	21	男	1943 年
陈居年	平邑县温水镇仁孝村	25	男	1943 年
阎庆庚	平邑县温水镇梭庄村	28	男	1943 年
马德山	平邑县温水镇南马村	—	男	1943 年
林希文	平邑县温水镇永庆村	22	男	1943 年
林希爱	平邑县温水镇永庆村	18	男	1943 年
林化会	平邑县温水镇元郭二村	41	男	1943 年
林英俊	平邑县温水镇元郭二村	39	男	1943 年
韩相泰	平邑县温水镇温泉村	35	男	1943 年

姓 名	籍 贯	年 龄	性 别	死难时间
彭如贵	平邑县温水镇温泉村	51	男	1943 年
李祥三之妻	平邑县温水镇温泉村	25	女	1943 年
彭贺山	平邑县温水镇温泉村	22	男	1943 年
邵士现	平邑县保太镇南羊子村	15	男	1943 年
孙宝干	平邑县保太镇西埠阴村	—	男	1943 年
孙向宝	平邑县保太镇西埠阴村	—	男	1943 年
孙宝才	平邑县保太镇西埠阴村	—	男	1943 年
孙祥瑞	平邑县保太镇西埠阴村	—	男	1943 年
陈子付	平邑县白彦镇南哨村	36	男	1943 年
贾西德	平邑县白彦镇张家岭村	—	男	1943 年
赵君选	平邑县卞桥镇石桥村	27	男	1943 年
崔 正	平邑县卞桥镇南安靖村	40	男	1943 年
唐美胜之父	平邑县卞桥镇曹家庄村	—	男	1943 年
唐东来	平邑县卞桥镇曹家庄村	—	男	1943 年
唐东占	平邑县卞桥镇曹家庄村	—	男	1943 年
武纪明	平邑县卞桥镇东荆埠村	—	男	1943 年
东野庆璐	平邑县卞桥镇东家庄村	53	男	1943 年
宋万香	平邑县卞桥镇小楼村	35	男	1943 年
吕宗胜	平邑县地方镇王崮山村	19	男	1943 年
杨路家	平邑县地方镇王崮山村	20	男	1943 年
吕宗月	平邑县地方镇王崮山村	19	男	1943 年
李明科	平邑县地方镇王家庄村	17	男	1943 年
李明成	平邑县地方镇王家庄村	20	男	1943 年
李敬亭	平邑县地方镇王家庄村	32	女	1943 年
黄进才	平邑县地方镇王家庄村	26	男	1943 年
唐彦力	平邑县地方镇埠西桥村	—	男	1943 年
王凤云	平邑县地方镇埠西桥村	—	男	1943 年
武士元	平邑县地方镇甘草岭村	17	男	1943 年
刘中久	平邑县地方镇后西固村	27	男	1943 年
王保起	平邑县地方镇后西固村	28	男	1943 年
马元城	平邑县地方镇大泉村	39	男	1943 年
王元瑞	平邑县地方镇大泉村	41	男	1943 年
徐伦远	平邑县地方镇西金池村	40	男	1943 年
赵元胜	平邑县地方镇西金池村	38	男	1943 年

姓　名	籍　贯	年龄	性别	死难时间
腾付廷	平邑县地方镇西金池村	41	男	1943 年
李慎修	平邑县地方镇西瑶草村	47	男	1943 年
邢　斌	平邑县地方镇大瑶草村	30	男	1943 年
胡光文	平邑县地方镇大井头村	40	男	1943 年
彭其荣	平邑县地方镇大井头村	42	男	1943 年
张志法	平邑县地方镇大井头村	20	男	1943 年
廉佩钦	平邑县地方镇八一村	—	男	1943 年
杨学臣	平邑县地方镇前东固村	—	男	1943 年
杨成兴	平邑县地方镇前东固村	—	男	1943 年
孟现秋	平邑县平邑镇四平村	24	男	1943 年
刘东山	平邑县平邑镇凤凰村	18	男	1943 年
王本柱	平邑县平邑镇凤凰村	22	男	1943 年
陈红海	平邑县平邑镇凤凰村	23	男	1943 年
陈希俭	平邑县平邑镇凤凰村	23	男	1943 年
刘丙杨	平邑县平邑镇凤凰村	23	男	1943 年
孙玉珍	平邑县平邑镇凤凰村	27	男	1943 年
赵思恩	平邑县平邑镇小井村	—	男	1943 年
毛英信	平邑县平邑镇小井村	19	男	1943 年
刘善福	平邑县平邑镇小井四村	25	男	1943 年
夏继贤	平邑县平邑镇刘家村	26	男	1943 年
常存柱	平邑县平邑镇永唐村	—	男	1943 年
王成法	平邑县平邑镇永唐村	—	男	1943 年
王　氏	平邑县平邑镇永唐村	—	女	1943 年
于洪信	平邑县平邑镇仁德村	22	男	1943 年
于顺修	平邑县平邑镇仁德村	16	男	1943 年
胡广镇	平邑县平邑镇新城居村	20	男	1943 年
胡美兰	平邑县平邑镇新城居村	20	女	1943 年
高崇玉	平邑县平邑镇大东阳村	—	男	1943 年
王金香	平邑县平邑镇大东阳村	—	男	1943 年
高玉德	平邑县平邑镇大东阳村	—	男	1943 年
高崇新	平邑县平邑镇赵庄村	—	男	1943 年
信文丙	平邑县平邑镇赵庄村	—	男	1943 年
高坤祥	平邑县平邑镇蔡庄村	—	男	1943 年
孔成元	平邑县平邑镇白庄村	19	男	1943 年

姓 名	籍 贯	年 龄	性 别	死难时间
李宝文	平邑县平邑镇白庄村	25	男	1943 年
刘宗玉	平邑县平邑镇白庄村	26	男	1943 年
刘如诚	平邑县平邑镇白庄村	21	男	1943 年
孔庆才	平邑县平邑镇白庄村	29	男	1943 年
孔广德	平邑县平邑镇白庄村	25	男	1943 年
陈宗芹	平邑县平邑镇毛家庄村	9	女	1943 年
刘胡氏	平邑县平邑镇毛家庄村	27	女	1943 年
王万增	平邑县平邑镇三村二	26	男	1943 年
宋扎根	平邑县平邑镇三村二	34	男	1943 年
王万军	平邑县平邑镇三村二	38	男	1943 年
魏耀德	平邑县平邑镇蒙阳居村	44	男	1943 年
刘 田	平邑县平邑镇八埠庄村	—	男	1943 年
公丕雨	平邑县平邑镇颛臾村	—	男	1943 年
李传刚	平邑县平邑镇颛臾村	—	男	1943 年
陈万柱	平邑县平邑镇毛家洼村	—	男	1943 年
陈万东	平邑县平邑镇毛家洼村	—	男	1943 年
陈文胜	平邑县平邑镇毛家洼村	—	男	1943 年
陈兆信	平邑县平邑镇柴山后村	—	男	1943 年
刘汝林	平邑县平邑镇西旺沟村	23	男	1943 年
陈传富	平邑县平邑镇保定庄村	—	男	1943 年
李京春	平邑县平邑镇大东阳村	—	男	1943 年
田美玉	平邑县资邱乡资邱村	27	男	1944 年 2 月
刘 志	平邑县丰阳镇南埠庄村	22	男	1944 年 2 月
孙常山	平邑县流峪镇双玉村	24	男	1944 年 2 月
王志坤	平邑县流峪镇贵山子村	21	男	1944 年 2 月
胡叫之	平邑县铜石镇王府庄村	21	男	1944 年 2 月
燕凤坤	平邑县白彦镇燕岭村	37	男	1944 年 2 月
燕文生	平邑县白彦镇燕岭村	42	男	1944 年 2 月
李春长	平邑县地方镇范家台村	31	男	1944 年 2 月
李凤合	平邑县地方镇三山村	22	男	1944 年 2 月
张永太	平邑县资邱乡资邱村	35	男	1944 年 3 月
闫又民	平邑县铜石镇北诸冯村	20	男	1944 年 3 月
丰宗金之妻	平邑县保太镇大三阳三村	33	女	1944 年 3 月
陈方六	平邑县白彦镇庙东村	12	男	1944 年 3 月

姓 名	籍 贯	年 龄	性 别	死难时间
陈红元	平邑县白彦镇庙东村	52	男	1944 年 3 月
孙德申	平邑县流峪镇土门村	19	男	1944 年 4 月
孙老七	平邑县流峪镇臭蒲滩村	31	男	1944 年 4 月
林　氏	平邑县铜石镇西皋村	30	女	1944 年 4 月
张茂秀	平邑县仲村镇马家峪村	36	男	1944 年 4 月
杨洪军	平邑县仲村镇梅家沟村	20	男	1944 年 4 月
刘洪才	平邑县白彦镇龙山村	18	男	1944 年 4 月
吴子付	平邑县白彦镇燕岭村	30	男	1944 年 4 月
燕凤和	平邑县白彦镇燕岭村	47	男	1944 年 4 月
杨付兴	平邑县资邱乡资邱村	36	男	1944 年 5 月
张加贞	平邑县资邱乡资邱村	23	男	1944 年 5 月
朱士方	平邑县铜石镇两峪村	21	男	1944 年 5 月
王顺刚	平邑县仲村镇武岩村	19	男	1944 年 5 月
李长松	平邑县仲村镇北大支坡村	21	男	1944 年 5 月
李兆玮	平邑县保太镇公家庄村	20	男	1944 年 5 月
裴连海	平邑县郑城镇鑫盛村	20	男	1944 年 6 月
孟光军	平邑县流峪镇南蒲芦村	19	男	1944 年 6 月
王建伦	平邑县仲村镇王家寨村	22	男	1944 年 6 月
马振礼	平邑县保太镇公家庄村	46	男	1944 年 6 月
蔡更全	平邑县地方镇宝山村	18	男	1944 年 6 月
林化秋	平邑县平邑镇大井二村	23	男	1944 年 6 月
唐美生	平邑县资邱乡唐刘村	30	男	1944 年 7 月
张敬满	平邑县流峪镇金山亚村	32	男	1944 年 7 月
张广胜	平邑县流峪镇金山亚村	30	男	1944 年 7 月
燕张氏	平邑县流峪镇金山亚村	27	女	1944 年 7 月
冯兆坤	平邑县流峪镇南蒲芦村	22	男	1944 年 7 月
宋桂府	平邑县温水镇东升村	48	男	1944 年 7 月
宋玉堂	平邑县温水镇东升村	49	男	1944 年 7 月
李桂芳	平邑县白彦镇翔河村	—	男	1944 年 7 月
阮兆标	平邑县白彦镇翔河村	—	男	1944 年 7 月
张付勋	平邑县地方镇宋家庄村	29	男	1944 年 7 月
张付德	平邑县地方镇宋家庄村	26	男	1944 年 7 月
吴传贵	平邑县平邑镇牛山后村	28	男	1944 年 7 月
康振贵	平邑县仲村镇马尾村	33	男	1944 年 8 月

姓 名	籍 贯	年 龄	性 别	死难时间
徐瑞增	平邑县保太镇徐家武阳村	24	男	1944 年 8 月
陈方才	平邑县白彦镇庙东村	42	男	1944 年 8 月
赵京玉	平邑县武台镇南武沟村	18	男	1944 年 8 月
蒋怀仁	平邑县卞桥镇蒋家庄村	—	男	1944 年 8 月
李进德	平邑县地方镇下炭沟村	19	男	1944 年 8 月
苗现堂	平邑县地方镇义兴庄村	—	男	1944 年 8 月
吴付才	平邑县地方镇义兴庄村	—	男	1944 年 8 月
郭庆昌	平邑县地方镇小平安庄村	22	男	1944 年 8 月
李德俊	平邑县地方镇宋家庄村	33	男	1944 年 8 月
刘继武	平邑县平邑镇刘家村	23	男	1944 年 8 月
魏庆数	平邑县资邱乡魏家庄	17	男	1944 年 9 月
郑花东	平邑县流峪镇双玉村	21	男	1944 年 9 月
陈修明	平邑县保太镇孙家武阳村	22	男	1944 年 9 月
杨义家	平邑县地方镇宝山村	19	男	1944 年 9 月
杨兰家	平邑县地方镇宝山村	21	男	1944 年 9 月
张××	平邑县郑城镇五家峪村	23	男	1944 年 10 月
张夫海	平邑县郑城镇五家峪村	23	男	1944 年 10 月
耿万贵	平邑县保太镇黄疃村	24	男	1944 年 10 月
陈沛远	平邑县保太镇堤后村	60	男	1944 年 10 月
李进启	平邑县地方镇下炭沟村	23	男	1944 年 10 月
颜光法	平邑县平邑镇东王庄村	23	男	1944 年 10 月
祝洪宅	平邑县平邑镇河湾村	23	男	1944 年 10 月
王玉琢	平邑县平邑镇毛家洼村	21	男	1944 年 10 月
薛见元	平邑县平邑镇晗哺村	26	男	1944 年 10 月
郑士坤	平邑县平邑镇晗哺村	18	男	1944 年 10 月
韩西珍	平邑县丰阳镇南埠庄村	20	女	1944 年 11 月
张传友	平邑县丰阳镇林家寨村	20	男	1944 年 11 月
李大连	平邑县铜石镇彭家泉村	16	男	1944 年 11 月
乔修本	平邑县仲村镇驿头村	27	男	1944 年 11 月
耿万才	平邑县保太镇黄疃村	21	男	1944 年 11 月
陈登四	平邑县保太镇堤后村	41	男	1944 年 11 月
彭廷海	平邑县资邱乡邱上村	33	男	1944 年
彭允法	平邑县资邱乡邱上村	35	男	1944 年
刘长义	平邑县资邱乡官庄村	17	男	1944 年

姓　名	籍　贯	年　龄	性　别	死难时间
刘茂堂	平邑县资邱乡官庄村	42	男	1944 年
刘召熏	平邑县资邱乡官庄村	50	男	1944 年
元法轮	平邑县资邱乡官庄村	22	男	1944 年
刘春昌	平邑县资邱乡后东庄	—	男	1944 年
赵德胜	平邑县资邱乡前东庄	—	男	1944 年
杨年贵	平邑县资邱乡岳家村	24	男	1944 年
杨万德	平邑县资邱乡岳家村	24	男	1944 年
贾庆思	平邑县资邱乡辉泉村	23	男	1944 年
刘春明	平邑县郑城镇郑城村	20	男	1944 年
张夫海	平邑县郑城镇东兴村	—	男	1944 年
李堂坤	平邑县郑城镇东兴村	—	男	1944 年
邱夫田	平邑县郑城镇郑城村	16	男	1944 年
姚士芹	平邑县丰阳镇郑家峪村	—	男	1944 年
张知新	平邑县临涧镇黑石峪村	32	男	1944 年
陈克美	平邑县流峪镇水崖村	21	男	1944 年
刘广祥	平邑县流峪镇水崖村	20	男	1944 年
李守信	平邑县流峪镇马家村	21	男	1944 年
裴现柱	平邑县流峪镇西古路沟村	17	男	1944 年
石广才	平邑县流峪镇洼子地村	20	男	1944 年
王光才	平邑县流峪镇谭家庄村	32	男	1944 年
许连贞	平邑县流峪镇许家岭村	21	男	1944 年
张情德	平邑县流峪镇探马岭村	20	男	1944 年
张志德	平邑县流峪镇探马岭村	21	男	1944 年
唐凤思	平邑县铜石镇唐家庄村	30	男	1944 年
赵其录	平邑县铜石镇庄上村	29	男	1944 年
郝开旭	平邑县铜石镇王家庄	22	男	1944 年
赵妮子	平邑县铜石镇诸冯铺村	24	女	1944 年
付兆扩	平邑县铜石镇西丘村	21	男	1944 年
花凤奎	平邑县铜石镇西丘村	24	男	1944 年
李希刚	平邑县铜石镇西丘村	20	男	1944 年
付姚公	平邑县铜石镇西丘村	22	男	1944 年
赵义旺	平邑县魏庄乡虎窝村	48	男	1944 年
沈汉三	平邑县柏林镇贾庄村	—	男	1944 年
孙文征	平邑县仲村镇康家寨村	37	男	1944 年

姓 名	籍 贯	年 龄	性 别	死难时间
孙光顺	平邑县仲村镇康家寨村	19	男	1944 年
孙光照	平邑县仲村镇康家寨村	23	男	1944 年
孙 波	平邑县仲村镇康家寨村	32	男	1944 年
孙光星	平邑县仲村镇康家寨村	20	男	1944 年
孙付南	平邑县仲村镇康家寨村	21	男	1944 年
康德礼	平邑县仲村镇康家寨村	17	男	1944 年
徐秀田	平邑县仲村镇康家寨村	31	男	1944 年
咸瑞芝	平邑县仲村镇北近台村	29	男	1944 年
张庆学	平邑县仲村镇东流村	—	男	1944 年
田仲德	平邑县仲村镇南昌乐村	29	男	1944 年
丁藏氏	平邑县仲村镇南昌乐村	31	女	1944 年
田中本之妻	平邑县仲村镇南昌乐村	28	女	1944 年
王永吉之妻	平邑县仲村镇南昌乐村	51	女	1944 年
刘贵山之兄	平邑县仲村镇南昌乐村	24	男	1944 年
田大典	平邑县仲村镇南昌乐村	29	男	1944 年
田仲玉	平邑县仲村镇南昌乐村	43	男	1944 年
陈昌啓	平邑县仲村镇南昌乐村	29	男	1944 年
王少才	平邑县仲村镇临城村	22	男	1944 年
李祖恩	平邑县仲村镇三合四村	—	男	1944 年
唐加志	平邑县仲村镇三合四村	—	男	1944 年
张连春	平邑县仲村镇林合村	—	男	1944 年
谢凤和	平邑县仲村镇林合村	—	男	1944 年
谢广平	平邑县仲村镇东合村	—	男	1944 年
谢凤刚	平邑县仲村镇东合村	—	男	1944 年
马小余	平邑县仲村镇泽国庄村	23	男	1944 年
马三堂	平邑县仲村镇泽国庄村	26	男	1944 年
蒋兴义	平邑县仲村镇峡圩村	21	男	1944 年
张来威	平邑县仲村镇峡圩村	20	男	1944 年
王丛龙	平邑县仲村镇峡圩村	19	男	1944 年
王延讯	平邑县仲村镇峡圩村	21	男	1944 年
乔修范	平邑县仲村镇驿头村	28	男	1944 年
姜荣富	平邑县仲村镇兴民庄村	19	男	1944 年
刘希春	平邑县仲村镇峡圩村	20	男	1944 年
林清吉	平邑县温水镇小河村	21	男	1944 年

姓　名	籍　贯	年　龄	性　别	死难时间
林传明	平邑县温水镇元郭一村	43	男	1944 年
林纪安	平邑县温水镇元郭一村	44	男	1944 年
刘展玉	平邑县保太镇孙家武阳村	25	男	1944 年
周绍全	平邑县保太镇孙家武阳村	24	男	1944 年
陈纪三	平邑县保太镇西埠阴村	—	男	1944 年
王庆顺	平邑县保太镇西埠阴村	21	男	1944 年
王英伦	平邑县保太镇西埠阴村	20	男	1944 年
李中汉	平邑县白彦镇李家沟村	—	男	1944 年
吴功俊	平邑县白彦镇余家沟村	18	男	1944 年
吴自代	平邑县白彦镇上后河村	19	男	1944 年
陈士安	平邑县白彦镇南哨村	29	男	1944 年
阮兆标	平邑县白彦镇辛庄村	—	男	1944 年
李桂芳	平邑县白彦镇辛庄村	—	男	1944 年
孙付兰	平邑县白彦镇辛庄村	—	女	1944 年
刘松仁	平邑县白彦镇龙泉村	18	男	1944 年
刘洪元	平邑县白彦镇龙泉村	17	男	1944 年
苏李氏	平邑县白彦镇东岔村	—	女	1944 年
苏自云	平邑县白彦镇东岔村	25	男	1944 年
孙付是	平邑县白彦镇翔河村	—	男	1944 年
赵连宗	平邑县武台镇武沟寨村	35	男	1944 年
杨得如	平邑县武台镇武沟村	42	男	1944 年
刘学本	平邑县武台镇西武沟村	39	男	1944 年
高汉运	平邑县武台镇万山村	—	男	1944 年
高汉明	平邑县武台镇万山村	—	男	1944 年
高宗阶	平邑县武台镇万山村	—	男	1944 年
高堂奎	平邑县武台镇万山村	—	男	1944 年
高汉顺之母	平邑县武台镇万山村	—	女	1944 年
张河元	平邑县武台镇万山村	—	男	1944 年
高汉青	平邑县武台镇万山村	—	男	1944 年
高汉雪	平邑县武台镇万山村	—	男	1944 年
张超举	平邑县武台镇水沟四村	26	男	1944 年
刘登停	平邑县武台镇水沟四村	49	男	1944 年
孟宪生	平邑县武台镇孟庄村	18	男	1944 年
李继汉	平邑县武台镇孟庄村	17	男	1944 年

姓 名	籍 贯	年 龄	性 别	死难时间
卜庆翻	平邑县卞桥镇南安靖村	—	男	1944 年
唐受杰	平邑县卞桥镇曹家庄村	—	男	1944 年
唐美朱	平邑县卞桥镇曹家庄村	—	男	1944 年
唐美臣	平邑县卞桥镇曹家庄村	—	男	1944 年
张贵臣	平邑县地方镇王崮山村	18	男	1944 年
吕宗印	平邑县地方镇王崮山村	18	男	1944 年
廉茂芹	平邑县地方镇王家庄村	18	男	1944 年
王立富	平邑县地方镇康家庄村	—	男	1944 年
孙居胜	平邑县地方镇下炭沟村	23	男	1944 年
刘庆富	平邑县地方镇大平安庄村	—	男	1944 年
王现书	平邑县地方镇岳庄村	26	男	1944 年
张仁礼	平邑县地方镇三山村	20	男	1944 年
张仁太	平邑县地方镇三山村	24	男	1944 年
廉德龙	平邑县地方镇三山村	23	男	1944 年
刘继荣	平邑县地方镇后西固村	30	男	1944 年
张希明	平邑县地方镇后西固村	28	男	1944 年
王开奋	平邑县地方镇后西固村	27	男	1944 年
周玉富	平邑县地方镇后西固村	34	男	1944 年
孔召友	平邑县地方镇西朱尹村	26	男	1944 年
王启海	平邑县地方镇兴合居村	17	男	1944 年
张传珠	平邑县地方镇兴合居村	16	男	1944 年
廉德海	平邑县地方镇兴合居村	19	男	1944 年
李日胜	平邑县地方镇大瑶草村	24	男	1944 年
张如俊	平邑县地方镇大井头村	20	男	1944 年
丁开军	平邑县地方镇大井头村	22	男	1944 年
付厂勇	平邑县地方镇爱华村	59	男	1944 年
刘朱田	平邑县地方镇爱华村	63	男	1944 年
杨文华	平邑县地方镇爱华村	64	男	1944 年
王启明	平邑县地方镇爱华村	64	男	1944 年
付妈妈	平邑县地方镇爱华村	74	女	1944 年
汪召会	平邑县地方镇安乐村	21	男	1944 年
汪海营	平邑县地方镇安乐村	21	男	1944 年
赵清吉	平邑县地方镇安乐村	—	男	1944 年
赵清吉之妻	平邑县地方镇安乐村	—	女	1944 年

姓　名	籍　贯	年　龄	性　别	死难时间
赵清吉之子	平邑县地方镇安乐村	—	男	1944 年
杨占胜	平邑县地方镇前东固村	—	男	1944 年
张传训	平邑县平邑镇四平村	19	男	1944 年
魏　氏	平邑县平邑镇仁德村	19	女	1944 年
张小巴	平邑县平邑镇舜帝庙村	15	男	1944 年
牛东海	平邑县平邑镇舜帝庙村	15	男	1944 年
张兆才	平邑县平邑镇舜帝庙村	14	男	1944 年
郭继英	平邑县平邑镇舜帝庙村	12	男	1944 年
张彦昌	平邑县平邑镇舜帝庙村	41	男	1944 年
刘长街	平邑县平邑镇西小三阳村	29	男	1944 年
王庆祥	平邑县平邑镇大井二村	21	男	1944 年
张荣运	平邑县平邑镇大井二村	24	男	1944 年
袁忠启	平邑县平邑镇黑峪村	24	男	1944 年
郑士三	平邑县平邑镇仁德村	21	男	1944 年
王庆汉	平邑县平邑镇仁德村	26	男	1944 年
朱　氏	平邑县平邑镇新城居村	20	女	1944 年
高　华	平邑县平邑镇石崮村	—	男	1944 年
耿汉玉	平邑县平邑镇石崮村	—	男	1944 年
高化玉	平邑县平邑镇石崮村	—	男	1944 年
高华善	平邑县平邑镇石崮村	—	男	1944 年
张文义	平邑县平邑镇石崮村	—	男	1944 年
冯茂法	平邑县平邑镇石崮村	—	男	1944 年
李胜林	平邑县平邑镇白庄村	20	男	1944 年
孔广连	平邑县平邑镇白庄村	22	男	1944 年
孔继德	平邑县平邑镇白庄村	40	男	1944 年
高化成	平邑县平邑镇白庄村	44	男	1944 年
高焕民	平邑县平邑镇白庄村	26	男	1944 年
李小庚	平邑县平邑镇白庄村	24	男	1944 年
赵　×	平邑县平邑镇白庄村	28	男	1944 年
张进玉	平邑县平邑镇白庄村	24	男	1944 年
刘如迁	平邑县平邑镇白庄村	20	男	1944 年
李彦增	平邑县平邑镇白庄村	20	男	1944 年
孔照兰	平邑县平邑镇白庄村	20	女	1944 年
张洪彬	平邑县平邑镇白庄村	29	男	1944 年

姓名	籍贯	年龄	性别	死难时间
赵联元	平邑县平邑镇白庄村	20	男	1944 年
刘宗训	平邑县平邑镇白庄村	20	男	1944 年
李京福	平邑县平邑镇白庄村	30	男	1944 年
孔广才	平邑县平邑镇白庄村	22	男	1944 年
鲍永名	平邑县平邑镇城中居村	42	男	1944 年
卢文啟	平邑县平邑镇城中居村	32	男	1944 年
葛振云之祖父	平邑县平邑镇颛臾村	—	男	1944 年
公为山	平邑县平邑镇颛臾村	—	男	1944 年
公丕伟	平邑县平邑镇颛臾村	—	男	1944 年
王德龙	平邑县平邑镇东旺沟村	20	男	1944 年
王占山	平邑县平邑镇晗哺村	23	男	1944 年
张宝玲	平邑县丰阳镇南埠庄村	29	男	1945 年 1 月
张守明	平邑县丰阳镇南埠庄村	15	男	1945 年 1 月
李玉龙	平邑县流峪镇外柿子峪村	17	男	1945 年 1 月
咸化海之兄	平邑县仲村镇北仲一村	—	男	1945 年 1 月
彭保英	平邑县温水镇温泉村	19	女	1945 年 1 月
龙兴山	平邑县白彦镇贾庄村	27	男	1945 年 1 月
赵永存	平邑县地方镇东金池村	19	男	1945 年 1 月
高纪友	平邑县地方镇葛针庄村	30	男	1945 年 1 月
张得迁	平邑县地方镇宋家庄村	18	男	1945 年 1 月
张菊荣	平邑县资邱乡资邱村	38	男	1945 年 2 月
张 巨	平邑县资邱乡资邱村	20	男	1945 年 2 月
任兴才	平邑县流峪镇双玉村	15	男	1945 年 2 月
刘光忠	平邑县流峪镇双玉村	25	男	1945 年 2 月
公丕友	平邑县流峪镇双玉村	16	男	1945 年 2 月
陈瑞成	平邑县流峪镇双玉村	17	男	1945 年 2 月
张继松	平邑县仲村镇张兴庄村	25	男	1945 年 2 月
张广告	平邑县仲村镇张兴庄村	22	男	1945 年 2 月
张友合	平邑县温水镇小河南村	35	男	1945 年 2 月
公认苗	平邑县卞桥镇公家庄村	18	男	1945 年 2 月
刘玉殿	平邑县平邑镇东王庄村	25	男	1945 年 2 月
季付勤	平邑县平邑镇河湾村	22	男	1945 年 2 月
李堂坤	平邑县郑城镇五家峪村	50	男	1945 年 3 月
范中奎	平邑县郑城镇鑫盛村	30	男	1945 年 3 月

姓 名	籍 贯	年 龄	性 别	死难时间
朱德贵	平邑县郑城镇鑫盛村	23	男	1945 年 3 月
李西月	平邑县铜石镇仁泉峪村	20	男	1945 年 3 月
常清秀	平邑县柏林镇蒙阳村	23	男	1945 年 3 月
郑现明	平邑县柏林镇蒙阳村	22	男	1945 年 3 月
李明福	平邑县仲村镇北仲三村	17	男	1945 年 3 月
李明珍	平邑县仲村镇北仲三村	20	男	1945 年 3 月
刘富民	平邑县仲村镇北仲三村	19	男	1945 年 3 月
蒋功先	平邑县仲村镇北仲三村	37	男	1945 年 3 月
周少田	平邑县仲村镇东乐里村	19	男	1945 年 3 月
咸化海	平邑县仲村镇北仲一村	27	男	1945 年 3 月
刘富民	平邑县仲村镇北仲一村	29	男	1945 年 3 月
孙光来	平邑县仲村镇北仲一村	—	男	1945 年 3 月
孔宪瑾	平邑县保太镇孔家白壤村	31	男	1945 年 3 月
孔宪松	平邑县保太镇孔家白壤村	41	男	1945 年 3 月
孔庆桂	平邑县保太镇孔家白壤村	15	男	1945 年 3 月
孔宪浩	平邑县保太镇孔家白壤村	40	男	1945 年 3 月
孔送田	平邑县保太镇孔家白壤村	16	男	1945 年 3 月
沈凤山	平邑县保太镇沈家武阳村	17	男	1945 年 3 月
刘兴保	平邑县保太镇鲁埠村	20	男	1945 年 3 月
苗兴全	平邑县白彦镇白庄村	21	男	1945 年 3 月
蔺景田	平邑县白彦镇界牌沟村	21	男	1945 年 3 月
赵克林	平邑县武台镇南武沟村	22	男	1945 年 3 月
杜夫友	平邑县武台镇南武沟村	20	男	1945 年 3 月
程立运	平邑县武台镇水沟一村	—	男	1945 年 3 月
曹如法	平邑县武台镇卧龙村	37	男	1945 年 3 月
曹如言	平邑县武台镇卧龙村	33	男	1945 年 3 月
孙居富	平邑县地方镇下炭沟村	31	男	1945 年 3 月
杨殿选	平邑县地方镇红石岭村	36	男	1945 年 3 月
徐立德	平邑县地方镇葛针庄村	20	男	1945 年 3 月
张如告	平邑县平邑镇颛臾村	—	男	1945 年 3 月
李兴田	平邑县平邑镇颛臾村	—	男	1945 年 3 月
公小波	平邑县平邑镇颛臾村	—	男	1945 年 3 月
李玉振	平邑县流峪镇外柿子峪村	16	男	1945 年 4 月
李 峰	平邑县柏林镇蒙阳村	—	男	1945 年 4 月

姓 名	籍 贯	年 龄	性 别	死难时间
苗××	平邑县柏林镇蒙阳村	—	男	1945 年 4 月
唐如仓	平邑县仲村镇北昌乐村	49	男	1945 年 4 月
徐计德	平邑县地方镇青羊庄村	23	男	1945 年 4 月
刘卧田	平邑县地方镇后西固村	38	男	1945 年 4 月
张希成	平邑县地方镇后西固村	34	男	1945 年 4 月
姚广印	平邑县地方镇南京庄村	22	男	1945 年 4 月
赵清理	平邑县地方镇安乐村	19	男	1945 年 4 月
许少才	平邑县平邑镇晗哺村	20	男	1945 年 4 月
公方柱之堂弟	平邑县保太镇公家庄村	4	男	1945 年 5 月
孙富珍	平邑县白彦镇白彦村	—	男	1945 年 5 月
徐纪清	平邑县白彦镇白彦村	23	男	1945 年 5 月
赵夫廷	平邑县武台镇南武沟村	29	男	1945 年 5 月
孙明友	平邑县武台镇清河村	32	男	1945 年 5 月
李兆兰	平邑县武台镇清河村	19	女	1945 年 5 月
高宗柳	平邑县武台镇清河村	61	男	1945 年 5 月
庄有荣	平邑县地方镇前西固村	25	男	1945 年 5 月
甘廷礼	平邑县地方镇葛针庄村	23	男	1945 年 5 月
米玉庆	平邑县地方镇利民村	—	男	1945 年 5 月
李增料	平邑县平邑镇毛家洼村	19	男	1945 年 5 月
牛廷俊	平邑县平邑镇晗哺村	29	男	1945 年 5 月
牛克宽	平邑县流峪镇双玉村	20	男	1945 年 6 月
王恩茂	平邑县流峪镇南蒲芦村	25	男	1945 年 6 月
张于氏	平邑县仲村镇张兴庄村	43	女	1945 年 6 月
高在禄	平邑县温水镇东围沟村	23	男	1945 年 6 月
吕宗舟	平邑县地方镇王崮山村	22	男	1945 年 6 月
康士存	平邑县地方镇康家庄村	23	男	1945 年 6 月
苗作林	平邑县地方镇义兴庄村	—	男	1945 年 6 月
吴大付	平邑县地方镇义兴庄村	—	男	1945 年 6 月
臧建功	平邑县地方镇义兴庄村	—	男	1945 年 6 月
诸永昌	平邑县地方镇千行庄村	20	男	1945 年 6 月
张清安	平邑县平邑镇牛山后村	25	男	1945 年 6 月
高 氏	平邑县平邑镇东旺沟村	20	女	1945 年 6 月
许少俊	平邑县平邑镇晗哺村	21	男	1945 年 6 月
刘克生	平邑县资邱乡资邱村	24	男	1945 年 7 月

姓 名	籍 贯	年 龄	性 别	死难时间
卜庆胜	平邑县资邱乡资邱村	25	男	1945 年 7 月
周荣才	平邑县流峪镇南蒲芦村	23	男	1945 年 7 月
李兴德	平邑县流峪镇南蒲芦村	21	男	1945 年 7 月
裴营信	平邑县流峪镇南蒲芦村	22	男	1945 年 7 月
赵登贵	平邑县流峪镇南蒲芦村	24	男	1945 年 7 月
冯光海	平邑县流峪镇南蒲芦村	21	男	1945 年 7 月
张茂荣	平邑县流峪镇南蒲芦村	20	男	1945 年 7 月
马圣书	平邑县流峪镇南蒲芦村	19	男	1945 年 7 月
王洪量	平邑县流峪镇南蒲芦村	19	男	1945 年 7 月
包西彦	平邑县流峪镇赤梁院村	23	男	1945 年 7 月
包秀德	平邑县流峪镇赤梁院村	22	男	1945 年 7 月
徐聚敬	平邑县地方镇青羊庄村	30	男	1945 年 7 月
张春法	平邑县地方镇宋家庄村	25	男	1945 年 7 月
李忠才	平邑县地方镇宋家庄村	27	男	1945 年 7 月
许凤祥	平邑县流峪镇双玉村	25	男	1945 年 8 月
冯兆乾	平邑县流峪镇南蒲芦村	24	男	1945 年 8 月
王运祥	平邑县流峪镇南蒲芦村	24	男	1945 年 8 月
刘丙柱	平邑县流峪镇赤梁院村	21	男	1945 年 8 月
魏运明	平邑县流峪镇赤梁院村	21	男	1945 年 8 月
王建香	平邑县仲村镇王家寨村	23	男	1945 年 8 月
王运富	平邑县仲村镇王家寨村	23	男	1945 年 8 月
杨凤贵	平邑县仲村镇梅家沟村	23	男	1945 年 8 月
杨修刚	平邑县仲村镇梅家沟村	18	男	1945 年 8 月
肖长领	平邑县地方镇宝山村	26	男	1945 年 8 月
臧建昌	平邑县地方镇义兴庄村	—	男	1945 年 8 月
吴林祥	平邑县地方镇义兴庄村	—	男	1945 年 8 月
纪振甲	平邑县地方镇义兴庄村	—	男	1945 年 8 月
季凤海	平邑县地方镇甘草岭村	25	男	1945 年 8 月
赵永啓	平邑县平邑镇东王庄村	22	男	1945 年 8 月
许玉美	平邑县地方镇王家庄村	17	女	1945 年 8 月
韩化堂	平邑县地方镇宝山村	20	男	1945 年 8 月
任玉生	平邑县地方镇宝山村	19	男	1945 年 8 月
毛玉堂	平邑县平邑镇牛山后村	35	男	1945 年 8 月
周荣海	平邑县流峪镇大沃村	25	男	1945 年 8 月

姓 名	籍 贯	年 龄	性 别	死难时间
赵笃乃	平邑县资邱乡八顶庄	27	男	1945 年
冯开亮	平邑县资邱乡官庄村	24	男	1945 年
刘长玉	平邑县资邱乡官庄村	21	男	1945 年
张京富	平邑县资邱乡官庄村	21	男	1945 年
唐刘妮子	平邑县资邱乡官庄村	22	女	1945 年
刘长和	平邑县资邱乡官庄村	20	男	1945 年
刘长印	平邑县资邱乡官庄村	22	男	1945 年
刘克友	平邑县资邱乡后东庄	—	男	1945 年
沈德玉	平邑县资邱乡岐古村	19	男	1945 年
窦元民	平邑县资邱乡岐古村	18	男	1945 年
李凤勤	平邑县资邱乡岐古村	21	男	1945 年
曾兆花	平邑县资邱乡辉泉村	39	男	1945 年
金凤田	平邑县郑城镇郑城村	21	男	1945 年
李京合	平邑县郑城镇郑城村	20	男	1945 年
刘兆伦	平邑县郑城镇郑城村	23	男	1945 年
李茂兵	平邑县郑城镇小北庄村	25	男	1945 年
李张氏	平邑县郑城镇小北庄村	30	女	1945 年
刘石头	平邑县郑城镇前水湾村	33	男	1945 年
高锡玉	平邑县丰阳镇张家庄村	—	男	1945 年
张守顺	平邑县丰阳镇南埠庄村	21	男	1945 年
韩文德	平邑县丰阳镇南埠庄村	23	男	1945 年
姚继彬	平邑县丰阳镇杜家村	—	男	1945 年
潘广存	平邑县流峪镇水崖村	22	男	1945 年
李守具	平邑县流峪镇马家峪村	18	男	1945 年
马其林	平邑县流峪镇马家峪村	19	男	1945 年
王春友	平邑县流峪镇马家峪村	17	男	1945 年
赵田啓	平邑县流峪镇乐平庄村	22	男	1945 年
张兆举	平邑县流峪镇乐平庄村	21	男	1945 年
许连龙	平邑县流峪镇许家岭村	24	男	1945 年
张志佑	平邑县流峪镇流峪村	—	男	1945 年
李开功	平邑县流峪镇流峪村	—	男	1945 年
陈纪良	平邑县流峪镇流峪村	—	男	1945 年
吴安顺	平邑县流峪镇流峪村	—	男	1945 年
李洪军	平邑县流峪镇流峪村	—	男	1945 年

姓名	籍贯	年龄	性别	死难时间
谢英三	平邑县流峪镇流峪村	—	男	1945 年
陈纪东	平邑县流峪镇流峪村	—	男	1945 年
张广荣	平邑县流峪镇探马岭村	19	男	1945 年
姜善明	平邑县铜石镇永新村	22	男	1945 年
阚辛安	平邑县铜石镇永新村	19	男	1945 年
刘要远	平邑县铜石镇高庄村	19	男	1945 年
王如刚	平邑县柏林镇贾庄村	—	男	1945 年
邱宝仁	平邑县柏林镇贾庄村	—	男	1945 年
管正祥	平邑县仲村镇东坝子村	—	男	1945 年
曹光增	平邑县仲村镇临城村	23	男	1945 年
曹光林	平邑县仲村镇临城村	42	男	1945 年
赵文华	平邑县仲村镇北仲一村	—	男	1945 年
刘圣玉	平邑县仲村镇北仲一村	—	男	1945 年
丁继文	平邑县仲村镇泽国庄村	25	男	1945 年
曹保山	平邑县仲村镇峡圩村	24	男	1945 年
高宗法	平邑县仲村镇兴民庄村	23	男	1945 年
林序增	平邑县温水镇元郭一村	30	男	1945 年
林在立	平邑县温水镇元郭一村	26	男	1945 年
牛子玉之四弟	平邑县保太镇大三阳三村	29	男	1945 年
孔兆本	平邑县保太镇大三阳三村	30	男	1945 年
李文生之母	平邑县保太镇大三阳三村	32	女	1945 年
李文生之祖母	平邑县保太镇大三阳三村	50	女	1945 年
吴宝柱之三叔	平邑县保太镇大三阳三村	23	男	1945 年
丰培武之三祖父	平邑县保太镇大三阳三村	26	男	1945 年
陈京奎	平邑县保太镇杨家白壤村	30	男	1945 年
孔李氏	平邑县保太镇杨家白壤村	35	女	1945 年
孔照本	平邑县保太镇大三阳二村	—	女	1945 年
陈庆堂	平邑县保太镇西埠阴村	—	男	1945 年
李桂付	平邑县白彦镇李家沟村	—	男	1945 年
李电相	平邑县白彦镇李家沟村	—	男	1945 年
苏自运	平邑县白彦镇东岔村	27	男	1945 年
苏自星	平邑县白彦镇东岔村	18	男	1945 年
贾西申	平邑县白彦镇贾庄村	24	男	1945 年
李守章	平邑县武台镇西武沟村	39	男	1945 年

姓　名	籍　贯	年　龄	性　别	死难时间
李守信	平邑县武台镇西武沟村	29	男	1945 年
李英秀	平邑县武台镇西武沟村	20	男	1945 年
李宗英	平邑县武台镇西武沟村	20	女	1945 年
温成臣	平邑县武台镇孙家楼村	27	男	1945 年
李　氏	平邑县武台镇孙家楼村	22	女	1945 年
范德胜	平邑县卞桥镇大广粮村	—	男	1945 年
闫明怀	平邑县卞桥镇大广粮村	—	男	1945 年
任志坤	平邑县卞桥镇大广粮村	—	男	1945 年
刘志海	平邑县地方镇王崮山村	18	男	1945 年
杨俊家	平邑县地方镇王崮山村	18	男	1945 年
李成前	平邑县地方镇王崮山村	17	男	1945 年
石立家	平邑县地方镇王崮山村	19	男	1945 年
吕宗贤	平邑县地方镇王崮山村	18	男	1945 年
王兆山	平邑县地方镇王家庄村	21	男	1945 年
孙加梓	平邑县地方镇大平安庄村	—	男	1945 年
徐根柱	平邑县地方镇大平安庄村	—	男	1945 年
张友善	平邑县地方镇大平安庄村	—	男	1945 年
徐士章	平邑县地方镇大平安庄村	—	男	1945 年
孙德刚	平邑县地方镇大平安庄村	—	男	1945 年
孙德昌	平邑县地方镇大平安庄村	—	男	1945 年
孙凤玉	平邑县地方镇大平安庄村	—	男	1945 年
刘庆秀	平邑县地方镇大平安庄村	—	男	1945 年
唐民正	平邑县地方镇埠西桥村	—	男	1945 年
李士海	平邑县地方镇埠西桥村	—	男	1945 年
王凤路	平邑县地方镇埠西桥村	—	男	1945 年
王开运	平邑县地方镇后西固村	21	男	1945 年
刘纪伦	平邑县地方镇后西固村	19	男	1945 年
王青彬	平邑县地方镇后西固村	15	男	1945 年
王开丰	平邑县地方镇后西固村	19	男	1945 年
陈西昌	平邑县地方镇前西固村	49	男	1945 年
陈运昌	平邑县地方镇前西固村	47	男	1945 年
尹凤明	平邑县地方镇西金池村	43	男	1945 年
张传合	平邑县地方镇兴合居村	19	男	1945 年
燕凤成	平邑县地方镇兴合居村	19	男	1945 年

姓 名	籍 贯	年 龄	性 别	死难时间
孙大秋	平邑县地方镇兴合居村	21	男	1945 年
王洪儒	平邑县地方镇兴合居村	19	男	1945 年
李恭中	平邑县地方镇大瑶草村	19	男	1945 年
张秀法	平邑县地方镇利民村	—	男	1945 年
杨松美	平邑县地方镇利民村	—	男	1945 年
高学启	平邑县地方镇后东固村	—	男	1945 年
武洪章	平邑县地方镇进展村	19	男	1945 年
杨玉选	平邑县地方镇前东固村	—	男	1945 年
杨印松	平邑县地方镇前东固村	—	男	1945 年
杨元召	平邑县地方镇前东固村	38	男	1945 年
杨立平	平邑县地方镇前东固村	31	男	1945 年
杨中学	平邑县地方镇前东固村	33	男	1945 年
杨生佐	平邑县地方镇前东固村	33	男	1945 年
刘玉珍	平邑县平邑镇德化庄村	15	男	1945 年
孟宪春	平邑县平邑镇四平村	19	男	1945 年
孟昭志	平邑县平邑镇西张庄一村	30	男	1945 年
林 ×	平邑县平邑镇仁德村	26	男	1945 年
裴德胜	平邑县平邑镇石崮村	—	男	1945 年
高华章	平邑县平邑镇石崮村	—	男	1945 年
张永延	平邑县平邑镇石崮村	—	男	1945 年
尹光顺	平邑县平邑镇石崮村	—	男	1945 年
赫受田	平邑县平邑镇石崮村	—	男	1945 年
尹光友	平邑县平邑镇石崮村	—	男	1945 年
高希贵	平邑县平邑镇石崮村	—	男	1945 年
张志前	平邑县平邑镇石崮村	—	男	1945 年
张一云	平邑县平邑镇石崮村	—	男	1945 年
徐士训	平邑县平邑镇石崮村	—	男	1945 年
李成勇	平邑县平邑镇石崮村	—	男	1945 年
刘万生	平邑县平邑镇白庄村	21	男	1945 年
金彦元	平邑县平邑镇莲花山村	—	男	1945 年
汪照明	平邑县平邑镇北苑村	20	男	1945 年
齐尚昆	平邑县平邑镇利国村	—	男	1945 年
王夫来	平邑县平邑镇利国村	—	男	1945 年
王自有	平邑县平邑镇利国村	—	男	1945 年

姓 名	籍 贯	年 龄	性 别	死难时间
王传昌	平邑县平邑镇利国村	—	男	1945 年
王凤来	平邑县平邑镇利国村	—	男	1945 年
孙玉德	平邑县平邑镇浚东村	—	男	1945 年
李增胜	平邑县平邑镇毛家洼村	—	男	1945 年
丁立富	平邑县平邑镇毛家洼村	—	男	1945 年
丁立祥	平邑县平邑镇毛家洼村	—	男	1945 年
孙明才	平邑县平邑镇毛家洼村	—	男	1945 年
王青山	平邑县平邑镇毛家洼村	—	男	1945 年
王成业	平邑县平邑镇柴山后村	—	男	1945 年
陈化成	平邑县平邑镇柴山后村	—	男	1945 年
王兆俊	平邑县平邑镇柴山后村	—	男	1945 年
马学林	平邑县平邑镇红泉村	20	男	1945 年
姜文学	平邑县平邑镇红泉村	19	男	1945 年
陈宗元	平邑县平邑镇白马村	30	男	1945 年
孙书云	平邑县资邱乡西石井村	—	男	—
赵贵安	平邑县资邱乡西石井村	—	男	—
李元阶	平邑县资邱乡西石井村	—	男	—
李元凯	平邑县资邱乡西石井村	—	男	—
郑保来	平邑县资邱乡东石井村	—	男	—
高学进	平邑县资邱乡兴仁庄	—	男	—
尹士臣	平邑县资邱乡尹家村	30	男	—
尹佃功	平邑县资邱乡尹家村	28	男	—
尹佃勤	平邑县资邱乡尹家村	30	男	—
刘德贵	平邑县资邱乡尹家村	29	男	—
尹玉中	平邑县资邱乡尹家村	29	男	—
邱昌元	平邑县郑城镇木头崖村	—	男	—
邱春增	平邑县郑城镇崇圣村	—	男	—
薛老四	平邑县丰阳镇张家庄村	—	男	—
姚方地	平邑县丰阳镇郑家峪村	—	男	—
林朝成	平邑县丰阳镇杜家村	—	男	—
张兴全	平邑县临涧镇合源村	—	男	—
曾现名	平邑县临涧镇艾曲村	—	男	—
徐四坡	平邑县铜石镇十字坡村	—	男	—
班传义	平邑县铜石镇十字坡村	—	男	—

姓　名	籍　贯	年　龄	性　别	死难时间
王海深	平邑县魏庄乡苗庄村	—	男	—
王如良之祖父	平邑县魏庄乡苗庄村	—	男	—
王相玉之祖父	平邑县魏庄乡苗庄村	—	男	—
王西伦	平邑县魏庄乡东故县村	—	男	—
郭　伍	平邑县魏庄乡东故县村	—	男	—
马天启之兄	平邑县魏庄乡东故县村	—	男	—
张绍征	平邑县魏庄乡东故县村	—	男	—
田麦成	平邑县柏林镇邢家庄村	—	男	—
陈兴林	平邑县柏林镇东上坦村	—	男	—
郭桂远	平邑县柏林镇东上坦村	—	男	—
王兆余之兄	平邑县柏林镇南林村	—	男	—
王庆华	平邑县柏林镇南林村	—	男	—
张维坤之大伯	平邑县柏林镇南林村	—	男	—
公配中	平邑县柏林镇田家庄村	—	男	—
田　×	平邑县柏林镇田家庄村	—	男	—
孙宝旺	平邑县柏林镇东武安村	—	男	—
甄学元	平邑县仲村镇东流村	—	男	—
张兆吉	平邑县仲村镇东流村	—	男	—
甄学平	平邑县仲村镇东流村	—	男	—
郭元水	平邑县仲村镇周郭村	—	男	—
郭俊更	平邑县仲村镇周郭村	—	男	—
周凤展	平邑县仲村镇周郭村	—	男	—
郭元举	平邑县仲村镇周郭村	—	男	—
邵士合	平邑县保太镇南羊子村	—	男	—
刘学胜	平邑县白彦镇山阴村	—	男	—
李中华	平邑县白彦镇山阴村	—	男	—
张文元	平邑县白彦镇山阴村	—	男	—
贾安太	平邑县白彦镇山阴村	—	男	—
张文臣	平邑县白彦镇山阴村	—	男	—
张文德	平邑县白彦镇山阴村	—	男	—
米丕明	平邑县白彦镇山阴村	—	男	—
李中红	平邑县白彦镇山阴村	—	男	—
李京奎	平邑县白彦镇山阴村	—	男	—
廉丕荣	平邑县白彦镇山阴村	—	男	—

姓 名	籍 贯	年 龄	性 别	死难时间
李唐存	平邑县白彦镇李家沟村	—	男	—
李中言	平邑县白彦镇李家沟村	—	男	—
李桂光	平邑县白彦镇李家沟村	—	男	—
李桂光之兄	平邑县白彦镇李家沟村	—	男	—
李桂光之弟	平邑县白彦镇李家沟村	—	男	—
吴自庄	平邑县白彦镇上后河村	—	男	—
吴功路	平邑县白彦镇上后河村	—	男	—
宋学英	平邑县白彦镇上后河村	—	女	—
李唐迎	平邑县白彦镇北山村	27	男	—
李堂友	平邑县白彦镇北山村	23	男	—
李京才	平邑县白彦镇北山村	26	男	—
王意得	平邑县白彦镇北山村	29	男	—
李思明	平邑县白彦镇北山村	27	男	—
李京军	平邑县白彦镇北山村	13	男	—
常清友	平邑县白彦镇北山村	36	男	—
李思军	平邑县白彦镇北山村	27	男	—
刘兴春	平邑县白彦镇黑石查村	—	男	—
刘兴安	平邑县白彦镇黑石查村	—	男	—
刘兴英	平邑县白彦镇黑石查村	—	男	—
谢荣友	平邑县白彦镇谢家岭村	—	男	—
徐思合	平邑县白彦镇东徐庄村	—	男	—
张星灼	平邑县白彦镇蒋沟村	—	男	—
李广彬	平邑县白彦镇棠棣峪村	—	男	—
张文仓	—	—	男	—
刘学礼	平邑县白彦镇山阴村	—	男	—
李同汉	平邑县白彦镇山阴村	—	男	—
蒋义美	平邑县白彦镇白彦村	24	男	—
徐思元	平邑县白彦镇白彦村	28	男	—
陈文海	平邑县白彦镇白彦村	24	男	—
徐思连	平邑县白彦镇白彦村	24	男	—
杨广富	平邑县白彦镇白彦村	21	男	—
孙相林	平邑县武台镇东武沟村	—	男	—
张文业	平邑县卞桥镇西荆埠村	—	男	—
卢宝昌	平邑县卞桥镇西荆埠村	—	男	—

姓　名	籍　贯	年　龄	性　别	死难时间
孟宪法	平邑县卞桥镇西荆埠村	—	男	—
张启文	平邑县卞桥镇西荆埠村	—	男	—
张文勤	平邑县卞桥镇西荆埠村	—	男	—
张文高	平邑县卞桥镇西荆埠村	—	男	—
张洪钧	平邑县卞桥镇西石井村	—	男	—
张洪瞻	平邑县卞桥镇西石井村	—	男	—
张启瑞	平邑县卞桥镇西石井村	—	男	—
孟光泉	平邑县卞桥镇西石井村	—	男	—
孙学美	平邑县卞桥镇西石井村	—	男	—
刘义学	平邑县卞桥镇邱家崖村	—	男	—
刘申宝之父	平邑县卞桥镇邱家崖村	—	男	—
张洪贵之祖母	平邑县卞桥镇邱家崖村	—	女	—
王兴全	平邑县卞桥镇菠萝崮村	22	男	—
崔其富	平邑县地方镇青羊庄村	—	男	—
丁纪友	平邑县地方镇青羊庄村	—	男	—
丁文德	平邑县地方镇青羊庄村	—	男	—
赵福文	平邑县地方镇王家庄村	—	男	—
高绪春	平邑县地方镇三山村	—	男	—
李凤现	平邑县地方镇新华村	25	男	—
高自义	平邑县地方镇新华村	28	男	—
刘传星	平邑县地方镇后西固村	—	男	—
张云福	平邑县地方镇后西固村	—	男	—
陈开友	平邑县地方镇前西固村	—	男	—
陈开叶	平邑县地方镇前西固村	—	男	—
高百王	平邑县地方镇千行庄村	—	男	—
胡　氏	平邑县地方镇胡家洼村	—	女	—
胡建四	平邑县地方镇胡家洼村	—	男	—
胡二麻	平邑县地方镇胡家洼村	—	男	—
王振远	平邑县地方镇和顺村	—	男	—
王二妮	平邑县地方镇和顺村	—	女	—
彭运端	平邑县地方镇安乐村	—	男	—
刘寿延	平邑县平邑镇大井二村	—	男	—
孙明启	平邑县平邑镇大井二村	—	男	—
密开申	平邑县平邑镇白庄村	—	男	—

姓 名	籍 贯	年 龄	性 别	死难时间
刘万元	平邑县平邑镇白庄村	—	男	—
王家全	平邑县平邑镇白庄村	—	男	—
陈兆林	平邑县平邑镇西苑居村	—	男	—
陈巴三	平邑县平邑镇西苑居村	—	男	—
王庆柱	平邑县平邑镇兴水居村	—	男	—
牛士来	平邑县平邑镇大南泉村	—	男	—
薛连富	平邑县平邑镇大南泉村	—	男	—
牛序廷	平邑县平邑镇大南泉村	—	男	—
姜 氏	平邑县平邑镇八埠庄村	—	女	—
刘牛岱	平邑县平邑镇讲理村	19	男	—
陈先兰	平邑县柏林镇陈家庄村	65	男	1937 年 9 月
姜元思	平邑县卞桥镇北官庄村	17	男	1937 年
董正如	平邑县卞桥镇小广粮村	26	男	1938 年
王西荣	平邑县卞桥镇小广粮村	28	男	1938 年
高生平	平邑县地方镇西东国村	—	男	1938 年
老闷柱	平邑县平邑镇利国村	—	男	1939 年 12 月
王继安之兄	平邑县平邑镇利国村	—	男	1939 年 12 月
王夫闲	平邑县平邑镇利国村	—	男	1939 年 12 月
王自柱	平邑县平邑镇利国村	—	男	1939 年 12 月
唐美省	平邑县卞桥镇曹家庄村	—	男	1939 年
仇换璋	平邑县卞桥镇北官庄村	16	男	1939 年
禄希红	平邑县温水镇元郭三村	—	男	1939 年
李玉秀	平邑县仲村镇回龙庙村	19	男	1939 年
李加瑞	平邑县仲村镇岐山村	15	男	1939 年
尹信仁	平邑县仲村镇岐山村	19	男	1939 年
关德金	平邑县仲村镇岐山村	18	男	1939 年
许京平	平邑县卞桥镇城泉村	26	男	1940 年 1 月
李玉娥	平邑县卞桥镇城泉村	21	女	1940 年 6 月
刘西兰	平邑县保太镇三阳三村	48	男	1940 年
于顺全	平邑县平邑镇仁德村	21	男	1940 年
陈保岭	平邑县平邑镇白马村	50	男	1940 年
牛 把	平邑县平邑镇白马村	19	男	1940 年
孟照伦	平邑县平邑镇白马村	30	男	1940 年
张洪臣	平邑县仲村镇南屯村	30	男	1940 年

姓 名	籍 贯	年 龄	性 别	死难时间
王迎宾	平邑县仲村镇南屯村	20	男	1940 年
王子荣	平邑县仲村镇北仲村	53	男	1940 年
袁德合	平邑县铜石镇仁泉岭村	21	男	1941 年 3 月
张庆珍	平邑县卞桥镇城泉村	27	女	1941 年 4 月
常继礼	平邑县保太镇三阳三村	46	男	1941 年
常继忠	平邑县保太镇三阳三村	47	男	1941 年
班兴沂	平邑县保太镇三阳一村	46	男	1941 年
班运德	平邑县保太镇三阳一村	24	男	1941 年
常继进	平邑县保太镇三阳一村	47	男	1941 年
常继孔	平邑县保太镇	45	男	1941 年
梁庆才	平邑县仲村镇回龙庙村	23	男	1941 年
唐美来	平邑县资邱乡杨庄村	—	男	1941 年
崔占道	平邑县资邱乡杨庄村	—	男	1941 年
华松常	平邑县保太镇	26	男	1942 年 6 月
郭传生	平邑县保太镇华家村	33	男	1942 年 6 月
华宝忠	平邑县保太镇华家村	21	男	1942 年 7 月
王顺志	平邑县保太镇华家村	34	男	1942 年 7 月
刘凤琴	平邑县卞桥镇城泉村	27	女	1942 年 7 月
班友德	平邑县保太镇大三阳一村	23	男	1942 年
沈 二	平邑县保太镇纯厚村	20	男	1942 年
董学成	平邑县地方镇三合村	—	男	1942 年
周明之兄	平邑县平邑镇舜帝庙村	17	男	1942 年
何大富	平邑县温水镇东公利村	29	男	1942 年
林希元	平邑县温水镇元郭四村	35	男	1942 年
孙宝英	平邑县温水镇元郭四村	26	男	1942 年
陈守年	平邑县温水镇仁孝村	21	男	1942 年
张云龙	平邑县温水镇仁孝村	20	男	1942 年
李京顺	平邑县资邱乡前东庄村	23	男	1942 年
刘启顺	平邑县资邱乡前东庄村	—	男	1942 年
李长宏	平邑县资邱乡前东庄村	—	男	1942 年
孙德文	平邑县资邱乡前东庄村	—	男	1942 年
孙王氏	平邑县平邑镇黄草村	40	女	1943 年 5 月
吴大恒	平邑县地方镇义兴庄村	—	男	1943 年 9 月
李树迎	平邑县仲村镇李家庄村	41	男	1943 年 12 月

姓 名	籍 贯	年 龄	性 别	死难时间
李长喜	平邑县仲村镇李家庄村	40	男	1943 年 12 月
刘西兴	平邑县仲村镇李家庄村	38	男	1943 年 12 月
李云增	平邑县仲村镇李家庄村	39	男	1943 年 12 月
卜庆美	平邑县卞桥镇卜家湖村	22	男	1943 年
张汶琦	平邑县地方镇西瑶草村	45	男	1943 年
李清玉	平邑县地方镇大瑶草村	40	男	1943 年
李日敬	平邑县地方镇大瑶草村	34	男	1943 年
李清祥	平邑县地方镇大瑶草村	32	男	1943 年
刘丙玉	平邑县平邑镇凤凰村	34	男	1943 年
刘丙奎	平邑县平邑镇凤凰村	34	男	1943 年
刘东才	平邑县平邑镇凤凰村	43	男	1943 年
闫洪彬之父	平邑县铜石镇北诸冯村	—	男	1943 年
彭 云	平邑县温水镇温泉村	35	男	1943 年
林传合	平邑县温水镇元郭四村	32	男	1943 年
李玉吉	平邑县温水镇元郭三村	—	男	1943 年
孙广成	平邑县铜石镇永泰村	47	男	1943 年
李付迎	平邑县仲村镇李家庄村	—	男	1943 年
李京友	平邑县柏林镇黄崖村	—	男	1943 年
王 氏	平邑县柏林镇黄崖村	—	女	1943 年
丁广田	平邑县白彦镇丁庄村	42	男	1944 年 2 月
张甲洞	平邑县地方镇博平村	34	男	1944 年 5 月
贾广仁	平邑县白彦镇贾庄村	24	男	1945 年 2 月
黄合平	平邑县卞桥镇小广粮村	11	男	1945 年
林绪绍	平邑县温水镇元郭一村	—	男	1945 年
毛立志	平邑县保太镇	—	男	—
潘振先	平邑县地方镇西东固村	—	男	—
孙现伦	平邑县温水镇仁孝村	39	男	—
张文存	平邑县铜石镇东丘村	—	男	—
刘现祥	平邑县铜石镇东丘村	—	男	—
刘现运	平邑县铜石镇东丘村	—	男	—
田永可	平邑县仲村镇南屯村	—	男	—
老道士	平邑县仲村镇南屯村	—	男	—
郑传甲	平邑县白彦镇泊石板村	—	男	—
郑传祥	平邑县白彦镇泊石板村	—	男	—

姓 名	籍 贯	年 龄	性 别	死难时间
刘洪胜	平邑县白彦镇龙泉村	—	男	—
合 计	**1936**			

责任人：王基业　　　核实人：南连忠　金红　王红娟　　填表人：牛克森　王浩
填报单位（签章）：平邑县委党史研究室　　　　　　填报时间：2009 年 4 月 15 日

郯城县抗日战争时期死难者名录

姓 名	籍 贯	年 龄	性 别	死难时间
李先登之妻	郯城县李庄镇诸葛店村	—	女	1938 年 4 月 19 日
朱 四	郯城县李庄镇路庄村	54	男	1938 年 4 月 19 日
朱金福之祖父	郯城县李庄镇路庄村	52	男	1938 年 4 月 19 日
朱茂银之祖父	郯城县李庄镇路庄村	62	男	1938 年 4 月 19 日
朱茂银之祖母	郯城县李庄镇路庄村	60	女	1938 年 4 月 19 日
平如桂	郯城县李庄镇路庄村	40	男	1938 年 4 月 19 日
李 氏	郯城县李庄镇路庄村	70	女	1938 年 4 月 19 日
平 三	郯城县李庄镇路庄村	58	男	1938 年 4 月 19 日
潘好友	郯城县李庄镇诸葛店村	—	男	1938 年 4 月 19 日
李怀启	郯城县庙山镇大埠二村	32	男	1938 年 4 月 19 日
秦学奎	郯城县庙山镇大埠二村	23	男	1938 年 4 月 19 日
郑王氏	郯城县庙山镇大埠二村	48	女	1938 年 4 月 19 日
郑王氏	郯城县庙山镇大埠二村	30	女	1938 年 4 月 22 日
宋明庆	郯城县马头镇益民村	33	男	1938 年 4 月 26 日
宋长友	郯城县马头镇益民村	19	男	1938 年 4 月 26 日
宋正月	郯城县马头镇益民村	26	男	1938 年 4 月 26 日
宋兰斋	郯城县马头镇益民村	22	男	1938 年 4 月 26 日
冯秀启	郯城县马头镇益民村	35	男	1938 年 4 月 26 日
杜 三	郯城县马头镇益民村	25	男	1938 年 4 月 26 日
黄启祥	郯城县新村乡黄村	—	男	1938 年 4 月 26 日
黄道修	郯城县新村乡黄村	37	男	1938 年 4 月 26 日
黄可安	郯城县新村乡黄村	60	男	1938 年 4 月 26 日
黄丁氏	郯城县新村乡黄村	72	女	1938 年 4 月 26 日
黄张氏	郯城县新村乡黄村	61	女	1938 年 4 月 26 日
黄治芝	郯城县新村乡黄村	52	男	1938 年 4 月 26 日
黄元桂	郯城县新村乡黄村	29	男	1938 年 4 月 26 日
黄大庄	郯城县新村乡黄村	30	男	1938 年 4 月 26 日
夫 奎	郯城县新村乡黄村	40	男	1938 年 4 月 26 日
黄 芝	郯城县新村乡黄村	62	男	1938 年 4 月 26 日
黄克乾之祖母	郯城县新村乡黄村	41	女	1938 年 4 月 26 日
黄 一	郯城县新村乡黄村	35	男	1938 年 4 月 26 日

姓 名	籍 贯	年 龄	性 别	死难时间
高振清	郯城县高峰头镇江庄村	28	男	1938 年 4 月
杨玉街	郯城县郯城镇官塘村	45	男	1938 年 4 月
李 氏	郯城县郯城镇官塘村	55	女	1938 年 4 月
张 氏	郯城县郯城镇官塘村	70	女	1938 年 4 月
李广吉	郯城县郯城镇埝里村	14	男	1938 年 4 月
孟宪平	郯城县李庄镇朱庄村	37	男	1938 年 4 月
暴弓腰	郯城县李庄镇朱庄村	34	男	1938 年 4 月
朱玉恒	郯城县李庄镇神泉村	25	男	1938 年 4 月
李玉堂	郯城县李庄镇神泉村	26	男	1938 年 4 月
马登学	郯城县重坊镇吴道口村	—	男	1938 年 4 月
孔庆常	郯城县杨集镇孔圩村	27	男	1938 年 4 月
张徐氏	郯城县杨集镇张墩村	16	女	1938 年 4 月
张则江之母	郯城县杨集镇张墩村	33	女	1938 年 4 月
李王氏	郯城县高峰头镇店子村	55	女	1938 年 4 月
高 厚	郯城县港上镇港上四村	33	男	1938 年 4 月
王明亮	郯城县港上镇港上四村	27	男	1938 年 4 月
王田忠	郯城县港上镇港上四村	23	男	1938 年 4 月
刘二孩	郯城县港上镇港上四村	21	男	1938 年 4 月
李文良	郯城县港上镇港上四村	34	男	1938 年 4 月
刘 芳	郯城县港上镇港上四村	22	女	1938 年 4 月
刘方成	郯城县港上镇郎里中村	51	男	1938 年 4 月
刘秀正	郯城县花园乡冷庙村	16	男	1938 年 4 月
邱龙才	郯城县花园乡涝南村	27	男	1938 年 4 月
王兆朋	郯城县花园乡后狼湖村	—	男	1938 年 4 月
王兆朋之妻	郯城县花园乡后狼湖村	—	女	1938 年 4 月
刘俊山	郯城县花园乡涝沟村	32	男	1938 年 4 月
张 氏	郯城县花园乡涝沟村	37	女	1938 年 4 月
张 氏	郯城县花园乡涝沟村	36	女	1938 年 4 月
杨 岭	郯城县花园乡涝沟村	18	男	1938 年 4 月
相二孩	郯城县花园乡涝沟村	28	男	1938 年 4 月
王老大	郯城县花园乡涝沟村	28	男	1938 年 4 月
张三虎	郯城县花园乡后捷村	16	男	1938 年 4 月
朱二胖	郯城县花园乡后捷村	20	男	1938 年 4 月
李玉银	郯城县花园乡后捷村	35	男	1938 年 4 月

姓 名	籍 贯	年 龄	性 别	死难时间
庆科之母	郯城县花园乡后捷村	52	女	1938 年 4 月
庆科之妻	郯城县花园乡后捷村	30	女	1938 年 4 月
李玉银之子	郯城县花园乡后捷村	10	男	1938 年 4 月
朱王氏	郯城县归昌乡朱前村	27	女	1938 年 4 月
朱格介	郯城县归昌乡朱前村	9	男	1938 年 4 月
张振学	郯城县归昌乡西凡村	7	男	1938 年 4 月
杨俊晨	郯城县归昌乡西凡村	42	男	1938 年 4 月
杜 氏	郯城县归昌乡西凡村	50	女	1938 年 4 月
刘 氏	郯城县归昌乡西凡村	52	女	1938 年 4 月
魏天起之妻	郯城县归昌乡西凡村	49	女	1938 年 4 月
于向义	郯城县郯城镇薛城后村	36	男	1938 年 4 月
李开吉	郯城县黄山镇李官庄村	17	男	1938 年 4 月
陈纪刚	郯城县黄山镇李官庄村	12	男	1938 年 4 月
徐 氏	郯城县郯城镇鸭汪村	53	女	1938 年 4 月
胡顺红	郯城县胜利乡胡一村	40	男	1938 年 4 月
梁本贵	郯城县褚墩镇碑住三村	11	男	1938 年 4 月
倪宝发	郯城县重坊镇倪村	23	男	1938 年 4 月
李文峰之祖母	郯城县黄山镇李官庄村	75	女	1938 年 4 月
魏玉俊	郯城县胜利乡胡三村	35	男	1938 年 4 月
黄自太	郯城县郯城镇官路东村	19	男	1938 年 4 月
王广林	郯城县郯城镇大王庄村	36	男	1938 年 4 月
王振电	郯城县郯城镇大王庄村	38	男	1938 年 4 月
王文将	郯城县郯城镇大王庄村	38	男	1938 年 4 月
卞王氏	郯城县郯城镇南新安庄村	22	女	1938 年 4 月
李王氏	郯城县郯城镇南新安庄村	21	女	1938 年 4 月
张关亮	郯城县重坊镇西高庄	23	男	1938 年 4 月
高士忠	郯城县港上镇港上三村	31	男	1938 年 4 月
高培根	郯城县港上镇港上三村	42	男	1938 年 4 月
杜张氏	郯城县胜利乡赵楼村	42	女	1938 年 4 月
翁桂彬之祖父	郯城县泉源乡翁屯村	49	男	1938 年 4 月
王之朴	郯城县郯城镇南新安庄村	22	男	1938 年 4 月
王广志	郯城县郯城镇西关三村	37	男	1938 年 4 月
李茂启	郯城县郯城镇汪卸村	44	男	1938 年 4 月
英自义	郯城县郯城镇英城后村	47	男	1938 年 4 月

姓 名	籍 贯	年 龄	性 别	死难时间
王跃东	郯城县李庄镇朱庄村	27	男	1938 年 4 月
彭友兰	郯城县李庄镇李庄二村	13	男	1938 年 4 月
张洪刚	郯城县李庄镇李庄二村	18	男	1938 年 4 月
姚克勋	郯城县李庄镇李庄二村	28	男	1938 年 4 月
施华柱	郯城县李庄镇李庄二村	39	男	1938 年 4 月
周凤山	郯城县李庄镇李庄二村	42	男	1938 年 4 月
老裴家孩子	郯城县李庄镇李庄三村	—	男	1938 年 4 月
丁光先	郯城县李庄镇李庄三村	—	男	1938 年 4 月
肖××	郯城县李庄镇李庄三村	—	男	1938 年 4 月
肖××之妻	郯城县李庄镇李庄三村	—	女	1938 年 4 月
曹李氏	郯城县重坊镇曹庄村	35	女	1938 年 4 月
曹焕凯	郯城县重坊镇曹庄村	30	男	1938 年 4 月
高美光	郯城县胜利乡大池头村	25	男	1938 年 4 月
桂彬之父	郯城县泉源乡翁屯村	19	男	1938 年 4 月
冯志谦	郯城县花园乡俩墩村	50	男	1938 年 4 月
董庆怀	郯城县花园乡后捷村	51	男	1938 年 4 月
万王氏	郯城县郯城镇南新安庄村	22	女	1938 年 4 月
陈大彩	郯城县马头镇小埝一村	66	男	1938 年 4 月
刘清杰	郯城县马头镇小埝一村	35	男	1938 年 4 月
黄庆昌	郯城县高峰头镇曹村	28	男	1938 年 4 月
徐贞美	郯城县高峰头镇曹村	18	男	1938 年 4 月
胡玉堂	郯城县高峰头镇曹村	29	男	1938 年 4 月
赵玉忠之妻	郯城县马头镇南元街	31	女	1938 年 4 月
仇从×	郯城县马头镇仇高册村	—	男	1938 年 4 月
仇二虎	郯城县马头镇仇高册村	—	男	1938 年 4 月
宋清宝	郯城县泉源乡后城村	17	男	1938 年 4 月
徐敏庭	郯城县重坊镇太平东村	33	男	1938 年 4 月
吕宗义	郯城县庙山镇吕村	15	男	1938 年 4 月
王清太	郯城县庙山镇西刘埠村	22	男	1938 年 4 月
蒋 昆	郯城县庙山镇茶安村	27	男	1938 年 4 月
郑学德	郯城县庙山镇茶安村	30	男	1938 年 4 月
田大马	郯城县重坊镇重坊三村	30	男	1938 年 4 月
高 二	郯城县重坊镇重坊三村	24	男	1938 年 4 月
吴广友	郯城县重坊镇重坊三村	60	男	1938 年 4 月

姓 名	籍 贯	年 龄	性 别	死难时间
吴 氏	郯城县重坊镇重坊三村	60	女	1938 年 4 月
陈振吉	郯城县马头镇小埝一村	50	男	1938 年 4 月
卢陈氏	郯城县马头镇小埝一村	40	女	1938 年 4 月
秦学柱	郯城县庙山镇大埠二村	50	男	1938 年 4 月
秦学柱之妻	郯城县庙山镇大埠二村	48	女	1938 年 4 月
秦学柱之外孙女	郯城县庙山镇大埠二村	2	女	1938 年 4 月
蔡廷彦	郯城县李庄镇界牌村	47	男	1938 年 4 月
车太强	郯城县高峰头镇王庄村	21	男	1938 年 4 月
徐佃林	郯城县庙山镇石桥村	42	男	1938 年 4 月
大地瓜	郯城县郯城镇城里一村	52	男	1938 年 4 月
张大顺	郯城县重坊镇西高庄村	—	男	1938 年 4 月
黄敬四	郯城县新村乡黄村	30	男	1938 年 4 月
张兰氏	郯城县归昌乡玉庙村	23	女	1938 年 4 月
张戏台	郯城县归昌乡玉庙村	18	男	1938 年 4 月
吴夫稿	郯城县归昌乡朱后村	53	男	1938 年 4 月
朱永芝	郯城县重坊镇徐出口村	34	男	1938 年 4 月
冯 晨	郯城县归昌乡郯庙村	3	男	1938 年 4 月
孙思友	郯城县归昌乡河北村	28	男	1938 年 4 月
徐贞起	郯城县重坊镇徐出口村	52	男	1938 年 4 月
高佃经	郯城县马头镇胜利街	28	男	1938 年 5 月 4 日
于静竹	郯城县马头镇胜利街	31	男	1938 年 5 月 4 日
高毓章	郯城县马头镇胜利街	30	男	1938 年 5 月 4 日
徐善堂	郯城县泉源乡南夹埠村	60	男	1938 年 5 月 6 日
葛兴仅之祖母	郯城县郯城镇于林村	58	女	1938 年 5 月
李凤廷	郯城县郯城镇南埝村	28	男	1938 年 5 月
李金岭	郯城县郯城镇西关二村	18	男	1938 年 5 月
徐大江	郯城县郯城镇三井村	15	男	1938 年 5 月
米兆玉	郯城县郯城镇米庄村	26	男	1938 年 5 月
米学田	郯城县郯城镇米庄村	45	男	1938 年 5 月
王振山	郯城县郯城镇大王庄村	37	男	1938 年 5 月
刘茂生	郯城县郯城镇后龙门村	21	男	1938 年 5 月
邓树启	郯城县马头镇胜利街	—	男	1938 年 5 月
杜善德	郯城县李庄镇于泉村	—	男	1938 年 5 月
孙 氏	郯城县重坊镇坊上村	27	女	1938 年 5 月

姓 名	籍 贯	年 龄	性 别	死难时间
孙三套	郯城县重坊镇坊上村	20	男	1938 年 5 月
孙菊巴	郯城县重坊镇坊上村	16	女	1938 年 5 月
孙彩连之子	郯城县重坊镇坊上村	3	男	1938 年 5 月
孙小米	郯城县重坊镇坊上村	6	女	1938 年 5 月
孙连巴	郯城县重坊镇坊上村	4	女	1938 年 5 月
魏同亮之母	郯城县重坊镇坊上村	36	女	1938 年 5 月
魏同亮之兄	郯城县重坊镇坊上村	4	男	1938 年 5 月
孙宝迁	郯城县重坊镇坊上村	65	男	1938 年 5 月
魏连生	郯城县重坊镇坊上村	32	男	1938 年 5 月
李红臣	郯城县黄山镇李官庄村	14	男	1938 年 5 月
李 成	郯城县黄山镇李官庄村	13	男	1938 年 5 月
李守贵	郯城县黄山镇李官庄村	17	男	1938 年 5 月
李 标	郯城县黄山镇李官庄村	16	男	1938 年 5 月
李 庶	郯城县黄山镇李官庄村	16	男	1938 年 5 月
王车经	郯城县黄山镇李官庄村	16	男	1938 年 5 月
张永顺	郯城县胜利乡胡三村	31	男	1938 年 5 月
韩振松	郯城县花园乡秦园村	—	男	1938 年 5 月
冯百顺	郯城县花园乡秦园村	—	男	1938 年 5 月
韩赤托	郯城县花园乡秦园村	—	男	1938 年 5 月
张明稳	郯城县花园乡埠北村	14	男	1938 年 5 月
张为亮	郯城县花园乡埠北村	16	男	1938 年 5 月
吴廷元	郯城县花园乡大拐村	29	男	1938 年 5 月
吴廷兰	郯城县花园乡大拐村	25	男	1938 年 5 月
张仲起之祖母	郯城县花园乡丁庄村	60	女	1938 年 5 月
张仲起之姨奶	郯城县花园乡丁庄村	68	女	1938 年 5 月
于世德	郯城县花园乡丁庄村	23	男	1938 年 5 月
李玉银	郯城县花园乡狼湖村	30	男	1938 年 5 月
李小根	郯城县花园乡狼湖村	25	男	1938 年 5 月
李 氏	郯城县花园乡狼湖村	50	女	1938 年 5 月
冯德江	郯城县花园乡狼湖村	40	男	1938 年 5 月
张仲如	郯城县花园乡大埠子南村	36	男	1938 年 5 月
黄庆三	郯城县花园乡后捷村	26	男	1938 年 5 月
李自连	郯城县花园乡后捷村	28	男	1938 年 5 月
李玉银之妻	郯城县花园乡后捷村	33	女	1938 年 5 月

姓名	籍贯	年龄	性别	死难时间
李玉银之长女	郯城县花园乡后捷村	8	女	1938 年 5 月
李玉银之次女	郯城县花园乡后捷村	6	女	1938 年 5 月
庆三之母	郯城县花园乡后捷村	42	女	1938 年 5 月
张学礼	郯城县花园乡花园村	26	男	1938 年 5 月
宋宜开	郯城县花园乡宋窑村	31	男	1938 年 5 月
宋保才	郯城县花园乡宋窑村	31	男	1938 年 5 月
马连一	郯城县花园乡宋窑村	32	男	1938 年 5 月
黄陈氏	郯城县花园乡捷庄一村	71	女	1938 年 5 月
沈兴爵	郯城县花园乡捷庄一村	70	男	1938 年 5 月
池振山	郯城县花园乡捷庄一村	70	男	1938 年 5 月
池如义	郯城县花园乡捷庄一村	40	男	1938 年 5 月
池蔡氏	郯城县花园乡捷庄一村	40	女	1938 年 5 月
池小臭	郯城县花园乡捷庄一村	6	男	1938 年 5 月
池如林	郯城县花园乡捷庄一村	33	男	1938 年 5 月
池小育	郯城县花园乡捷庄一村	14	男	1938 年 5 月
张仲举之祖父	郯城县花园乡田哨村	70	男	1938 年 5 月
田作喜之母	郯城县花园乡田哨村	50	女	1938 年 5 月
田文冒之母	郯城县花园乡田哨村	52	女	1938 年 5 月
田作雨之祖母	郯城县花园乡田哨村	51	女	1938 年 5 月
田庆诺之祖母	郯城县花园乡田哨村	52	女	1938 年 5 月
李茂桂之祖母	郯城县花园乡田哨村	58	女	1938 年 5 月
田庆义之祖父	郯城县花园乡田哨村	56	男	1938 年 5 月
田文明之母	郯城县花园乡田哨村	55	女	1938 年 5 月
李茂玖之祖父	郯城县花园乡田哨村	60	男	1938 年 5 月
卞三之亲属	郯城县花园乡田哨村	30	女	1938 年 5 月
李兆祥之母	郯城县花园乡田哨村	50	女	1938 年 5 月
胡兴怀	郯城县高峰头镇胡井村	35	男	1938 年 5 月
刘计云	郯城县郯城镇十里村	—	女	1938 年 5 月
张作舟之姐	郯城县花园乡前捷村	24	女	1938 年 5 月
王计叶之妻	郯城县花园乡前捷村	50	女	1938 年 5 月
张景玉之父	郯城县花园乡前捷村	60	男	1938 年 5 月
张维扬之子	郯城县花园乡北涝沟村	7	男	1938 年 5 月
张维扬之妻	郯城县花园乡北涝沟村	47	女	1938 年 5 月
杨启玉之妻	郯城县花园乡北涝沟村	50	女	1938 年 5 月

姓　名	籍　贯	年龄	性别	死难时间
杨启玉之女	郯城县花园乡北涝沟村	18	女	1938 年 5 月
张则富之兄	郯城县花园乡北涝沟村	17	男	1938 年 5 月
张则富之父	郯城县花园乡北涝沟村	55	男	1938 年 5 月
孙士美之父	郯城县花园乡北涝沟村	58	男	1938 年 5 月
孙士美之弟	郯城县花园乡北涝沟村	7	男	1938 年 5 月
庄怀保之母	郯城县花园乡北涝沟村	69	女	1938 年 5 月
张敬伦之曾祖父	郯城县花园乡北涝沟村	75	男	1938 年 5 月
张敬恒之二祖父	郯城县花园乡北涝沟村	50	男	1938 年 5 月
张道中之祖母	郯城县花园乡北涝沟村	60	女	1938 年 5 月
徐胜信	郯城县花园乡北涝沟村	50	男	1938 年 5 月
刘布堂之大娘	郯城县花园乡北涝沟村	55	女	1938 年 5 月
张跺裙	郯城县花园乡北涝沟村	45	男	1938 年 5 月
张庆德之兄	郯城县花园乡北涝沟村	40	男	1938 年 5 月
池友龙之母	郯城县花园乡前捷村	30	女	1938 年 5 月
池小兵	郯城县花园乡前捷村	6	男	1938 年 5 月
谢印廷之祖父	郯城县花园乡前捷村	45	男	1938 年 5 月
谢印廷之祖母	郯城县花园乡前捷村	46	女	1938 年 5 月
谢印廷	郯城县花园乡前捷村	—	女	1938 年 5 月
周保堂	郯城县花园乡前捷村	56	男	1938 年 5 月
周保兰	郯城县花园乡前捷村	53	男	1938 年 5 月
池如斗之女	郯城县花园乡前捷村	15	女	1938 年 5 月
周　氏	郯城县花园乡前捷村	50	女	1938 年 5 月
张学全之祖母	郯城县花园乡前捷村	43	女	1938 年 5 月
孟广一	郯城县花园乡张哨村	39	男	1938 年 5 月
孟　氏	郯城县花园乡张哨村	32	女	1938 年 5 月
张仲选	郯城县花园乡张哨村	52	男	1938 年 5 月
张仲坡	郯城县花园乡张哨村	36	男	1938 年 5 月
张冯氏	郯城县花园乡张哨村	50	女	1938 年 5 月
李盛金	郯城县花园乡张哨村	68	男	1938 年 5 月
李茂才	郯城县花园乡张哨村	45	男	1938 年 5 月
李玉之	郯城县花园乡张哨村	43	男	1938 年 5 月
李怀山	郯城县花园乡张哨村	40	男	1938 年 5 月
李贵荣	郯城县花园乡张哨村	50	男	1938 年 5 月
李付圣	郯城县花园乡张哨村	60	男	1938 年 5 月

姓　名	籍　贯	年龄	性别	死难时间
李尤氏	郯城县花园乡张哨村	60	女	1938 年 5 月
张伟高	郯城县花园乡张哨村	60	男	1938 年 5 月
张仲山	郯城县花园乡张哨村	68	男	1938 年 5 月
张明中	郯城县花园乡张哨村	65	男	1938 年 5 月
杨士密	郯城县花园乡北涝沟村	55	男	1938 年 5 月
杨士密之妻	郯城县花园乡北涝沟村	53	女	1938 年 5 月
杨士根	郯城县花园乡北涝沟村	50	男	1938 年 5 月
庄哑巴	郯城县花园乡北涝沟村	40	男	1938 年 5 月
庄裁缝	郯城县花园乡北涝沟村	30	男	1938 年 5 月
庄狗留	郯城县花园乡北涝沟村	18	男	1938 年 5 月
张维扬	郯城县花园乡北涝沟村	50	男	1938 年 5 月
张维扬之长子	郯城县花园乡北涝沟村	11	男	1938 年 5 月
谭　氏	郯城县杨集镇高瓦房村	61	女	1938 年 5 月
谭奎玉之子	郯城县杨集镇高瓦房村	4	男	1938 年 5 月
李佃花	郯城县马头镇胜利街	28	男	1938 年 5 月
魏天起	郯城县归昌乡西凡村	50	男	1938 年 5 月
王　阶	郯城县胜利乡胡一村	50	男	1938 年 5 月
李茂桂之祖父	郯城县花园乡田哨村	60	男	1938 年 5 月
刘八斗	郯城县黄山镇栗林村	46	男	1938 年 6 月
张学忠	郯城县郯城镇西关一村	—	男	1938 年 6 月
吴兴邦	郯城县郯城镇金湖村	38	男	1938 年 6 月
宋继田	郯城县郯城镇前屯村	35	男	1938 年 6 月
米学兴	郯城县郯城镇米庄村	36	男	1938 年 6 月
米学永	郯城县郯城镇米庄村	54	男	1938 年 6 月
王成德	郯城县郯城镇西关一村	32	男	1938 年 6 月
王成忠	郯城县郯城镇西关一村	—	男	1938 年 6 月
仇心认	郯城县马头镇仇高册村	—	男	1938 年 6 月
史文征	郯城县马头镇南元街	28	男	1938 年 6 月
曹圣德	郯城县马头镇南元街	32	男	1938 年 6 月
马贵田	郯城县重坊镇西高庄	45	男	1938 年 6 月
杜成得	郯城县黄山镇栗林村	45	男	1938 年 6 月
刘俊园	郯城县花园乡秦庄村	15	男	1938 年 6 月
许绍云之兄	郯城县花园乡秦庄村	14	男	1938 年 6 月
刘房钦	郯城县花园乡沟崖村	36	男	1938 年 6 月

姓 名	籍 贯	年龄	性别	死难时间
张维起	郯城县花园乡沟崖村	35	男	1938 年 6 月
马希友	郯城县花园乡涝沟北村	29	男	1938 年 6 月
张明志	郯城县花园乡涝沟北村	28	男	1938 年 6 月
姜福圣	郯城县花园乡涝沟北村	31	男	1938 年 6 月
孙 孩	郯城县花园乡涝沟北村	28	男	1938 年 6 月
刘文选之父	郯城县花园乡涝沟北村	30	男	1938 年 6 月
张文艺	郯城县花园乡涝沟北村	32	男	1938 年 6 月
陆二九	郯城县郯城镇陆东村	22	男	1938 年 6 月
张天增	郯城县沙墩镇大塘村	—	男	1938 年 6 月
赵玉忠	郯城县马头镇南元街	28	男	1938 年 6 月
徐贞全	郯城县重坊镇太平东村	23	男	1938 年 6 月
王聚山	郯城县郯城镇金湖村	27	男	1938 年 7 月
沈小桃	郯城县郯城镇官南村	19	男	1938 年 7 月
杨王氏	郯城县重坊镇王村	34	女	1938 年 7 月
杨小丫	郯城县重坊镇王村	8	女	1938 年 7 月
张计中	郯城县重坊镇王村	55	男	1938 年 7 月
王张氏	郯城县重坊镇王村	36	女	1938 年 7 月
吴夫昌	郯城县重坊镇吴道口村	—	男	1938 年 7 月
孟召渠	郯城县重坊镇栗元村	—	男	1938 年 7 月
潘朝贵	郯城县庙山镇潘庄村	28	男	1938 年 7 月
叶登荣	郯城县港上镇郎里西村	32	男	1938 年 7 月
杜陈氏	郯城县郯城镇陈西村	67	女	1938 年 7 月
陈修迁	郯城县郯城镇陈西村	38	男	1938 年 7 月
颜月沛	郯城县新村乡颜庙村	20	男	1938 年 7 月
周××	郯城县沙墩镇尚庄三村	21	男	1938 年 7 月
周××	郯城县沙墩镇尚庄一村	40	男	1938 年 7 月
周爱龄之外祖母	郯城县沙墩镇尚庄一村	—	女	1938 年 7 月
周荣谦之父	郯城县沙墩镇尚庄一村	—	男	1938 年 7 月
周友之之母	郯城县沙墩镇尚庄一村	—	女	1938 年 7 月
仇心朋	郯城县马头镇仇高册村	—	男	1938 年 7 月
刘 氏	郯城县花园乡狼湖村	—	女	1938 年 7 月
陆 氏	郯城县胜利乡白果树村	68	女	1938 年 8 月 20 日
杨 贵	郯城县胜利乡白果树村	28	男	1938 年 8 月 20 日
卞守业	郯城县胜利乡白果树村	58	男	1938 年 8 月 20 日

姓 名	籍 贯	年龄	性别	死难时间
杜慎英	郯城县胜利乡白果树村	26	女	1938 年 8 月 20 日
卞景新	郯城县胜利乡白果树村	25	男	1938 年 8 月 20 日
颜景山	郯城县胜利乡白果树村	26	男	1938 年 8 月 20 日
杨王氏	郯城县胜利乡白果树村	10	女	1938 年 8 月 20 日
赵杜氏	郯城县胜利乡白果树村	26	女	1938 年 8 月 20 日
颜成玉	郯城县胜利乡白果树村	27	男	1938 年 8 月 20 日
杨付氏	郯城县胜利乡白果树村	65	女	1938 年 8 月 20 日
杨俊秀	郯城县胜利乡白果树村	5	男	1938 年 8 月 20 日
杨守礼	郯城县胜利乡白果树村	28	男	1938 年 8 月 20 日
王成明	郯城县郯城镇王巷村	26	男	1938 年 8 月
刘王山	郯城县郯城镇北关	43	男	1938 年 8 月
孟现德	郯城县马头镇南元街	27	男	1938 年 8 月
杨大毛	郯城县重坊镇铺里村	13	男	1938 年 8 月
杨德清	郯城县重坊镇铺里村	35	男	1938 年 8 月
颜志恒之父	郯城县重坊镇铺里村	46	男	1938 年 8 月
徐洪贵	郯城县黄山镇前黄山村	19	男	1938 年 8 月
徐洪恂	郯城县黄山镇前黄山村	17	男	1938 年 8 月
陈三结巴	郯城县黄山镇凤凰庄村	—	男	1938 年 8 月
张小孩	郯城县花园乡涝沟村	1	男	1938 年 8 月
董家荣	郯城县花园乡后捷村	8	男	1938 年 8 月
闻成毡	郯城县归昌乡益新村	67	男	1938 年 8 月
高于氏	郯城县归昌乡益新村	54	女	1938 年 8 月
刘 氏	郯城县归昌乡益新村	40	女	1938 年 8 月
侯田兼	郯城县高峰头镇高一村	26	男	1938 年 8 月
马敬廷	郯城县郯城镇马南村	66	男	1938 年 9 月
刘友思	郯城县重坊镇大刘庄村	23	男	1938 年 9 月
唐 ×	郯城县庙山镇东刘埠村	45	男	1938 年 9 月
马英杰	郯城县郯城镇马南村	21	男	1938 年 9 月
张怀斗	郯城县褚墩镇碑住三村	9	男	1938 年 10 月 12 日
宋景光	郯城县花园乡宋窑村	24	男	1938 年 10 月
王张氏	郯城县花园乡宋窑村	61	女	1938 年 10 月
孙道祥	郯城县花园乡宋窑村	27	男	1938 年 10 月
朱胜修	郯城县花园乡宋窑村	39	男	1938 年 10 月
朱胜修之弟	郯城县花园乡宋窑村	37	男	1938 年 10 月

姓 名	籍 贯	年 龄	性 别	死难时间
张庆一	郯城县花园乡宋窑村	38	男	1938 年 10 月
陈二安	郯城县花园乡宋窑村	7	男	1938 年 10 月
谭哑巴	郯城县花园乡宋窑村	37	男	1938 年 10 月
宋庆三	郯城县花园乡宋窑村	17	男	1938 年 10 月
宋庆康	郯城县花园乡宋窑村	20	男	1938 年 10 月
张凤林	郯城县花园乡宋窑村	22	男	1938 年 10 月
张愣子	郯城县花园乡宋窑村	20	男	1938 年 10 月
丁丫头	郯城县花园乡宋窑村	8	女	1938 年 10 月
杨秀荣	郯城县花园乡宋窑村	42	男	1938 年 10 月
杨景林之五叔	郯城县花园乡宋窑村	16	男	1938 年 10 月
朱 氏	郯城县花园乡宋窑村	52	女	1938 年 10 月
宋道士	郯城县花园乡宋窑村	15	男	1938 年 10 月
党连贵	郯城县郯城镇城里一街	56	男	1938 年 10 月
倪保友	郯城县重坊镇大刘庄村	36	男	1938 年 10 月
滕金耐	郯城县沙墩镇华埠二村	21	男	1938 年 10 月
周作栋	郯城县花园乡周庄村	21	男	1938 年 10 月
谢方增	郯城县花园乡涝南村	60	男	1938 年 10 月
董大景	郯城县花园乡后捷村	12	男	1938 年 10 月
董庆友之妻	郯城县花园乡后捷村	24	女	1938 年 10 月
董庆友	郯城县花园乡后捷村	25	男	1938 年 10 月
董庆友之子	郯城县花园乡后捷村	5	男	1938 年 10 月
王士田	郯城县花园乡花园村	31	男	1938 年 10 月
张 氏	郯城县花园乡花园村	46	女	1938 年 10 月
朱 氏	郯城县花园乡花园村	47	女	1938 年 10 月
常 氏	郯城县花园乡花园村	45	女	1938 年 10 月
张循则	郯城县花园乡花园村	52	男	1938 年 10 月
李杨氏	郯城县郯城镇西关二街	18	女	1938 年 11 月
周士堂	郯城县郯城镇西关二街	19	男	1938 年 11 月
王成功	郯城县港上镇珩东村	27	男	1938 年 11 月
孙增圣	郯城县重坊镇太平东村	42	男	1938 年 11 月
梁加尧	郯城县褚墩镇碑住三村	11	男	1938 年 12 月
朱广德	郯城县郯城镇北关三村	35	男	1938 年 12 月
杜 氏	郯城县郯城镇北关三村	—	女	1938 年 12 月
李 氏	郯城县郯城镇北关三村	39	女	1938 年 12 月

姓 名	籍 贯	年 龄	性 别	死难时间
张太公	郯城县郯城镇北马街	—	男	1938 年
李 氏	郯城县郯城镇北马街	—	女	1938 年
马贵田	郯城县郯城镇北马街	—	男	1938 年
许祥瑞	郯城县归昌乡林子村	20	男	1938 年
叶志如	郯城县郯城镇叶庄村	—	男	1938 年
刘 ×	郯城县郯城镇叶庄村	—	男	1938 年
聂学启	郯城县郯城镇沙窝涯村	31	男	1938 年
刘 四	郯城县郯城镇沙窝涯村	40	男	1938 年
王喜文	郯城县郯城镇南关三街	28	男	1938 年
唐成品	郯城县马头镇柏花园村	20	男	1938 年
王小丫	郯城县马头镇和平街	7	女	1938 年
陆 君	郯城县胜利乡胡二村	24	男	1938 年
叶志启	郯城县郯城镇叶庄村	—	男	1938 年
陈朝佩	郯城县重坊镇杨庄寺村	28	男	1938 年
孟广烈	郯城县重坊镇杨庄寺村	30	男	1938 年
蒋同怀之弟	郯城县马头镇建设村	35	男	1938 年
梁怡洪	郯城县马头镇建设村	36	男	1938 年
田丙松	郯城县新村乡埝东村	28	男	1938 年
田丙先	郯城县新村乡埝东村	34	男	1938 年
庄 三	郯城县李庄镇刘道口村	30	男	1938 年
苗三之婶	郯城县李庄镇刘道口村	62	女	1938 年
吴刘氏	郯城县胜利乡吴卜坦村	—	女	1938 年
陈洪祥	郯城县胜利乡高大村	52	男	1938 年
王守祥	郯城县郯城镇王集村	14	男	1938 年
柴景春	郯城县马头镇东艾国村	14	男	1938 年
柴景顺	郯城县马头镇东艾国村	16	男	1938 年
柴景秀	郯城县马头镇东艾国村	18	男	1938 年
陈庆让	郯城县泉源乡小东岭村	38	男	1938 年
王 ×	郯城县归昌乡马王村	28	男	1938 年
刘生西	郯城县归昌乡马王村	25	男	1938 年
杜 双	郯城县马头镇黄金殿村	31	男	1938 年
杨君德	郯城县泉源乡柳沟村	41	男	1938 年
姜化瑞	郯城县港上镇姜庄村	20	男	1938 年
张其利	郯城县李庄镇刘道口村	50	男	1938 年

姓 名	籍 贯	年 龄	性 别	死难时间
徐绍孟	郯城县沙墩镇官庄村	65	男	1938 年
刘 贵	郯城县沙墩镇沟上村	51	男	1938 年
刘玉早	郯城县李庄镇刘道口村	25	男	1938 年
魏建启	郯城县马头镇魏庄村	—	男	1938 年
杨 氏	郯城县马头镇东圣村	—	女	1938 年
杨氏之孙女	郯城县马头镇东圣村	6	女	1938 年
杨氏之孙子	郯城县马头镇东圣村	4	男	1938 年
姚 氏	郯城县马头镇东圣村	52	女	1938 年
李 氏	郯城县马头镇东圣村	50	女	1938 年
杨 杰	郯城县马头镇东圣村	23	男	1938 年
杨 氏	郯城县马头镇东圣村	55	女	1938 年
刘 氏	郯城县马头镇东圣村	62	女	1938 年
杨 ×	郯城县马头镇东圣村	64	男	1938 年
王培增	郯城县马头镇东圣村	56	男	1938 年
范保文	郯城县红花乡前三堂村	49	男	1938 年
范士奎	郯城县红花乡前三堂村	50	男	1938 年
刘同俭	郯城县红花乡前三堂村	51	男	1938 年
彭茂法	郯城县红花乡前三堂村	48	男	1938 年
刘培法	郯城县红花乡前三堂村	52	男	1938 年
凌云志	郯城县港上镇前埝村	35	男	1938 年
徐勤付之父	郯城县郯城镇许庄村	18	男	1938 年
姜圣彪	郯城县杨集镇西吴庄村	17	男	1938 年
吴永耒	郯城县胜利乡吴卜坦村	78	男	1938 年
颜景怀	郯城县胜利乡高大村	27	男	1938 年
匡大士	郯城县杨集镇中北头村	—	男	1938 年
赵兴江	郯城县杨集镇中北头村	—	男	1938 年
杨怀玉	郯城县归昌乡兴旺村	27	男	1938 年
王道远	郯城县归昌乡兴旺村	15	男	1938 年
陈国坤	郯城县庙山镇陈桥村	20	男	1938 年
陈庆如	郯城县庙山镇陈桥村	18	男	1938 年
张憨子	郯城县胜利乡胡三村	20	男	1938 年
吴广生	郯城县胜利乡吴卜坦村	60	男	1938 年
张永和	郯城县胜利乡胡三村	40	男	1938 年
赵保华	郯城县胜利乡胡三村	21	男	1938 年

姓　名	籍　贯	年　龄	性　别	死难时间
杨希贵	郯城县胜利乡吴卜坦村	79	男	1938 年
吴　元	郯城县胜利乡吴卜坦村	59	男	1938 年
李胜义	郯城县泉源乡前寺村	—	男	1938 年
孙升标	郯城县泉源乡前寺村	—	男	1938 年
于布增	郯城县褚墩镇桥头村	21	男	1938 年
王小生	郯城县郯城镇城里一村	—	男	1938 年
朱　春	郯城县李庄镇颜口村	—	男	1938 年
吕信义	郯城县庙山镇吕村	15	男	1938 年
吕代山	郯城县庙山镇吕村	25	男	1938 年
张毛头	郯城县庙山镇吕村	36	男	1938 年
侯大峰	郯城县高峰头镇高三村	23	男	1938 年
乔文友	郯城县沙墩镇华埠四村	22	男	1938 年
付宗丙	郯城县港上镇付桥村	19	男	1938 年
田永法	郯城县马头镇田站村	—	男	1938 年
盛希亮	郯城县褚墩镇孙盛庄村	19	男	1938 年
孙奎章	郯城县褚墩镇孙盛庄村	33	男	1938 年
赵家向	郯城县重坊镇西高庄村	—	男	1938 年
张同彩	郯城县重坊镇西高庄村	—	男	1938 年
张学玉之祖父	郯城县重坊镇西高庄村	—	男	1938 年
徐经维	郯城县重坊镇西高庄村	—	男	1938 年
徐　氏	郯城县重坊镇西高庄村	—	女	1938 年
徐元秀	郯城县重坊镇西高庄村	—	男	1938 年
张学武之母	郯城县重坊镇西高庄村	—	女	1938 年
张丛佳之二伯	郯城县重坊镇西高庄村	—	男	1938 年
付振丛	郯城县港上镇付桥村	32	男	1938 年
徐启义	郯城县胜利乡徐卜坦村	26	男	1938 年
徐启山	郯城县胜利乡徐卜坦村	26	男	1938 年
张清春	郯城县郯城镇城里一街	21	男	1938 年
万长水	郯城县郯城镇刘小埠村	14	男	1938 年
王景凯	郯城县李庄镇小唐庄村	—	男	1938 年
杨建明	郯城县重坊镇东庄村	16	男	1938 年
李福敬	郯城县重坊镇东庄村	60	男	1938 年
李福彩	郯城县重坊镇东庄村	62	男	1938 年
宋学武	郯城县重坊镇东庄村	30	男	1938 年

姓　名	籍　贯	年　龄	性　别	死难时间
汪孝英	郯城县重坊镇王庄村	18	男	1938 年
李如军	郯城县重坊镇高集村	35	男	1938 年
丁学成	郯城县杨集镇官集村	36	男	1938 年
范小宝	郯城县杨集镇官集村	24	男	1938 年
朱文奎	郯城县归昌乡道东村	—	男	1938 年
郁夫勤之母	郯城县郯城镇北关二街	—	女	1938 年
于德星之母	郯城县郯城镇北关二街	—	女	1938 年
李胜开	郯城县郯城镇杨楼村	—	男	1938 年
李胜江	郯城县郯城镇杨楼村	—	男	1938 年
韩国梅	郯城县郯城镇杨楼村	—	男	1938 年
胡杜氏	郯城县郯城镇北关七街	43	女	1938 年
李登吉	郯城县郯城镇南关三街	30	男	1938 年
房士俊	郯城县马头镇王店子村	32	男	1938 年
李邦庆	郯城县重坊镇高集村	41	男	1938 年
李邦敏	郯城县重坊镇高集村	37	男	1938 年
马　二	郯城县杨集镇滩西村	—	男	1938 年
马　三	郯城县杨集镇滩西村	—	女	1938 年
李振才	郯城县胜利乡张塘村	—	男	1938 年
袁庆风	郯城县归昌乡道西村	20	男	1938 年
徐贞寒	郯城县郯城镇南关三街	27	男	1938 年
刘洪元	郯城县杨集镇大滩村	—	男	1938 年
刘春严	郯城县杨集镇大滩村	—	男	1938 年
马玉奎	郯城县杨集镇大滩村	—	男	1938 年
朱小胖	郯城县杨集镇大滩村	—	男	1938 年
刘增付之母	郯城县杨集镇大滩村	—	女	1938 年
刘夫陈之女	郯城县杨集镇大滩村	—	女	1938 年
兰祥之父	郯城县李庄镇宋庄村	—	男	1938 年
胡景龙之母	郯城县郯城镇后八庙村	22	女	1938 年
杨统治	郯城县郯城镇沙窝涯村	46	男	1938 年
贾腊月	郯城县马头镇林子村	21	男	1938 年
徐柏岩	郯城县马头镇林子村	20	男	1938 年
田德敏	郯城县马头镇林子村	21	男	1938 年
翟开启	郯城县马头镇柏花园村	21	男	1938 年
张际迎	郯城县马头镇柏花园村	40	男	1938 年

姓　名	籍　贯	年　龄	性　别	死难时间
孟广烈	郯城县重坊镇杨庄寺村	30	男	1938 年
魏玉玺	郯城县庙山镇薛庄二村	26	男	1938 年
王德信	郯城县胜利乡赵楼村	37	男	1938 年
杜启瑞	郯城县胜利乡后房庄村	22	男	1938 年
杜会昌	郯城县胜利乡后房庄村	25	男	1938 年
杜如述	郯城县胜利乡后房庄村	28	男	1938 年
周义成	郯城县胜利乡后房庄村	20	男	1938 年
杜奎之	郯城县胜利乡后房庄村	22	男	1938 年
朱士吉	郯城县胜利乡后房庄村	20	男	1938 年
倪　二	郯城县红花乡老庄子村	20	男	1938 年
秦福勤	郯城县红花乡老庄子村	16	男	1938 年
谢马氏	郯城县红花乡老庄子村	11	女	1938 年
谢俊修	郯城县红花乡老庄子村	17	男	1938 年
徐贞民	郯城县红花乡苍烟村	30	男	1938 年
杨清伦	郯城县郯城镇北关五街	54	男	1938 年
李玉发	郯城县郯城镇小埠岭村	70	男	1938 年
张　四	郯城县郯城镇北关五街	52	男	1938 年
颜振礼	郯城县李庄镇颜口村	—	男	1938 年
颜承三	郯城县李庄镇颜口村	—	男	1938 年
颜承仁	郯城县李庄镇颜口村	—	男	1938 年
王　三	郯城县李庄镇颜口村	—	男	1938 年
朱义四	郯城县李庄镇颜口村	—	男	1938 年
李敬才	郯城县重坊镇高集村	41	男	1938 年
付孟占	郯城县港上镇付桥村	38	男	1938 年
孙茂勤	郯城县泉源乡前寺村	22	男	1938 年
徐敏进	郯城县归昌乡归昌二村	33	男	1938 年
梁训男	郯城县归昌乡归昌二村	31	男	1938 年
朱思旺	郯城县归昌乡道东村	—	男	1938 年
尤艾田	郯城县杨集镇西北头村	31	男	1938 年
高三鬼	郯城县杨集镇高庄村	—	男	1938 年
杜淑臣	郯城县胜利乡南新汪村	21	男	1938 年
王大年	郯城县归昌乡关庙村	20	男	1938 年
高秀珍之四叔	郯城县马头镇西爱国村	—	男	1938 年
高则公	郯城县马头镇西爱国村	—	男	1938 年

姓 名	籍 贯	年 龄	性 别	死难时间
陈井山之叔	郯城县马头镇西爱国村	—	男	1938 年
高召堂之兄	郯城县马头镇西爱国村	—	男	1938 年
刘之光之叔	郯城县马头镇西爱国村	—	男	1938 年
陈纪龙之祖父	郯城县马头镇西爱国村	—	男	1938 年
高召龙	郯城县马头镇西爱国村	—	男	1938 年
高之中之叔	郯城县马头镇西爱国村	—	男	1938 年
王永固之叔	郯城县马头镇西爱国村	—	男	1938 年
刘贵申之兄	郯城县泉源乡柳沟村	44	男	1938 年
高三子	郯城县重坊镇重坊一村	—	男	1938 年
刘恩林	郯城县重坊镇重坊一村	38	男	1938 年
张敬得之妻	郯城县重坊镇重坊一村	—	女	1938 年
苏保善	郯城县重坊镇重坊一村	—	男	1938 年
冯金生	郯城县重坊镇重坊一村	—	男	1938 年
邵广庭之妻	郯城县重坊镇重坊一村	—	女	1938 年
倪绍亮之女	郯城县重坊镇重坊一村	—	女	1938 年
杨茂田	郯城县重坊镇重坊一村	—	男	1938 年
唐进德	郯城县庙山镇东刘埠村	24	男	1938 年
宋玉山	郯城县庙山镇东刘埠村	22	男	1938 年
唐振起	郯城县庙山镇东刘埠村	22	男	1938 年
陈 氏	郯城县庙山镇东刘埠村	24	女	1938 年
陈光亮	郯城县沙墩镇沟上村	45	男	1938 年
赵成先	郯城县新村乡新一村	—	男	1938 年
高井德	郯城县新村乡新一村	—	男	1938 年
×记娥	郯城县新村乡新一村	—	男	1938 年
褚付松	郯城县新村乡新一村	—	男	1938 年
褚广域	郯城县新村乡新一村	—	男	1938 年
褚连高之母	郯城县新村乡新一村	—	女	1938 年
褚从习之祖母	郯城县新村乡新一村	—	女	1938 年
褚付会	郯城县新村乡新一村	—	男	1938 年
褚宝常	郯城县新村乡新一村	—	男	1938 年
褚从建之祖母	郯城县新村乡新一村	—	女	1938 年
褚东荣之母	郯城县新村乡新一村	—	女	1938 年
褚昌渠	郯城县新村乡新一村	—	男	1938 年
清冷和尚	郯城县新村乡新一村	—	男	1938 年

姓 名	籍 贯	年 龄	性 别	死难时间
杨和尚	郯城县新村乡新一村	—	男	1938 年
徐敏贵	郯城县归昌乡戈大村	33	男	1938 年
谢成瑞	郯城县归昌乡戈大村	43	男	1938 年
和 尚	郯城县庙山镇东刘埠村	25	男	1938 年
张王氏	郯城县李庄镇西官村	30	女	1938 年
张王氏之女	郯城县李庄镇西官村	1	女	1938 年
张王氏之次子	郯城县李庄镇西官村	7	男	1938 年
丁光先	郯城县李庄镇西官村	—	男	1938 年
郑 大	郯城县李庄镇青山村	—	男	1938 年
陈氏之子	郯城县郯城镇西马街	—	男	1938 年
吴兴邦	郯城县郯城镇西马街	—	男	1938 年
冯 顺	郯城县马头镇南新庄村	64	男	1938 年
冯 氏	郯城县马头镇南新庄村	65	女	1938 年
付保顺	郯城县马头镇南新庄村	70	男	1938 年
陶在年	郯城县马头镇南新庄村	50	男	1938 年
陶齐氏	郯城县马头镇南新庄村	40	女	1938 年
闻 氏	郯城县马头镇南新庄村	60	女	1938 年
许夫胜之二叔	郯城县马头镇西元街	38	男	1938 年
马德才	郯城县马头镇西元街	28	男	1938 年
吴夫祥之二弟	郯城县马头镇西元街	37	男	1938 年
顺 行	郯城县李庄镇宋庄村	—	男	1938 年
丁秀之祖父	郯城县李庄镇宋庄村	—	男	1938 年
遂	郯城县李庄镇宋庄村	—	男	1938 年
兰宾之父	郯城县李庄镇宋庄村	—	男	1938 年
李春连	郯城县褚墩镇桥头村	22	男	1938 年
姜继文	郯城县港上镇姜庄村	20	男	1938 年
杨百姓	郯城县庙山镇山北东村	17	男	1938 年
周文彬	郯城县胜利乡后房庄村	32	男	1938 年
杜启彬	郯城县胜利乡后房庄村	28	男	1938 年
杜 辉	郯城县胜利乡后房庄村	29	男	1938 年
杜 军	郯城县胜利乡后房庄村	30	男	1938 年
荣怀之父	郯城县高峰头镇蒲汪村	35	男	1938 年
颜世林	郯城县胜利乡高大村	22	男	1938 年
王 为	郯城县港上镇停庙村	15	男	1938 年

姓　名	籍　贯	年龄	性别	死难时间
赵丫头	郯城县胜利乡张塘村	—	男	1938 年
王兆浩	郯城县港上镇停庙村	39	男	1938 年
徐洗年	郯城县褚墩镇桥头村	24	男	1938 年
张文彬	郯城县褚墩镇桥头村	23	男	1938 年
王　矣	郯城县胜利乡张塘村	—	男	1938 年
火　神	郯城县胜利乡张塘村	—	男	1938 年
盈献帮	郯城县郯城镇城里一村	22	男	1938 年
王维一	郯城县港上镇停庙村	18	男	1938 年
程启元之祖母	郯城县郯城镇城里一村	42	女	1938 年
李奎明	郯城县胜利乡张塘村	—	男	1938 年
孟召瑞	郯城县重坊镇杨庄寺村	29	男	1938 年
陈信义	郯城县胜利乡张塘村	—	·男	1938 年
范程起	郯城县褚墩镇虎山岭后村	50	男	1938 年
孟召烈	郯城县重坊镇杨庄寺村	31	男	1938 年
高　原	郯城县港上镇港上四村	4	男	1938 年
王　亮	郯城县港上镇港上四村	8	男	1938 年
王　冉	郯城县港上镇港上四村	8	女	1938 年
刘　二	郯城县港上镇港上四村	7	男	1938 年
李　亮	郯城县港上镇港上四村	11	男	1938 年
刘　芳	郯城县港上镇港上四村	10	女	1938 年
高士周	郯城县港上镇港上三村	—	男	1938 年
高丕公	郯城县港上镇港上三村	—	男	1938 年
刘恩荣	郯城县郯城镇英庄村	47	男	1939 年 1 月
孙学礼	郯城县花园乡宋窑村	31	男	1939 年 1 月
郭德善	郯城县褚墩镇虎山岭后村	39	男	1939 年 1 月
李子义	郯城县沙墩镇小塘村	—	男	1939 年 1 月
许洪堂	郯城县胜利乡赵楼村	25	男	1939 年 2 月
张大个子	郯城县郯城镇北关三街	—	男	1939 年 2 月
徐贞柱	郯城县郯城镇北关三街	—	男	1939 年 2 月
徐　×	郯城县郯城镇北关三街	—	男	1939 年 2 月
翁井兰	郯城县泉源乡翁屯村	43	男	1939 年 2 月
王合尚	郯城县郯城镇大旺村	—	男	1939 年 2 月
高振元	郯城县李庄镇朱庄村	29	男	1939 年 3 月
周宝庆	郯城县李庄镇朱庄村	18	男	1939 年 3 月

姓　名	籍　贯	年龄	性别	死难时间
黄贵玉	郯城县李庄镇神泉村	14	男	1939 年 3 月
杜善玉	郯城县黄山镇李官庄村	15	男	1939 年 3 月
杨运超	郯城县庙山镇山北东村	15	男	1939 年 3 月
张成之	郯城县花园乡冷村	34	男	1939 年 3 月
韩　奶	郯城县花园乡狼湖村	59	女	1939 年 3 月
韩小把	郯城县花园乡狼湖村	16	男	1939 年 3 月
韩小龟	郯城县花园乡狼湖村	19	男	1939 年 3 月
高扩举之母	郯城县花园乡狼湖村	—	女	1939 年 3 月
李安宜	郯城县郯城镇北关三街	41	男	1939 年 3 月
赵元山	郯城县马头镇南元街	31	男	1939 年 4 月
王小料	郯城县庙山镇薛庄四村	27	男	1939 年 4 月
王允亮	郯城县沙墩镇华埠三村	32	男	1939 年 4 月
王允明	郯城县沙墩镇华埠三村	30	男	1939 年 4 月
翁孩孩	郯城县泉源乡翁屯村	21	男	1939 年 4 月
禚广云	郯城县新村乡新三村	34	男	1939 年 4 月
禚从瑶	郯城县新村乡新三村	27	男	1939 年 4 月
禚连生	郯城县新村乡新三村	29	男	1939 年 4 月
吕桂成之祖父	郯城县新村乡新三村	29	男	1939 年 4 月
朱可芑	郯城县重坊镇徐出口村	32	男	1939 年 4 月
辛明德	郯城县重坊镇徐出口村	34	男	1939 年 4 月
徐贞南	郯城县重坊镇徐出口村	43	男	1939 年 4 月
卫×氏	郯城县李庄镇沂东村	44	女	1939 年 4 月
张志利	郯城县庙山镇前海沿村	21	男	1939 年 4 月
范成启	郯城县庙山镇前海沿村	54	男	1939 年 4 月
王钦玺	郯城县胜利乡前房庄村	23	男	1939 年 4 月
姬绍顺	郯城县褚墩镇碑住三村	15	男	1939 年 5 月 6 日
梁陈氏	郯城县褚墩镇碑住三村	12	女	1939 年 5 月 21 日
刘方彬	郯城县港上镇珩西村	30	男	1939 年 5 月
刘宗伍	郯城县胜利乡赵楼村	20	男	1939 年 5 月
刘春廷	郯城县胜利乡赵楼村	30	男	1939 年 5 月
冯环信	郯城县胜利乡大池头村	30	男	1939 年 5 月
杜永瑞	郯城县胜利乡后房庄村	32	男	1939 年 5 月
吕庆迪之父	郯城县花园乡狼湖村	20	男	1939 年 5 月
吕庆迪祖父	郯城县花园乡狼湖村	50	男	1939 年 5 月

姓 名	籍 贯	年 龄	性 别	死难时间
于守都	郯城县郯城镇陆东村	36	男	1939 年 6 月
陆发青	郯城县郯城镇陆东村	36	男	1939 年 6 月
张只发	郯城县重坊镇西高庄	33	男	1939 年 6 月
乔明亮	郯城县黄山镇安头村	29	男	1939 年 6 月
乔工银	郯城县黄山镇安头村	19	男	1939 年 6 月
刘 丫	郯城县黄山镇安头村	20	女	1939 年 6 月
王 丫	郯城县黄山镇安头村	21	女	1939 年 6 月
李钦玉	郯城县杨集镇中汪崖村	16	男	1939 年 6 月
李夫宽	郯城县杨集镇中汪崖村	23	男	1939 年 6 月
王姚氏	郯城县沙墩镇华埠三村	61	女	1939 年 6 月
张孟氏	郯城县沙墩镇华埠三村	32	女	1939 年 6 月
王大横	郯城县褚墩镇碑住三村	11	男	1939 年 7 月 5 日
王西富	郯城县褚墩镇碑住三村	7	男	1939 年 7 月 5 日
梁邦杰	郯城县褚墩镇碑住三村	18	男	1939 年 7 月 5 日
王传鑫	郯城县港上镇珩东村	29	男	1939 年 7 月
刘吴氏	郯城县马头镇刘花园村	28	女	1939 年 7 月
李云芳	郯城县郯城镇后屯村	38	男	1939 年 8 月
周永胜	郯城县港上镇郎里中村	30	男	1939 年 8 月
吴庆雨	郯城县胜利乡周庄村	26	男	1939 年 8 月
张仲兰	郯城县花园乡张哨村	42	男	1939 年 8 月
杨逢春	郯城县胜利乡周庄村	19	男	1939 年 8 月
杜其俊	郯城县胜利乡周庄村	9	男	1939 年 8 月
顾修义	郯城县胜利乡周庄村	19	男	1939 年 8 月
管自荣	郯城县重坊镇管集村	48	男	1939 年 9 月
沈黄氏	郯城县郯城镇官南村	32	女	1939 年 10 月
沈玉松	郯城县郯城镇官南村	3	男	1939 年 10 月
孙林勋	郯城县李庄镇大唐庄村	—	男	1939 年 10 月
孙洪义	郯城县李庄镇大唐庄村	—	男	1939 年 10 月
葛继圣	郯城县李庄镇大唐庄村	—	男	1939 年 10 月
小白驴	郯城县李庄镇大唐庄村	—	男	1939 年 10 月
王文清	郯城县李庄镇大唐庄村	—	男	1939 年 10 月
孙景申之父	郯城县李庄镇大唐庄村	—	男	1939 年 10 月
王 春	郯城县李庄镇大唐庄村	—	男	1939 年 10 月
老团长	郯城县李庄镇大唐庄村	—	男	1939 年 10 月

姓　名	籍　贯	年龄	性别	死难时间
平尚肩之侄女	郯城县李庄镇大唐庄村	—	女	1939 年 10 月
孙作玉	郯城县李庄镇大唐庄村	—	男	1939 年 10 月
王如桐	郯城县李庄镇大唐庄村	—	男	1939 年 10 月
王清生	郯城县李庄镇大唐庄村	—	男	1939 年 10 月
王小四	郯城县李庄镇大唐庄村	—	男	1939 年 10 月
孙圣祥之父	郯城县李庄镇大唐庄村	—	男	1939 年 10 月
许振乾	郯城县褚墩镇小山子村	22	男	1939 年 10 月
耿文修	郯城县褚墩镇锦程村	24	男	1939 年 10 月
颜景圣	郯城县花园乡后捷村	29	男	1939 年 10 月
朱兴园	郯城县花园乡宋窑村	22	男	1939 年 10 月
戴　元	郯城县花园乡宋窑村	13	男	1939 年 10 月
刘新堂	郯城县花园乡宋窑村	23	男	1939 年 10 月
杨夫山	郯城县花园乡宋窑村	19	男	1939 年 10 月
宋庆英	郯城县花园乡宋窑村	23	男	1939 年 10 月
杨小柱	郯城县花园乡宋窑村	16	男	1939 年 10 月
尤兴本之二弟	郯城县花园乡宋窑村	14	男	1939 年 10 月
刘中张	郯城县马头镇刘花园村	18	男	1939 年 10 月
徐敏常	郯城县高峰头镇前茅村	18	男	1939 年 10 月
冯自田	郯城县胜利乡果园村	19	男	1939 年 10 月
蒋怀启	郯城县胜利乡胡二村	22	男	1939 年
王　×	郯城县马头镇东圣村	43	男	1939 年
王麦和	郯城县褚墩镇官庄村	20	男	1939 年
刘成敏	郯城县马头镇林东村	31	男	1939 年
陈登成	郯城县郯城镇沙窝涯村	21	男	1939 年
葛朝选	郯城县马头镇和平街	37	男	1939 年
杨　涛	郯城县庙山镇山北东村	17	男	1939 年
李照贤	郯城县花园乡冯庄村	26	男	1939 年
杜聚昌	郯城县胜利乡南新汪村	19	男	1939 年
杜贞伦	郯城县胜利乡南新汪村	18	男	1939 年
孟广宣	郯城县重坊镇杨庄寺村	34	男	1939 年
卢苇堂	郯城县新村乡卢庄村	58	男	1939 年
卢王氏	郯城县新村乡卢庄村	73	女	1939 年
顾良喜	郯城县新村乡郝庄村	36	男	1939 年
葛赵氏	郯城县新村乡东滩头村	35	女	1939 年

姓 名	籍 贯	年 龄	性 别	死难时间
黄宝贵	郯城县新村乡东滩头村	32	男	1939 年
禚发祥	郯城县新村乡新二村	74	男	1939 年
李淑昌	郯城县新村乡新二村	55	男	1939 年
刘桂友	郯城县红花乡红花埠村	23	男	1939 年
姜水池	郯城县黄山镇丰山村	58	男	1939 年
刘加玉	郯城县新村乡丁沟一村	71	男	1939 年
刘孙氏	郯城县新村乡丁沟一村	71	女	1939 年
吴三之妻	郯城县新村乡丁沟一村	50	女	1939 年
谢兴邦	郯城县褚墩镇官庄村	31	男	1939 年
管四振	郯城县褚墩镇官庄村	61	男	1939 年
赵夫升	郯城县胜利乡胡二村	26	男	1939 年
陈庆思	郯城县庙山镇新庄村	19	男	1939 年
姜兆坤	郯城县港上镇姜庄村	23	男	1939 年
巩小尚	郯城县新村乡西滩头村	32	男	1939 年
张 收	郯城县沙墩镇沟上村	41	男	1939 年
王友才	郯城县马头镇小刘庄村	18	男	1939 年
付重义	郯城县褚墩镇虎山岭东村	—	男	1939 年
左右明	郯城县褚墩镇虎山后屯村	33	男	1939 年
郭 氏	郯城县褚墩镇朱庄村	32	女	1939 年
杨庆武	郯城县重坊镇宋园村	—	男	1939 年
李邦文	郯城县重坊镇高集村	43	男	1939 年
刘成仪	郯城县马头镇林东村	24	男	1939 年
刘庆高	郯城县马头镇林东村	63	男	1939 年
王元臣	郯城县李庄镇小唐庄村	—	男	1939 年
王春光	郯城县褚墩镇桥头村	22	男	1939 年
周茂忠	郯城县褚墩镇褚墩一村	26	男	1939 年
刘为岭	郯城县重坊镇大刘庄村	21	男	1939 年
陈小双	郯城县庙山镇陈桥村	20	男	1939 年
张自立	郯城县庙山镇新庄村	—	男	1939 年
陈小月	郯城县泉源乡前鲍村	60	男	1939 年
胡 六	郯城县李庄镇青山村	—	男	1939 年
王小上	郯城县港上镇珩头东村	—	男	1939 年
王纪宗	郯城县黄山镇东村	20	男	1939 年
高云山	郯城县庙山镇新庄村	—	男	1939 年

姓　名	籍　贯	年龄	性别	死难时间
李麻子	郯城县高峰头镇解庄村	53	男	1939 年
高玉彩	郯城县胜利乡大池头村	18	男	1939 年
周文礼	郯城县胜利乡后房庄村	19	男	1939 年
杜启圣	郯城县胜利乡后房庄村	19	男	1939 年
卢祖吉	郯城县新村乡卢庄村	33	男	1939 年
加庆之曾祖母	郯城县新村乡丁沟三村	62	女	1939 年
加前之曾祖母	郯城县新村乡丁沟三村	58	女	1939 年
瑞明之祖父	郯城县新村乡丁沟三村	61	男	1939 年
陈玉英之祖母	郯城县新村乡丁沟三村	56	女	1939 年
张富吉	郯城县新村乡丁沟三村	58	男	1939 年
高庆云	郯城县马头镇高圩子村	60	男	1939 年
柴西成	郯城县泉源乡房庄村	31	男	1939 年
孙广民	郯城县归昌乡关庙村	20	男	1939 年
阚纪兰	郯城县胜利乡胡二村	10	男	1939 年
宋佰吉	郯城县泉源乡前城村	62	男	1939 年
孙包氏	郯城县新村乡卢庄村	28	女	1939 年
卢黄氏	郯城县新村乡卢庄村	58	女	1939 年
于停新	郯城县新村乡郝庄村	37	男	1939 年
苏玉峰	郯城县新村乡西滩头村	33	男	1939 年
禚小长	郯城县新村乡新二村	28	男	1939 年
吕振江	郯城县新村乡新二村	60	男	1939 年
禚　氏	郯城县新村乡新二村	52	女	1939 年
高成金	郯城县红花乡红花埠村	21	男	1939 年
黄孝方	郯城县红花乡问庄村	29	男	1939 年
东安来	郯城县归昌乡兴旺村	8	男	1939 年
王丙军之妻	郯城县黄山镇山西村	—	女	1939 年
杨　彩	郯城县庙山镇山北东村	41	男	1939 年
刘百兴	郯城县新村乡丁沟一村	50	男	1939 年
吴　三	郯城县新村乡丁沟一村	51	男	1939 年
冯怀信	郯城县胜利乡大池头村	32	男	1939 年
颜世法	郯城县胜利乡高大村	20	男	1939 年
颜景焕	郯城县胜利乡果园村	74	男	1939 年
阚永连	郯城县胜利乡果园村	84	男	1939 年
李四元	郯城县高峰头镇蒲汪村	18	男	1939 年

姓 名	籍 贯	年 龄	性 别	死难时间
卞永干	郯城县褚墩镇桥头村	24	男	1939 年
陈小联	郯城县高峰头镇蒲汪村	18	男	1939 年
王玉俭	郯城县郯城镇城里一街	22	男	1939 年
李殿义	郯城县胜利乡胡二村	24	男	1939 年
孙德年	郯城县郯城镇茅茨村	18	男	1940 年 1 月
孙其章	郯城县郯城镇茅茨村	14	男	1940 年 1 月
孙怀勤	郯城县郯城镇茅茨村	52	男	1940 年 1 月
孙怀启	郯城县郯城镇茅茨村	23	男	1940 年 1 月
孙恩雨	郯城县郯城镇茅茨村	19	男	1940 年 1 月
孙保军	郯城县郯城镇茅茨村	21	男	1940 年 1 月
王修善	郯城县郯城镇茅茨村	23	男	1940 年 1 月
孙福昌	郯城县郯城镇茅茨村	45	男	1940 年 1 月
鲍廷静	郯城县郯城镇茅茨村	54	男	1940 年 1 月
孙后法	郯城县郯城镇茅茨村	55	男	1940 年 1 月
吴绍彬	郯城县郯城镇茅茨村	63	男	1940 年 1 月
杨勇善	郯城县郯城镇茅茨村	35	男	1940 年 1 月
杨勇哲	郯城县郯城镇茅茨村	25	男	1940 年 1 月
孙保存	郯城县郯城镇茅茨村	45	男	1940 年 1 月
孙保现	郯城县郯城镇茅茨村	45	男	1940 年 1 月
杨二伙	郯城县郯城镇茅茨村	56	男	1940 年 1 月
颜井奎	郯城县重坊镇铺里村	17	男	1940 年 1 月
舒大来	郯城县黄山镇李官庄村	21	男	1940 年 1 月
李班岭	郯城县黄山镇李官庄村	17	男	1940 年 1 月
刘大山	郯城县港上镇港上四村	31	男	1940 年 1 月
张小四	郯城县马头镇南元街	32	男	1940 年 2 月
张玉峰	郯城县马头镇南元街	30	男	1940 年 2 月
史文华	郯城县马头镇南元街	34	男	1940 年 2 月
张太英	郯城县胜利乡胡三村	34	男	1940 年 2 月
丁广运	郯城县胜利乡果园村	20	男	1940 年 2 月
孙成江	郯城县郯城镇洪寺村	32	男	1940 年 3 月
杜永怀	郯城县郯城镇英庄村	36	男	1940 年 3 月
杨纪文	郯城县郯城镇山南头村	48	男	1940 年 3 月
李守点	郯城县重坊镇东高庄村	24	男	1940 年 3 月
赵保仁	郯城县重坊镇东高庄村	32	男	1940 年 3 月

姓 名	籍 贯	年龄	性别	死难时间
卜奎良	郯城县胜利乡田窑村	35	男	1940 年 3 月
李圣玉	郯城县胜利乡赵楼村	30	男	1940 年 3 月
翁德三	郯城县泉源乡翁屯村	46	男	1940 年 3 月
徐贞兴	郯城县花园乡徐庄村	45	男	1940 年 3 月
姚　氏	郯城县花园乡徐庄村	51	女	1940 年 3 月
徐　×	郯城县花园乡徐庄村	23	男	1940 年 3 月
顾祥奎	郯城县花园乡后捷村	33	男	1940 年 3 月
叶万荣	郯城县花园乡徐前村	60	男	1940 年 3 月
徐贞典	郯城县花园乡徐前村	58	男	1940 年 3 月
徐贞冉	郯城县花园乡徐前村	51	男	1940 年 3 月
徐小升	郯城县花园乡徐前村	24	男	1940 年 3 月
谢兆中	郯城县高峰头镇前茅村	19	男	1940 年 3 月
杨宗汉	郯城县胜利乡高台子村	17	男	1940 年 3 月
杨丙四	郯城县郯城镇山南头村	58	男	1940 年 4 月
杨恒信	郯城县郯城镇山南头村	50	男	1940 年 4 月
李树云	郯城县归昌乡东樊村	21	男	1940 年 4 月
刘庆松	郯城县归昌乡东樊村	20	男	1940 年 4 月
乔荣功	郯城县归昌乡东樊村	39	男	1940 年 4 月
乔计伦	郯城县归昌乡西凡村	32	男	1940 年 4 月
孙振江	郯城县庙山镇大埠一村	57	男	1940 年 4 月
王西营之父	郯城县泉源乡大王庄村	—	男	1940 年 5 月 6 日
王西成	郯城县泉源乡大王庄村	—	男	1940 年 5 月 6 日
王学针之父	郯城县泉源乡大王庄村	—	男	1940 年 5 月 6 日
王扶孝	郯城县泉源乡大王庄村	—	男	1940 年 5 月 6 日
王启为之曾祖父	郯城县泉源乡大王庄村	—	男	1940 年 5 月 6 日
马树丛	郯城县郯城镇马南村	20	男	1940 年 5 月
杨增印	郯城县郯城镇山南头村	24	男	1940 年 5 月
杨增言	郯城县郯城镇山南头村	40	男	1940 年 5 月
杨恒振	郯城县郯城镇山南头村	21	男	1940 年 5 月
薛茂俊	郯城县郯城镇薛城后村	34	男	1940 年 5 月
姜兆军	郯城县港上镇姜庄村	30	男	1940 年 5 月
胡炭春	郯城县胜利乡胡三村	51	男	1940 年 5 月
姚辛勤之母	郯城县花园乡西于庄村	—	女	1940 年 5 月
徐敏早之母	郯城县花园乡西于庄村	50	女	1940 年 5 月

姓 名	籍 贯	年龄	性别	死难时间
谢春海之祖母	郯城县花园乡西于庄村	60	女	1940 年 5 月
罗先生	郯城县花园乡西于庄村	—	男	1940 年 5 月
翟汉宝	郯城县花园乡西于庄村	60	男	1940 年 5 月
石常在	郯城县花园乡西于庄村	70	男	1940 年 5 月
李自友	郯城县花园乡西于庄村	30	男	1940 年 5 月
于学勤	郯城县花园乡西于庄村	40	男	1940 年 5 月
谢春海之父	郯城县花园乡西于庄村	40	男	1940 年 5 月
于宪从之兄	郯城县花园乡西于庄村	20	男	1940 年 5 月
陈志敬之母	郯城县沙墩镇小塘村	—	女	1940 年 5 月
翟庆友	郯城县花园乡西于庄村	—	男	1940 年 5 月
杨增廷	郯城县郯城镇山南头村	48	男	1940 年 6 月
王等则	郯城县褚墩镇王庄村	20	男	1940 年 6 月
鲍茂圣	郯城县高峰头镇胡井村	31	男	1940 年 6 月
颜刘氏	郯城县港上镇颜湖村	41	女	1940 年 6 月
李明言	郯城县郯城镇北关村	54	男	1940 年 7 月
颜景培	郯城县港上镇颜湖村	51	男	1940 年 7 月
颜景培之妻	郯城县港上镇颜湖村	46	女	1940 年 7 月
杨相儒	郯城县归昌乡杨葛村	27	男	1940 年 8 月 23 日
杨跃东	郯城县归昌乡杨葛村	14	男	1940 年 8 月 23 日
葛印祥	郯城县归昌乡杨葛村	25	男	1940 年 8 月 23 日
杨兴法	郯城县胜利乡高台子村	22	男	1940 年 8 月
王善恒之父	郯城县马头镇和平街	—	男	1940 年 8 月
姜胜平	郯城县港上镇姜庄村	20	男	1940 年 8 月
杜淑孔	郯城县胜利乡南新汪村	23	男	1940 年 8 月
刘二妪	郯城县褚墩镇虎山岭后村	20	女	1940 年 8 月
王若俭	郯城县胜利乡前房庄村	20	男	1940 年 8 月
王磐	郯城县胜利乡前房庄村	21	男	1940 年 8 月
徐贞朴	郯城县郯城镇东圈子村	46	男	1940 年 9 月
徐行敏	郯城县郯城镇东圈子村	28	男	1940 年 9 月
徐功敏	郯城县郯城镇东圈子村	29	男	1940 年 9 月
徐敏革	郯城县郯城镇东圈子村	36	男	1940 年 9 月
徐敏聪	郯城县郯城镇东圈子村	32	男	1940 年 9 月
徐二牛	郯城县郯城镇东圈子村	35	男	1940 年 9 月
许士龙	郯城县黄山镇柳行村	37	男	1940 年 9 月

姓　名	籍　贯	年龄	性别	死难时间
黄良文	郯城县沙墩镇黄楼村	22	男	1940 年 9 月
黄孝友	郯城县沙墩镇黄楼村	23	男	1940 年 9 月
黄良帽	郯城县沙墩镇黄楼村	20	男	1940 年 9 月
黄振云	郯城县沙墩镇黄楼村	19	男	1940 年 9 月
黄丙银	郯城县沙墩镇黄楼村	21	男	1940 年 9 月
曹福仁	郯城县沙墩镇黄楼村	23	男	1940 年 9 月
曹西垛	郯城县沙墩镇黄楼村	20	男	1940 年 9 月
黄王氏	郯城县沙墩镇黄楼村	17	女	1940 年 9 月
黄王氏	郯城县沙墩镇黄楼村	26	女	1940 年 9 月
潘树槐	郯城县沙墩镇黄楼村	25	男	1940 年 9 月
冯关连	郯城县胜利乡大池头村	26	男	1940 年 9 月
王等友	郯城县褚墩镇王庄村	27	男	1940 年 9 月
梁本芹	郯城县褚墩镇碑住三村	17	男	1940 年 10 月 6 日
王　熙	郯城县胜利乡前房庄村	50	男	1940 年 10 月
刘尹氏	郯城县胜利乡前房庄村	42	女	1940 年 10 月
王若羲	郯城县胜利乡前房庄村	30	男	1940 年 10 月
朱学然	郯城县马头镇栗圩子村	49	男	1940 年 11 月 24 日
郑　氏	郯城县马头镇栗圩子村	49	女	1940 年 11 月 24 日
徐祗山	郯城县马头镇栗圩子村	48	男	1940 年 11 月 24 日
刘　氏	郯城县马头镇栗圩子村	50	女	1940 年 11 月 24 日
徐敏贯	郯城县马头镇栗圩子村	50	男	1940 年 11 月 24 日
徐敏付	郯城县马头镇栗圩子村	52	男	1940 年 11 月 24 日
栗文友	郯城县马头镇栗圩子村	60	男	1940 年 11 月 24 日
徐　氏	郯城县马头镇栗圩子村	59	女	1940 年 11 月 24 日
栗金岭	郯城县马头镇栗圩子村	45	男	1940 年 11 月 24 日
栗士修	郯城县马头镇栗圩子村	33	男	1940 年 11 月 24 日
朱志春	郯城县马头镇栗圩子村	25	男	1940 年 11 月 24 日
徐贞臣	郯城县马头镇栗圩子村	50	男	1940 年 11 月 24 日
徐慎祥	郯城县马头镇栗圩子村	61	男	1940 年 11 月 24 日
徐贞俭	郯城县马头镇栗圩子村	50	男	1940 年 11 月 24 日
颜振新	郯城县李庄镇前哨村	42	男	1940 年 11 月
颜景培之母	郯城县港上镇颜湖村	29	女	1940 年 11 月
颜刘氏	郯城县港上镇颜湖村	30	女	1940 年 11 月
申干姜	郯城县褚墩镇官庄村	40	男	1940 年

姓　名	籍　贯	年　龄	性　别	死难时间
杜二亚	郯城县胜利乡南新汪村	21	男	1940 年
张学进	郯城县褚墩镇虎山岭东村	—	男	1940 年
杜大家	郯城县胜利乡南新汪村	22	男	1940 年
赵徐氏	郯城县马头镇建设村	31	女	1940 年
田新来	郯城县马头镇田站村	22	男	1940 年
马大拴	郯城县郯城镇官北村	—	男	1940 年
田景常	郯城县郯城镇吴小埠村	20	男	1940 年
王佐成	郯城县黄山镇山崖村	23	男	1940 年
王保善	郯城县黄山镇山崖村	20	男	1940 年
马兴龙	郯城县郯城镇官北村	—	男	1940 年
胡吉印之父	郯城县马头镇和平街	—	男	1940 年
吴丙真	郯城县新村乡赵林村	37	男	1940 年
张夫田	郯城县新村乡赵林村	38	男	1940 年
卢祖环	郯城县新村乡卢庄村	44	男	1940 年
李井佃	郯城县泉源乡社子村	29	男	1940 年
巩兴发	郯城县新村乡西滩头村	37	男	1940 年
葛兆华	郯城县新村乡西滩头村	37	男	1940 年
黄宝明	郯城县新村乡东滩头村	32	男	1940 年
黄李氏	郯城县新村乡东滩头村	49	女	1940 年
胡才来	郯城县新村乡东滩头村	19	男	1940 年
杨　晓	郯城县胜利乡南新汪村	18	男	1940 年
杜士良	郯城县胜利乡南新汪村	21	男	1940 年
夏西荣	郯城县胜利乡胡二村	24	男	1940 年
杜景盛	郯城县胜利乡胡二村	26	男	1940 年
孟广远	郯城县重坊镇重杨庄寺村	35	男	1940 年
杨如良	郯城县胜利乡南新汪村	20	男	1940 年
孟宪尧	郯城县重坊镇重杨庄寺村	28	男	1940 年
孟宪永	郯城县重坊镇重杨庄寺村	21	男	1940 年
杜大臣	郯城县胜利乡南新汪村	19	男	1940 年
蔡林山	郯城县港上镇官庄村	35	男	1940 年
阚硬摇	郯城县胜利乡赵楼村	—	男	1940 年
王　炎	郯城县胜利乡前房庄村	35	男	1940 年
侯洪元	郯城县高峰头镇爱国村	28	男	1940 年
王焕生	郯城县沙墩镇陈埠村	—	男	1940 年

姓　名	籍　贯	年龄	性别	死难时间
王坤田	郯城县沙墩镇陈埠村	—	男	1940 年
吕文秀	郯城县胜利乡前房庄村	18	男	1940 年
王×氏	郯城县泉源乡中寺村	70	女	1940 年
张洪亮	郯城县郯城镇北关七村	54	男	1940 年
张杜氏	郯城县郯城镇北关七村	55	女	1940 年
张聚文	郯城县郯城镇北关七村	35	男	1940 年
张礼贵	郯城县褚墩镇东永安村	34	男	1940 年
田张氏	郯城县褚墩镇东永安村	29	女	1940 年
危相之	郯城县褚墩镇褚墩一村	34	男	1940 年
樊马氏	郯城县泉源乡前鲍村	55	女	1940 年
蔡中文	郯城县李庄镇蔡村	50	男	1940 年
田王氏	郯城县褚墩镇东永安村	24	女	1940 年
李张氏	郯城县高峰头镇蒲汪村	35	女	1940 年
王凤高	郯城县泉源乡房庄村	30	男	1940 年
谢景德	郯城县归昌乡戈大村	37	男	1940 年
颜士荣	郯城县李庄镇青山村	—	男	1940 年
刘汉三	郯城县马头镇小刘庄村	37	男	1940 年
王纪奎之母	郯城县黄山镇山西村	—	女	1940 年
杨　相	郯城县黄山镇谢家官庄村	25	男	1940 年
杨　周	郯城县黄山镇谢家官庄村	27	男	1940 年
公纪发	郯城县黄山镇谢家官庄村	29	男	1940 年
杨　记	郯城县黄山镇谢家官庄村	32	男	1940 年
颜养胜	郯城县庙山镇大埠二村	30	男	1940 年
刘作杯	郯城县港上镇珩西村	30	男	1940 年
王西明	郯城县泉源乡大王庄	—	男	1940 年
刘大保	郯城县褚墩镇兰山村	19	男	1940 年
彭　顺	郯城县褚墩镇兰山村	20	男	1940 年
付公山	郯城县褚墩镇兰山村	19	男	1940 年
郑　雪	郯城县褚墩镇兰山村	20	男	1940 年
刘汉彬	郯城县黄山镇麻湖村	58	男	1940 年
王小端	郯城县港上镇珩东村	—	男	1940 年
王文动	郯城县港上镇珩东村	—	男	1940 年
蔡印同	郯城县港上镇官庄村	24	男	1940 年
刘秀凯之子	郯城县港上镇港上五村	—	男	1940 年

姓 名	籍 贯	年 龄	性 别	死难时间
刘文田	郯城县港上镇港上五村	—	女	1940 年
王凤山	郯城县归昌乡兴旺村	17	男	1940 年
王凤鸣	郯城县归昌乡兴旺村	19	男	1940 年
周玉付	郯城县新村乡丁二村	50	男	1940 年
周玉田	郯城县新村乡丁二村	48	男	1940 年
张 ×	郯城县新村乡丁二村	55	男	1940 年
葛王氏	郯城县新村乡西滩头村	35	女	1940 年
王树伦	郯城县胜利乡前房庄村	22	男	1940 年
王培征	郯城县胜利乡前房庄村	37	男	1940 年
王玖瑞	郯城县胜利乡前房庄村	31	男	1940 年
李树杰	郯城县高峰头镇蒲汪村	19	男	1940 年
李树柏	郯城县高峰头镇蒲汪村	24	男	1940 年
刘长禄	郯城县郯城镇梧桐村	13	男	1941 年 1 月
刘 氏	郯城县港上镇港上四村	42	女	1941 年 2 月
王二良	郯城县港上镇港上四村	51	男	1941 年 2 月
高晓娥	郯城县港上镇港上四村	42	女	1941 年 2 月
刘永良	郯城县港上镇港上四村	37	男	1941 年 2 月
刘王氏	郯城县港上镇港上四村	28	女	1941 年 2 月
方启祥	郯城县高峰头镇曹村	27	男	1941 年 3 月 12 日
王庆友	郯城县郯城镇归义五村	25	男	1941 年 3 月
王 夫	郯城县褚墩镇王庄村	39	男	1941 年 3 月
姜继田	郯城县港上镇姜庄村	21	男	1941 年 3 月
颜世品	郯城县港上镇颜湖村	41	男	1941 年 3 月
杜庆义	郯城县泉源乡东五湖村	26	男	1941 年 3 月
张为法	郯城县花园乡狼湖村	87	男	1941 年 3 月
孙学师	郯城县归昌乡河北村	35	男	1941 年 4 月 23 日
于庆祝	郯城县郯城镇吴小埠村	21	男	1941 年 4 月
王 俭	郯城县李庄镇王沙沟村	54	男	1941 年 4 月
王全生	郯城县李庄镇王沙沟村	56	男	1941 年 4 月
王 资	郯城县李庄镇王沙沟村	72	男	1941 年 4 月
田振吉	郯城县李庄镇王沙沟村	72	男	1941 年 4 月
王焕修	郯城县李庄镇王沙沟村	74	男	1941 年 4 月
乔小战	郯城县归昌乡西凡村	39	男	1941 年 4 月
王 氏	郯城县重坊镇西高庄村	45	女	1941 年 5 月

姓 名	籍 贯	年龄	性别	死难时间
王邦信	郯城县黄山镇中蔡村	32	男	1941 年 5 月
胡庆远	郯城县胜利乡胡三村	23	男	1941 年 5 月
张玉岭	郯城县胜利乡胡三村	27	男	1941 年 5 月
徐结敏	郯城县高峰头镇陵江村	21	男	1941 年 5 月
王振生	郯城县归昌乡杨葛村	26	男	1941 年 6 月 16 日
张从新	郯城县重坊镇西高庄村	43	男	1941 年 6 月
张从明	郯城县重坊镇西高庄村	33	男	1941 年 6 月
颜马氏	郯城县港上镇颜湖村	47	女	1941 年 6 月
杜 凡	郯城县胜利乡南新汪村	27	男	1941 年 6 月
王钦甲	郯城县胜利乡前房庄村	51	男	1941 年 6 月
马为彬	郯城县郯城镇马南村	48	男	1941 年 7 月
王贯武	郯城县李庄镇李庄四村	28	男	1941 年 7 月
王 益	郯城县胜利乡前房庄村	33	男	1941 年 7 月
王善志	郯城县胜利乡前房庄村	26	男	1941 年 7 月
王春亮	郯城县马头镇刘花园村	27	男	1941 年 7 月
马维银	郯城县胜利乡前房庄村	26	男	1941 年 7 月
王若岭	郯城县胜利乡前房庄村	56	男	1941 年 7 月
曹见志	郯城县胜利乡前房庄村	13	男	1941 年 7 月
耿清喜	郯城县胜利乡北刘宅子村	—	男	1941 年 8 月 20 日
刘景荣	郯城县褚墩镇西永安村	20	男	1941 年 8 月 20 日
耿清喜之女	郯城县胜利乡北刘宅子村	—	女	1941 年 8 月 20 日
刘邦俊	郯城县胜利乡杜圩子村	50	男	1941 年 8 月 21 日
刘会臣	郯城县胜利乡杜圩子村	29	男	1941 年 8 月 26 日
李广起	郯城县褚墩镇桥头村	26	男	1941 年 8 月
于新娟	郯城县胜利乡前房庄村	20	女	1941 年 8 月
王若景	郯城县胜利乡前房庄村	51	男	1941 年 8 月
舒有昌	郯城县胜利乡北刘宅子村	—	男	1941 年 8 月
管銮祥	郯城县重坊镇管集村	18	男	1941 年 9 月
杨广文	郯城县庙山镇立朝村	34	男	1941 年 9 月
杨顺卿	郯城县胜利乡高台子村	30	男	1941 年 9 月
王钦明	郯城县胜利乡前房庄村	31	男	1941 年 9 月
徐奎元	郯城县黄山镇前黄山村	56	男	1941 年 11 月
王台英	郯城县胜利乡南新汪村	25	男	1941 年
罗宾来之父	郯城县马头镇和平街	—	男	1941 年

姓 名	籍 贯	年 龄	性 别	死难时间
左三元	郯城县郯城镇北关七村	37	男	1941 年
王连启	郯城县马头镇黄金殿村	24	男	1941 年
王守北	郯城县马头镇黄金殿村	—	男	1941 年
刘景远	郯城县马头镇黄金殿村	—	男	1941 年
韩建业	郯城县红花乡红花埠村	21	男	1941 年
杜 五	郯城县褚墩镇桥头村	23	男	1941 年
黄增仁	郯城县郯城镇大黄楼村	30	男	1941 年
罗宾来之母	郯城县马头镇和平街	—	女	1941 年
罗宾来之祖母	郯城县马头镇和平街	—	女	1941 年
罗宾来之祖父	郯城县马头镇和平街	—	男	1941 年
刘文臣	郯城县胜利乡北刘宅子村	—	男	1941 年
刘慎典	郯城县胜利乡北刘宅子村	—	男	1941 年
付洪义	郯城县胜利乡北刘宅子村	—	男	1941 年
王玉林	郯城县胜利乡胜利村	51	男	1941 年
王贵兰之父	郯城县黄山镇山西村	—	男	1941 年
王文进	郯城县港上镇珩东村	—	男	1941 年
胡大柱	郯城县郯城镇北关七村	35	男	1941 年
郁石牛	郯城县郯城镇北关七村	37	男	1941 年
李 七	郯城县马头镇黄金殿村	—	男	1941 年
杜凤山	郯城县马头镇黄金殿村	—	男	1941 年
柴广亮	郯城县马头镇南元街	30	男	1941 年
王 罗	郯城县李庄镇小唐庄村	—	男	1941 年
王明伦	郯城县李庄镇小唐庄村	—	男	1941 年
吴玉成	郯城县李庄镇蔡村	—	男	1941 年
危茂堂	郯城县褚墩镇褚墩一村	24	男	1941 年
徐广明	郯城县高峰头后高东村	18	男	1941 年
李其林	郯城县高峰头后高东村	20	男	1941 年
李徐氏	郯城县高峰头镇高二村	30	女	1941 年
刘庆标	郯城县红花乡红花埠村	20	男	1941 年
大寨子	郯城县李庄镇张村	—	男	1941 年
朱会昌	郯城县李庄镇张村	—	男	1941 年
杜 四	郯城县褚墩镇桥头村	21	男	1941 年
曹洪生	郯城县高峰头镇解庄村	23	男	1941 年
王够本	郯城县港上镇珩东村	—	男	1941 年

姓 名	籍 贯	年 龄	性 别	死难时间
李成彬	郯城县褚墩镇桥头村	27	男	1941 年
马庆连	郯城县重坊镇西高庄村	40	男	1941 年
张保田	郯城县重坊镇西高庄村	—	男	1941 年
张保贤	郯城县重坊镇西高庄村	—	男	1941 年
李小丫	郯城县高峰头镇高二村	9	女	1941 年
王刻温	郯城县沙墩镇株柏一村	30	男	1941 年
黄兴合	郯城县庙山镇黄滩村	30	男	1941 年
张如标	郯城县马头镇高大寺村	—	男	1941 年
赵 ×	郯城县新村乡西鲍村	—	男	1941 年
行	郯城县黄山镇丁西村	—	男	1941 年
胡佩祥	郯城县褚墩镇官庄村	21	男	1941 年
施五彩	郯城县胜利乡北刘宅子村	—	男	1941 年
李春廷之表弟	郯城县胜利乡北刘宅子村	—	男	1941 年
张爱俊	郯城县褚墩镇桥头村	19	男	1941 年
王玉才之母	郯城县重坊镇西高庄村	—	女	1941 年
学武之二兄	郯城县重坊镇西高庄村	—	男	1941 年
允志之二兄	郯城县重坊镇西高庄村	—	男	1941 年
张支堂	郯城县郯城镇洪寺村	47	男	1942 年 1 月
徐贞范	郯城县郯城镇英庄村	39	男	1942 年 1 月
周彭祥	郯城县杨集镇周楼村	46	男	1942 年 1 月
袁 氏	郯城县杨集镇周楼村	81	女	1942 年 1 月
张令胜	郯城县胜利乡渡村	17	男	1942 年 1 月
刘汪氏	郯城县新村乡丁沟五村	35	女	1942 年 3 月 3 日
刘庆多	郯城县新村乡丁沟五村	74	男	1942 年 3 月 3 日
代广才之妻	郯城县新村乡丁沟五村	39	女	1942 年 3 月 3 日
刘绳尧	郯城县新村乡丁沟五村	46	男	1942 年 3 月 3 日
刘洪年	郯城县新村乡丁沟五村	41	男	1942 年 3 月 3 日
刘百兴	郯城县新村乡丁沟五村	43	男	1942 年 3 月 3 日
刘百义	郯城县新村乡丁沟五村	48	男	1942 年 3 月 3 日
展号友	郯城县新村乡丁沟五村	50	男	1942 年 3 月 3 日
历振玉	郯城县郯城镇东赵庄后村	24	男	1942 年 3 月
王吕氏	郯城县李庄镇前哨村	40	女	1942 年 3 月
倪玉廷	郯城县褚墩镇兰山村	23	男	1942 年 3 月
张 藏	郯城县褚墩镇兰山村	24	男	1942 年 3 月

姓　名	籍　贯	年　龄	性　别	死难时间
刘二保	郯城县褚墩镇兰山村	23	男	1942 年 3 月
王中义	郯城县褚墩镇兰山村	23	男	1942 年 3 月
张玉廷	郯城县褚墩镇兰山村	23	男	1942 年 3 月
杜慎山	郯城县胜利乡赵楼村	52	男	1942 年 3 月
徐士才	郯城县花园乡冷村	22	男	1942 年 3 月
冷志刚	郯城县花园乡狼湖村	—	男	1942 年 3 月
吕成合	郯城县庙山镇前林村	40	男	1942 年 3 月
田永成	郯城县胜利乡前房庄村	29	男	1942 年 3 月
王清之	郯城县胜利乡前房庄村	22	男	1942 年 3 月
刘玉房	郯城县郯城镇大旺村	—	男	1942 年 3 月
孙思明	郯城县归昌乡河北村	24	男	1942 年 4 月 23 日
倪绍敬	郯城县重坊镇倪村	30	男	1942 年 4 月
徐广明	郯城县高峰头后高西村	21	男	1942 年 5 月 10 日
陈广生	郯城县李庄镇前哨村	47	男	1942 年 5 月
赵保俊	郯城县胜利乡胡三村	31	男	1942 年 5 月
姜克礼	郯城县胜利乡胡三村	25	男	1942 年 5 月
李敬玉	郯城县花园乡涝南村	21	男	1942 年 5 月
杜志坚	郯城县郯城镇吴小埠村	18	男	1942 年 6 月
张学文	郯城县重坊镇西高庄村	43	男	1942 年 6 月
张从之	郯城县重坊镇西高庄村	33	男	1942 年 6 月
张德敏	郯城县杨集镇北张庄村	19	男	1942 年 6 月
刘景祥	郯城县马头镇刘花园村	16	男	1942 年 6 月
徐只诺	郯城县高峰头镇徐庄村	30	男	1942 年 6 月
周节玉	郯城县杨集镇周楼村	19	男	1942 年 7 月
朱贵勤	郯城县沙墩镇前流村	—	男	1942 年 7 月
杨夫吉	郯城县胜利乡老南村	32	男	1942 年 8 月 20 日
杨小雨	郯城县胜利乡老南村	4	男	1942 年 8 月 20 日
杨大安	郯城县胜利乡老南村	41	男	1942 年 8 月 20 日
杨小翁	郯城县胜利乡老南村	19	男	1942 年 8 月 20 日
王玉宝	郯城县胜利乡老南村	32	男	1942 年 8 月 20 日
程得来	郯城县胜利乡老南村	32	男	1942 年 8 月 20 日
杨成业	郯城县胜利乡老南村	22	男	1942 年 8 月 20 日
杨亮青	郯城县胜利乡老南村	41	男	1942 年 8 月 20 日
孩　孩	郯城县胜利乡老南村	20	男	1942 年 8 月 20 日

姓 名	籍 贯	年 龄	性 别	死难时间
张洪军	郯城县庙山镇前海沿村	37	男	1942 年 8 月
张汉民	郯城县庙山镇前海沿村	29	男	1942 年 8 月
张水西	郯城县庙山镇前海沿村	40	男	1942 年 8 月
高仇氏	郯城县庙山镇岳庄村	34	女	1942 年 8 月
徐贞明	郯城县褚墩镇东埠庄村	18	男	1942 年 8 月
岳大槐	郯城县庙山镇岳庄村	20	男	1942 年 8 月
高王氏	郯城县庙山镇岳庄村	29	女	1942 年 8 月
张铁蛋	郯城县褚墩镇东埠庄村	19	男	1942 年 8 月
徐献敏	郯城县高峰头镇前茅村	13	男	1942 年 8 月
赵兴彩	郯城县郯城镇大旺村	36	男	1942 年 9 月
刘景立	郯城县马头镇刘花园村	22	男	1942 年 9 月
马景明	郯城县沙墩镇前陈埠村	22	男	1942 年 10 月
马景堂	郯城县沙墩镇前陈埠村	19	男	1942 年 10 月
孙起华	郯城县沙墩镇前陈埠村	19	男	1942 年 10 月
刘从彬	郯城县胜利乡渡村	22	男	1942 年 10 月
王怀本	郯城县胜利乡渡村	24	男	1942 年 12 月
杜玉帮	郯城县胜利乡南新汪村	24	男	1942 年
靳 大	郯城县胜利乡贸易庄	13	男	1942 年
李王氏	郯城县胜利乡北新汪村	29	女	1942 年
陈新友	郯城县胜利乡胡二村	27	男	1942 年
姬小侠	郯城县重坊镇大刘庄村	19	女	1942 年
薛景顺	郯城县庙山镇新城村	30	男	1942 年
杨景昌	郯城县庙山镇新城村	32	男	1942 年
桑建义	郯城县褚墩镇虎山岭后村	34	男	1942 年
谢雅俭	郯城县红花乡红花埠村	22	男	1942 年
赵民永	郯城县红花乡红花埠村	23	男	1942 年
姜自英	郯城县胜利乡贸易庄村	2	女	1942 年
张永胜	郯城县庙山镇新城村	35	男	1942 年
魏风山	郯城县庙山镇薛庄二村	32	男	1942 年
乔玲现	郯城县红花乡大新村	22	男	1942 年
李恒太	郯城县重坊镇重杨庄寺村	19	男	1942 年
高佩久之叔	郯城县马头镇和平街	—	男	1942 年
孟召同	郯城县重坊镇重杨庄寺村	35	男	1942 年
赵振东	郯城县新村乡赵林村	34	男	1942 年

姓 名	籍 贯	年 龄	性 别	死难时间
张仲园	郯城县花园乡沟崖村	26	男	1942 年
乔玲申	郯城县红花乡大新村	24	男	1942 年
郑志花之妻	郯城县胜利乡北新汪村	24	女	1942 年
李玉祥	郯城县郯城镇城里一村	21	男	1942 年
姜自成	郯城县胜利乡贸易庄村	20	男	1942 年
杨花果	郯城县褚墩镇官庄村	60	男	1942 年
崔开思	郯城县褚墩镇青塘村	22	男	1942 年
于增亮	郯城县胜利乡贸易庄村	30	男	1942 年
王树洋	郯城县胜利乡前房庄村	22	男	1942 年
刘景于	郯城县胜利乡胜利村	43	男	1942 年
杨振业	郯城县胜利乡贸易庄村	20	男	1942 年
李春堂	郯城县沙墩镇华埠六村	17	男	1942 年
张学新	郯城县马头镇万高册村	35	男	1942 年
张如钦	郯城县李庄镇张村	—	男	1942 年
张祥龙	郯城县庙山镇薛庄一村	46	男	1942 年
王孙氏	郯城县庙山镇薛庄一村	26	女	1942 年
杨丙信	郯城县庙山镇薛庄一村	44	男	1942 年
百 选	郯城县李庄镇东连埠村	—	男	1942 年
张 顿	郯城县褚墩镇兰山村	20	男	1942 年
王宗顺	郯城县黄山镇丁西村	—	男	1942 年
薛绍路	郯城县黄山镇丁西村	—	男	1942 年
魏朝兰	郯城县庙山镇薛庄二村	21	男	1942 年
巩万礼	郯城县港上镇珩中村	17	男	1942 年
朱佃真	郯城县红花乡红花埠村	13	男	1942 年
孙成军	郯城县红花乡红花埠村	21	男	1942 年
许开勤	郯城县郯城镇大黄楼村	35	男	1942 年
张应福	郯城县李庄镇张村	—	男	1942 年
魏德生	郯城县庙山镇薛庄二村	29	男	1942 年
刘 氏	郯城县庙山镇马站村	—	女	1942 年
月害刘	郯城县庙山镇马站村	—	男	1942 年
谭大拨	郯城县港上镇珩中村	19	男	1942 年
徐秉吉	郯城县马头镇东村	21	男	1942 年
刘文青	郯城县李庄镇蔡村	60	男	1942 年
陈富贵	郯城县高峰头镇高二村	25	男	1942 年

姓 名	籍 贯	年 龄	性 别	死难时间
解守本之妻	郯城县高峰头镇解庄村	26	女	1942 年
刘战标	郯城县黄山镇麻湖村	26	男	1942 年
王 墨	郯城县胜利乡前房庄村	27	男	1942 年
徐 赋	郯城县高峰头镇徐庄村	33	男	1942 年
姜明玉	郯城县黄山镇麻湖村	22	男	1942 年
张敬远	郯城县胜利乡张塘村	—	男	1942 年
张自启之父	郯城县胜利乡北新汪村	34	男	1942 年
允亮之长兄	郯城县重坊镇西高庄村	—	男	1942 年
从安之长兄	郯城县重坊镇西高庄村	—	男	1942 年
从志之兄	郯城县重坊镇西高庄村	—	男	1942 年
高广华	郯城县褚墩镇寥屯村	23	男	1943 年 1 月
李德铁	郯城县高峰头镇李圩子村	36	男	1943 年 1 月
许凤彩之子	郯城县郯城镇刘港口西南村	7	男	1943 年 2 月
高凤明	郯城县重坊镇宋园村	—	男	1943 年 2 月
阚学志	郯城县胜利乡果园村	18	男	1943 年 2 月
尚玉标	郯城县港上镇邵庄村	40	男	1943 年 3 月 29 日
尚玉启	郯城县港上镇邵庄村	38	男	1943 年 3 月 29 日
姜扒眼	郯城县港上镇邵庄村	41	男	1943 年 3 月 29 日
邵性广	郯城县港上镇邵庄村	42	男	1943 年 3 月 29 日
邵士文	郯城县港上镇邵庄村	39	男	1943 年 3 月 29 日
周宜德	郯城县港上镇邵庄村	40	男	1943 年 3 月 29 日
尚文山	郯城县港上镇邵庄村	36	男	1943 年 3 月 29 日
邵永芳	郯城县港上镇邵庄村	35	男	1943 年 3 月 29 日
范合会	郯城县港上镇邵庄村	38	男	1943 年 3 月 29 日
马步阶	郯城县郯城镇吕港口村	23	男	1943 年 3 月
孙学锦	郯城县归昌乡郯庙村	35	男	1943 年 4 月 20 日
孙学文	郯城县归昌乡郯庙村	27	男	1943 年 4 月 20 日
孙学敏	郯城县归昌乡郯庙村	17	男	1943 年 4 月 20 日
孙二子	郯城县归昌乡河北村	19	男	1943 年 4 月 23 日
尹玉金	郯城县归昌乡河北村	17	男	1943 年 4 月 23 日
赵 柱	郯城县李庄镇杨屯村	22	男	1943 年 4 月
段长青	郯城县李庄镇八里屯村	—	男	1943 年 4 月
陈甲壳	郯城县归昌乡陈庄村	47	男	1943 年 4 月
蔺开运	郯城县高峰头镇南蔺村	—	男	1943 年 4 月

姓　名	籍　贯	年　龄	性　别	死难时间
蔺景德	郯城县高峰头镇南蔺村	—	男	1943 年 4 月
蔺奉路	郯城县高峰头镇南蔺村	—	男	1943 年 4 月
徐挺中	郯城县高峰头镇南蔺村	—	男	1943 年 4 月
刘丰乐	郯城县郯城镇后龙门村	45	男	1943 年 5 月
房二成	郯城县黄山镇丰山村	18	男	1943 年 5 月
杨加立	郯城县胜利乡徐卜坦村	31	男	1943 年 5 月
杜润增	郯城县郯城镇后东庄村	38	男	1943 年 6 月
王　氏	郯城县郯城镇吴冶庄村	25	女	1943 年 6 月
张登基	郯城县高峰头镇李圩子村	16	男	1943 年 6 月
付振汪	郯城县港上镇付桥村	26	男	1943 年 7 月
赵随河	郯城县泉源乡姜桥村	—	男	1943 年 7 月
王郑氏	郯城县褚墩镇褚墩三村	36	女	1943 年 7 月
姜付氏	郯城县褚墩镇褚墩三村	34	女	1943 年 7 月
胡青喜	郯城县红花乡大尚庄村	—	男	1943 年 7 月
杜李氏	郯城县庙山镇潘庄村	42	女	1943 年 8 月
鲍茂友	郯城县高峰头镇胡井村	24	男	1943 年 8 月
刘景友	郯城县马头镇刘花园村	31	男	1943 年 8 月
倪宝佃	郯城县重坊镇倪村	23	男	1943 年 9 月
李邦田	郯城县重坊镇高集村	27	男	1943 年 9 月
牛庆喜	郯城县杨集镇窦墩村	17	男	1943 年 10 月
马伟敏	郯城县高峰头镇民主村	18	男	1943 年 10 月
张怀起	郯城县褚墩镇碑住一村	42	男	1943 年 11 月
刘启瑞	郯城县褚墩镇东埠村	33	男	1943 年 12 月
杜召点	郯城县胜利乡南新汪村	21	男	1943 年
杜　莫	郯城县胜利乡南新汪村	20	男	1943 年
田玉修	郯城县马头镇田站村	22	男	1943 年
李祥先	郯城县李庄镇岭红埠村	—	男	1943 年
杜士凡	郯城县黄山镇柴口村	—	男	1943 年
刘学伟	郯城县红花乡小店村	36	男	1943 年
李志明	郯城县红花乡沟崖村	25	男	1943 年
柴　杰	郯城县胜利乡南新汪村	25	男	1943 年
张学伟	郯城县红花乡大新村	21	男	1943 年
李保元	郯城县马头镇东村	45	男	1943 年
朱永堂	郯城县郯城镇陵坡村	38	男	1943 年

姓 名	籍 贯	年 龄	性 别	死难时间
黄庆昌	郯城县郯城镇陵坡村	35	男	1943 年
李小庄	郯城县郯城镇陵坡村	32	男	1943 年
李折子	郯城县郯城镇陵坡村	40	男	1943 年
李小斗	郯城县郯城镇陵坡村	25	男	1943 年
李生匡	郯城县郯城镇陵坡村	40	男	1943 年
李廷光	郯城县郯城镇陵坡村	35	男	1943 年
朱豆渣	郯城县郯城镇陵坡村	25	男	1943 年
马广立之母	郯城县新村乡银杏村	61	女	1943 年
杜受春	郯城县胜利乡南新汪村	19	男	1943 年
郝恒付之父	郯城县郯城镇北关二村	—	男	1943 年
郝恒品之父	郯城县郯城镇北关二村	—	男	1943 年
郑克顺	郯城县马头镇柏花园村	22	男	1943 年
李守谦	郯城县胜利乡张塘村	—	男	1943 年
张开举	郯城县重坊镇大刘庄村	20	男	1943 年
陈井山	郯城县褚墩镇虎山岭东村	—	男	1943 年
杜纪全	郯城县黄山镇柴口村	—	男	1943 年
于夫田	郯城县高峰头镇中心村	20	男	1943 年
郑明让	郯城县马头镇柏花园村	26	男	1943 年
王中臣	郯城县庙山镇马站村	—	男	1943 年
王振明	郯城县庙山镇马站村	—	男	1943 年
王景传	郯城县褚墩镇桥头村	39	男	1943 年
刘友法	郯城县重坊镇大刘庄村	21	男	1943 年
杜纪洲	郯城县黄山镇柴口村	—	男	1943 年
丁凤大之妻	郯城县马头镇高大寺村	—	女	1943 年
王德太之父	郯城县李庄镇八里屯村	—	男	1943 年
王青飞	郯城县李庄镇岭红埠村	—	男	1943 年
杨烟六	郯城县庙山镇山北东村	23	男	1943 年
杨 龙	郯城县庙山镇山北东村	34	男	1943 年
李士邦	郯城县高峰头镇李圩子村	23	男	1943 年
王清寒	郯城县泉源乡王家村	40	男	1943 年
马仕银	郯城县归昌乡戈大村	42	男	1943 年
王欣昌	郯城县庙山镇薛庄四村	20	男	1943 年
张为华	郯城县花园乡沟崖村	30	男	1943 年
颜井圣	郯城县红花乡山外岩村	23	男	1943 年

姓 名	籍 贯	年 龄	性 别	死难时间
廷 干	郯城县红花乡山外岩村	22	男	1943 年
井 龙	郯城县红花乡山外岩村	17	男	1943 年
廷 选	郯城县红花乡山外岩村	23	男	1943 年
井 田	郯城县红花乡山外岩村	22	男	1943 年
世 玉	郯城县红花乡山外岩村	25	男	1943 年
世 林	郯城县红花乡山外岩村	21	男	1943 年
廷 街	郯城县红花乡山外岩村	18	男	1943 年
玉 起	郯城县红花乡山外岩村	28	男	1943 年
侯大开	郯城县红花乡山外岩村	17	男	1943 年
颜廷良之妻	郯城县红花乡山外岩村	39	女	1943 年
颜廷良之女	郯城县红花乡山外岩村	8	女	1943 年
朱凤武	郯城县红花乡朱沟崖村	21	男	1943 年
乔伟先	郯城县红花乡大新村	15	男	1943 年
肖宗顺	郯城县泉源乡肖家村	42	男	1943 年
肖会启	郯城县泉源乡肖家村	14	男	1943 年
杜会卿	郯城县黄山镇后黄山村	—	男	1943 年
李夫祥	郯城县黄山镇后黄山村	—	男	1943 年
徐勤法	郯城县高峰头镇徐庄村	26	男	1943 年
马俊林	郯城县新村乡银杏村	33	男	1943 年
马步礼	郯城县新村乡银杏村	40	男	1943 年
马振太	郯城县新村乡银杏村	30	男	1943 年
马红臣	郯城县新村乡银杏村	38	男	1943 年
马小迎	郯城县新村乡银杏村	32	男	1943 年
马名典	郯城县新村乡银杏村	37	男	1943 年
马名伍	郯城县新村乡银杏村	34	男	1943 年
周景生	郯城县郯城镇城里一村	22	男	1943 年
杜纪广	郯城县黄山镇柴口村	—	男	1943 年
陈士杰之妻	郯城县新村乡丁沟三村	43	女	1943 年
几广信	郯城县新村乡丁沟三村	—	男	1943 年
刘瑞红	郯城县新村乡丁沟三村	—	男	1943 年
尹作秀	郯城县新村乡丁沟三村	—	女	1943 年
徐止奎	郯城县新村乡丁沟三村	—	男	1943 年
于 文	郯城县新村乡于村	51	男	1943 年
禚从焕	郯城县新村乡于村	48	男	1943 年

姓 名	籍 贯	年 龄	性 别	死难时间
徐贞菊	郯城县红花乡徐集村	41	男	1943 年
孙 氏	郯城县红花乡徐集村	43	女	1943 年
徐全敏	郯城县红花乡徐集村	20	男	1943 年
徐小发	郯城县红花乡徐集村	18	男	1943 年
马民标	郯城县红花乡徐集村	39	男	1943 年
崔茂平	郯城县红花乡徐集村	2	女	1943 年
李守云	郯城县红花乡徐集村	28	男	1943 年
徐贞武	郯城县红花乡徐集村	27	男	1943 年
高广章	郯城县褚墩镇寥屯村	23	男	1943 年
高小俄	郯城县港上乡港上四村	21	男	1943 年
于 氏	郯城县庙山镇宋庄村	34	女	1944 年 1 月
翁西廷	郯城县泉源乡翁屯村	28	男	1944 年 1 月
雷大来	郯城县郯城镇马屯村	28	男	1944 年 2 月
高俊东	郯城县褚墩镇寥屯村	19	男	1944 年 2 月
陈荣华	郯城县花园乡涝沟村	19	男	1944 年 2 月
李玉芬	郯城县沙墩镇大塘村	—	男	1944 年 2 月
魏奎友	郯城县庙山镇薛庄三村	14	男	1944 年 3 月
侯子敬	郯城县高峰头镇高一村	18	男	1944 年 3 月
孙志方	郯城县郯城镇孙港口村	40	男	1944 年 4 月
徐征武	郯城县郯城镇薛城后村	26	男	1944 年 4 月
薛修俭	郯城县郯城镇薛城后村	21	男	1944 年 4 月
孙慎传	郯城县郯城镇孙港口村	24	男	1944 年 5 月
黄广荣	郯城县郯城镇南泉村	20	男	1944 年 5 月
杨来法	郯城县郯城镇南泉村	43	男	1944 年 5 月
刘 ×	郯城县郯城镇南泉村	43	男	1944 年 5 月
徐亮敏	郯城县郯城镇后龙门村	23	男	1944 年 5 月
刘全林	郯城县郯城镇后龙门村	45	男	1944 年 5 月
刘全信	郯城县郯城镇后龙门村	26	男	1944 年 5 月
刘全杰	郯城县郯城镇后龙门村	15	男	1944 年 5 月
刘德连	郯城县郯城镇后龙门村	25	男	1944 年 5 月
刘数宾	郯城县郯城镇后龙门村	26	男	1944 年 5 月
刘玉合	郯城县郯城镇后龙门村	35	男	1944 年 5 月
徐争告	郯城县郯城镇后龙门村	25	男	1944 年 5 月
王贯一	郯城县李庄镇八里屯村	—	男	1944 年 5 月

姓　名	籍　贯	年　龄	性　别	死难时间
范玉荣	郯城县李庄镇八里屯村	—	男	1944 年 5 月
张永纪	郯城县胜利乡胡三村	23	男	1944 年 5 月
陈得华	郯城县李庄镇沂东村	—	男	1944 年 6 月
马九思	郯城县郯城镇马南村	29	男	1944 年 6 月
陈小年	郯城县郯城镇南泉村	22	男	1944 年 6 月
石法阳	郯城县马头镇石站村	18	男	1944 年 6 月
吴廷玉	郯城县杨集镇吴巷村	55	男	1944 年 6 月
吴绍文之祖父	郯城县杨集镇吴巷村	—	男	1944 年 6 月
张　维	郯城县杨集镇张楼村	52	女	1944 年 6 月
张小豆	郯城县杨集镇张楼村	11	男	1944 年 6 月
郑以亮	郯城县泉源乡集子村	32	男	1944 年 6 月
高玉胜之曾祖母	郯城县花园乡狼湖村	—	女	1944 年 6 月
刘永乐	郯城县胜利乡高台子村	27	男	1944 年 6 月
马魏氏	郯城县胜利乡胡一村	42	女	1944 年 7 月
李甸征	郯城县胜利乡胡一村	42	男	1944 年 7 月
杨景清	郯城县马头镇杨庄村	11	男	1944 年 7 月
高玉珠之曾祖母	郯城县花园乡狼湖村	—	女	1944 年 7 月
孔现气	郯城县马头镇刘花园村	20	男	1944 年 8 月
邓廷典	郯城县马头镇杨庄村	40	男	1944 年 9 月
李许氏	郯城县杨集镇陆庄村	19	女	1944 年 9 月
李小孩	郯城县杨集镇陆庄村	1	男	1944 年 9 月
周德圣	郯城县褚墩镇东埠庄村	23	男	1944 年 9 月
刘帮玉	郯城县褚墩镇东埠庄村	31	男	1944 年 9 月
周挨柱	郯城县褚墩镇东埠庄村	24	男	1944 年 9 月
武绍堂	郯城县褚墩镇西永安村	24	男	1944 年 9 月
张则亮	郯城县高峰头镇曹村	30	男	1944 年 10 月
王西法	郯城县郯城镇大旺村	—	男	1944 年 10 月
赵方申	郯城县郯城镇大旺村	—	男	1944 年 10 月
赵永茂	郯城县郯城镇大旺村	—	男	1944 年 10 月
泥	郯城县胜利乡徐卜坦村	19	男	1938 年
张从因	郯城县新村乡中鲍村	43	男	1944 年
王思义	郯城县郯城镇城里一村	22	男	1944 年
李奎贤	郯城县褚墩镇青石塘村	26	男	1944 年
张　二	郯城县新村乡中鲍村	60	男	1944 年

姓 名	籍 贯	年 龄	性 别	死难时间
张 ×	郯城县新村乡中鲍村	4	男	1944 年
张学义	郯城县庙山镇新城村	17	男	1944 年
李景章	郯城县红花乡固潼村	49	男	1944 年
周 晨	郯城县庙山镇新城村	21	男	1944 年
王孝敬	郯城县庙山镇新城村	28	男	1944 年
杜宗山	郯城县庙山镇新城村	25	男	1944 年
曹洪生	郯城县泉源乡曹寨村	35	男	1944 年
张夫杰	郯城县归昌乡中于村	17	男	1944 年
葛兴栋	郯城县新村乡西滩头村	41	男	1944 年
胡艺存	郯城县新村乡西滩头村	42	男	1944 年
赵小春	郯城县郯城镇东赵庄前村	30	男	1944 年
徐贞伍	郯城县马头镇圩西村	22	男	1944 年
胡启山	郯城县马头镇圩西村	31	男	1944 年
李徐氏	郯城县马头镇圩西村	28	女	1944 年
赵从和	郯城县新村乡西鲍村	38	男	1944 年
刘七选	郯城县李庄镇刘道口村	19	男	1944 年
王翠中	郯城县港上镇珩头东村	—	男	1944 年
刘洪业	郯城县杨集镇大滩村	—	男	1944 年
孙徐氏	郯城县重坊镇孙出口村	36	女	1944 年
杜学敏	郯城县胜利乡杜圩子村	26	男	1944 年
魏相州	郯城县胜利乡胡三村	28	男	1944 年
李卷斗	郯城县沙墩镇华埠六村	15	男	1944 年
倪训昌	郯城县重坊镇大刘庄村	18	男	1944 年
王 ×	郯城县马头镇东圣村	26	男	1944 年
徐景德	郯城县庙山镇立朝村	19	男	1944 年
崇大孩	郯城县庙山镇山北西村	7	男	1944 年
王孝公	郯城县庙山镇薛庄一村	28	男	1944 年
秦玉明	郯城县沙墩镇株柏一村	22	男	1944 年
张从周	郯城县新村乡中鲍村	40	男	1944 年
李奎华	郯城县褚墩镇青石塘村	28	男	1944 年
李奎元	郯城县褚墩镇青石塘村	22	男	1944 年
张公成	郯城县褚墩镇西永安村	27	男	1944 年
李自真	郯城县重坊镇吴村	34	男	1944 年
徐祗东	郯城县重坊镇宋园村	—	男	1944 年

姓 名	籍 贯	年 龄	性 别	死难时间
朱相銮	郯城县重坊镇朱出口村	43	男	1944 年
孙学方	郯城县重坊镇孙出口村	28	男	1944 年
卢士得	郯城县新村乡卢庄村	23	男	1944 年
朱小宝	郯城县重坊镇朱出口村	9	男	1944 年
朱清名	郯城县重坊镇朱出口村	24	男	1944 年
潘永志	郯城县胜利乡贸易庄村	23	男	1944 年
朱相法	郯城县重坊镇朱出口村	19	男	1944 年
魏士勇	郯城县庙山镇薛庄一村	27	男	1944 年
张志忠	郯城县庙山镇大埠二村	33	男	1944 年
朱自尚	郯城县马头镇桑庄村	39	男	1944 年
颜士厚	郯城县李庄镇颜口村	—	男	1944 年
付振元	郯城县港上镇付桥村	31	男	1944 年
司洪奎	郯城县李庄镇颜口村	—	男	1944 年
王洪祥	郯城县归昌乡戈大村	34	男	1944 年
任守恒	郯城县马头镇桑庄村	14	男	1944 年
葛兴会	郯城县新村乡西滩头村	34	男	1944 年
黄夫邵	郯城县庙山镇黄滩村	34	男	1944 年
王延福	郯城县高峰头镇麦城村	75	男	1944 年
赵永年	郯城县郯城镇前龙门村	21	男	1944 年
卢士义	郯城县新村乡卢庄村	38	男	1944 年
卢 钦	郯城县新村乡卢庄村	—	男	1944 年
孙庆知	郯城县重坊镇孙出口村	21	男	1944 年
李西金	郯城县重坊镇孙出口村	29	男	1944 年
孙庆自	郯城县重坊镇孙出口村	17	男	1944 年
王志秀	郯城县庙山镇马站村	69	男	1944 年
刘 氏	郯城县港上乡港上四村	23	女	1944 年
许士早	郯城县黄山镇柳行村	22	男	1945 年 1 月
徐止善	郯城县马头镇石站村	24	男	1945 年 1 月
杜华增之弟	郯城县郯城镇后东庄二村	39	男	1945 年 2 月
王庆元之弟	郯城县郯城镇后东庄二村	59	男	1945 年 2 月
杜奎增之妹	郯城县郯城镇后东庄二村	26	女	1945 年 2 月
万同青	郯城县郯城镇归义六村	23	男	1945 年 2 月
许士国	郯城县黄山镇柳行村	27	男	1945 年 2 月
鲍茂志	郯城县高峰头镇胡井村	23	男	1945 年 2 月

姓 名	籍 贯	年 龄	性 别	死难时间
翁桂华之父	郯城县泉源乡翁屯村	49	男	1945 年 2 月
张志启	郯城县马头镇马一村	21	男	1945 年 2 月
王祥春	郯城县郯城镇英城后村	56	男	1945 年 2 月
于荣忠	郯城县郯城镇英城后村	58	男	1945 年 2 月
李如宗	郯城县红花乡大尚庄村	—	男	1945 年 2 月
陈洪亮	郯城县胜利乡果园村	16	男	1945 年 2 月
刘百肇	郯城县郯城镇后东庄二村	36	男	1945 年 3 月
周万力	郯城县郯城镇后东庄二村	56	男	1945 年 3 月
王庆林之母	郯城县郯城镇后东庄二村	25	女	1945 年 3 月
孙玉喜	郯城县郯城镇英庄村	16	男	1945 年 3 月
代恒尧	郯城县郯城镇窑上村	34	男	1945 年 3 月
庄永贵	郯城县郯城镇薛城后村	41	男	1945 年 3 月
朱开明	郯城县郯城镇薛城后村	30	男	1945 年 3 月
史营衣	郯城县郯城镇后东庄二村	36	男	1945 年 3 月
朱坡拉	郯城县花园乡涝沟村	36	男	1945 年 3 月
刘宝金	郯城县李庄镇青山村	—	男	1945 年 3 月
钟士俊	郯城县胜利乡胡一村	16	男	1945 年 3 月
刘焕武	郯城县高峰头镇陵江村	32	男	1945 年 3 月
马九伦	郯城县郯城镇马南村	26	男	1945 年 4 月
王冠春	郯城县郯城镇窑上村	60	男	1945 年 4 月
禚培元	郯城县新村乡新三村	29	男	1945 年 4 月
徐慎普	郯城县港上镇徐圩子村	65	男	1945 年 5 月 2 日
徐慎义	郯城县港上镇徐圩子村	80	男	1945 年 5 月 2 日
徐贞洪	郯城县港上镇徐圩子村	66	男	1945 年 5 月 2 日
徐贞坤	郯城县港上镇徐圩子村	58	男	1945 年 5 月 2 日
徐贞连	郯城县港上镇徐圩子村	25	男	1945 年 5 月 2 日
徐贞凤	郯城县港上镇徐圩子村	61	男	1945 年 5 月 2 日
徐贞钦	郯城县港上镇徐圩子村	32	男	1945 年 5 月 2 日
徐贞方	郯城县港上镇徐圩子村	55	男	1945 年 5 月 2 日
徐贞池	郯城县港上镇徐圩子村	42	男	1945 年 5 月 2 日
徐学敏	郯城县港上镇徐圩子村	65	男	1945 年 5 月 2 日
徐祗伟	郯城县港上镇徐圩子村	24	男	1945 年 5 月 2 日
徐祗伦	郯城县港上镇徐圩子村	24	男	1945 年 5 月 2 日
徐祗典	郯城县港上镇徐圩子村	22	男	1945 年 5 月 2 日

姓 名	籍 贯	年 龄	性 别	死难时间
徐士敏	郯城县港上镇徐圩子村	58	男	1945 年 5 月 2 日
徐敏传	郯城县港上镇徐圩子村	46	男	1945 年 5 月 2 日
徐敏环	郯城县港上镇徐圩子村	24	男	1945 年 5 月 2 日
徐加礼	郯城县港上镇徐圩子村	55	男	1945 年 5 月 2 日
徐加礼之祖母	郯城县港上镇徐圩子村	75	女	1945 年 5 月 2 日
徐会学	郯城县港上镇徐圩子村	20	男	1945 年 5 月 2 日
田成玉	郯城县港上镇徐圩子村	32	男	1945 年 5 月 2 日
李玉之	郯城县港上镇徐圩子村	42	男	1945 年 5 月 2 日
刘庆明	郯城县港上镇徐圩子村	53	男	1945 年 5 月 2 日
刘凤典	郯城县港上镇徐圩子村	19	男	1945 年 5 月 2 日
刘凤尧	郯城县港上镇徐圩子村	21	男	1945 年 5 月 2 日
郑计銮	郯城县港上镇徐圩子村	27	男	1945 年 5 月 2 日
徐加荣	郯城县港上镇徐圩子村	50	男	1945 年 5 月 2 日
刘永章	郯城县港上镇徐圩子村	—	男	1945 年 5 月 2 日
刘占坤	郯城县港上镇徐圩子村	57	男	1945 年 5 月 2 日
陈玉龙	郯城县港上镇徐圩子村	43	男	1945 年 5 月 2 日
刘小正	郯城县花园乡冷庙村	22	男	1945 年 5 月 2 日
刘敬礼	郯城县港上镇徐圩子村	35	男	1945 年 5 月 2 日
进 录	郯城县港上镇徐圩子村	14	男	1945 年 5 月 2 日
张英信	郯城县港上镇大坊村	25	男	1945 年 5 月 2 日
张英礼	郯城县港上镇大坊村	21	男	1945 年 5 月 2 日
郑王氏	郯城县港上镇徐圩子村	26	女	1945 年 5 月 2 日
窦段氏	郯城县港上镇徐圩子村	57	女	1945 年 5 月 2 日
徐面妮	郯城县港上镇徐圩子村	22	女	1945 年 5 月 2 日
徐贤妮	郯城县港上镇徐圩子村	15	女	1945 年 5 月 2 日
徐雨妮	郯城县港上镇徐圩子村	18	女	1945 年 5 月 2 日
徐小妮	郯城县港上镇徐圩子村	12	女	1945 年 5 月 2 日
卢小钦	郯城县港上镇徐圩子村	3	男	1945 年 5 月 2 日
郭三凤	郯城县港上镇徐圩子村	29	女	1945 年 5 月 2 日
王贵生之妻	郯城县李庄镇	54	女	1945 年 5 月 2 日
陈安稳	郯城县港上镇徐圩子村	17	男	1945 年 5 月 2 日
姜文聪	—	35	男	1945 年 5 月 2 日
于恩忠	郯城县港上镇徐圩子村	48	男	1945 年 5 月 2 日
徐恩虎	郯城县港上镇徐圩子村	26	男	1945 年 5 月 2 日

姓 名	籍 贯	年 龄	性 别	死难时间
徐小狼	郯城县港上镇徐圩子村	23	男	1945年5月2日
任兆铎	郯城县马头镇桑庄村	32	男	1945年5月2日
刘作怀	郯城县港上镇徐圩子村	23	男	1945年5月2日
吴兴真	郯城县沙墩镇乱墩村	22	男	1945年5月2日
田克仁	郯城县新村乡埝东村	18	男	1945年5月2日
徐贞士	郯城县港上镇徐圩子村	27	男	1945年5月2日
吴福友	郯城县港上镇徐圩子村	22	男	1945年5月2日
卢世毅	郯城县港上镇徐圩子村	40	男	1945年5月2日
徐敏兵	郯城县港上镇徐圩子村	20	男	1945年5月2日
徐会慈	郯城县港上镇徐圩子村	29	男	1945年5月2日
徐富敏	郯城县港上镇徐圩子村	31	男	1945年5月2日
王石头	郯城县港上镇徐圩子村	24	男	1945年5月2日
桂常楼	郯城县郯城镇窑上村	29	男	1945年5月
刘元久	郯城县郯城镇后龙门村	56	男	1945年5月
薛井元	郯城县郯城镇薛城后村	27	男	1945年5月
张成德	郯城县马头镇刘楼村	27	男	1945年5月
马文领	郯城县重坊镇重坊二村	19	男	1945年5月
张佃委	郯城县黄山镇安头村	25	男	1945年6月
郭振京	郯城县黄山镇安头村	24	男	1945年6月
彭兴奎	郯城县杨集镇南吴庄村	58	男	1945年6月
李 考	郯城县杨集镇南吴庄村	45	男	1945年6月
李臭孩	郯城县杨集镇南吴庄村	38	男	1945年6月
翁礼廷	郯城县泉源乡翁屯村	56	男	1945年6月
孟召远	郯城县重坊镇重杨庄寺村	21	男	1945年6月
孟召栋	郯城县重坊镇重杨庄寺村	20	男	1945年6月
孟召系	郯城县重坊镇重杨庄寺村	20	男	1945年6月
杜维相	郯城县郯城镇后东庄村	35	男	1945年7月
于作甲	郯城县郯城镇小黄楼村	25	男	1945年7月
王加荣	郯城县重坊镇管集村	27	男	1945年7月
管銮真	郯城县重坊镇管集村	24	男	1945年7月
管信如	郯城县重坊镇管集村	30	男	1945年7月
房桂才	郯城县泉源乡班庄村	20	男	1945年7月
杜义之	郯城县胜利乡周庄村	30	男	1945年7月
杜圣之	郯城县胜利乡周庄村	32	男	1945年7月

姓 名	籍 贯	年 龄	性 别	死难时间
周庆明	郯城县沙墩镇尚庄二村	—	男	1945 年 7 月
高玉英之父	郯城县沙墩镇尚庄二村	—	男	1945 年 7 月
周大爷	郯城县沙墩镇尚庄二村	—	男	1945 年 7 月
田 妭	郯城县高峰头镇曹村	4	女	1945 年 8 月
张 氏	郯城县高峰头镇曹村	37	女	1945 年 8 月
徐维敏	郯城县高峰头镇曹村	17	男	1945 年 8 月
曹振德	郯城县高峰头镇曹村	46	男	1945 年 8 月
小 牛	郯城县高峰头镇曹村	19	男	1945 年 8 月
方 氏	郯城县高峰头镇曹村	37	女	1945 年 8 月
杜维同	郯城县郯城镇后东庄村	41	男	1945 年 8 月
李贵新	郯城县郯城镇陵坡村	40	男	1945 年 8 月
王培思	郯城县胜利乡前房庄村	20	男	1945 年 8 月
宋夫德	郯城县胜利乡前房庄村	21	男	1945 年 8 月
胡佃忠	郯城县胜利乡前房庄村	22	男	1945 年 8 月
王 燕	郯城县胜利乡前房庄村	24	男	1945 年 8 月
杜希春	郯城县胜利乡前房庄村	23	男	1945 年 8 月
张连台	郯城县胜利乡前房庄村	26	男	1945 年 8 月
杜文增	郯城县郯城镇后东庄村	37	男	1945 年 8 月
张 叶	郯城县褚墩镇虎山岭后村	23	男	1945 年
赵迎朝	郯城县胜利乡胡二村	25	男	1945 年
房振铎	郯城县马头镇东圣村	47	男	1945 年
杨茂胜	郯城县李庄镇李庄一村	—	男	1945 年
赵廷运	郯城县胜利乡胡二村	31	男	1945 年
赵从新	郯城县新村乡西鲍村	28	男	1945 年
任守怀	郯城县马头镇桑庄村	14	男	1945 年
张则起	郯城县马头镇马二村	25	男	1945 年
王克端	郯城县马头镇马二村	24	男	1945 年
徐庆年	郯城县马头镇刘楼村	22	男	1945 年
张宝胜	郯城县庙山镇新城村	24	男	1945 年
和 义	郯城县李庄镇刘道口村	43	男	1945 年
田克武	郯城县新村乡垅东村	16	男	1945 年
张云成	郯城县泉源乡东邵湖村	19	男	1945 年
张步堂	郯城县泉源乡东邵湖村	32	男	1945 年
孙思秀	郯城县重坊镇孙出口村	35	男	1945 年

姓 名	籍 贯	年 龄	性 别	死难时间
徐戌龙	郯城县褚墩镇桥头村	25	男	1945 年
王成训	郯城县港上镇珩东村	—	男	1945 年
马庆友	郯城县高峰头镇曹东村	16	男	1945 年
康友娥	郯城县胜利乡北刘宅子村	—	女	1945 年
胡长建	郯城县高峰头镇曹东村	18	男	1945 年
马庆勇	郯城县高峰头镇曹东村	20	男	1945 年
杨树民	郯城县胜利乡核桃园村	32	男	1945 年
徐贞雨	郯城县红花乡徐集村	43	男	1945 年
徐小新	郯城县红花乡徐集村	13	男	1945 年
徐自诚	郯城县李庄镇李庄一村	—	男	1945 年
刘俊吉	郯城县马头镇东圣村	63	男	1945 年
胡 ×	郯城县马头镇东圣村	46	男	1945 年
马 童	郯城县马头镇东圣村	3	女	1945 年
王 氏	郯城县马头镇东圣村	74	女	1945 年
王氏之长孙	郯城县马头镇东圣村	3	男	1945 年
王氏之次孙	郯城县马头镇东圣村	1	男	1945 年
王 氏	郯城县马头镇东圣村	32	女	1945 年
王氏之长女	郯城县马头镇东圣村	12	女	1945 年
王 ×	郯城县马头镇东圣村	14	男	1945 年
于 氏	郯城县马头镇东圣村	45	女	1945 年
于 ×	郯城县马头镇东圣村	19	男	1945 年
于××	郯城县马头镇东圣村	15	男	1945 年
徐秉法	郯城县马头镇东圣村	22	男	1945 年
王瑞之父	郯城县李庄镇李庄一村	—	男	1945 年
孔祥臣	郯城县高峰头镇高三村	22	男	1945 年
蔺德山	郯城县高峰头镇北蔺村	30	男	1945 年
吴绍军	郯城县泉源乡集子村	—	男	1945 年
黄兴付	郯城县庙山镇黄滩村	33	男	1945 年
杜奉伦	郯城县高峰头镇陵江村	25	男	1945 年
侯尤乐	郯城县高峰头镇高三村	19	男	1945 年
刘西学	郯城县港上镇刘桥村	24	男	1945 年
周建志	郯城县泉源乡后寺村	25	男	1945 年
孙茂振	郯城县泉源乡前寺村	—	男	1945 年
王斗尧	郯城县泉源乡王家村	30	男	1945 年

姓　名	籍　贯	年　龄	性　别	死难时间
王清福	郯城县泉源乡王家村	37	男	1945 年
徐贞峰	郯城县重坊镇宋园村	26	男	1945 年
孙思亮	郯城县重坊镇孙出口村	25	男	1945 年
茂太之妹	郯城县庙山镇大埠二村	18	女	1945 年
宋保玉	郯城县马头镇马二村	24	男	1945 年
马德勤	郯城县马头镇马二村	24	男	1945 年
张胜德	郯城县马头镇刘楼村	28	男	1945 年
咸二筛	郯城县红花乡高陵村	22	男	1945 年
王克彩	郯城县庙山镇薛庄四村	20	男	1945 年
孙小蛋	郯城县庙山镇山北西村	7	男	1945 年
凌景才	郯城县港上镇前埝村	19	男	1945 年
郑××	郯城县港上镇前埝村	19	男	1945 年
王克凯	郯城县庙山镇薛庄四村	20	男	1945 年
郑宗友	郯城县泉源乡段宅村	26	男	1945 年
郑宗巨	郯城县泉源乡段宅村	27	男	1945 年
郑小毛	郯城县泉源乡段宅村	23	男	1945 年
郑脸子	郯城县泉源乡段宅村	28	男	1945 年
彭庆然	郯城县泉源乡中邵湖村	26	男	1945 年
张金富	郯城县泉源乡中邵湖村	25	男	1945 年
马玉斗	郯城县泉源乡中邵湖村	30	男	1945 年
位大寒	郯城县泉源乡中邵湖村	14	女	1945 年
刘　氏	郯城县港上乡港上四村	24	女	1945 年
王忠汉	郯城县褚墩镇虎山岭后村	30	男	1945 年
杨金全	郯城县泉源乡后寺村	25	男	1945 年
王积爱	郯城县马头镇韩楼村	28	男	1945 年
王一颂	郯城县马头镇林子村	22	男	1945 年
周兰田	郯城县黄山镇东村	26	男	1945 年
刘　峰	郯城县褚墩镇虎山岭后村	22	男	1945 年
徐祗甲	郯城县马头镇刘庄村	20	男	1945 年
郑佃宏	郯城县马头镇韩楼村	24	男	1945 年
郑谨章	郯城县马头镇梁楼村	22	男	1945 年
张二忍	郯城县泉源乡东邵湖	47	男	1945 年
汪　氏	郯城县重坊镇倪楼村	46	女	—
汪思问	郯城县重坊镇倪楼村	48	男	—

姓　名	籍　贯	年　龄	性　别	死难时间
汪思团	郯城县重坊镇倪楼村	45	男	—
汪思静	郯城县重坊镇倪楼村	46	男	—
汪孝问	郯城县重坊镇倪楼村	45	男	—
汪思义	郯城县重坊镇倪楼村	—	男	—
问　氏	郯城县重坊镇倪楼村	43	女	—
范永信	郯城县重坊镇倪楼村	73	男	—
范徐氏	郯城县重坊镇倪楼村	23	女	—
汪　氏	郯城县重坊镇倪楼村	73	女	—
汪思青	郯城县重坊镇倪楼村	73	男	—
许士选	郯城县重坊镇倪楼村	43	男	—
许昌生	郯城县重坊镇倪楼村	32	男	—
汪思中	郯城县重坊镇倪楼村	73	男	—
汪　氏	郯城县重坊镇倪楼村	72	女	—
陈德许	郯城县泉源乡小东岭	—	男	—
颜景培之父	郯城县港上镇颜湖村	—	男	—
张公迅	郯城县沙墩镇株柏一村	—	男	—
张　氏	郯城县沙墩镇株柏一村	—	女	—
田开英	郯城县胜利乡果园村	—	男	—
樊自河	郯城县港上镇樊埝村	—	男	—
徐目胜	郯城县胜利乡果园村	—	男	—
胡保员	郯城县马头镇房前村	—	男	—
任　州	郯城县泉源乡前鲍村	—	男	—
徐得发	郯城县褚墩镇官庄村	10	男	—
杨　×	郯城县黄山镇谢家官庄村	—	男	—
杨　×	郯城县黄山镇谢家官庄村	—	男	—
张清山	郯城县马头镇民主街	60	男	—
尊长青	郯城县马头镇民主街	20	男	—
刘立祥	郯城县杨集镇小滩村	—	男	—
樊小文	郯城县港上镇樊埝村	—	男	—
刘清桂	郯城县马头镇民主街	20	男	—
王二凡	郯城县港上镇樊埝村	—	男	—
田开言	郯城县胜利乡果园村	—	男	—
颜景悦	郯城县港上镇颜湖村	—	男	—
王庆早	郯城县港上镇樊埝村	—	男	—

姓 名	籍 贯	年 龄	性 别	死难时间
庆华之外婆	郯城县泉源乡后鲍村	—	女	—
小 香	郯城县泉源乡后鲍村	—	男	—
刘怀仁	郯城县泉源乡后鲍村	—	男	—
成伍之父	郯城县泉源乡后鲍村	—	男	—
樊小麦	郯城县泉源乡前鲍村	—	男	—
刘锋明	郯城县泉源乡前鲍村	—	男	—
杜计忠	郯城县郯城镇官北村	—	男	1938 年 4 月
杜永西	郯城县胜利乡后房庄村	37	男	1938 年 4 月
孙百芳	郯城县泉源乡下泉营村	26	男	1938 年 4 月
卢陈氏	郯城县马头镇埝上村	40	女	1938 年 4 月
付振合	郯城县港上镇西桥村	32	男	1938 年 7 月
李王氏	郯城县郯城镇南新安村	22	女	1939 年 3 月
刘子明之弟	郯城县李庄镇青山村	—	男	1939 年
刘汉林之弟	郯城县李庄镇青山村	—	男	1940 年
许 氏	郯城县郯城镇官北村	—	女	1940 年
许宝英	郯城县郯城镇官北村	—	女	1940 年
王明论	郯城县李庄镇小唐庄村	—	男	1941 年 2 月
杨烟云	郯城县庙山镇山北头村	23	男	1943 年 2 月
杨 龙	郯城县庙山镇山北头村	34	男	1943 年 2 月
徐征武	郯城县郯城镇陆东村	26	男	1944 年 1 月
薛修检	郯城县郯城镇陆东村	21	男	1944 年 1 月
庄永贵	郯城县郯城镇陆东村	40	男	1944 年 1 月
薛景元	郯城县郯城镇陆东村	27	男	1945 年 1 月
周振远	郯城县马头镇主高册村	19	男	1945 年 3 月
朱开明	郯城县郯城镇陆东村	30	男	1945 年 6 月
王传举	郯城县郯城镇后东庄一村	29	男	1945 年 7 月
秦怀武	郯城县马头镇主高册村	17	男	1945 年 8 月
刘宝全	郯城县李庄镇青山村	—	男	1945 年
王麻随	郯城县归昌乡兴隆村	21	男	1945 年
宋计合	郯城县泉源乡甲营村	—	男	—
孙自芳	郯城县泉源乡清泉村	—	男	—
合 计	**1831**			

责任人：宋保武 付用习　　　　核实人：高 伟 闫长新　　　　填表人：张译文
填报单位（签章）：郯城县委党史办　　　　填报时间：2009 年 4 月 15 日

临沭县抗日战争时期死难者名录

姓 名	籍 贯	年 龄	性 别	死难时间
黄去玲	临沭县青云镇黄屯村	36	男	1938 年 7 月
黄凤端	临沭县青云镇黄屯村	34	男	1938 年 7 月
陈明强	临沭县南古镇高埠前	25	男	1938 年 9 月
刘建平	临沭县曹庄镇华桥村	52	男	1938 年 10 月
刘 会	临沭县曹庄镇华桥村	30	男	1938 年 10 月
吴三儿	临沭县曹庄镇华桥村	28	男	1938 年 10 月
郑 氏	临沭县南古镇高埠前村	50	女	1938 年 10 月
刘 氏	临沭县南古镇高埠前村	28	女	1938 年 10 月
崔 三	临沭县南古镇王庄村	—	男	1938 年 11 月
李德学	临沭县临沭镇李蒿科村	15	男	1938 年
刘作付	临沭县临沭镇后半路村	18	男	1938 年
刘伯涛	临沭县临沭镇后半路村	17	男	1938 年
孙维山	临沭县临沭镇孙岭村	16	男	1938 年
张百合	临沭县郑山镇张沙埠村	31	男	1938 年
李书甫	临沭县朱仓乡东盘村	—	男	1938 年
王乐三	临沭县朱仓乡东朱仓村	41	男	1938 年
武同友	临沭县南古镇前醋庄村	70	男	1938 年
武永春	临沭县南古镇前醋庄村	22	男	1938 年
孟召荣之家属	临沭县南古镇前醋庄村	70	男	1938 年
武可明	临沭县南古镇后醋庄村	28	男	1938 年
李从夫之母	临沭县南古镇后醋庄村	70	女	1938 年
王西朋之二叔	临沭县南古镇新村	40	男	1938 年
王文李	临沭县青云镇王官庄村	—	男	1938 年
刘××	临沭县青云镇庙庄村	—	男	1938 年
刘××	临沭县青云镇庙庄村	—	男	1938 年
车从贵	临沭县青云镇后齐庄村	45	男	1939 年 10 月
葛春华	临沭县青云镇前齐庄村	28	男	1939 年 10 月
孙殿仁	临沭县青云镇刘疃村	57	男	1939 年 11 月
罗夫生之父	临沭县郑山镇罗屯村	62	男	1939 年
马贵福	临沭县临沭镇振兴街	37	男	1939 年
王克基	临沭县郑山镇张沙埠村	34	男	1939 年

姓 名	籍 贯	年 龄	性 别	死难时间
郝兰安	临沭县郑山镇海子村	35	男	1939 年
张学忠	临沭县曹庄镇黄贺城村	22	男	1939 年
杨宝代	临沭县曹庄镇曹西街	29	男	1939 年
张九爵	临沭县曹庄镇彭古村	24	男	1939 年
伏丙飞	临沭县曹庄镇南庄子村	—	男	1939 年
伏丙飞之妻	临沭县曹庄镇南庄子村	—	女	1939 年
杨淑连之子	临沭县曹庄镇黄庄村	—	男	1939 年
李增随	临沭县大兴镇李格庄村	19	男	1939 年
姚美元	临沭县朱仓乡姚官庄村	—	男	1939 年
李国迎之妻	临沭县朱仓乡兴龙村	—	女	1939 年
陈庆兴	临沭县朱仓乡岔河村	—	男	1939 年
于田年	临沭县青云镇于山村	37	男	1939 年
大土象	临沭县青云镇于山村	50	男	1939 年
二土象	临沭县青云镇于山村	48	男	1939 年
刘学毕	临沭县曹庄镇华桥村	29	男	1940 年 3 月
武传英	临沭县南古镇前醋庄桥	21	男	1940 年 3 月
王之桂	临沭县南古镇前栗行桥	26	男	1940 年 3 月
王传军	临沭县大兴镇荣观堂桥	—	男	1940 年 4 月
荣奎全	临沭县大兴镇荣观堂桥	—	男	1940 年 4 月
苗玉果	临沭县大兴镇荣观堂桥	—	男	1940 年 4 月
王 氏	临沭县大兴镇荣观堂桥	—	女	1940 年 4 月
荣志彬	临沭县大兴镇荣观堂桥	—	男	1940 年 4 月
荣小丫	临沭县大兴镇荣观堂桥	—	女	1940 年 4 月
荣大兰	临沭县大兴镇荣观堂桥	—	女	1940 年 4 月
王二顺	临沭县大兴镇荣观堂桥	—	男	1940 年 4 月
王金川	临沭县南古镇湾里桥	22	男	1940 年 7 月
王作纪	临沭县南古镇大墩桥	19	男	1940 年 8 月
芦德勋	临沭县曹庄镇大哨北村	31	男	1940 年 8 月
杨增祥	临沭县南古镇庙贺桥	19	男	1940 年 8 月
韩义远	临沭县曹庄镇华桥村	46	男	1940 年 9 月
英现堂	临沭县大兴镇涝枝街村	43	男	1940 年 10 月
英现全	临沭县大兴镇涝枝街村	42	男	1940 年 10 月
王言彬	临沭县大兴镇小于科村	22	男	1940 年 12 月
王延轮	临沭县大兴镇小于科村	19	男	1940 年 12 月

姓　名	籍　贯	年　龄	性　别	死难时间
李富云	临沭县临沭镇振兴街	28	男	1940 年
高希友	临沭县临沭镇振兴街	17	男	1940 年
吴云平	临沭县临沭镇前于店村	29	男	1941 年 9 月
张丙富	临沭县郑山镇张沙埠村	23	男	1940 年
上官维明	临沭县郑山镇海子村	37	男	1940 年
郝兰迎	临沭县郑山镇海子村	30	男	1940 年
吴元考	临沭县曹庄镇曹西街村	24	男	1940 年
张志廷之四叔	临沭县曹庄镇张北村	20	男	1940 年
张志明	临沭县曹庄镇黄贺村	20	男	1940 年
王玉泉	临沭县曹庄镇黄庄村	24	男	1940 年
吴则增	临沭县曹庄镇曹东街村	43	男	1940 年
袁世高	临沭县玉山镇袁黄峪村	17	男	1940 年
袁愣性	临沭县玉山镇袁黄峪村	24	男	1940 年
景玉生	临沭县玉山镇玉山村	87	男	1940 年
尹纪春	临沭县玉山镇前尹岭村	22	男	1940 年
傅文九	临沭县大兴镇东日晒村	19	男	1940 年
陈传俊	临沭县大兴镇陈观堂村	23	男	1940 年
张　二	临沭县朱仓乡前穆疃村	13	男	1940 年
吴绍娟	临沭县南古镇前朱果村	20	男	1940 年
张　成	临沭县白旄镇王庄村	19	男	1940 年
薛良田	临沭县石门镇后石门村	—	男	1940 年
薛高田	临沭县石门镇后石门村	—	男	1940 年
陈久敬	临沭县石门镇后石门村	—	男	1940 年
吴奉山	临沭县石门镇后石门村	—	男	1940 年
吴奉起	临沭县石门镇后石门村	—	男	1940 年
吴奉来	临沭县石门镇后石门村	—	男	1940 年
张　二	临沭县石门镇后石门村	—	男	1940 年
王玉坤	临沭县石门镇后石门村	—	男	1940 年
张顺连	临沭县石门镇大官庄村	—	男	1940 年
谢兆增	临沭县曹庄镇东山前村	40	男	1941 年 1 月
何宗慰	临沭县南古镇干沟渊村	21	男	1941 年 3 月
李宝光	临沭县南古镇南古庄村	29	男	1941 年 3 月
王志高	临沭县南古镇南古庄村	25	男	1941 年 3 月
徐敏凡	临沭县南古镇南古庄村	—	男	1941 年 3 月

姓 名	籍 贯	年 龄	性 别	死难时间
赵德光	临沭县南古镇南古庄村	30	男	1941 年 5 月
王绍忠	临沭县南古镇南古庄村	27	男	1941 年 5 月
王志远	临沭县南古镇南古庄村	20	男	1941 年 5 月
王乙超	临沭县南古镇南古庄村	22	男	1941 年 5 月
王绍亮之兄	临沭县南古镇南古庄村	26	男	1941 年 5 月
王金南	临沭县南古镇南古庄村	26	男	1941 年 5 月
王化选之女	临沭县南古镇南古庄村	10	女	1941 年 5 月
王金章之女	临沭县南古镇南古庄村	8	女	1941 年 5 月
张九全	临沭县曹庄镇彭古庄村	38	男	1941 年 6 月
张九令	临沭县曹庄镇彭古庄村	38	男	1941 年 6 月
沈金行	临沭县青云镇西雷村	27	男	1941 年 7 月
周文彬	临沭县青云镇西雷村	32	男	1941 年 7 月
雷文礼	临沭县青云镇东雷村	31	男	1941 年 7 月
王汉农	临沭县青云镇白峪后街村	32	男	1941 年 7 月
彭廷三	临沭县曹庄镇西山前村	—	男	1941 年 9 月
彭廷伍	临沭县曹庄镇西山前村	—	男	1941 年 9 月
张永宗	临沭县曹庄镇西山前村	—	男	1941 年 9 月
张洪同	临沭县曹庄镇西山前村	—	男	1941 年 9 月
张作礼	临沭县曹庄镇西山前村	—	男	1941 年 9 月
魏善勋	临沭县曹庄镇西山前村	—	男	1941 年 9 月
魏振常	临沭县曹庄镇西山前村	—	男	1941 年 9 月
张福行	临沭县曹庄镇西山前村	—	男	1941 年 9 月
王守法	临沭县曹庄镇西山前村	—	男	1941 年 9 月
张广仁	临沭县曹庄镇西山前村	—	男	1941 年 9 月
薛三元	临沭县曹庄镇西山前村	—	男	1941 年 9 月
张永强	临沭县曹庄镇西山前村	—	男	1941 年 9 月
徐会迪	临沭县曹庄镇西山前村	24	男	1941 年 9 月
徐会刚	临沭县曹庄镇西山前村	18	男	1941 年 9 月
赵　二	临沭县曹庄镇西山前村	—	男	1941 年 9 月
赵　三	临沭县曹庄镇西山前村	—	男	1941 年 9 月
刘毛三	临沭县曹庄镇西山前村	20	男	1941 年 9 月
张国起	临沭县曹庄镇西山前村	—	男	1941 年 9 月
叶廷举	临沭县曹庄镇西山前村	—	男	1941 年 9 月
孙敬先	临沭县曹庄镇西山前村	—	男	1941 年 9 月

姓 名	籍 贯	年 龄	性 别	死难时间
张永钦	临沭县曹庄镇西山前村	—	男	1941 年 9 月
张作锋	临沭县曹庄镇西山前村	—	男	1941 年 9 月
张作洪	临沭县曹庄镇西山前村	52	男	1941 年 9 月
彭景仲	临沭县曹庄镇西山前村	—	男	1941 年 9 月
张福民	临沭县曹庄镇西山前村	27	男	1941 年 9 月
魏振锁	临沭县曹庄镇西山前村	—	男	1941 年 9 月
李善超	临沭县曹庄镇西山前村	—	男	1941 年 9 月
张作敬	临沭县曹庄镇西山前村	—	男	1941 年 9 月
王政纪	临沭县南古镇大墩村	19	男	1941 年 8 月
谢春叶之母	临沭县曹庄镇东山前村	30	女	1941 年 8 月
副云廷	临沭县南古镇前栗行村	20	男	1941 年 8 月
刘绍宽	临沭县南古镇周家庄村	24	男	1941 年 9 月
高和太	临沭县临沭镇前于店村	23	男	1945 年
张夫民	临沭县曹庄镇西山前村	27	男	1941 年 9 月
杨书田	临沭县郑山镇姜屯村	45	男	1941 年
高邦干	临沭县郑山镇南沟头村	22	男	1941 年
高路善之母	临沭县郑山镇南沟头村	50	女	1941 年
张宝义	临沭县郑山镇张沙埠村	32	男	1941 年
于德茂	临沭县郑山镇泉里井村	25	男	1941 年
侍金典	临沭县郑山镇海子村	28	男	1941 年
周元桂	临沭县曹庄镇前新庄村	21	男	1941 年
赵号胜	临沭县曹庄镇河口村	40	男	1941 年
赵麻熬	临沭县曹庄镇河口村	32	男	1941 年
吴绍连	临沭县曹庄镇郭庄村	19	男	1941 年
张学文之弟	临沭县曹庄镇黄贺村	—	男	1941 年
张荣勤之三叔	临沭县曹庄镇黄贺村	—	男	1941 年
景会治	临沭县玉山镇金鸡墩村	—	男	1941 年
孙传标	临沭县玉山镇陈林村	—	男	1941 年
袁兆钦	临沭县玉山镇镇武村	—	男	1941 年
袁兴	临沭县玉山镇袁黄峪村	—	男	1941 年
李学龙	临沭县玉山镇李河东村	—	男	1941 年
李文金之妻	临沭县玉山镇李河东村	—	女	1941 年
李宗金	临沭县大兴镇李格庄村	20	男	1941 年
谢光斗	临沭县蛟龙镇古龙岗村	30	男	1941 年

姓 名	籍 贯	年 龄	性 别	死难时间
李其深	临沭县朱仓乡东盘南村	45	男	1941 年
高之松	临沭县南古镇前醋庄村	26	男	1941 年
王信敏之家属	临沭县南古镇干沟渊村	30	女	1941 年
何希田	临沭县南古镇干沟渊村	25	男	1941 年
刘全喜	临沭县南古镇张埠前村	40	男	1941 年
史思荣	临沭县青云镇坊口村	33	男	1941 年
李凤岭	临沭县白旄镇银马村	28	男	1941 年
陈冠杰	临沭县石门镇大官庄村	—	男	1941 年
张文斌	临沭县石门镇大官庄村	27	男	1944 年
陈冠成	临沭县石门镇大官庄村	16	男	1941 年
韦方才之父	临沭县石门镇大官庄村	—	男	1941 年
宋成义	临沭县曹庄镇曹东街村	28	男	1942 年 2 月
吴太和	临沭县曹庄镇曹东街村	27	男	1942 年 2 月
禚树梓	临沭县南古镇徐贺村	35	男	1942 年 4 月
张庆怀	临沭县南古镇曹庄子村	40	男	1942 年 4 月
杨玉俭	临沭县青云镇杨庄村	22	男	1942 年 5 月
管兴仁	临沭县青云镇西白峪村	22	男	1942 年 5 月
张德圣	临沭县白旄镇埠上村	—	男	1942 年 5 月
颜景昌	临沭县南古镇沟北村	21	男	1942 年 6 月
滕兴伍	临沭县石门镇徐庄村	22	男	1942 年 7 月
吴绍平	临沭县曹庄镇曹东街村	22	男	1942 年 8 月
杨元申	临沭县南古镇杨贺村	17	男	1942 年 8 月
孟庆臣	临沭县南古镇后寨村	17	男	1942 年 8 月
禚宝化	临沭县临沭镇富民村	22	男	1942 年 9 月
王晏英	临沭县南古镇	37	男	1942 年 9 月
张桑园	临沭县店头镇小垜庄村	22	男	1942 年 9 月
王庆祥	临沭县店头镇吴家月庄村	22	男	1942 年 10 月
吴更亮	临沭县曹庄镇郭庄村	—	男	1942 年 12 月
从善文	临沭县大兴芦格庄村	29	男	1945 年 3 月
于树兰	临沭县临沭镇前于店村	24	男	1944 年
周宝钦	临沭县临沭镇前井店子村	30	男	1942 年
辛师傅	临沭县临沭镇前井店子村	62	男	1942 年
胡玉贵	临沭县临沭镇前井店子村	21	男	1942 年
井万银	临沭县临沭镇前井店子村	17	男	1942 年

姓 名	籍 贯	年 龄	性 别	死难时间
华永德	临沭县临沭镇前井店子村	19	男	1942 年
赵振元	临沭县临沭镇前赵庄村	44	男	1942 年
高培道	临沭县临沭镇富民街	48	男	1942 年
张春来	临沭县临沭镇富民街	22	男	1942 年
禚小常	临沭县临沭镇富民街	17	男	1942 年
邢华僧	临沭县郑山镇邢屯村	22	男	1942 年
姜开昌	临沭县郑山镇姜屯村	45	男	1942 年
张王氏	临沭县郑山镇西官庄村	31	女	1942 年
杨申贵	临沭县郑山镇杨沙埠南村	—	男	1942 年
杨 四	临沭县郑山镇杨沙埠南村	—	男	1942 年
吴作协	临沭县曹庄镇曹东街村	23	男	1942 年
刘庸庸	临沭县曹庄镇曹东街村	24	男	1942 年
孙朝干	临沭县曹庄镇马庄村	19	男	1942 年
王和贤之兄	临沭县曹庄镇马庄村	23	男	1942 年
西 文	临沭县曹庄镇马庄村	21	女	1942 年
陈少奎	临沭县曹庄镇黄庄村	—	男	1942 年
王绪昌	临沭县曹庄镇朱村	19	男	1942 年
陈奉启	临沭县曹庄镇郭庄村	20	男	1942 年
李文学	临沭县曹庄镇郭庄村	21	男	1942 年
吴方相	临沭县曹庄镇曹东街村	25	男	1942 年
吴方省	临沭县曹庄镇曹东街村	25	男	1942 年
景会仕	临沭县玉山镇金鸡墩村	89	男	1942 年
汪孝伦	临沭县玉山镇陈林村	42	男	1942 年
李学秋	临沭县玉山镇镇武村	21	男	1942 年
张 氏	临沭县玉山镇陈林村	—	女	1942 年
尹相春	临沭县玉山镇后尹岭村	29	男	1942 年
李玉军	临沭县大兴镇李格庄村	22	男	1942 年
王效七	临沭县大兴镇西日晒村	22	男	1942 年
英常明	临沭县大兴镇涝枝街村	24	男	1942 年
英现彬	临沭县大兴镇涝枝街村	19	男	1942 年
王西强	临沭县朱仓乡西朱仓村	21	男	1942 年
王西胜	临沭县朱仓乡西朱仓村	22	男	1942 年
李 胜	临沭县朱仓乡前穆疃村	17	男	1942 年
袁 氏	临沭县朱仓乡前穆疃村	32	女	1942 年

姓　名	籍　贯	年　龄	性　别	死难时间
李　氏	临沭县朱仓乡前穆疃村	29	女	1942 年
倪　三	临沭县朱仓乡前穆疃村	2	男	1942 年
倪毛丫	临沭县朱仓乡前穆疃村	3	女	1942 年
李庆常	临沭县朱仓乡兴龙村	41	男	1942 年
李培学	临沭县朱仓乡东盘村	38	男	1942 年
丁西义	临沭县朱仓乡东丁村	—	男	1942 年
张清田	临沭县朱仓乡西朱仓村	—	男	1942 年
徐福芝	临沭县朱仓乡东石河村	—	男	1942 年
杨廷山	临沭县朱仓乡丁庄东村	20	男	1942 年
杨丙祥	临沭县南古镇庙贺村	19	男	1942 年
宋士冒之母	临沭县南古镇湾里村	50	女	1942 年
杨宽带	临沭县南古镇后东村	28	男	1942 年
赵琢东	临沭县南古镇后东村	32	男	1942 年
李瑞堂之兄	临沭县南古镇后东村	35	男	1942 年
吴树勋	临沭县南古镇侯宅子村	25	男	1942 年
朱时香	临沭县青云镇前齐庄村	26	男	1942 年
解兴全	临沭县白旄镇西朱崔村	37	男	1942 年
刘玉芳	临沭县石门镇刘棠村	23	男	1942 年
赵征祥	临沭县石门镇大官庄村	—	男	1942 年
刘运田	临沭县石门镇大官庄村	—	男	1942 年
陈久奎	临沭县石门镇大官庄村	—	男	1942 年
吴传友之妻	临沭县店头镇沭东村	—	女	1942 年
万松山	临沭县店头镇店南村	26	男	1942 年
王玉潘	临沭县店头镇西沈马庄村	35	男	1942 年
张进义	临沭县店头镇张庄村	31	男	1942 年
吴绍胜	临沭县店头镇吴家月庄村	19	男	1942 年
赵宗玉	临沭县南古镇沟北村	20	男	1943 年 1 月
吴元敏	临沭县南古镇沟北村	26	男	1943 年 1 月
王开明	临沭县南古镇干沟渊村	23	男	1943 年 2 月
张兴荣	临沭县临沭镇庙子头村	33	男	1945 年
杜春法	临沭县曹庄镇大哨南村	23	男	1943 年 3 月
郇荣邦	临沭县临沭镇郇山子村	18	男	1943 年 5 月
张成可之祖父	临沭县南古镇友谊村	—	男	1943 年 5 月
禚树贤	临沭县临沭镇前琅村	25	男	1943 年 6 月

姓 名	籍 贯	年 龄	性 别	死难时间
刘须连	临沭县店头镇西沈马村	22	男	1943 年 6 月
高俊才	临沭县临沭镇琅东村	34	男	1945 年 5 月
周学林	临沭县店头镇东大于科村	24	男	1943 年 8 月
谢令春	临沭县南古镇徐贺村	43	男	1943 年 9 月
薛 氏	临沭县石门镇徐庄村	38	女	1943 年 11 月
小 南	临沭县石门镇徐庄村	14	女	1943 年 11 月
邰友典	临沭县临沭镇邰官庄村	18	男	1943 年 12 月
陈云三	临沭县临沭镇邢官庄村	27	男	1943 年 12 月
刘方德	临沭县蛟龙镇中蛟龙村	27	男	1943 年 12 月
吴志可	临沭县曹庄镇曹东街村	58	男	1943 年 12 月
王广义	临沭县曹庄镇曹东街村	56	男	1943 年 12 月
王 立	临沭县曹庄镇曹东街村	48	男	1943 年 12 月
杜文福	临沭县曹庄镇曹东街村	36	男	1943 年 12 月
李福云	临沭县临沭镇富民街	52	男	1943 年
高四明之子	临沭县临沭镇富民街	16	男	1943 年
张洪友	临沭县临沭镇富民街	23	男	1943 年
凌沛彩	临沭县临沭镇凌山头村	37	男	1943 年
袁兆宽	临沭县临沭镇李桃园村	26	男	1943 年
李清学	临沭县临沭镇李桃园村	23	男	1943 年
姜月光	临沭县郑山镇姜屯村	34	男	1943 年
官景印	临沭县郑山镇姜屯村	23	男	1943 年
张加富	临沭县郑山镇张沙埠村	39	男	1943 年
张云堂	临沭县郑山镇张沙埠村	38	男	1943 年
刘成文	临沭县郑山镇泉里井村	34	男	1943 年
高善宇之父	临沭县曹庄镇曹东街村	45	男	1943 年
孙教先	临沭县曹庄镇曹西街村	33	男	1943 年
张佃贺	临沭县曹庄镇王贺城村	42	男	1943 年
张守四	临沭县曹庄镇张贺后村	20	男	1943 年
张守恩	临沭县曹庄镇张贺后村	42	男	1943 年
张绍奎	临沭县曹庄镇黄庄村	21	男	1943 年
吴宝川	临沭县曹庄镇朱村	22	男	1943 年
吴洪连	临沭县曹庄镇郭庄村	20	男	1943 年
杨为柱	临沭县曹庄镇郭庄村	25	男	1943 年
吴为记	临沭县曹庄镇郭庄村	22	男	1943 年

姓 名	籍 贯	年 龄	性 别	死难时间
张志连之父	临沭县曹庄镇张北村	22	男	1943 年
赵可堂	临沭县曹庄镇黄庄村	—	男	1943 年
张得仁	临沭县曹庄镇黄庄村	—	男	1943 年
张守福	临沭县曹庄镇黄庄村	—	男	1943 年
赵上可	临沭县曹庄镇黄庄村	—	男	1943 年
吴宗善	临沭县曹庄镇曹东街村	41	男	1943 年
刘洪足	临沭县曹庄镇曹东街村	23	男	1943 年
刘洪章	临沭县曹庄镇曹东街村	26	男	1943 年
陈继田	临沭县曹庄镇曹东街村	23	男	1943 年
李高常	临沭县玉山镇半里村	—	男	1943 年
李任堂	临沭县玉山镇半里村	—	男	1943 年
李群成	临沭县玉山镇北泉村	24	男	1943 年
刘希富	临沭县玉山镇陈林村	27	男	1943 年
刘振柱	临沭县玉山镇陈林村	—	男	1943 年
李春严	临沭县玉山镇半里村	—	男	1943 年
吕继珍	临沭县大兴镇大坡村	30	女	1943 年
范永彩	临沭县大兴镇范官庄村	37	男	1943 年
王亦兴	临沭县大兴镇大兴东村	36	男	1943 年
胡景俄	临沭县大兴镇胡格庄村	22	男	1943 年
郑君范	临沭县大兴镇东港头村	19	男	1943 年
芦庆友	临沭县大兴镇西尧村	23	男	1943 年
王孝举	临沭县大兴镇向阳村	19	男	1943 年
李玉庭	临沭县朱仓乡东埠村	—	男	1943 年
月	临沭县朱仓乡东埠村	—	男	1943 年
王玉刚	临沭县朱仓乡东埠村	—	男	1943 年
袁均林	临沭县朱仓乡西朱仓村	21	男	1943 年
袁均生	临沭县朱仓乡西朱仓村	20	男	1943 年
伏开乾	临沭县朱仓乡前穆疃村	19	男	1943 年
伏开郎	临沭县朱仓乡前穆疃村	20	男	1943 年
袁均之	临沭县朱仓乡前穆疃村	18	男	1943 年
丁西恩	临沭县朱仓乡东丁村	—	男	1943 年
胡 二	临沭县朱仓乡东丁村	—	男	1943 年
李后田	临沭县朱仓乡后湖子村	27	男	1943 年
杨柏春	临沭县朱仓乡北月庄村	42	男	1943 年

姓 名	籍 贯	年 龄	性 别	死难时间
钟仕田	临沭县南古镇钟贺村	22	男	1943 年
张廷荣	临沭县南古镇张埠前村	22	男	1943 年
大 汉	临沭县青云镇前齐庄村	20	男	1943 年
麻 开	临沭县青云镇前齐庄村	22	男	1943 年
小 英	临沭县青云镇前齐庄村	15	女	1943 年
刘 四	临沭县青云镇云白常村	35	男	1943 年
马 骡	临沭县青云镇云白常村	22	男	1943 年
闫西庆	临沭县青云镇兴柳村	26	男	1943 年
夏成德	临沭县青云镇坊口村	81	男	1943 年
王锦森	临沭县白旄镇柳庄村	19	男	1943 年
黄洛友	临沭县白旄镇西玉树村	30	男	1943 年
陈久彬	临沭县石门镇大官庄村	20	男	1943 年
韦济云	临沭县石门镇大官庄村	31	男	1943 年
张 志	临沭县石门镇西泉子埠村	25	男	1943 年
吴兴彩	临沭县店头镇吴家月庄村	24	男	1943 年
熊方刚	临沭县店头镇东大于科村	26	男	1943 年
赵克迎	临沭县蛟龙镇蛟龙湾村	—	男	1944 年 3 月
王经喜	临沭县曹庄镇大哨北村	20	男	1944 年 3 月
赵顺亭	临沭县蛟龙镇蛟龙湾村	—	男	1944 年 4 月
王洪叶	临沭县南古镇梁洼村	32	男	1944 年 4 月
刘善立	临沭县郑山镇杨沙埠西村	22	男	1944 年 5 月
吴青松	临沭县曹庄镇曹东街村	18	男	1944 年 5 月
高树启	临沭县郑山镇南沟头村	—	男	1944 年 6 月
陈纪明	临沭县店头镇路岭村	19	男	1944 年 6 月
贾镇和	临沭县南古镇沟北村	24	男	1944 年 6 月
王鹤年	临沭县南古镇新村	31	男	1944 年 7 月
高德胜	临沭县南古镇高埠前村	18	男	1944 年 7 月
吴绍亮	临沭县南古镇前寨东村	27	男	1944 年 7 月
卢仲伟	临沭县青云镇卢官庄村	25	男	1944 年 7 月
赵庆银	临沭县蛟龙镇蛟龙湾村	—	男	1944 年 7 月
高培迎	临沭县蛟龙镇蛟龙湾村	—	男	1944 年 7 月
刘方征	临沭县蛟龙镇蛟龙湾村	—	男	1944 年 7 月
张彭忠	临沭县曹庄镇南庄子村	29	男	1944 年 7 月
武可君	临沭县南古镇前醋庄村	21	男	1944 年 7 月

姓 名	籍 贯	年 龄	性 别	死难时间
史现荣	临沭县青云镇史岭村	27	男	1944 年 7 月
庄有义	临沭县白旄镇中朱崔村	—	男	1944 年 7 月
王学龙	临沭县石门镇东岔河村	27	男	1944 年 8 月
韩兆生	临沭县蛟龙镇红土村	—	男	1944 年 8 月
韩守同	临沭县蛟龙镇红土村	—	男	1944 年 8 月
吴丙兰之子	临沭县蛟龙镇红土村	—	男	1944 年 8 月
李克传	临沭县蛟龙镇坡石桥村	—	男	1944 年 8 月
王作密	临沭县蛟龙镇坡石桥村	—	男	1944 年 8 月
周保清	临沭县郑山镇官路村	58	男	1944 年 8 月
陆汉高	临沭县郑山镇陆沙埠村	26	男	1944 年 8 月
陆振怀	临沭县郑山镇陆沙埠村	35	男	1944 年 8 月
刘领宽	临沭县南古镇大墩村	33	男	1944 年 8 月
王开邦	临沭县青云镇白峪前街村	23	男	1944 年 8 月
刘继传	临沭县大兴镇盐店官庄村	22	男	1944 年 9 月
武传代	临沭县南古镇前醋庄村	21	男	1944 年 9 月
潘云之	临沭县南古镇潘岭村	26	男	1944 年 9 月
王文明	临沭县曹庄镇大哨西村	27	男	1944 年 10 月
潘运芝	临沭县南古镇潘岭村	32	男	1944 年 12 月
李从生	临沭县临沭镇李蒿科村	21	男	1944 年
刘树友	临沭县临沭镇金墩顶村	21	男	1944 年
刘 驰	临沭县临沭镇金墩顶村	15	男	1944 年
刘善永	临沭县临沭镇金墩顶村	21	男	1944 年
王昌叶	临沭县临沭镇周西村	24	男	1944 年
王昌希	临沭县临沭镇周西村	23	男	1944 年
高鹏贵	临沭县临沭镇前高湖村	22	男	1944 年
李廷芳	临沭县临沭镇镇南村	21	男	1944 年
高荣乐	临沭县临沭镇镇北村	18	男	1944 年
王世举	临沭县临沭镇镇北村	21	男	1944 年
胡德新之父	临沭县临沭镇山里北村	—	男	1944 年
胡德良之父	临沭县临沭镇山里北村	—	男	1944 年
崔广梨	临沭县临沭镇后崔蒿科村	19	男	1944 年
刘志三	临沭县临沭镇金墩顶村	—	男	1944 年
陈元君	临沭县蛟龙镇蛟龙湾村	53	女	1944 年
赵荣远	临沭县蛟龙镇蛟龙湾村	23	男	1944 年

姓 名	籍 贯	年 龄	性 别	死难时间
赵仕华	临沭县蛟龙镇蛟龙湾村	20	男	1944 年
赵仕贞	临沭县蛟龙镇蛟龙湾村	21	男	1944 年
张青春	临沭县蛟龙镇蛟龙湾村	—	男	1944 年
赵广爱	临沭县蛟龙镇蛟龙湾村	—	男	1944 年
赵克谦	临沭县蛟龙镇蛟龙湾村	—	男	1944 年
刘在月	临沭县蛟龙镇蛟龙湾村	—	男	1944 年
刘庆荣	临沭县郑山镇姜屯村	30	男	1944 年
张树堂	临沭县郑山镇张南埠村	28	男	1944 年
杜树全	临沭县郑山镇张南埠村	23	男	1944 年
高腾明	临沭县郑山镇尤庄村	—	男	1944 年
官庆峰	临沭县郑山镇姜屯村	17	男	1944 年
官景柏	临沭县郑山镇姜屯村	21	男	1944 年
姜开举	临沭县郑山镇姜屯村	23	男	1944 年
张兴芝	临沭县郑山镇张沙埠村	20	女	1944 年
张松利	临沭县郑山镇张沙埠村	31	男	1944 年
刘邦顺	临沭县郑山镇杨沙埠西村	40	男	1944 年
郝兰秀	临沭县郑山镇海子村	24	男	1944 年
马粗腿	临沭县曹庄镇马庄村	20	男	1944 年
王玉泉	临沭县曹庄镇黄庄村	24	男	1940 年
张晋山	临沭县曹庄镇彭古庄村	18	男	1944 年
李自起	临沭县曹庄镇前河口村	29	男	1944 年
贾开亮	临沭县曹庄镇前店子村	22	男	1944 年
徐贞中	临沭县曹庄镇后河口村	17	男	1944 年
王经奎	临沭县曹庄镇朱村	23	男	1944 年
王学珠	临沭县曹庄镇朱村	18	男	1944 年
王占忠	临沭县曹庄镇朱村	29	男	1944 年
王护昌	临沭县曹庄镇朱村	28	男	1944 年
王韦三	临沭县曹庄镇朱村	32	男	1944 年
张进山	临沭县曹庄镇彭古村	54	男	1944 年
王廷标	临沭县曹庄镇黄庄村	—	男	1944 年
王玉采	临沭县曹庄镇黄庄村	—	男	1944 年
刘元全	临沭县玉山镇前石鼓岭村	17	男	1944 年
刘云善	临沭县玉山镇前石鼓岭村	—	男	1944 年
景怀山	临沭县玉山镇玉山村	36	男	1944 年

姓 名	籍 贯	年 龄	性 别	死难时间
景平年	临沭县玉山镇玉山村	57	男	1944 年
李春元	临沭县玉山镇半里村	—	男	1944 年
刘元金	临沭县玉山镇前石鼓岭村	17	男	1944 年
刘步占	临沭县大兴镇盐店官庄村	18	男	1944 年
傅文久	临沭县大兴镇红旗岭村	22	男	1944 年
芦庄福	临沭县大兴镇西尧村	24	男	1944 年
林贵羊	临沭县大兴镇大沈家埠村	27	男	1944 年
英现法	临沭县大兴镇小沈家埠村	30	男	1944 年
刁前章	临沭县朱仓乡东埠村	—	男	1944 年
刘士兰	临沭县朱仓乡东埠村	—	男	1944 年
王洪荣	临沭县朱仓乡东埠村	—	男	1944 年
王西玉	临沭县朱仓乡西朱仓村	30	男	1944 年
杨为义	临沭县朱仓乡关河村	—	男	1944 年
袁均科之母	临沭县朱仓乡岔河村	—	女	1944 年
赵 官	临沭县朱仓乡前穆疃村	—	男	1944 年
姚文秀	临沭县朱仓乡姚官庄村	—	男	1944 年
张大个	临沭县朱仓乡姚官庄村	—	女	1944 年
孙纪兰	临沭县朱仓乡姚官庄村	—	女	1944 年
朱崇宾	临沭县朱仓乡兴龙村	31	男	1944 年
曹锡福	临沭县朱仓乡东盘村	—	男	1944 年
袁世松	临沭县朱仓乡西朱仓村	—	男	1944 年
袁兆广	临沭县朱仓乡西朱仓村	—	男	1944 年
李全功	临沭县朱仓乡西朱仓村	—	男	1944 年
袁仍文	临沭县朱仓乡西朱仓村	—	男	1944 年
张富春	临沭县朱仓乡东石河村	30	男	1944 年
李开源	临沭县朱仓乡前穆疃村	—	男	1944 年
杨春柱	临沭县朱仓乡东朱仓村	35	男	1944 年
袁照乐	临沭县朱仓乡后穆疃村	33	男	1944 年
史兰青	临沭县青云镇坊口村	82	男	1944 年
周继发	临沭县青云镇季岭村	24	男	1944 年
李春堂	临沭县青云镇云白常村	39	男	1944 年
刘 春	临沭县白旄镇埠上村	23	男	1944 年
张玉清	临沭县白旄镇金柳村	28	男	1944 年
尹士祥	临沭县石门镇大官庄村	—	男	1944 年

姓 名	籍 贯	年龄	性别	死难时间
陈京士	临沭县店头镇陈巡会村	23	男	1944 年
王延刚	临沭县店头镇东大于科村	25	男	1944 年
李玉得	临沭县郑山镇丰岭村	21	男	1944 年
丛善友	临沭县大兴镇芦格庄村	18	男	1945 年 3 月
王子元	临沭县南古镇大墩村	24	男	1945 年 3 月
张合蓬	临沭县店头镇张庄村	29	男	1945 年 3 月
刘作印之大娘	临沭县蛟龙镇烈疃村	77	女	1940 年
车小宝	临沭县青云镇柳园村	11	男	1945 年 4 月
相克旺	临沭县蛟龙镇相小湾村	43	男	1945 年 5 月
胡景法	临沭县蛟龙镇石门头村	19	男	1945 年 5 月
李兆民	临沭县蛟龙镇东塘子村	20	男	1945 年 5 月
李文坤	临沭县蛟龙镇吉利埠村	21	男	1945 年 5 月
高腾考	临沭县郑山镇尤庄村	40	男	1945 年 5 月
芦钦乐	临沭县曹庄镇大哨北村	21	男	1945 年 5 月
杨步松	临沭县南古镇杨贺村	15	男	1945 年 5 月
禚宝乾	临沭县南古镇徐贺村	13	男	1945 年 5 月
高贯起	临沭县蛟龙镇吉利埠村	40	男	1945 年 6 月
徐守成	临沭县蛟龙镇杨家庄村	24	男	1945 年 6 月
李从金	临沭县大兴镇大兴东村	35	男	1945 年 6 月
王永德	临沭县南古镇曹庄子村	31	男	1945 年 6 月
王银祥	临沭县南古镇新村	41	男	1945 年 7 月
吴福德	临沭县南古镇小庄子村	20	男	1945 年 7 月
季维贤	临沭县青云镇季岭村	23	男	1945 年 7 月
李庆成	临沭县石门镇老欧疃村	22	男	1945 年 7 月
李存瑞	临沭县蛟龙镇崇山子村	26	男	1945 年 7 月
丁立开	临沭县玉山镇丁坊前村	18	男	1945 年 7 月
刘乃章	临沭县店头镇西八里村	26	男	1945 年 7 月
朱龙臣	临沭县店头镇西大于科村	25	男	1945 年 7 月
陈天郊	临沭县蛟龙镇杨家庄村	35	男	1945 年 8 月
胡宝庆	临沭县大兴镇胡格庄村	24	男	1945 年 8 月
张善抗	临沭县店头镇张庄村	17	男	1945 年 8 月
李培所	临沭县蛟龙镇东塘子村	—	男	1945 年
袁春芝	临沭县蛟龙镇东塘子村	—	男	1945 年
李希山	临沭县店头镇西措庄村	20	男	1945 年

姓 名	籍 贯	年 龄	性 别	死难时间
宋维同	临沭县店头镇宋圩子村	29	男	1945 年
李贡会	临沭县郑山镇姜屯村	35	男	1945 年
田家学	临沭县蛟龙镇富康村	20	男	1945 年
胡京庄	临沭县蛟龙镇富康村	—	男	1945 年
胡京发	临沭县蛟龙镇富康村	—	男	1945 年
胡京娥	临沭县蛟龙镇富康村	—	女	1945 年
胡广德	临沭县蛟龙镇富康村	—	男	1945 年
沈风格	临沭县蛟龙镇富康村	—	男	1945 年
徐振下	临沭县蛟龙镇富康村	—	男	1945 年
袁均同	临沭县蛟龙镇富康村	24	男	1945 年
魏兰富	临沭县蛟龙镇富康村	19	男	1945 年
张宝太	临沭县蛟龙镇沙岭村	—	男	1945 年
胡丰泉	临沭县蛟龙镇沙岭村	—	男	1945 年
胡丰瑞	临沭县蛟龙镇沙岭村	19	男	1944 年
沈久太	临沭县蛟龙镇沙岭村	—	男	1945 年
李福德	临沭县蛟龙镇烈疃村	21	男	1939 年
李桂增	临沭县蛟龙镇烈疃村	24	男	1940 年
李德喜	临沭县蛟龙镇烈疃村	38	男	1940 年
李庆龙	临沭县蛟龙镇烈疃村	33	男	1940 年
李兆民	临沭县蛟龙镇烈疃村	—	男	1945 年
李兆同	临沭县蛟龙镇烈疃村	—	男	1945 年
李培胜	临沭县蛟龙镇烈疃村	—	男	1945 年
胡丰江	临沭县蛟龙镇后蛟龙村	50	男	1945 年
胡丰江之妻	临沭县蛟龙镇后蛟龙村	48	女	1945 年
胡丰江之女	临沭县蛟龙镇后蛟龙村	16	女	1945 年
胡丰江之长子	临沭县蛟龙镇后蛟龙村	14	男	1945 年
胡丰江之次子	临沭县蛟龙镇后蛟龙村	10	男	1945 年
胡怀刚	临沭县蛟龙镇后蛟龙村	63	男	1945 年
朱继德	临沭县蛟龙镇后蛟龙村	65	男	1945 年
胡怀成	临沭县蛟龙镇后蛟龙村	72	男	1945 年
胡保范	临沭县蛟龙镇后蛟龙村	22	男	1945 年
胡怀军之女	临沭县蛟龙镇后蛟龙村	8	女	1945 年
胡怀军之子	临沭县蛟龙镇后蛟龙村	12	男	1945 年
相明忠	临沭县蛟龙镇姚后村	24	男	1945 年

姓　名	籍　贯	年　龄	性　别	死难时间
王清汉	临沭县蛟龙镇后里店村	24	男	1945 年
宋永桂	临沭县蛟龙镇前利城村	19	男	1945 年
李慎方	临沭县蛟龙镇前利城村	21	男	1945 年
李永连	临沭县蛟龙镇后利城村	21	男	1945 年
胡丰聚	临沭县蛟龙镇蛟龙后街村	24	男	1945 年
胡怀善	临沭县蛟龙镇蛟龙后街村	24	男	1945 年
杜跃宗	临沭县蛟龙镇相小湾村	19	男	1945 年
相明照	临沭县蛟龙镇相小湾村	38	男	1945 年
王德胜	临沭县郑山镇南沟头村	20	男	1945 年
徐敏万	临沭县郑山镇张沙埠村	27	男	1945 年
杨廷民	临沭县郑山镇杨沙埠南村	—	男	1945 年
刘江来	临沭县郑山镇杨沙埠西村	—	男	1945 年
王玉臣	临沭县郑山镇王沙埠村	32	男	1945 年
上官维迎	临沭县郑山镇海子村	25	男	1945 年
郝玉郎	临沭县郑山镇海子村	23	男	1945 年
王　顶	临沭县郑山镇南沟头村	20	男	1945 年
尹思成	临沭县曹庄镇黄庄村	18	男	1945 年
张维忠	临沭县曹庄镇黄贺城村	26	男	1945 年
王学文	临沭县曹庄镇旺南庄村	27	男	1945 年
李庆贤	临沭县曹庄镇后店子村	24	男	1945 年
吴　芬	临沭县曹庄镇曹东街村	27	男	1945 年
张振昌	临沭县曹庄镇南庄子村	33	男	1945 年
吕宝友	临沭县曹庄镇黄庄村	26	男	1945 年
赵尚营	临沭县曹庄镇黄庄村	18	男	1945 年
陆得胜	临沭县曹庄镇黄庄村	30	男	1945 年
李庆贤	临沭县曹庄镇后店子村	24	男	1945 年
于汝亮	临沭县曹庄镇曹东街村	33	男	1945 年
马中禄	临沭县曹庄镇曹东街村	29	男	1945 年
孙效连	临沭县玉山镇丁坊前村	17	男	1945 年
李贵迎	临沭县玉山镇营子村	17	男	1945 年
张玉芹	临沭县玉山镇营子村	22	男	1945 年
李聚堂	临沭县玉山镇半里村	25	男	1945 年
王绍江	临沭县大兴镇大坡村	27	男	1945 年
李兴保	临沭县大兴镇大兴村	20	男	1945 年

姓　名	籍　贯	年　龄	性　别	死难时间
伏广刚	临沭县大兴镇西高埠村	34	男	1945 年
伏再尚	临沭县大兴镇西高埠村	34	男	1945 年
李永峰	临沭县大兴镇友谊村	28	男	1945 年
杨进宋	临沭县大兴镇杨家岭村	36	男	1945 年
杨佃三	临沭县大兴镇杨家岭村	36	男	1945 年
杨进山	临沭县大兴镇杨家岭村	26	男	1945 年
王连兰	临沭县大兴镇大兴新村	19	男	1945 年
耿纪春	临沭县大兴镇东港头	21	男	1945 年
卢玉立	临沭县大兴镇东港头	22	男	1945 年
李耿显	临沭县朱仓乡关河村	—	男	1945 年
李耿明	临沭县朱仓乡关河村	—	男	1945 年
马芝亮	临沭县朱仓乡关河村	—	男	1945 年
李围柱	临沭县朱仓乡关河村	—	男	1945 年
袁春亮之兄	临沭县朱仓乡小官村	24	男	1945 年
伏开勋	临沭县朱仓乡后穆疃村	22	男	1945 年
王官乐	临沭县朱仓乡东朱仓村	28	男	1945 年
袁正方	临沭县朱仓乡东朱仓村	20	男	1945 年
李现道	临沭县朱仓乡前湖子村	21	男	1945 年
袁照方	临沭县朱仓乡东朱仓村	20	男	1945 年
袁向春	临沭县朱仓乡水沟村	23	男	1945 年
马支亮	临沭县朱仓乡关河村	22	男	1945 年
杨元吉	临沭县南古镇杨贺城村	15	男	1945 年
姜永庆	临沭县南古镇南古庄村	28	男	1945 年
闫乃敬	临沭县青云镇兴柳村	36	男	1945 年
刘　氏	临沭县青云镇兴柳村	35	女	1945 年
王守富	临沭县青云镇贾山村	9	男	1945 年
王怀玉	临沭县青云镇前赵窝村	22	男	1945 年
李洪玉	临沭县白旄镇银马村	20	男	1945 年
张佃臣之大娘	临沭县白旄镇金柳村	60	女	1945 年
吴福保	临沭县石门镇石门后街村	19	男	1945 年
李玉杰	临沭县店头镇店头东村	28	男	1945 年
高维连	临沭县店头镇新圩子村	22	男	1945 年
魏登营	临沭县店头镇大垛庄村	25	男	1945 年
石玉存	临沭县玉山镇后石彭岭村	—	男	1943 年

姓 名	籍 贯	年 龄	性 别	死难时间
张 氏	临沭县玉山镇郑黄峪村	—	女	—
李培机	临沭县蛟龙镇东塘子村	—	男	1945 年
向自仲	临沭县蛟龙镇中蛟龙村	23	男	1945 年
高培道	临沭县蛟龙镇中蛟龙村	21	男	1943 年
刘敬春之母	临沭县蛟龙镇中蛟龙村	22	女	1943 年
韩俊章	临沭县郑山镇大韩庄村	19	男	1941 年
张守忠	临沭县曹庄镇南庄子村	30	男	1939 年
吴清芝	临沭县曹庄镇郭庄村	30	男	1941 年
杨进宽	临沭县曹庄镇郭庄村	21	男	1945 年
吴绣绍	临沭县曹庄镇郭庄村	23	男	1945 年
吴绍协	临沭县曹庄镇西南岭村	22	男	1942 年
吴太成	临沭县曹庄镇曹东街村	35	男	1942 年
吴福宝	临沭县南古镇沟北村	—	女	1943 年
孟现化	临沭县石门镇羽泉村	—	男	1942 年
陈庆礼	临沭县石门镇羽泉村	—	男	1942 年
刘恒先	临沭县石门镇转林村	—	男	1942 年
王佃荣	临沭县石门镇东岔河村	30	男	1943 年
陈久万	临沭县石门镇陈官庄村	—	男	1942 年
陈久荣之父	临沭县石门镇陈官庄村	—	男	1942 年
闻 二	临沭县店头镇东措庄村	23	男	1942 年
吴绍玺之祖父	临沭县店头镇吴家月庄村	—	男	1938 年
吴绍德之祖父	临沭县店头镇吴家月庄村	—	男	1938 年
窦明左	临沭县南古镇湾里村	30	男	1943 年
王友贵	临沭县南古镇湾里村	22	男	1943 年
窦义让之父	临沭县南古镇湾里村	27	男	1943 年
高希亮之四叔	临沭县南古镇湾里村	25	男	1943 年
王经彬之三叔	临沭县南古镇湾里村	26	男	1943 年
窦夫常之叔	临沭县南古镇湾里村	24	男	1943 年
景仲得	临沭县玉山镇金鸡墩村	17	男	1945 年
景会台	临沭县玉山镇金鸡墩村	19	男	1943 年
景会礼	临沭县玉山镇金鸡墩村	27	男	1945 年
高启忠	临沭县临沭镇河滨街	38	男	1939 年
高乃敬	临沭县临沭镇河滨街	54	男	1939 年
高兰清	临沭县临沭镇河滨街	33	男	1939 年

姓　名	籍　贯	年龄	性别	死难时间
刘顺部之祖母	临沭县店头镇东沈马村	—	女	1942 年 1 月
王庆星之子	临沭县南古镇西王庄村	—	男	1941 年
何敬四	临沭县南古镇干沟渊村	25	男	1943 年
刘清友	临沭县店头镇东沈马村	—	男	1942 年
陈久明	临沭县店头镇东八里巷村	25	男	1943 年
曹恒礼	临沭县临沭镇前半路村	36	男	1944 年
武心敏	临沭县店头镇东八里巷村	32	男	1944 年
武可娟	临沭县店头镇东八里巷村	32	男	1944 年
张玉清	临沭县店头镇西八里巷村	40	男	1944 年
袁春荣	临沭县临沭镇东河口村	18	男	1943 年
刘志兰	临沭县临沭镇金墩顶村	—	女	1944 年
张合奉	临沭县店头镇张杵林村	29	男	1945 年
张德明	临沭县店头镇东措庄村	22	男	1943 年
姜子玉	临沭县店头镇东措庄村	33	男	1943 年
王　春	临沭县店头镇东措庄村	—	男	1945 年
李明宪	临沭县店头镇东措庄村	—	男	1943 年
陈　三	临沭县店头镇东措庄村	—	男	1943 年
王传级	临沭县店头镇东措庄村	—	男	1943 年
项从亮	临沭县店头镇东措庄村	—	男	1943 年
项从林	临沭县店头镇东措庄村	—	男	1943 年
班立宪	临沭县店头镇东措庄村	—	男	1943 年
刘绍发	临沭县店头镇东措庄村	—	男	1943 年
合　计	**665**			

责任人：李　忠　　核实人：魏　强　张赛赛　　填表人：刘　涛　王　鑫
填报单位（签章）：临沭县委党史委　　　　　　　填报时间：2009 年 5 月 4 日

莒南县抗日战争时期死难者名录

姓 名	籍 贯	年 龄	性 别	死难时间
朱永侦	莒南县石莲子镇朱家庄村	72	男	1938 年 2 月 2 日
聂朋林	莒南县石莲子镇朱家庄村	53	男	1938 年 2 月 2 日
李长江	莒南县大店镇北大官庄村	24	男	1938 年 2 月 2 日
陈 氏	莒南县大店镇北大官庄村	75	女	1938 年 2 月 2 日
刘希荣	莒南县洙边镇桃园村	—	男	1938 年 2 月
刘希年	莒南县洙边镇桃园村	41	男	1938 年 2 月
刘元堂	莒南县洙边镇桃园村	49	男	1938 年 2 月
秦桂丹	莒南县石莲子镇西早丰村	25	男	1938 年 3 月
韩庆聚	莒南县大店镇峰山后村	20	男	1938 年 4 月 22 日
韩庆聚之女	莒南县大店镇峰山后村	1	女	1938 年 4 月 22 日
韩庆聚之二弟	莒南县大店镇峰山后村	13	男	1938 年 4 月 22 日
韩庆聚之四弟	莒南县大店镇峰山后村	8	男	1938 年 4 月 22 日
李 ×	莒南县大店镇街疃村	19	女	1938 年 4 月 22 日
李 氏	莒南县大店镇街疃村	17	女	1938 年 4 月 22 日
李 ×	莒南县大店镇街疃村	10	男	1938 年 4 月 22 日
李 贞	莒南县大店镇街疃村	63	男	1938 年 4 月 22 日
刘开成	莒南县大店镇街疃村	16	男	1938 年 4 月 22 日
杨升年	莒南县大店镇街疃村	19	男	1938 年 4 月 22 日
高 氏	莒南县大店镇高家庄村	19	女	1938 年 4 月 22 日
高 臣	莒南县大店镇高家庄村	17	男	1938 年 4 月 22 日
王 恩	莒南县大店镇老龙腰村	58	男	1938 年 4 月 22 日
王 俭	莒南县大店镇老龙腰村	43	男	1938 年 4 月 22 日
王占起	莒南县大店镇老龙腰村	38	男	1938 年 4 月 22 日
王占起之子	莒南县大店镇老龙腰村	11	男	1938 年 4 月 22 日
庄子合	莒南县大店镇老龙腰村	31	女	1938 年 4 月 22 日
庄志举	莒南县大店镇林后村	17	男	1938 年 4 月 22 日
程瑞田之母	莒南县十字路镇永泰居	—	女	1938 年 4 月 25 日
王佃忠之父	莒南县十字路镇永泰居	—	男	1938 年 4 月 25 日
王家全之母	莒南县十字路镇永泰居	—	女	1938 年 4 月 25 日
王家全之弟	莒南县十字路镇永泰居	—	男	1938 年 4 月 25 日
吴佃仁之母	莒南县十字路镇永泰居	—	女	1938 年 4 月 25 日

姓 名	籍 贯	年 龄	性 别	死难时间
孙树堂	莒南县十字路镇永泰居	—	男	1938 年 4 月 25 日
孙甲玉之母	莒南县十字路镇永泰居	—	女	1938 年 4 月 25 日
孙甲立之弟	莒南县十字路镇永泰居	—	男	1938 年 4 月 25 日
孙树仁之妻	莒南县十字路镇永泰居	—	女	1938 年 4 月 25 日
孙树平	莒南县十字路镇永泰居	—	男	1938 年 4 月 25 日
沈德田之母	莒南县十字路镇永泰居	—	女	1938 年 4 月 25 日
沈凤山之妻	莒南县十字路镇永泰居	—	女	1938 年 4 月 25 日
吴 氏	莒南县十字路镇玉泉居	—	女	1938 年 4 月
杜 氏	莒南县十字路镇玉泉居	—	女	1938 年 4 月
徐 秀	莒南县团林镇崖上村	—	男	1938 年 5 月
赵守友	莒南县板泉镇后东村	—	男	1938 年 5 月
纪 房	莒南县板泉镇后东村	12	男	1938 年 5 月
纪凤竹	莒南县板泉镇后东村	45	男	1938 年 5 月
纪广龙	莒南县板泉镇后东村	19	男	1938 年 5 月
纪洪祥	莒南县板泉镇后东村	21	男	1938 年 5 月
纪传人	莒南县板泉镇后东村	—	男	1938 年 5 月
纪洪喜	莒南县板泉镇后东村	19	男	1938 年 5 月
纪为臣	莒南县板泉镇后东村	20	男	1938 年 5 月
纪电增	莒南县板泉镇后东村	73	男	1938 年 5 月
老 斗	莒南县板泉镇后东村	61	男	1938 年 5 月
纪高恩	莒南县板泉镇后东村	64	男	1938 年 5 月
纪日照	莒南县板泉镇后东村	33	男	1938 年 5 月
纪日选	莒南县板泉镇后东村	—	男	1938 年 5 月
宋考志	莒南县岭泉镇西石沟村	—	男	1938 年 5 月
宋路厅	莒南县岭泉镇西石沟村	—	男	1938 年 5 月
宋孝义	莒南县岭泉镇西石沟村	—	男	1938 年 5 月
宋云智	莒南县岭泉镇西石沟村	—	男	1938 年 5 月
宋考学	莒南县岭泉镇西石沟村	—	男	1938 年 5 月
宋克胜	莒南县岭泉镇河南石沟村	—	男	1938 年 5 月
刘德乾	莒南县岭泉镇东石沟村	33	男	1938 年 5 月
付太江	莒南县岭泉镇东石沟村	32	男	1938 年 5 月
刘朝用	莒南县岭泉镇东石沟村	34	男	1938 年 5 月
庄子录	莒南县岭泉镇彭墩后村	38	男	1938 年 5 月
王营礼	莒南县板泉镇楼里村	—	男	1938 年 5 月

姓 名	籍 贯	年 龄	性 别	死难时间
王奎礼	莒南县板泉镇楼里村	—	男	1938 年 5 月
王清哲	莒南县板泉镇葛家宅子村	34	男	1938 年 5 月
王康保	莒南县板泉镇葛家宅子村	14	男	1938 年 5 月
王从海	莒南县板泉镇大韩岭村	18	男	1938 年 5 月
言忠之母	莒南县板泉镇	—	女	1938 年 5 月
刘玉清	莒南县板泉镇	26	男	1938 年 5 月
洛义之祖父	莒南县板泉镇	—	男	1938 年 5 月
林九义之母	莒南县板泉镇	—	女	1938 年 5 月
净安之父	莒南县板泉镇	—	男	1938 年 5 月
化立振	莒南县岭泉镇化家村	56	男	1938 年 5 月
季立信	莒南县板泉镇后武阳村	—	男	1938 年 5 月
王德华	莒南县板泉镇后武阳村	—	男	1938 年 5 月
王德现	莒南县板泉镇后武阳村	—	男	1938 年 5 月
王成俊	莒南县板泉镇后武阳村	—	男	1938 年 5 月
潘学理	莒南县板泉镇后武阳村	—	男	1938 年 5 月
韩茂相	莒南县板泉镇韩家岭村	35	男	1938 年 5 月
韩茂清	莒南县板泉镇韩家岭村	56	男	1938 年 5 月
韩王氏	莒南县板泉镇韩家岭村	27	女	1938 年 5 月
韩千臣	莒南县板泉镇韩家岭村	6	男	1938 年 5 月
韩茂和	莒南县板泉镇韩家岭村	27	男	1938 年 5 月
韩茂慎	莒南县板泉镇韩家岭村	28	男	1938 年 5 月
韩文考	莒南县板泉镇韩家岭村	49	男	1938 年 5 月
韩振常	莒南县板泉镇韩家岭村	46	男	1938 年 5 月
韩振兴	莒南县板泉镇韩家岭村	43	男	1938 年 5 月
韩振京	莒南县板泉镇韩家岭村	44	男	1938 年 5 月
李恒亮之母	莒南县大店镇大店三村	—	女	1938 年 6 月
李恒田之母	莒南县大店镇三村	—	女	1938 年 6 月
李 妹	莒南县大店镇三村	—	女	1938 年 6 月
丁元贞	莒南县大店镇四村	—	男	1938 年 6 月
张秀亮	莒南县十字路镇东赤石沟村	—	男	1938 年 7 月
宋兴乐	莒南县十字路镇东赤石沟村	—	男	1938 年 7 月
张 玉	莒南县十字路镇东赤石沟村	—	男	1938 年 7 月
吴现森	莒南县十字路镇大埠南村	28	男	1938 年 7 月
吴维德	莒南县十字路镇大埠南村	30	男	1938 年 7 月

姓　名	籍　贯	年　龄	性　别	死难时间
杨日德	莒南县十字路镇大埠南村	25	男	1938 年 7 月
陈兆青	莒南县十字路镇大埠南村	32	男	1938 年 7 月
陈茂明	莒南县十字路镇大埠南村	23	男	1938 年 7 月
陈兆亮	莒南县十字路镇大埠南村	24	男	1938 年 7 月
吴灯兰	莒南县十字路镇大埠南村	31	男	1938 年 7 月
陈茂林	莒南县十字路镇大埠南村	30	男	1938 年 7 月
吴灯贵	莒南县十字路镇大埠南村	27	男	1938 年 7 月
吴为平	莒南县十字路镇大埠南村	24	男	1938 年 7 月
陈茂超	莒南县十字路镇大埠南村	28	男	1938 年 7 月
程茂雨	莒南县十字路镇大埠南村	29	男	1938 年 7 月
李震厚	莒南县十字路镇大埠南村	26	男	1938 年 7 月
陈茂希	莒南县十字路镇大埠南村	33	男	1938 年 7 月
赵云山	莒南县十字路镇西芦家林村	—	男	1938 年 7 月
尚德标	莒南县十字路镇白家岭村	50	男	1938 年 7 月
刘纪友	莒南县十字路镇赵家河子村	—	男	1938 年 7 月
张钦青	莒南县十字路镇赵家河子村	—	男	1938 年 7 月
韩相玉之女	莒南县十字路镇赵家河子村	—	女	1938 年 7 月
刘纪廷之父	莒南县十字路镇赵家河子村	—	男	1938 年 7 月
崔振山	莒南县十字路镇郁家结庄村	—	男	1938 年 7 月
蒋同富	莒南县十字路镇淮海西路居	15	男	1938 年 7 月
蒋玉祥	莒南县十字路镇淮海西路居	13	男	1938 年 7 月
聂世虎	莒南县十字路镇淮海西路居	9	男	1938 年 7 月
聂世桥	莒南县十字路镇淮海西路居	21	男	1938 年 7 月
聂凤里	莒南县十字路镇淮海路居	20	男	1938 年 7 月
聂世菁	莒南县十字路镇淮海路居	25	男	1938 年 7 月
聂世傲	莒南县十字路镇淮海路居	10	男	1938 年 7 月
孙凤臻	莒南县十字路镇孙家钓鱼台村	17	男	1938 年 7 月
潘子安	莒南县十字路镇大成居	39	男	1938 年 7 月
郑文元	莒南县十字路镇淮海东路居	12	男	1938 年 7 月
路清和	莒南县十字路镇淮海东路居	36	男	1938 年 7 月
张守业	莒南县十字路镇淮海东路居	38	男	1938 年 7 月
许佃中	莒南县十字路镇老古窝村	12	男	1938 年 7 月
包日法	莒南县十字路镇老古窝村	17	男	1938 年 7 月
郭传法	莒南县十字路镇老古窝村	7	男	1938 年 7 月

姓 名	籍 贯	年 龄	性 别	死难时间
田青年	莒南县朱芦镇青峰峪村	17	男	1938 年 7 月
田洪年	莒南县朱芦镇青峰峪村	16	男	1938 年 7 月
赵同一	莒南县朱芦镇址坊村	36	男	1938 年 7 月
赵重一	莒南县朱芦镇址坊村	—	男	1938 年 7 月
赵吉田之侄	莒南县朱芦镇址坊村	5	男	1938 年 7 月
赵吉佩	莒南县朱芦镇址坊村	—	男	1938 年 7 月
赵祥松之妹	莒南县朱芦镇址坊村	4	女	1938 年 7 月
赵士一	莒南县朱芦镇址坊村	37	男	1938 年 7 月
孙仁宅	莒南县朱芦镇朱芦村	36	男	1938 年 7 月
姜廷香	莒南县朱芦镇朱芦村	41	男	1938 年 7 月
宋老四	莒南县朱芦镇朱芦村	45	男	1938 年 7 月
孙仁合	莒南县朱芦镇朱芦村	49	男	1938 年 7 月
赵建明	莒南县朱芦镇朱芦村	40	男	1938 年 7 月
姜廷凉	莒南县朱芦镇朱芦村	35	男	1938 年 7 月
曹佃臣	莒南县朱芦镇朱芦村	35	男	1938 年 7 月
姜少安	莒南县朱芦镇朱芦村	46	男	1938 年 7 月
曹现合	莒南县朱芦镇朱芦村	48	男	1938 年 7 月
姜廷坡	莒南县朱芦镇朱芦村	46	男	1938 年 7 月
杨世山	莒南县朱芦镇朱芦村	48	男	1938 年 7 月
云玉传	莒南县相沟乡宋家沟村	17	男	1938 年 7 月
卢佃仁	莒南县相沟乡后刘家王庄村	32	男	1938 年 7 月
杨青山	莒南县相沟乡后刘家王庄村	24	男	1938 年 7 月
刘俊彩	莒南县相沟乡后刘家王庄村	17	男	1938 年 7 月
李文泰	莒南县相沟乡后刘家王庄村	18	男	1938 年 7 月
徐礼发	莒南县相沟乡后孙家王庄村	—	男	1938 年 7 月
孙传立	莒南县相沟乡后孙家王庄村	—	男	1938 年 7 月
尚振良	莒南县板泉镇尚家涝坡村	18	男	1938 年 7 月
刘恩富	莒南县板泉镇尚家涝坡村	19	男	1938 年 7 月
尚振普	莒南县板泉镇尚家涝坡村	20	男	1938 年 7 月
尚德松	莒南县板泉镇尚家涝坡村	22	男	1938 年 7 月
薄夫堂之二弟	莒南县板泉镇前村	—	男	1938 年 7 月
丁力胜	莒南县板泉镇东于湖村	—	男	1938 年 7 月
丁力年	莒南县板泉镇东于湖村	—	男	1938 年 7 月
丁兆利	莒南县板泉镇东于湖村	—	男	1938 年 7 月

姓 名	籍 贯	年 龄	性 别	死难时间
丁兆景	莒南县板泉镇东于湖村	—	男	1938 年 7 月
丁力宾	莒南县板泉镇东于湖村	—	男	1938 年 7 月
陈庆于	莒南县板泉镇东于湖村	—	男	1938 年 7 月
刘成田	莒南县板泉镇东刘村	—	男	1938 年 7 月
王金美	莒南县板泉镇东刘村	—	男	1938 年 7 月
刘文胜	莒南县板泉镇东刘村	—	男	1938 年 7 月
刘 基	莒南县板泉镇东刘村	—	男	1938 年 7 月
刘兆奋	莒南县板泉镇东刘村	—	男	1938 年 7 月
大 塘	莒南县板泉镇东刘村	—	男	1938 年 7 月
刘文后	莒南县板泉镇东刘村	—	男	1938 年 7 月
王葛氏	莒南县板泉镇王家武阳村	32	女	1938 年 7 月
王宝举	莒南县板泉镇王家武阳村	28	男	1938 年 7 月
张永园	莒南县朱芦镇石汪村	30	男	1938 年 8 月
赵学贞	莒南县十字路镇东芦林村	20	男	1938 年 9 月
闫成西	莒南县板泉镇张家庄村	26	男	1938 年 10 月
杨俊山	莒南县十字路镇	—	男	1938 年 11 月
孙宝皆	莒南县十字路镇	—	男	1938 年 11 月
杨圣秀	莒南县十字路镇	—	男	1938 年 11 月
邬全斌	莒南县相邸镇邬家岳河村	16	男	1938 年
邬现景	莒南县相邸镇邬家岳河村	22	男	1938 年
邬全福	莒南县相邸镇邬家岳河村	42	男	1938 年
刘元海	莒南县相邸镇杨柳岳河村	16	男	1938 年
杜立荣	莒南县相邸镇南甘霖村	—	男	1938 年
杜月斋	莒南县相邸镇南甘霖村	13	男	1938 年
赵圣山	莒南县十字路镇	—	男	1938 年
李现瑞	莒南县十字路镇成龙居	18	男	1938 年
昝学全	莒南县十字路镇成龙居	17	男	1938 年
昝明青	莒南县十字路镇成龙居	—	男	1938 年
宋清杰	莒南县十字路镇宋家欢疃沟村	—	男	1938 年
宋清喜	莒南县十字路镇宋家欢疃沟村	—	男	1938 年
杨西森	莒南县十字路镇宋家欢疃沟村	—	男	1938 年
宋文志	莒南县十路字镇宋家欢疃沟村	—	男	1938 年
宋振究	莒南县十字路镇宋家欢疃沟村	—	男	1938 年
宋礼瑞	莒南县十字路镇宋家欢疃沟村	—	男	1938 年

姓 名	籍 贯	年 龄	性 别	死难时间
王凤龙	莒南县十字路镇王家欢疃沟村	21	男	1938 年
化 氏	莒南县十字路镇白龙居	—	女	1938 年
赵希寒之弟	莒南县板泉镇赵庄村	—	男	1938 年
赵郡太	莒南县板泉镇赵庄村	—	男	1938 年
赵宗理之兄	莒南县板泉镇后西村	10	男	1938 年
宋培义	莒南县岭泉镇中柴沟村	28	男	1938 年
宋兰友	莒南县岭泉镇后柴沟村	21	男	1938 年
宋春田	莒南县岭泉镇后柴沟村	25	男	1938 年
王 胜	莒南县岭泉镇房家岭村	—	男	1938 年
房振江	莒南县岭泉镇房家岭村	—	男	1938 年
房振升	莒南县岭泉镇房家岭村	—	男	1938 年
贾 普	莒南县岭泉镇房家岭村	—	男	1938 年
王 明	莒南县岭泉镇房家岭村	—	男	1938 年
杨佃理	莒南县岭泉镇房家岭村	—	男	1938 年
贾 庄	莒南县岭泉镇房家岭村	—	男	1938 年
房振荣	莒南县岭泉镇房家岭村	—	男	1938 年
孙恒全	莒南县岭泉镇大官庄村	—	男	1938 年
申良立	莒南县岭泉镇大官庄村	—	男	1938 年
孙振林之兄	莒南县岭泉镇大官庄村	—	男	1938 年
葛树潘	莒南县岭泉镇前葛集子村	44	男	1938 年
姚 忠	莒南县石莲子镇大屯村	42	男	1938 年
李广叶	莒南县石莲子镇聂家庄村	50	男	1938 年
聂相勇	莒南县石莲子镇聂家庄村	20	男	1938 年
崔洪主	莒南县壮岗镇崔家莲花村	26	男	1938 年
林庆珠	莒南县洙边镇林家莲子坡村	—	男	1938 年
林庆英	莒南县洙边镇林家莲子坡村	—	男	1938 年
林小春	莒南县洙边镇林家莲子坡村	—	男	1938 年
林小任	莒南县洙边镇林家莲子坡村	—	男	1938 年
徐训乙	莒南县涝坡镇徐家柳沟村	68	男	1938 年
徐广寒之妻	莒南县涝坡镇徐家柳沟村	70	女	1938 年
曹兴周	莒南县涝坡镇东店头村	56	男	1938 年
李志平	莒南县汀水镇西夹古哨村	72	男	1938 年
李 早	莒南县汀水镇西夹古哨村	17	男	1938 年
张祥玉	莒南县坊前镇桃花林村	18	男	1938 年

姓 名	籍 贯	年 龄	性 别	死难时间
徐永柱	莒南县道口乡营子村	26	男	1938 年
大肚斜	莒南县道口乡营子村	11	男	1938 年
王佃臣	莒南县道口乡新村	16	男	1938 年
朱崇安	莒南县道口乡泱沟村	17	男	1938 年
刘忘江	莒南县道口乡泱沟村	16	男	1938 年
巩宝余	莒南县道口乡泱沟村	23	男	1938 年
朱崇义	莒南县道口乡泱沟村	45	男	1938 年
朱世后	莒南县道口乡泱沟村	67	男	1938 年
孙开堂	莒南县十字路镇淮海路居	30	男	1939 年 1 月
刘玉亲之父	莒南县十字路镇淮海路居	23	男	1939 年 1 月
胡守安	莒南县十字路镇官庄村	—	男	1939 年 1 月
崔学瑞	莒南县十字路镇官庄村	—	男	1939 年 1 月
崔学瑞之妻	莒南县十字路镇官庄村	—	女	1939 年 1 月
胡怀收之母	莒南县十字路镇官庄村	—	女	1939 年 1 月
赵华雄之祖母	莒南县团林镇埃沟二村	—	女	1939 年 1 月
赵华雄之姑	莒南县团林镇埃二村	17	女	1939 年 1 月
赵华雄之叔	莒南县团林镇埃沟二村	6	男	1939 年 1 月
赵华雄之姑	莒南县团林镇埃沟二村	13	女	1939 年 1 月
赵华雄之姑	莒南县团林镇埃沟二村	15	女	1939 年 1 月
唐守先	莒南县团林镇埃沟二村	50	男	1939 年 1 月
赵福暖	莒南县朱芦镇幸福村	49	男	1939 年 1 月
马卢氏	莒南县坪上镇马家庄村	72	女	1939 年 3 月 28 日
马王氏	莒南县坪上镇马家庄村	73	女	1939 年 3 月 28 日
马兴典	莒南县坪上镇马家庄村	68	男	1939 年 3 月 28 日
李步书	莒南县团林镇李家桑园村	—	男	1939 年 3 月
王延柱	莒南县壮岗镇西坡村	24	男	1939 年 3 月
彭 善	莒南县大店镇何家店村	44	男	1939 年 4 月
孙锡文	莒南县大店镇孙家仕沟村	—	男	1939 年 4 月
孙兴喜	莒南县大店镇孙家仕沟村	—	男	1939 年 4 月
孙运菱	莒南县大店镇孙家仕沟村	—	男	1939 年 4 月
李恩俊	莒南县板泉后东村	28	男	1939 年 5 月 2 日
殷茂全	莒南县十字路镇大山前村	22	男	1939 年 5 月
孙学堂	莒南县十字路镇大山前村	23	男	1939 年 5 月
赵希寒之子	莒南县板泉镇后东村	—	男	1939 年 5 月

姓 名	籍 贯	年 龄	性 别	死难时间
薛 同	莒南县大店镇薛家窑村	20	男	1939 年 5 月
王 增	莒南县大店镇薛家窑村	17	男	1939 年 5 月
张家叶	莒南县大店镇薛家窑村	17	男	1939 年 5 月
徐 强	莒南县十字路镇玉泉居委	—	男	1939 年 6 月
郭小月	莒南县十字路镇玉泉居委	—	男	1939 年 6 月
孙加官	莒南县坪上镇中峪子村	—	男	1939 年 6 月
刘德明	莒南县坪上镇中峪子村	—	男	1939 年 6 月
刘凤宝	莒南县坪上镇中峪子村	—	男	1939 年 6 月
吴彦中	莒南县坪上镇中峪子村	—	男	1939 年 6 月
吴彦新	莒南县坪上镇中峪子村	—	男	1939 年 6 月
郑丕莱	莒南县十字路镇北石桥村	9	男	1939 年 10 月
张学来	莒南县相沟乡张家石沟村	35	男	1939 年 10 月
张学书	莒南县相沟乡张家石沟村	22	男	1939 年 10 月
葛夫法	莒南县相沟乡张家石沟村	28	男	1939 年 10 月
刘大李	莒南县洙边镇环河崖村	8	男	1939 年 11 月 18 日
刘小李	莒南县洙边镇环河崖村	6	男	1939 年 11 月 18 日
刘庞氏	莒南县洙边镇环河崖村	41	女	1939 年 11 月 18 日
宋振彩	莒南县相沟乡宋家沟村	52	男	1939 年冬
宋振渠	莒南县相沟乡宋家沟村	53	男	1939 年冬
史景义	莒南县十字路镇白龙居	—	男	1939 年
徐立胜	莒南县板泉镇西新庄村	19	男	1939 年
徐 傻	莒南县板泉镇西新庄村	21	男	1939 年
徐一宝	莒南县板泉镇西新庄村	23	男	1939 年
尉兰楷	莒南县筵宾镇苍沟村	41	男	1939 年
宋 西	莒南县筵宾镇苍沟村	39	男	1939 年
李夫亮	莒南县板泉镇后东村	—	男	1939 年
孙秀年	莒南县板泉镇后东村	—	男	1939 年
王世业	莒南县岭泉镇小官庄村	—	男	1939 年
杨阴美	莒南县岭泉镇石门亭村	51	男	1939 年
尹 氏	莒南县岭泉镇石门亭村	22	女	1939 年
汲 氏	莒南县岭泉镇彭墩后村	71	女	1939 年
夏兆礼	莒南县坪上镇院前村	—	男	1939 年
刘兴元	莒南县坪上镇院前村	—	男	1939 年
史财良	莒南县坪上镇前下寨村	18	男	1939 年

姓 名	籍 贯	年 龄	性 别	死难时间
程见东	莒南县十字路镇北石桥村	23	男	1939 年
程德言	莒南县十字路镇北石桥村	—	男	1939 年
王夫录	莒南县朱芦镇孙家土山村	—	男	1939 年
王凌氏	莒南县朱芦镇孙家土山村	—	女	1939 年
张成俊	莒南县朱芦镇孙家土山村	—	男	1939 年
张孙氏	莒南县朱芦镇孙家土山村	—	女	1939 年
张成俊之女	莒南县朱芦镇孙家土山村	—	女	1939 年
刘怀祥	莒南县壮岗镇东演马村	—	男	1939 年
李玉同	莒南县洙边镇东龙掌村	34	男	1939 年
侯玉雪	莒南县洙边镇庄庄村	—	男	1939 年
曹 杰	莒南县大店镇前惠子坡村	19	男	1939 年
孙起亮	莒南县大店镇前惠子坡村	18	男	1939 年
王 省	莒南县大店镇前惠子坡村	16	男	1939 年
曹 恳	莒南县大店镇前惠子坡村	17	男	1939 年
唐爱启	莒南县大店镇东兴村	25	男	1939 年
徐京陵	莒南县文疃镇尉家沟村	43	男	1939 年
李顺辛	莒南县坊前镇赵家村	60	男	1939 年
胡凤余	莒南县坊前镇赵家村	50	男	1939 年
张廷良	莒南县坊前镇赵家村	33	男	1939 年
李孝明	莒南县坊前镇赵家村	—	男	1939 年
赵永宗之祖母	莒南县坊前镇赵家村	—	女	1939 年
赵吉新之父	莒南县朱芦镇辛庄村	—	男	1940 年 2 月
赵吉秘	莒南县朱芦镇辛庄村	37	男	1940 年 2 月
权哲明	莒南县石莲子镇权早丰村	36	男	1940 年 3 月
权凤来	莒南县石莲子镇权早丰村	32	男	1940 年 3 月
何西命之父	莒南县石莲子镇权早丰村	54	男	1940 年 3 月
何西明之侄	莒南县石莲子镇权早丰村	—	男	1940 年 3 月
大 龙	莒南县朱芦镇赵家土山村	22	男	1940 年 5 月
赵宗娥之女	莒南县朱芦镇赵家土山村	5	女	1940 年 5 月
庄洪柱	莒南县大店镇五龙官庄村	25	男	1940 年 6 月
高述顶	莒南县壮岗镇刘家砚柱村	—	男	1940 年 7 月 24 日
刘永起	莒南县壮岗镇刘家砚柱村	—	男	1940 年 7 月 24 日
刘永春	莒南县壮岗镇刘家砚柱村	—	男	1940 年 7 月 24 日
秦彦亮	莒南县壮岗镇刘家砚柱村	—	男	1940 年 7 月 24 日

姓　名	籍　贯	年　龄	性　别	死难时间
陈季氏	莒南县大店镇黄山子村	34	女	1940 年 9 月
李春升	莒南县石莲子镇严家庄村	25	男	1940 年 10 月 8 日
郑培运	莒南县相邸镇郑家相邸村	21	男	1940 年 10 月
于箱之母	莒南县相邸镇郑家相邸村	45	女	1940 年 10 月
培江家	莒南县相邸镇郑家相邸村	50	女	1940 年 10 月
万桂之母	莒南县相邸镇郑家相邸村	30	女	1940 年 10 月
万桂之妹	莒南县相邸镇郑家相邸村	1	女	1940 年 10 月
郑世会	莒南县相邸镇郑家相邸村	22	男	1940 年 10 月
郑培全	莒南县相邸镇郑家相邸村	29	男	1940 年 10 月
赵　网	莒南县相邸镇郑家相邸村	21	男	1940 年 10 月
许士明	莒南县十字路镇西兰墩村	30	男	1940 年 10 月
高凤志	莒南县十字路镇玉泉居	—	男	1940 年 10 月
丁维京	莒南县洙边镇后净埠村	—	男	1940 年 12 月
丁立荣	莒南县洙边镇后净埠村	—	男	1940 年 12 月
杜士焕之妻	莒南县相邸镇大岭村	42	女	1940 年
李西顺	莒南县相邸镇徐相邸村	32	男	1940 年
徐约式	莒南县相邸镇徐相邸村	15	男	1940 年
徐安里	莒南县相邸镇张家小岭村	—	男	1940 年
李　森	莒南县相邸镇李家宅子村	—	男	1940 年
李增万	莒南县相邸镇李家宅子村	22	男	1940 年
李增义	莒南县相邸镇李家宅子村	—	男	1940 年
张希会	莒南县相邸镇张家相邸村	22	男	1940 年
王洪利之父	莒南县十字路镇王家欢疃沟村	50	男	1940 年
杨成松	莒南县相沟乡二涧村	52	男	1940 年
文其业	莒南县筵宾镇范家水磨村	16	男	1940 年
冯干三	莒南县筵宾镇范家水磨村	33	男	1941 年
范玉高	莒南县筵宾镇范家水磨村	30	男	1940 年
范玉珍	莒南县筵宾镇范家水磨村	39	男	1940 年
丁守仁	莒南县石莲子镇莲汪崖村	22	男	1940 年
丁守元	莒南县石莲子镇莲汪崖村	16	男	1940 年
卞加沭	莒南县石莲子镇	19	男	1940 年
卞有策	莒南县石莲子镇	34	男	1940 年
杜树京	莒南县石莲子镇	39	男	1940 年
杜　富	莒南县石莲子镇	32	男	1940 年

姓 名	籍 贯	年 龄	性 别	死难时间
杜长华	莒南县石莲子镇	—	男	1940 年
赵光昌	莒南县石莲子镇赵家岭村	28	男	1940 年
李玉东	莒南县石莲子镇西旱丰村	—	男	1940 年
聂玉祥之子	莒南县石莲子镇石莲子村	19	男	1940 年
聂世圣	莒南县石莲子镇石莲子村	19	男	1940 年
聂相圣	莒南县石莲子镇聂家白崖村	27	男	1940 年
史春利之父	莒南县石莲子镇聂家白崖村	30	男	1940 年
张贵喜	莒南县石莲子镇刘家白崖村	22	男	1940 年
薄让林	莒南县坪上镇温家村	23	男	1940 年
程瑞箱	莒南县壮岗镇高家乔旺村	—	男	1940 年
程 氏	莒南县壮岗镇高家乔旺村	—	女	1940 年
刘明志	莒南县壮岗镇刘家砚柱村	—	男	1940 年
刘文堂	莒南县壮岗镇刘家砚柱村	—	男	1940 年
刘希叶	莒南县壮岗镇刘家砚柱村	—	男	1940 年
卢元勋	莒南县洙边镇三界首三村	—	男	1940 年
卢圣彦	莒南县洙边镇三界首三村	21	男	1940 年
许凤田	莒南县大店镇多居官庄村	44	男	1940 年
吴来进	莒南县大店镇多居官庄村	23	男	1940 年
孙景文	莒南县大店镇前高柱村	60	男	1940 年
路广云	莒南县大店镇前高柱村	1	男	1940 年
王清安之祖父	莒南县石莲子镇郝家庄村	35	男	1940 年
王清安之姑	莒南县石莲子镇郝家庄村	10	女	1940 年
徐广善之妻	莒南县涝坡镇徐家柳沟村	65	女	1940 年
宋 坤	莒南县文疃镇宋家庄村	70	男	1940 年
刘丙斩	莒南县坊前镇聚将台村	48	男	1940 年
刘丙山	莒南县坊前镇聚将台村	25	男	1940 年
刘福林	莒南县坊前镇聚将台村	26	男	1940 年
刘文述	莒南县坊前镇聚将台村	24	男	1940 年
刘永彩	莒南县坊前镇聚将台村	50	男	1940 年
孙汀水	莒南县汀水镇彭古城村	22	男	1940 年
郭焕时之姐	莒南县道口乡前介脉头村	18	女	1940 年
聂京卫之母	莒南县道口乡前介脉头村	50	女	1940 年
聂红阶	莒南县道口乡前介脉头村	50	男	1940 年
李兴恩之妻	莒南县道口乡前介脉头村	60	女	1940 年

姓 名	籍 贯	年 龄	性 别	死难时间
杨松山	莒南县大店镇四角岭村	27	男	1941 年 4 月
毛子方	莒南县大店镇四角岭村	39	男	1941 年 4 月
吴立彪	莒南县十字路镇官地村	—	男	1941 年 5 月
吴希祥之母	莒南县十字路镇官地村	—	女	1941 年 5 月
吴路升之三叔	莒南县十字路镇官地村	—	男	1941 年 5 月
吴文礼之伯父	莒南县十字路镇官地村	—	男	1941 年 5 月
吴会升	莒南县十字路镇官地村	—	男	1941 年 5 月
吴爱房	莒南县十字路镇官地村	—	男	1941 年 5 月
吴本起之弟	莒南县十字路镇官地村	—	男	1941 年 5 月
庄洪亮	莒南县大店镇五龙官庄村	21	男	1941 年 6 月
朱永侦之妻	莒南县石莲子镇朱家庄村	—	女	1941 年 7 月
孙大林	莒南县坪上镇南铁牛庙村	45	男	1941 年 7 月
杨中园	莒南县大店镇小公书村	19	男	1941 年 7 月
鲁从利	莒南县大店镇前官西村	40	男	1941 年 8 月 21 日
慕希平	莒南县大店镇后官庄村	50	男	1941 年 8 月 21 日
钮赶华	莒南县大店镇玉皇沟村	62	男	1941 年 8 月
王贵祥	莒南县坪上镇后下寨村	33	男	1941 年 8 月
彭必勤	莒南县大店镇甲子山村	—	男	1941 年 9 月
王文梅	莒南县相邸镇新寺后村	—	男	1941 年 11 月
吴士华	莒南县十字路镇玉泉居	—	男	1941 年 11 月
杨凤合	莒南县大店镇王家滩井村	52	男	1941 年 11 月
杨振山	莒南县大店镇王家滩井村	54	男	1941 年 11 月
彭凤华	莒南县大店镇王家滩井村	52	男	1941 年 11 月
王考梅	莒南县相邸镇新寺后村	—	男	1941 年 11 月
林清臣	莒南县板泉镇渊子崖村	—	男	1941 年 12 月 20 日
林凡华	莒南县板泉镇渊子崖村	—	男	1941 年 12 月 20 日
林庆元	莒南县板泉镇渊子崖村	—	男	1941 年 12 月 20 日
林清云	莒南县板泉镇渊子崖村	—	男	1941 年 12 月 20 日
林庆山	莒南县板泉镇渊子崖村	—	男	1941 年 12 月 20 日
林清同	莒南县板泉镇渊子崖村	—	男	1941 年 12 月 20 日
林荣秀	莒南县板泉镇渊子崖村	—	女	1941 年 12 月 20 日
林守轩	莒南县板泉镇渊子崖村	—	男	1941 年 12 月 20 日
林凡章	莒南县板泉镇渊子崖村	—	男	1941 年 12 月 20 日
林庆莲	莒南县板泉镇渊子崖村	—	女	1941 年 12 月 20 日

姓 名	籍 贯	年 龄	性 别	死难时间
林庆康	莒南县板泉镇渊子崖村	—	男	1941 年 12 月 20 日
林庆懂	莒南县板泉镇渊子崖村	—	男	1941 年 12 月 20 日
林庆盛	莒南县板泉镇渊子崖村	—	男	1941 年 12 月 20 日
林九洪	莒南县板泉镇渊子崖村	—	男	1941 年 12 月 20 日
林庆起	莒南县板泉镇渊子崖村	—	男	1941 年 12 月 20 日
林庆富	莒南县板泉镇渊子崖村	—	男	1941 年 12 月 20 日
林秉夷	莒南县板泉镇渊子崖村	—	男	1941 年 12 月 20 日
林九亮	莒南县板泉镇渊子崖村	—	男	1941 年 12 月 20 日
林清洁	莒南县板泉镇渊子崖村	—	男	1941 年 12 月 20 日
林清夷	莒南县板泉镇渊子崖村	—	男	1941 年 12 月 20 日
林庆平	莒南县板泉镇渊子崖村	—	男	1941 年 12 月 20 日
林庆蒙	莒南县板泉镇渊子崖村	—	男	1941 年 12 月 20 日
林凤兰	莒南县板泉镇渊子崖村	—	男	1941 年 12 月 20 日
林守坡	莒南县板泉镇渊子崖村	—	男	1941 年 12 月 20 日
林九清	莒南县板泉镇渊子崖村	—	男	1941 年 12 月 20 日
林九夷	莒南县板泉镇渊子崖村	—	男	1941 年 12 月 20 日
林九明	莒南县板泉镇渊子崖村	—	男	1941 年 12 月 20 日
林庆荣	莒南县板泉镇渊子崖村	—	男	1941 年 12 月 20 日
林九墩	莒南县板泉镇渊子崖村	—	男	1941 年 12 月 20 日
林庆远	莒南县板泉镇渊子崖村	—	男	1941 年 12 月 20 日
林凡贵	莒南县板泉镇渊子崖村	—	男	1941 年 12 月 20 日
林崇喜	莒南县板泉镇渊子崖村	—	男	1941 年 12 月 20 日
林九乾	莒南县板泉镇渊子崖村	—	男	1941 年 12 月 20 日
林小户	莒南县板泉镇渊子崖村	—	男	1941 年 12 月 20 日
林策标	莒南县板泉镇渊子崖村	—	男	1941 年 12 月 20 日
林祥平	莒南县板泉镇渊子崖村	—	男	1941 年 12 月 20 日
林小增	莒南县板泉镇渊子崖村	—	男	1941 年 12 月 20 日
林秉铎	莒南县板泉镇渊子崖村	—	男	1941 年 12 月 20 日
林九西	莒南县板泉镇渊子崖村	—	男	1941 年 12 月 20 日
林富祥	莒南县板泉镇渊子崖村	—	男	1941 年 12 月 20 日
林九臣	莒南县板泉镇渊子崖村	—	男	1941 年 12 月 20 日
林文赏	莒南县板泉镇渊子崖村	—	男	1941 年 12 月 20 日
林九琴	莒南县板泉镇渊子崖村	—	男	1941 年 12 月 20 日
林凤勤	莒南县板泉镇渊子崖村	—	男	1941 年 12 月 20 日

姓 名	籍 贯	年 龄	性 别	死难时间
林凤钦	莒南县板泉镇渊子崖村	—	男	1941 年 12 月 20 日
林守相	莒南县板泉镇渊子崖村	—	男	1941 年 12 月 20 日
林庆利	莒南县板泉镇渊子崖村	—	男	1941 年 12 月 20 日
林凤斗	莒南县板泉镇渊子崖村	—	男	1941 年 12 月 20 日
林崇州	莒南县板泉镇渊子崖村	—	男	1941 年 12 月 20 日
林崇乐	莒南县板泉镇渊子崖村	—	男	1941 年 12 月 20 日
林庆学	莒南县板泉镇渊子崖村	—	男	1941 年 12 月 20 日
王康五	莒南县板泉镇渊子崖村	—	男	1941 年 12 月 20 日
林麻牌	莒南县板泉镇渊子崖村	—	男	1941 年 12 月 20 日
林小恒	莒南县板泉镇渊子崖村	—	男	1941 年 12 月 20 日
林崇松	莒南县板泉镇渊子崖村	—	男	1941 年 12 月 20 日
林庆选	莒南县板泉镇渊子崖村	—	男	1941 年 12 月 20 日
林庆成	莒南县板泉镇渊子崖村	—	男	1941 年 12 月 20 日
林凤鸣	莒南县板泉镇渊子崖村	—	男	1941 年 12 月 20 日
林崇吉	莒南县板泉镇渊子崖村	—	男	1941 年 12 月 20 日
林九雷	莒南县板泉镇渊子崖村	—	男	1941 年 12 月 20 日
林崇坤	莒南县板泉镇渊子崖村	—	男	1941 年 12 月 20 日
林崇文	莒南县板泉镇渊子崖村	—	男	1941 年 12 月 20 日
林庆一	莒南县板泉镇渊子崖村	—	男	1941 年 12 月 20 日
林庆海	莒南县板泉镇渊子崖村	—	男	1941 年 12 月 20 日
王康成	莒南县板泉镇渊子崖村	—	男	1941 年 12 月 20 日
王寿康	莒南县板泉镇渊子崖村	—	男	1941 年 12 月 20 日
林守吉	莒南县板泉镇渊子崖村	—	男	1941 年 12 月 20 日
林大笔	莒南县板泉镇渊子崖村	—	男	1941 年 12 月 20 日
林庆溪	莒南县板泉镇渊子崖村	—	男	1941 年 12 月 20 日
林守丙	莒南县板泉镇渊子崖村	—	男	1941 年 12 月 20 日
林守成	莒南县板泉镇渊子崖村	—	男	1941 年 12 月 20 日
林崇宣	莒南县板泉镇渊子崖村	—	男	1941 年 12 月 20 日
林崇秀	莒南县板泉镇渊子崖村	—	男	1941 年 12 月 20 日
林 铎	莒南县板泉镇渊子崖村	—	男	1941 年 12 月 20 日
林 成	莒南县板泉镇渊子崖村	—	男	1941 年 12 月 20 日
林京祥	莒南县板泉镇渊子崖村	—	男	1941 年 12 月 20 日
林守尊	莒南县板泉镇渊子崖村	—	男	1941 年 12 月 20 日
林守业	莒南县板泉镇渊子崖村	—	男	1941 年 12 月 20 日

姓 名	籍 贯	年 龄	性 别	死难时间
林如意	莒南县板泉镇渊子崖村	—	男	1941 年 12 月 20 日
林王氏	莒南县板泉镇渊子崖村	—	女	1941 年 12 月 20 日
王秀荣	莒南县板泉镇渊子崖村	—	男	1941 年 12 月 20 日
林邢氏	莒南县板泉镇渊子崖村	—	女	1941 年 12 月 20 日
林九氏	莒南县板泉镇渊子崖村	—	女	1941 年 12 月 20 日
林孙氏	莒南县板泉镇渊子崖村	—	女	1941 年 12 月 20 日
林 欣	莒南县板泉镇渊子崖村	—	男	1941 年 12 月 20 日
林刘氏	莒南县板泉镇渊子崖村	—	女	1941 年 12 月 20 日
林王氏	莒南县板泉镇渊子崖村	—	女	1941 年 12 月 20 日
林卞氏	莒南县板泉镇渊子崖村	—	女	1941 年 12 月 20 日
林 梁	莒南县板泉镇渊子崖村	—	男	1941 年 12 月 20 日
林老坡	莒南县板泉镇渊子崖村	—	男	1941 年 12 月 20 日
林 振	莒南县板泉镇渊子崖村	—	男	1941 年 12 月 20 日
王清洛	莒南县板泉镇渊子崖村	—	男	1941 年 12 月 20 日
王清吉	莒南县板泉镇渊子崖村	—	男	1941 年 12 月 20 日
王洪平	莒南县板泉镇渊子崖村	—	男	1941 年 12 月 20 日
王培法	莒南县板泉镇渊子崖村	—	男	1941 年 12 月 20 日
王言成	莒南县板泉镇渊子崖村	—	男	1941 年 12 月 20 日
王松平	莒南县板泉镇渊子崖村	—	男	1941 年 12 月 20 日
王言贵	莒南县板泉镇渊子崖村	—	男	1941 年 12 月 20 日
王言志	莒南县板泉镇渊子崖村	—	男	1941 年 12 月 20 日
王言常	莒南县板泉镇渊子崖村	—	男	1941 年 12 月 20 日
王寿良	莒南县板泉镇渊子崖村	—	男	1941 年 12 月 20 日
王全康	莒南县板泉镇渊子崖村	—	男	1941 年 12 月 20 日
杨景涛	莒南县板泉镇渊子崖村	—	男	1941 年 12 月 20 日
王四山	莒南县板泉镇渊子崖村	—	男	1941 年 12 月 20 日
谷恒安	莒南县板泉镇渊子崖村	—	男	1941 年 12 月 20 日
王世业	莒南县板泉镇渊子崖村	—	男	1941 年 12 月 20 日
汲傅田	莒南县板泉镇渊子崖村	—	男	1941 年 12 月 20 日
汲世友	莒南县板泉镇渊子崖村	—	男	1941 年 12 月 20 日
朱世彦	莒南县板泉镇渊子崖村	—	男	1941 年 12 月 20 日
王念文	莒南县板泉镇渊子崖村	—	男	1941 年 12 月 20 日
赵金玉	莒南县板泉镇渊子崖村	—	男	1941 年 12 月 20 日
朱圣滕	莒南县板泉镇渊子崖村	—	男	1941 年 12 月 20 日

姓 名	籍 贯	年 龄	性 别	死难时间
纪广彬	莒南县板泉镇渊子崖村	—	男	1941 年 12 月 20 日
汲傅勇	莒南县板泉镇渊子崖村	—	男	1941 年 12 月 20 日
王言君	莒南县板泉镇渊子崖村	—	男	1941 年 12 月 20 日
张思署	莒南县板泉镇渊子崖村	—	男	1941 年 12 月 20 日
朱崇增	莒南县板泉镇渊子崖村	—	男	1941 年 12 月 20 日
林昌元	莒南县板泉镇渊子崖村	—	男	1941 年 12 月 20 日
林九铭	莒南县板泉镇渊子崖村	—	男	1941 年 12 月 20 日
林庆先	莒南县板泉镇渊子崖村	—	男	1941 年 12 月 20 日
林凡芳	莒南县板泉镇渊子崖村	—	男	1941 年 12 月 20 日
林庆松	莒南县板泉镇渊子崖村	—	男	1941 年 12 月 20 日
王成康	莒南县板泉镇渊子崖村	—	男	1941 年 12 月 20 日
王言廷	莒南县板泉镇渊子崖村	—	男	1941 年 12 月 20 日
任佃保	莒南县板泉镇渊子崖村	—	男	1941 年 12 月 20 日
林文功	莒南县板泉镇渊子崖村	—	男	1941 年 12 月 20 日
林重聚	莒南县板泉镇渊子崖村	—	男	1941 年 12 月 20 日
林守真	莒南县板泉镇渊子崖村	—	男	1941 年 12 月 20 日
林九兰	莒南县板泉镇渊子崖村	—	男	1941 年 12 月 20 日
林庆俊	莒南县板泉镇渊子崖村	—	男	1941 年 12 月 20 日
林崇庆	莒南县板泉镇渊子崖村	—	男	1941 年 12 月 20 日
林九盈	莒南县板泉镇渊子崖村	—	男	1941 年 12 月 20 日
林凡庭	莒南县板泉镇渊子崖村	—	男	1941 年 12 月 20 日
林九祝之妻	莒南县板泉镇渊子崖村	—	女	1941 年 12 月 20 日
王言文	莒南县板泉镇渊子崖村	—	男	1941 年 12 月 20 日
林凡善	莒南县板泉镇渊子崖村	—	男	1941 年 12 月 20 日
林庆玉	莒南县板泉镇渊子崖村	—	男	1941 年 12 月 20 日
林祥村之母	莒南县板泉镇渊子崖村	—	女	1941 年 12 月 20 日
林芝华	莒南县板泉镇渊子崖村	—	男	1941 年 12 月 20 日
王绪金	莒南县板泉镇渊子崖村	—	男	1941 年 12 月 20 日
王克江	莒南县板泉镇后武阳村	—	男	1941 年 12 月 20 日
李春常	莒南县板泉镇后武阳村	—	男	1941 年 12 月 20 日
潘学贵	莒南县板泉镇后武阳村	—	男	1941 年 12 月 20 日
季恒生	莒南县板泉镇后武阳村	—	男	1941 年 12 月
王连堂	莒南县板泉镇后武阳村	—	男	1941 年 12 月
季立夏	莒南县板泉镇后武阳村	—	男	1941 年 12 月

姓　名	籍　贯	年　龄	性　别	死难时间
季天青	莒南县板泉镇后武阳村	—	男	1941 年 12 月
季天估	莒南县板泉镇后武阳村	—	男	1941 年 12 月
庞同志	莒南县板泉镇后东村	21	男	1941 年 12 月
高凤修	莒南县相邸镇高家安子村	22	男	1941 年
侯传克	莒南县相邸镇高庄二村	—	男	1941 年
侯家治	莒南县相邸镇高庄二村	—	男	1941 年
侯家兴	莒南县相邸镇高庄二村	—	男	1941 年
侯传娥	莒南县相邸镇高庄二村	—	男	1941 年
彭富之子	莒南县相邸镇寺西村	5	男	1941 年
彭来之子	莒南县相邸镇寺西村	17	男	1941 年
杨文皆	莒南县相邸镇杨圈村	—	男	1941 年
朱德新	莒南县团林镇小刘沙沟村	15	男	1941 年
朱正德	莒南县团林镇小刘沙沟村	18	男	1941 年
史德玉	莒南县团林镇小刘沙沟村	—	男	1941 年
刘贤毅	莒南县朱芦镇刘家彩村	35	男	1941 年
宋玉现	莒南县朱芦镇宋家村	60	男	1941 年
宋玉良	莒南县朱芦镇宋家村	67	男	1941 年
袁兆山	莒南县朱芦镇宋家村	20	男	1941 年
王为农	莒南县板泉镇尚涝坡村	—	男	1941 年
王　氏	莒南县板泉镇小胡庄村	26	女	1941 年
夏远峰	莒南县板泉镇小胡庄村	27	男	1941 年
夏召峰	莒南县板泉镇小胡庄村	59	男	1941 年
王宠举	莒南县板泉镇后东村	31	男	1941 年
传佃之父	莒南县岭泉镇中柴沟村	—	男	1941 年
传佃之兄	莒南县岭泉镇中柴沟村	—	男	1941 年
闫清业	莒南县岭泉镇小官庄村	—	男	1941 年
汲传田	莒南县岭泉镇西高岭村	28	男	1941 年
汲安余	莒南县岭泉镇西高岭村	30	男	1941 年
孙图兴	莒南县岭泉镇向阳村	40	男	1941 年
孙玉图	莒南县岭泉镇向阳村	27	男	1941 年
汲广英	莒南县岭泉镇殷家庄村	30	女	1941 年
宋玉堂	莒南县岭泉镇前左山村	26	男	1941 年
李春图	莒南县岭泉镇前左山村	27	男	1941 年
孙圣昌	莒南县岭泉镇前左山村	40	男	1941 年

姓　名	籍　贯	年龄	性别	死难时间
蒋梅远	莒南县岭泉镇孙怪草村	19	男	1941 年
胡百胜	莒南县岭泉镇孙怪草村	24	男	1941 年
张文吉	莒南县坪上镇七里沟村	29	男	1941 年
赵凤伍	莒南县坪上镇赵家道村峪村	26	男	1941 年
王安乐	莒南县坪上镇清泉林村	—	男	1941 年
惠兆奎	莒南县洙边镇前净埠村	—	男	1941 年
惠庆海	莒南县洙边镇前净埠村	—	男	1941 年
惠德岭	莒南县洙边镇前净埠村	—	男	1941 年
惠兆行	莒南县洙边镇前净埠村	—	男	1941 年
刘怀贵之大娘	莒南县石莲子镇郝家庄村	40	女	1941 年
夏良彬	莒南县涝坡镇夏家沟村	25	男	1941 年
夏献廷	莒南县涝坡镇夏家沟村	60	男	1941 年
夏凤任	莒南县涝坡镇夏家沟村	55	男	1941 年
庄缩三	莒南县涝坡镇夏家沟村	65	男	1941 年
夏仕皿	莒南县涝坡镇夏家沟村	70	男	1941 年
夏月太	莒南县涝坡镇夏家沟村	65	男	1941 年
王乐文	莒南县涝坡镇西山村	20	男	1941 年
魏绪宝	莒南县文疃镇魏家潘店村	—	男	1941 年
魏茂同	莒南县文疃镇魏家潘店村	—	男	1941 年
孙佃年	莒南县文疃镇魏家潘店村	24	男	1941 年
魏延胡	莒南县文疃镇魏家潘店村	35	男	1941 年
郑藏冲	莒南县文疃镇文疃村	60	男	1941 年
郑世琛	莒南县文疃镇大薛庆村	52	男	1941 年
卢见臣	莒南县文疃镇大薛庆村	41	男	1941 年
郑金由	莒南县文疃镇大薛庆村	52	男	1941 年
郑丙节	莒南县文疃镇大薛庆村	36	男	1941 年
郑主中	莒南县文疃镇大薛庆村	50	男	1941 年
郑世俊	莒南县文疃镇大薛庆村	52	男	1941 年
陈茂德	莒南县文疃镇北店村	47	男	1941 年
杜文胜	莒南县汀水镇杜家汀河村	23	男	1941 年
杜文南	莒南县汀水镇杜家汀河村	18	男	1941 年
王宗贤	莒南县汀水镇王家沟村	52	男	1941 年
王宗贤之次子	莒南县汀水镇王家沟村	32	男	1941 年
徐　×	莒南县洙边镇清水涧村	—	男	1942 年 3 月

姓 名	籍 贯	年 龄	性 别	死难时间
王振举	莒南县大店镇天湖村	40	男	1942 年 3 月
王文亮	莒南县大店镇天湖村	40	男	1942 年 3 月
王占起	莒南县大店镇九村	30	男	1942 年 5 月 7 日
尹圣玲	莒南县筵宾镇尹家庄村	16	男	1942 年 7 月
尹世珍	莒南县筵宾镇尹家庄村	46	男	1942 年 7 月
尹世臣之妻	莒南县镇筵宾尹家庄村	21	女	1942 年 7 月
尹世臣之女	莒南县镇筵宾尹家庄村	6 个月	女	1942 年 7 月
尹德田	莒南县筵宾镇尹家庄村	18	男	1942 年 7 月
尹世月	莒南县筵宾镇尹家庄村	21	男	1942 年 7 月
尹世贵之祖母	莒南县筵宾镇尹家庄村	21	女	1942 年 7 月
尹世江之妹	莒南县筵宾镇尹家庄村	19	女	1942 年 7 月
孙运合之妻	莒南县筵宾镇尹家庄村	17	女	1942 年 7 月
尹节宾	莒南县筵宾镇尹家庄村	21	男	1942 年 7 月
尹世西	莒南县筵宾镇尹家庄村	21	男	1942 年 7 月
尹圣元	莒南县筵宾镇尹家庄村	31	男	1942 年 7 月
尹圣一	莒南县筵宾镇尹家庄村	30	男	1942 年 7 月
王富九	莒南县大店镇彭家仕沟东村	59	男	1942 年 7 月
冯万祥	莒南县大店镇彭家仕沟东村	57	男	1942 年 7 月
周玉泉	莒南县大店镇周家坡子村	22	男	1942 年 7 月
王春太	莒南县板泉镇大白常村	24	男	1942 年 11 月 2 日
王言简	莒南县板泉镇大白常村	38	男	1942 年 11 月 2 日
王礼本	莒南县板泉镇大白常村	38	男	1942 年 11 月 2 日
王金宝	莒南县板泉镇大白常村	—	男	1942 年 11 月 2 日
杨玉吉	莒南县十字路镇白龙居	19	男	1942 年 11 月
石平安	莒南县十字路镇白龙居	21	男	1942 年 11 月
彭春之二兄	莒南县相邸镇寺西村	32	男	1942 年
张玉吉	莒南县相邸镇张家相邸村	—	男	1942 年
张承吉	莒南县相邸镇张家相邸村	—	男	1942 年
鲁从林	莒南县团林镇鲁沙沟村	19	男	1942 年
王灯孝之母	莒南县团林镇大王沙沟村	69	女	1942 年
刘为正	莒南县朱芦镇刘家东山村	29	男	1942 年
刘兴武	莒南县朱芦镇刘家东山村	33	男	1942 年
刘世星	莒南县朱芦镇刘家东山村	27	男	1942 年
刘为兰	莒南县朱芦镇刘家东山村	31	男	1942 年

姓 名	籍 贯	年 龄	性 别	死难时间
刘现富	莒南县朱芦镇刘家东山村	34	男	1942 年
张怀庆	莒南县朱芦镇璇子村	50	男	1942 年
张成同	莒南县朱芦镇璇子村	49	男	1942 年
常××	莒南县朱芦镇璇子村	—	男	1942 年
杨会珠	莒南县相沟乡杨三义村	—	男	1942 年
杨京化	莒南县相沟乡杨三义村	—	男	1942 年
杨茂堂	莒南县相沟乡杨家三义村	—	男	1942 年
头 岗	莒南县相沟乡杨家三义村	—	男	1942 年
朱士昌	莒南县相沟乡杨家三义村	—	男	1942 年
朱崇曾	莒南县板泉镇潘庄村	31	男	1942 年
孟 良	莒南县板泉镇潘庄村	27	男	1942 年
王为成	莒南县板泉镇尚涝坡村	—	男	1942 年
宋同连	莒南县筵宾镇筵宾村	28	男	1942 年
孙玉田	莒南县筵宾镇刘家水磨村	—	男	1942 年
孙守太	莒南县筵宾镇刘家水磨村	—	男	1942 年
王永霖	莒南县筵宾镇山前村	18	男	1942 年
徐广田	莒南县筵宾镇山前村	18	男	1942 年
王洪仁	莒南县筵宾镇山前村	37	男	1942 年
董怀玉	莒南县筵宾镇山前村	—	男	1942 年
王康旗	莒南县板泉镇葛家宅子村	15	男	1942 年
于文合	莒南县岭泉镇于家涝子村	21	男	1942 年
于得信	莒南县岭泉镇于家涝子村	23	男	1942 年
闫桂折	莒南县岭泉镇大圣堂村	70	男	1942 年
全村之父	莒南县岭泉镇中柴沟村	—	男	1942 年
孙传征	莒南县岭泉镇梨杭村	23	男	1942 年
孙永学	莒南县岭泉镇梨杭村	60	男	1942 年
王四森	莒南县岭泉镇小官庄村	—	男	1942 年
孙洪齐	莒南县岭泉镇前柴沟村	48	男	1942 年
刘德夫之祖母	莒南县岭泉镇东石沟村	72	女	1942 年
陈玉堂	莒南县石莲子镇郝家岭村	—	男	1942 年
腾绪合	莒南县坪上镇大山河村	—	男	1942 年
冯睛存	莒南县壮岗镇东演马村	—	男	1942 年
陈永考	莒南县壮岗镇陈家老窝村	—	男	1942 年
陈有善	莒南县壮岗镇陈家老窝村	—	男	1942 年

姓 名	籍 贯	年 龄	性 别	死难时间
付广全	莒南县壮岗镇陈家老窝村	—	男	1942 年
徐相玉	莒南县壮岗镇泥塘沟村	—	男	1942 年
刘希斋	莒南县洙边镇洙边村	—	男	1942 年
刘少俭	莒南县洙边镇洙边村	—	男	1942 年
陈兆田	莒南县洙边镇东夹河村	18	男	1942 年
陈兴业之妻	莒南县洙边镇东夹河村	—	女	1942 年
陈洪美	莒南县洙边镇东夹河村	—	男	1942 年
武茂荣	莒南县洙边镇东夹河村	—	男	1942 年
王希增	莒南县洙边镇中书院村	—	男	1942 年
宋玉可	莒南县洙边镇中书院村	—	男	1942 年
葛秀勇	莒南县洙边镇葛家山村	—	男	1942 年
葛干炸	莒南县洙边镇葛家山村	—	男	1942 年
刘纪高	莒南县洙边镇刘家莲子坡村	30	男	1942 年
刘姚氏	莒南县洙边镇刘家莲子坡村	37	女	1942 年
刘希谦	莒南县洙边镇三界首二村	55	男	1942 年
石登亮	莒南县洙边镇三界首二村	34	男	1942 年
刘庆林	莒南县洙边镇三界首二村	30	男	1942 年
石立友	莒南县洙边镇三界首二村	26	男	1942 年
王日修	莒南县大店镇狮子口村	18	男	1942 年
王 法	莒南县大店镇狮子口村	30	男	1942 年
陈 西	莒南县道口乡北集村	28	男	1942 年
滕 功	莒南县文疃镇滕家河村	40	男	1942 年
滕后之妹	莒南县文疃镇滕家河村	20	女	1942 年
王 斗	莒南县文疃镇滕家河村	60	男	1942 年
滕绪祥	莒南县文疃镇滕家河村	48	男	1942 年
左二嘲	莒南县文疃镇左家沟村	55	男	1942 年
陈希分	莒南县文疃镇看马庄村	38	男	1942 年
张 和	莒南县文疃镇东薛庆村	42	男	1942 年
魏绪森	莒南县文疃镇东薛庆村	—	男	1942 年
徐世花	莒南县文疃镇东薛庆村	—	男	1942 年
徐士顿	莒南县文疃镇东薛庆村	38	男	1942 年
张守康	莒南县文疃镇东薛庆村	20	男	1942 年
张兴文	莒南县文疃镇城山后村	42	男	1942 年
尉玉青	莒南县文疃镇东薛庆村	50	男	1942 年

姓 名	籍 贯	年 龄	性 别	死难时间
孟现福	莒南县文疃镇薛庆村	72	男	1942 年
李早年	莒南县坊前镇黄山前村	59	男	1942 年
韩太西	莒南县坊前镇黄山前村	45	男	1942 年
韩 忠	莒南县坊前镇黄山前村	48	男	1942 年
徐标一	莒南县坊前镇黑龙坡村	21	男	1942 年
邱同奎	莒南县坊前镇邱官庄村	31	男	1942 年
邱同新	莒南县坊前镇邱官庄村	29	男	1942 年
邱同行	莒南县坊前镇邱官庄村	35	男	1942 年
邱同群	莒南县坊前镇邱官庄村	30	男	1942 年
杨海年	莒南县坊前镇竹墩村	23	男	1942 年
徐连祥	莒南县坊前镇大坊前村	30	男	1942 年
徐运田	莒南县坊前镇朱梅村	28	男	1942 年
徐广环	莒南县坊前镇朱梅村	20	男	1942 年
徐广凤	莒南县坊前镇朱梅村	32	男	1942 年
徐传一	莒南县坊前镇朱梅村	24	男	1942 年
徐茂田	莒南县坊前镇朱梅村	22	男	1942 年
高学东	莒南县汀水镇高家埠村	51	男	1942 年
陈迎春	莒南县道口乡陈家湖村	20	男	1942 年
陈少升	莒南县坪上镇石河村	—	男	1943 年 2 月
许 志	莒南县大店镇九村	30	男	1943 年 2 月
李二毛	莒南县相沟乡相沟街村	22	男	1943 年 3 月
张钦奎	莒南县相沟乡相沟街村	23	男	1943 年 3 月
时玉明	莒南县大店镇盘龙官庄村	16	男	1943 年 3 月
朱连山	莒南县大店镇盘龙官庄村	18	男	1943 年 3 月
王修文	莒南县大店镇斜方村	15	男	1943 年 3 月
赵立胜	莒南县石莲子镇侯疃家后村	24	男	1943 年 3 月
赵时林	莒南县石莲子镇侯疃家后村	9	男	1943 年 3 月
王学文	莒南县壮岗镇芦山前村	60	男	1943 年 3 月
王继同	莒南县壮岗镇芦山前村	20	男	1943 年 3 月
瞿焕宗	莒南县壮岗镇芦山前村	61	男	1943 年 3 月
王朝田	莒南县洙边镇扶兰官庄村	34	男	1943 年春
季奎一	莒南县大店镇后惠子坡村	51	男	1943 年 4 月
沈清河	莒南县大店镇庄王埠墩村	22	男	1943 年 6 月
庄贡一	莒南县大店镇庄王埠墩村	28	男	1943 年 6 月

姓 名	籍 贯	年 龄	性 别	死难时间
孙长增	莒南县大店镇庄王埠墩村	21	男	1943 年 6 月
郭顺江	莒南县大店镇郭家埠墩村	45	男	1943 年 6 月
李 孟	莒南县筵宾镇李家园村	20	男	1943 年 7 月
李兴密	莒南县筵宾镇李家园村	25	男	1943 年 7 月
李 英	莒南县筵宾镇李家园村	27	男	1943 年 7 月
李英之妻	莒南县筵宾镇李家园村	23	女	1943 年 7 月
李娟之姑	莒南县筵宾镇李家园村	22	女	1943 年 7 月
王运善	莒南县洙边镇崖子村	47	男	1943 年 8 月 4 日
王公端	莒南县洙边镇崖子村	49	男	1943 年 8 月 4 日
王兆庆	莒南县洙边镇大高庄村	37	男	1943 年秋
王恩华	莒南县洙边镇大高庄村	40	男	1943 年秋
王恩华之妻	莒南县洙边镇大高庄村	40	女	1943 年秋
王恩华之女	莒南县洙边镇大高庄村	6	女	1943 年秋
王恩华之女	莒南县洙边镇大高庄村	1	女	1943 年秋
王恩华之子	莒南县洙边镇大高庄村	3	男	1943 年秋
王三能	莒南县洙边镇大高庄村	53	男	1943 年秋
高从征	莒南县洙边镇大高庄村	37	男	1943 年秋
韩秀峰	莒南县十字路镇虎山泉村	34	男	1943 年冬
明 明	莒南县十字路镇虎山泉村	8	男	1943 年冬
兵	莒南县十字路镇虎山泉村	8	男	1943 年冬
李全芹	莒南县十字路镇虎山泉村	20	男	1943 年冬
王朋记	莒南县相沟乡	20	男	1943 年
王青青	莒南县相沟乡西北庄村	—	男	1943 年
刘洪贵	莒南县相沟乡西北庄村	—	男	1943 年
史德宝	莒南县板泉镇岚峨沟村	—	男	1943 年
史德照	莒南县板泉镇岚峨沟村	—	男	1943 年
葛夫堂	莒南县板泉镇尚涝坡村	—	男	1943 年
王为习	莒南县板泉镇尚涝坡村	—	男	1943 年
文 安	莒南县筵宾镇范家水磨村	32	男	1943 年
邢玉刚	莒南县筵宾镇邢家水磨村	31	男	1943 年
邢堂之妻	莒南县筵宾镇邢家水磨村	30	女	1943 年
王葛氏	莒南县板泉镇后东村	37	女	1943 年
希成之父	莒南县岭泉镇中柴沟村	—	男	1943 年
王京文	莒南县岭泉镇小官庄村	—	男	1943 年

姓 名	籍 贯	年龄	性别	死难时间
闫清岭	莒南县岭泉镇小官庄村	—	男	1943 年
闫敬仪	莒南县岭泉镇小官庄村	—	男	1943 年
宋克荣	莒南县岭泉镇河南石沟村	—	男	1943 年
王传皿	莒南县岭泉镇河南石沟村	—	男	1943 年
孙家登	莒南县坪上镇朱府村	26	男	1943 年
王杏德	莒南县坪上镇王家道村峪村	—	男	1943 年
王格平	莒南县坪上镇后野泉村	27	男	1943 年
冯祥存	莒南县壮岗镇东演马村	—	男	1943 年
潘京彬	莒南县壮岗镇潘家岭村	—	男	1943 年
潘京松	莒南县壮岗镇潘家岭村	—	男	1943 年
潘运龙	莒南县壮岗镇潘家岭村	—	男	1943 年
张路山	莒南县洙边镇西龙掌村	22	男	1943 年
高 大	莒南县洙边镇胡家岭村	—	男	1943 年
胡道何	莒南县洙边镇胡家岭村	—	男	1943 年
范文奎之妻	莒南县洙边镇界首一村	—	女	1943 年
王希恩	莒南县洙边镇界首一村	—	男	1943 年
宋兆现	莒南县洙边镇东书院村	—	男	1943 年
武洪义	莒南县洙边镇东书院村	—	男	1943 年
李开荣	莒南县大店镇崮北头村	27	男	1943 年
李贵晨	莒南县大店镇崮北头村	22	男	1943 年
彭学全	莒南县大店镇五村	—	男	1943 年
王从周	莒南县大店镇五村	—	男	1943 年
李 广	莒南县石莲子镇李家埠村	28	男	1943 年
陈灯松	莒南县石莲子镇陈家宅子村	24	男	1943 年
魏延俊	莒南县涝坡镇严家沟村	60	男	1943 年
魏延聘	莒南县涝坡镇严家沟村	64	男	1943 年
张庆虎	莒南县坊前镇前桃花林村	21	男	1943 年
张庆君	莒南县坊前镇前桃花林村	20	男	1943 年
张夫柱	莒南县坊前镇前桃花林村	23	男	1943 年
张庆玉	莒南县坊前镇前桃花林村	21	男	1943 年
张同臻	莒南县坊前镇前桃花林村	24	男	1943 年
张环年	莒南县筵宾镇筵宾村	34	男	1944 年 2 月
史兴业	莒南县大店镇史家坡子村	19	男	1944 年 3 月
王文双	莒南县大店镇王家坡子村	—	男	1944 年 3 月

姓名	籍贯	年龄	性别	死难时间
王文贵	莒南县大店镇王家坡子村	—	男	1944 年 3 月
赵凤连	莒南县大店镇王家坡子村	—	男	1944 年 3 月
王振英	莒南县大店镇王家坡子村	—	男	1944 年 3 月
王文彬之女	莒南县大店镇一村	—	女	1944 年 3 月
李景俊	莒南县大店镇一村	—	男	1944 年 3 月
刘同岭之妻	莒南县筵宾镇刘家水磨村	—	女	1944 年 3 月
王均达	莒南县团林镇小官庄村	—	男	1944 年 4 月
薛明素	莒南县筵宾镇薛家水磨村	—	男	1944 年 5 月
薛天录	莒南县筵宾镇薛家水磨村	—	男	1944 年 5 月
厉永凤	莒南县坪上镇山底村	30	男	1944 年 7 月
薄自早	莒南县坪上镇山底村	28	男	1944 年 7 月
厉玉祥	莒南县坪上镇山底村	50	男	1944 年 7 月
薄自娥	莒南县坪上镇山底村	47	男	1944 年 7 月
朱秀贤	莒南县坪上镇山底村	48	男	1944 年 7 月
薄凤代	莒南县坪上镇山底村	46	男	1944 年 7 月
薄凤绍	莒南县坪上镇山底村	47	男	1944 年 7 月
张宝珍	莒南县坪上镇小坡村	35	男	1944 年 8 月 20 日
闫夫车	莒南县相邸镇大峪崖村	—	男	1944 年 8 月
闫为欣	莒南县相邸镇大峪崖村	—	男	1944 年 8 月
为杰之母	莒南县相邸镇大峪崖村	—	女	1944 年 8 月
为杰之姐	莒南县相邸镇大峪崖村	—	女	1944 年 8 月
为峰之父	莒南县相邸镇大峪崖村	—	男	1944 年 8 月
为峰	莒南县相邸镇大峪崖村	—	男	1944 年 8 月
汝柱之父	莒南县相邸镇大峪崖村	—	男	1944 年 8 月
汝柱之母	莒南县相邸镇大峪崖村	—	女	1944 年 8 月
闫振友	莒南县相邸镇大峪崖村	—	男	1944 年 8 月
闫振友之妻	莒南县相邸镇大峪崖村	—	女	1944 年 8 月
闫振友之子	莒南县相邸镇大峪崖村	—	男	1944 年 8 月
闫夫举	莒南县相邸镇大峪崖村	—	男	1944 年 8 月
闫夫举之子	莒南县相邸镇大峪崖村	—	男	1944 年 8 月
闫夫爱	莒南县相邸镇大峪崖村	—	男	1944 年 8 月
程茂岭	莒南县十字路镇官岭前村	23	男	1944 年 8 月
刘加春	莒南县十字路镇官岭前村	—	男	1944 年 8 月
薄自田	莒南县坪上镇大山空村	48	男	1944 年 8 月

姓 名	籍 贯	年龄	性别	死难时间
谭学利	莒南县坪上镇三村	44	男	1944 年 8 月
庄子和	莒南县大店镇七村	50	男	1944 年 9 月
董德法	莒南县大店镇八村	20	男	1944 年 9 月
王　廷	莒南县大店镇八村	22	男	1944 年 9 月
丁月连	莒南县大店镇八村	21	男	1944 年 9 月
王兰昌	莒南县大店镇八村	24	男	1944 年 9 月
黄金先	莒南县团林镇鲍家庄村	—	男	1944 年 10 月
丁立功	莒南县团林镇鲍家庄村	—	男	1944 年 10 月
王洪一	莒南县团林镇王黄所村	—	男	1944 年 10 月
张明收	莒南县团林镇王黄所村	40	男	1944 年 10 月
陈永斋	莒南县团林镇朋河石村	—	男	1944 年 10 月
徐为来	莒南县岭泉镇后左山村	52	男	1944 年 10 月
徐　收	莒南县岭泉镇后左山村	12	男	1944 年 10 月
徐兴风	莒南县岭泉镇后左山村	35	男	1944 年 10 月
王思礼	莒南县十字路镇沟头村	29	男	1944 年 12 月
韩宝珍之妻	莒南县壮岗镇店子街村	24	女	1944 年 12 月
韩宝珍之子	莒南县壮岗镇店子街村	—	男	1944 年 12 月
韩宝珍之女	莒南县壮岗镇店子街村	5	女	1944 年 12 月
徐向亮之母	莒南县壮岗镇店子街村	30	女	1944 年 12 月
董聚太	莒南县相邸镇南高庄村	26	男	1944 年
宋广任	莒南县相邸镇南高庄村	22	男	1944 年
宋永福	莒南县相邸镇南高庄村	21	男	1944 年
杜士元	莒南县相邸镇大岭村	46	男	1944 年
孙家根	莒南县相邸镇孙家沟村	24	男	1944 年
孙家房	莒南县相邸镇孙家沟村	27	男	1944 年
孙明选	莒南县相邸镇孙家沟村	29	男	1944 年
孙家星	莒南县相邸镇孙家沟村	27	男	1944 年
王希田	莒南县十字路镇王家欢疃沟村	19	男	1944 年
吴汉岭	莒南县十字路镇东良店村	—	男	1944 年
潘兆山	莒南县相沟乡西高庄村	23	男	1944 年
张成任	莒南县相沟乡西高庄村	19	男	1944 年
孙崇科	莒南县筵宾镇前辛庄村	23	男	1944 年
王发胜	莒南县筵宾镇前辛庄村	29	男	1944 年
孙乐升	莒南县筵宾镇前辛庄村	24	男	1944 年

姓 名	籍 贯	年 龄	性 别	死难时间
徐少修	莒南县筵宾镇泉龙头村	22	男	1944 年
胡 四 丶	莒南县筵宾镇泉龙头村	22	男	1944 年
徐志一	莒南县筵宾镇山前村	29	男	1944 年
徐召德	莒南县筵宾镇山前村	44	男	1944 年
闫怀善	莒南县岭泉镇大圣堂村	30	男	1944 年
闫冠三	莒南县岭泉镇大圣堂村	20	男	1944 年
闫西太	莒南县岭泉镇大圣堂村	27	男	1944 年
宋培轻之父	莒南岭泉县镇中柴沟村	—	男	1944 年
宋培轻之兄	莒南县岭泉镇中柴沟村	—	男	1944 年
玉兰之姑	莒南县岭泉镇中柴沟村	—	女	1944 年
玉兰之父	莒南县岭泉镇中柴沟村	—	男	1944 年
金峰之祖母	莒南县岭泉镇中柴沟村	—	女	1944 年
刘洪文	莒南县岭泉镇刘徐岭村	41	男	1944 年
刘金廷	莒南县岭泉镇刘徐岭村	22	男	1944 年
殷相金	莒南县岭泉镇殷家庄村	50	男	1944 年
李小二	莒南县岭泉镇西怪草村	52	男	1944 年
胡广太	莒南县岭泉镇孙怪草村	42	男	1944 年
李乃仓	莒南县坪上镇竹园村	25	男	1944 年
孙平章	莒南县坪上镇竹园村	44	男	1944 年
孙梦玲	莒南县坪上镇竹园村	61	男	1944 年
李深之妻	莒南县坪上镇竹园村	70	女	1944 年
王 象	莒南县坪上镇王家道村峪村	—	男	1944 年
孙运书	莒南县坪上镇前野泉村	32	男	1944 年
刘希管	莒南县坪上镇后野泉村	27	男	1944 年
王允霞	莒南县壮岗镇朱城村	18	男	1944 年
王永岭	莒南县壮岗镇演马村	29	男	1944 年
李高词	莒南县壮岗镇东演马村	—	男	1944 年
王安思	莒南县壮岗镇严乔旺村	—	男	1944 年
张京任	莒南县洙边镇张家石门村	—	男	1944 年
张洪祥	莒南县洙边镇张家石门村	—	男	1944 年
卞洪祥	莒南县洙边镇张家石门村	—	男	1944 年
张见松	莒南县洙边镇张家石门村	—	男	1944 年
惠庆荣	莒南县洙边镇前净埠村	—	男	1944 年
贾仕兰	莒南县洙边镇北龙掌村	—	男	1944 年

姓　名	籍　贯	年　龄	性　别	死难时间
贾仕荣	莒南县洙边镇北龙掌村	—	男	1944 年
刘元宝	莒南县洙边镇北龙掌村	—	男	1944 年
刘玉仲	莒南县洙边镇北龙掌村	—	男	1944 年
刘玉平	莒南县洙边镇北龙掌村	—	男	1944 年
刘元聚	莒南县洙边镇北龙掌村	—	男	1944 年
刘希岳	莒南县洙边镇北龙掌村	—	男	1944 年
段灯奎	莒南县洙边镇段家沟村	—	男	1944 年
克丕洋	莒南县洙边镇石门涧村	—	男	1944 年
克西峰	莒南县洙边镇石门涧村	—	男	1944 年
陈兆斋	莒南县洙边镇石门涧村	—	男	1944 年
鲁从重	莒南县洙边镇石门涧村	—	男	1944 年
陈石塘	莒南县洙边镇石门涧村	—	男	1944 年
鲁绪芝	莒南县洙边镇石门涧村	—	男	1944 年
陈兆伟	莒南县洙边镇石门涧村	—	男	1944 年
陈兆友	莒南县洙边镇石门涧村	—	男	1944 年
刘成存	莒南县大店镇刘家山村	23	男	1944 年
王久成	莒南县大店镇大店二村	17	男	1944 年
史培章	莒南县大店镇大店二村	18	男	1944 年
陈　钦	莒南县道口乡陈家埠村	25	男	1944 年
汲传勇	莒南县道口乡躲水庄	57	男	1944 年
汲传学	莒南县道口乡躲水庄	32	男	1944 年
汲清圣	莒南县道口乡躲水庄	66	男	1944 年
汲传喜	莒南县道口乡躲水庄	43	男	1944 年
汲传亮	莒南县道口乡躲水庄	32	男	1944 年
汲世友	莒南县道口乡躲水庄	44	男	1944 年
汲传山	莒南县道口乡躲水庄	53	男	1944 年
唐明道	莒南县壮岗镇壮岗村	47	男	1944 年
鲁统聚	莒南县壮岗镇壮岗村	34	男	1944 年
葛东祥	莒南县涝坡镇薄板台村	27	男	1944 年
卢见迎	莒南县涝坡镇大涝坡村	40	男	1944 年
卢慎明	莒南县涝坡镇大涝坡村	27	男	1944 年
卢庆章	莒南县涝坡镇大涝坡村	25	男	1944 年
卢兆安	莒南县涝坡镇大涝坡村	24	男	1944 年
张月怀	莒南县涝坡镇柿树园村	—	男	1944 年

姓　名	籍　贯	年龄	性别	死难时间
孙为同	莒南县文疃镇东上涧村	58	男	1944 年
朱凤新	莒南县坊前镇朱家洼子村	30	男	1944 年
朱礼花	莒南县坊前镇朱家洼子村	10	男	1944 年
朱历介	莒南县坊前镇朱家洼子村	22	男	1944 年
鲁宗花	莒南县坊前镇朱家洼子村	22	男	1944 年
朱正民之母	莒南县坊前镇朱家洼子村	35	女	1944 年
王丙言	莒南县坊前镇王家坊前村	28	男	1944 年
王相义	莒南县坊前镇王家坊前村	26	男	1944 年
王公方	莒南县坊前镇王家坊前村	24	男	1944 年
王思芹	莒南县坊前镇王家坊前村	18	男	1944 年
史振平	莒南县坊前镇王家坊前村	21	男	1944 年
韩玉修	莒南县坊前镇可乐坡村	37	男	1944 年
马世福	莒南县坊前镇可乐坡村	27	男	1944 年
张振宽	莒南县坊前镇可乐坡村	35	男	1944 年
付同祥	莒南县坊前镇桑庄村	27	男	1944 年
陈廷师	莒南县汀水镇墩后村	30	男	1944 年
陈风月	莒南县道口乡陈家埠村	25	男	1944 年
陈 杰	莒南县道口乡陈家埠村	30	男	1944 年
李乃许	莒南县坪上镇李家洼子村	—	男	1945 年 1 月
王安东	莒南县坪上镇清泉林村	—	男	1945 年 1 月
商佃法之母	莒南县大店镇庄家滩井子村	50	女	1945 年 1 月
程月福	莒南县大店镇庄家滩井子村	39	男	1945 年 1 月
庄会合	莒南县大店镇庄家滩井子村	21	男	1945 年 1 月
孙秀年	莒南县板泉镇马槽头村	27	男	1945 年 2 月
解 会	莒南县筵宾镇老子峪村	25	男	1945 年 3 月
解西德	莒南县筵宾镇老子峪村	21	男	1945 年 3 月
解 法	莒南县筵宾镇老子峪村	23	男	1945 年 3 月
解立德	莒南县筵宾镇老子峪村	44	男	1945 年 3 月
姜成杰	莒南县筵宾镇老子峪村	42	男	1945 年 3 月
解友法	莒南县筵宾镇老子峪村	43	男	1945 年 3 月
解全一	莒南县筵宾镇老子峪村	35	男	1945 年 3 月
解连珍	莒南县筵宾镇老子峪村	45	男	1945 年 3 月
解知法	莒南县筵宾镇老子峪村	17	男	1945 年 3 月
杨文街	莒南县相邸镇杨家岭村	—	男	1945 年 4 月

続表

姓 名	籍 贯	年 龄	性 别	死难时间
徐佃俊	莒南县筵宾镇团埠子村	45	男	1945 年 4 月
徐 迟	莒南县筵宾镇团埠子村	74	男	1945 年 4 月
许文运	莒南县筵宾镇团埠子村	38	男	1945 年 4 月
胡玉友	莒南县筵宾镇团埠子村	53	男	1945 年 4 月
胡 开	莒南县筵宾镇团埠子村	45	男	1945 年 4 月
胡成勇	莒南县筵宾镇团埠子村	38	男	1945 年 4 月
胡茂亭	莒南县筵宾镇团埠子村	37	男	1945 年 4 月
尹节池	莒南县筵宾镇西集西村	34	男	1945 年 4 月
尹节美	莒南县筵宾镇西集西村	37	男	1945 年 4 月
尹世都	莒南县筵宾镇西集西村	40	男	1945 年 4 月
郝明影	莒南县筵宾镇西集西村	31	男	1945 年 4 月
郝明友	莒南县筵宾镇西集西村	45	男	1945 年 4 月
郝明克	莒南县筵宾镇西集西村	30	男	1945 年 4 月
郝常吉	莒南县筵宾镇西集西村	39	男	1945 年 4 月
彭风点	莒南县大店镇甲子山村	—	男	1945 年 4 月
彭风暖	莒南县大店镇甲子山村	—	男	1945 年 4 月
彭风柱	莒南县大店镇甲子山村	—	男	1945 年 4 月
彭有祥	莒南县大店镇甲子山村	—	男	1945 年 4 月
彭九苓	莒南县大店镇彭家仕沟西村	20	男	1945 年 4 月
滕治花	莒南县大店镇彭家仕沟西村	23	男	1945 年 4 月
彭立海	莒南县大店镇彭家仕沟西村	29	男	1945 年 4 月
孙玉柱之父	莒南县大店镇四村	—	男	1945 年 4 月
马世全	莒南县大店镇横沟村	26	男	1945 年 5 月
徐月松之兄	莒南县筵宾镇集前村	—	男	1945 年 5 月
徐克春之父	莒南县筵宾镇集前村	—	男	1945 年 5 月
彭明贤	莒南县洙边镇马家峪村	—	男	1945 年 6 月
马成义	莒南县朱芦镇横沟村	23	男	1945 年 7 月
王孝臣之子	莒南县大店镇七村	25	男	1945 年 7 月
徐守田	莒南县坪上镇东南沟河村	25	男	1945 年 8 月
吴顺祥	莒南县坪上镇东南沟河村	—	男	1945 年 8 月
王西堂	莒南县相邸镇新寺后村	—	男	1945 年
王俊梅	莒南县相邸镇新寺后村	—	男	1945 年
高纪春	莒南县相邸镇南高庄村	19	男	1945 年
董聚美	莒南县相邸镇南高庄村	25	男	1945 年

姓 名	籍 贯	年 龄	性 别	死难时间
万善桃	莒南县相邸镇南高庄村	21	男	1945 年
万彦怀	莒南县相邸镇南高庄村	16	男	1945 年
王洪升	莒南县十字路镇王家欢疃沟村	20	男	1945 年
王希松	莒南县十字路镇王家欢疃沟村	19	男	1945 年
张 红	莒南县十字路镇西赤石沟村	—	男	1945 年
刘希学	莒南县十字路镇沟头村	30	男	1945 年
赵德义	莒南县板泉镇赵家临沭村	24	男	1945 年
赵德运	莒南县板泉镇赵家临沭村	24	男	1945 年
滕济明	莒南县筵宾镇后下河村	—	男	1945 年
滕春济	莒南县筵宾镇后下河村	—	男	1945 年
李凤早	莒南县筵宾镇齐庄子村	20	男	1945 年
孙学文	莒南县筵宾镇齐庄子村	23	男	1945 年
孙 芳	莒南县筵宾镇齐庄子村	28	男	1945 年
孙宝吉	莒南县筵宾镇齐庄子村	53	男	1945 年
孙学伍	莒南县筵宾镇齐庄子村	17	男	1945 年
李永连	莒南县筵后镇齐庄子村	27	男	1945 年
杜学文	莒南县筵宾镇前泉龙头村	32	男	1945 年
徐百斋	莒南县筵宾镇前泉龙头村	40	男	1945 年
徐广芳	莒南县筵宾镇前泉龙头村	18	男	1945 年
杨树松	莒南县筵宾镇前泉龙头村	25	男	1945 年
徐广余	莒南县筵宾镇前泉龙头村	30	男	1945 年
徐百涛	莒南县筵宾镇前泉龙头村	2	男	1945 年
徐广科	莒南县筵宾镇前泉龙头村	20	男	1945 年
徐广德	莒南县筵宾镇前泉龙头村	—	男	1945 年
杜永勋	莒南县筵宾镇前泉龙头村	—	男	1945 年
杜兴胜	莒南县筵宾镇前泉龙头村	—	男	1945 年
胡长文	莒南县筵宾镇山前村	35	男	1945 年
李观民	莒南县板泉镇后东村	—	男	1945 年
朱孟珍	莒南县板泉镇后东村	—	男	1945 年
高秀贞	莒南县板泉镇后东村	—	男	1945 年
孟练之子	莒南县板泉镇后东村	—	男	1945 年
陈庆文	莒南县板泉镇后东村	17	男	1945 年
邢都善	莒南县大店镇庄家滩井村	6	男	1945 年
薛连琨	莒南县大店镇薛家道口村	51	男	1945 年

姓 名	籍 贯	年 龄	性 别	死难时间
薛连珍	莒南县大店镇薛家道口村	37	男	1945 年
魏学密	莒南县大店镇薛家道口村	39	男	1945 年
薛 荣	莒南县大店镇薛家道口村	67	男	1945 年
李半碗	莒南县岭泉镇孙怪草村	42	男	1945 年
于贵芳	莒南县壮岗镇东演马村	—	男	1945 年
王位礼	莒南县壮岗镇东演马村	—	男	1945 年
王孝通	莒南县壮岗镇南竹园村	25	男	1945 年
高允春	莒南县壮岗镇芦山前村	21	男	1945 年
聂昌义	莒南县洙边镇聂家庄子村	31	男	1945 年
丁兆连	莒南县大店镇井子村	22	男	1945 年
冯昌连	莒南县大店镇井子村	20	男	1945 年
范明远	莒南县涝坡镇范家岭村	50	男	1945 年
曹见俊	莒南县涝坡镇中店头村	—	男	1945 年
曹见约	莒南县涝坡镇中店头村	—	男	1945 年
孙世职	莒南县文疃镇文疃村	23	男	1945 年
唐治胜	莒南县坊前镇花峪头村	29	男	1945 年
汤风日	莒南县坊前镇花峪头村	60	男	1945 年
汤希荣之女	莒南县坊前镇花峪头村	10	女	1945 年
孙家升	莒南县相邸镇孙家沟村	26	男	1938 年 1 月
李西春	莒南县相邸镇徐相邸村	22	男	1938 年 3 月 27 日
王佃钦	莒南县洙边镇高庄村	45	男	1938 年 4 月
鲁守伦	莒南县壮岗镇大岭北村	21	男	1938 年 5 月
鲁绪堂	莒南县壮岗镇大岭北村	19	男	1938 年 5 月
葛树范	莒南县岭泉镇前葛家集子村	28	男	1938 年 5 月
闫夫东	莒南县相邸镇大峪崖村	37	男	1938 年 6 月 19 日
闫立夏	莒南县相邸镇大峪崖村	38	男	1938 年 6 月 20 日
闫茂轻之祖父	莒南县相邸镇大峪崖村	38	男	1938 年 6 月 21 日
闫汝宗之父	莒南县相邸镇大峪崖村	45	男	1938 年 6 月 23 日
闫汝春之父	莒南县相邸镇大峪崖村	47	男	1938 年 6 月 24 日
孙成做	莒南县朱芦镇小茅墩村	21	男	1938 年 6 月
闫汝见之叔叔	莒南县相邸镇大峪崖村	29	男	1938 年 6 月
刘振西	莒南县十字路镇赵家河子村	—	男	1938 年 7 月
梁怀成	莒南县岭泉镇王家怪草村	62	男	1938 年 7 月
赵立信之子	莒南县石莲子镇东湖北口村	12	男	1938 年 9 月

姓　名	籍　贯	年　龄	性　别	死难时间
赵立会	莒南县石莲子镇东湖北口村	30	男	1938 年 9 月
张彦氏	莒南县汀水镇官西坡村	30	女	1938 年 9 月
葛传泉	莒南县岭泉镇前葛集子	18	男	1938 年秋
赵风贵之子	莒南县石莲子镇莱沟村	45	男	1938 年秋
高见家	莒南县壮岗镇高家山前村	26	男	1938 年 11 月
徐文言	莒南县壮岗镇前莲花村	—	男	1938 年 11 月
王守兰	莒南县壮岗镇前大河西村	48	男	1938 年 11 月
王守春	莒南县壮岗镇前大河西村	41	男	1938 年 11 月
张怀珍	莒南县相邸镇前张家岳河村	—	男	1938 年
藏　百	莒南县朱芦镇河西村	46	男	1938 年
闫清池	莒南县岭泉镇小官庄村	—	男	1938 年
文连后	莒南县筵宾大文家山后村	19	男	1938 年
陈兆仁	莒南县洙边镇西夹河村	—	男	1938 年
葛梦昌	莒南县洙边镇西夹河村	75	男	1938 年
葛秀奎	莒南县洙边镇西夹河村	—	男	1938 年
宋玉范	莒南县洙边镇中书院村	—	男	1938 年
刘希月	莒南县洙边镇北龙掌村	—	男	1938 年
赵吉祥	莒南县朱芦镇址坊村	28	男	1938 年
赵吉楼	莒南县朱芦镇址坊村	29	男	1938 年
赵祥军	莒南县朱芦镇址坊村	18	男	1938 年
赵汝军	莒南县朱芦镇址坊村	20	男	1938 年
赵祥进	莒南县朱芦镇址坊村	17	男	1938 年
赵祥丰	莒南县朱芦镇址坊村	31	男	1938 年
赵振聚	莒南县石莲子镇东湖北口村	17	男	1938 年
赵仕林	莒南县石莲子镇东湖北口村	35	男	1938 年
严成建之父	莒南县石莲子镇东湖北口村	30	男	1938 年
李洪强	莒南县石莲子镇刘家白崖村	25	男	1938 年
刘清照	莒南县石莲子镇刘家白崖村	28	男	1938 年
刘清亮	莒南县石莲子镇刘家白崖村	35	男	1938 年
薄子栋	莒南县坪上镇山底村	91	男	1938 年
聂　兰	莒南县石莲子镇刘家白崖村	27	女	1938 年
梁公柱	莒南县石莲子镇梁家屯村	31	男	1938 年
李德友	莒南县石莲子镇石莲子村	22	男	1938 年
宋立析	莒南县石莲子镇梁家屯村	31	男	1938 年

姓　名	籍　贯	年　龄	性　别	死难时间
王　安	莒南县涝坡镇下白杨沟村	32	男	1938 年
卢建迎	莒南县涝坡镇大涝坡村	48	男	1938 年
杨兰英	莒南县相邸镇坡木村	—	女	1938 年
卢有德	莒南县相邸镇坡木村	—	男	1938 年
徐约湿	莒南县相邸镇徐家相邸村	25	男	1938 年
李亚时	莒南县文疃镇前土泥巷村	—	男	1939 年 4 月
刘丕星	莒南县板泉镇大王刘庄	30	男	1939 年 5 月
张枚林	莒南县朱芦镇张家茅墩村	20	男	1939 年 7 月
张守栋	莒南县朱芦镇张家茅墩村	26	男	1939 年 7 月
王洪振	莒南县壮岗镇前大河西村	52	男	1939 年 11 月
宋小啊	莒南县相沟乡宋家沟村	16	男	1939 年 12 月
梁怀中	莒南县岭泉镇孙家怪草村	22	男	1939 年
刘景记	莒南县岭泉镇吕刘淯子村	23	男	1939 年
吕振西之妻	莒南县岭泉镇吕刘淯子村	25	女	1939 年
刘玉堂	莒南县石莲子镇石莲子村	38	男	1939 年
刘文川	莒南县涝坡镇下白杨沟村	35	男	1939 年
吴彦善	莒南县涝坡镇翟涝坡村	—	男	1939 年
赵夫伦	莒南县朱芦镇址坊村	31	男	1939 年
程德柏	莒南县坊前镇程蛟山村	23	男	1940 年 4 月 8 日
朱家贵之妻	莒南县汀水镇高家埠村	30	女	1940 年 7 月
刘纪安	莒南县洙边镇刘家莲子坡村	—	男	1940 年 9 月
郑世后	莒南县相邸镇郑家相邸村	20	男	1940 年 10 月
胡佃银	莒南县壮岗镇严乔旺村	—	男	1940 年 10 月
鲁从信	莒南县壮岗镇鲁乔旺村	32	男	1940 年 11 月
鲁从娟	莒南县壮岗镇鲁乔旺村	34	男	1940 年 11 月
王洪叶	莒南县壮岗镇前大河西村	58	男	1940 年 11 月
刘振芹之母	莒南县板泉镇刘家岔河村	35	女	1940 年 12 月
葛召开	莒南县岭泉镇大葛家集子村	22	男	1940 年 12 月
闫西顺	莒南县岭泉镇大圣堂村	25	男	1940 年
赵凤山	莒南县岭泉镇赵家岭村	45	男	1940 年
曹彦山	莒南县朱芦镇大茅墩村	—	男	1940 年
马玉春	莒南县洙边镇洙边村	22	男	1940 年
刘希芹	莒南县洙边镇北龙掌村	—	男	1940 年
梁小河	莒南县岭泉镇孙家怪草村	20	男	1940 年

姓 名	籍 贯	年 龄	性 别	死难时间
杨世臻	莒南县岭泉镇石门亭村	23	男	1940 年
刘玉怀	莒南县岭泉镇大葛家集子村	23	男	1940 年
陈玉贵	莒南县石莲子镇陈家白崖村	43	男	1940 年
艾洪录之母	莒南县汀水镇汀水后村	50	女	1940 年
王思华	莒南县洙边镇高庄村	33	男	1941 年 1 月
卞清祥	莒南县洙边镇张石门村	39	男	1941 年 5 月
高从周	莒南县洙边镇高庄村	57	男	1941 年 6 月
高从彦	莒南县洙边镇高庄村	60	男	1941 年 6 月
庄卿三	莒南县涝坡镇夏家沟村	65	男	1941 年 6 月
鲁孝珍	莒南县壮岗镇前莲花村	—	男	1941 年 11 月
高清桥	莒南县壮岗镇后朱陈村	28	男	1941 年 11 月
高维晓	莒南县壮岗镇后朱陈村	—	女	1941 年 11 月
陈永考	莒南县壮岗镇陈家河村	—	男	1941 年 11 月
鲁守广	莒南县壮岗镇大岭北村	23	男	1941 年 11 月
高从起	莒南县洙边镇高庄村	—	男	1941 年 11 月
刘景泰	莒南县洙边镇高庄村	23	男	1941 年 11 月
王守贵	莒南县壮岗镇前大河西村	47	男	1941 年 12 月
葛秀敬	莒南县洙边镇葛家山村	—	男	1941 年
张和龄	莒南县文疃镇东薛庆村	42	男	1941 年
徐世顿	莒南县文疃镇东薛庆村	38	男	1941 年
曹玉双	莒南县涝坡镇大岭村	30	男	1941 年
曹德诚	莒南县涝坡镇大岭村	—	男	1941 年
曹玉合	莒南县涝坡镇大岭村	—	男	1941 年
李文丙	莒南县涝坡镇大岭村	46	男	1941 年
曹际法	莒南县涝坡镇大岭村	37	男	1941 年
冯为成	莒南县涝坡镇大岭村	50	男	1941 年
曹永花	莒南县涝坡镇大岭村	40	男	1941 年
李文善	莒南县涝坡镇大岭村	45	男	1941 年
解西增	莒南县涝坡镇卧石岭村	57	男	1941 年
解瑞友	莒南县涝坡镇卧石岭村	58	男	1941 年
梁子龙	莒南县石莲子镇燕泥子村	32	男	1941 年
赵一高	莒南县朱芦镇璇子村	30	男	1941 年
夏仕四	莒南县涝坡镇夏家沟村	70	男	1941 年
李太会	莒南县朱芦镇李家彩村	46	男	1942 年 4 月

姓 名	籍 贯	年 龄	性 别	死难时间
李玉滨	莒南县朱芦镇李家彩村	44	男	1942 年 4 月
文占东	莒南县筵宾镇团结村	21	男	1942 年 7 月
徐为林	莒南县岭泉镇后左山村	52	男	1942 年 7 月
刘秀道	莒南县坊前镇石门村	28	男	1942 年 8 月
程广箱之母	莒南县相邸镇郑家相邸村	32	女	1942 年 10 月 24 日
程广箱之妹	莒南县相邸镇郑家相邸村	1	女	1942 年 10 月 24 日
程广珍之母	莒南县相邸镇郑家相邸村	45	女	1942 年 10 月 24 日
郑世德之母	莒南县相邸镇郑家相邸村	50	女	1942 年 10 月 25 日
高西宽	莒南县壮岗镇鲁乔旺村	28	男	1942 年 11 月
鲁英恩	莒南县壮岗镇鲁乔旺村	30	男	1942 年 11 月
徐淑言	莒南县壮岗镇前莲花村	—	男	1942 年 11 月
孙兆俭	莒南县岭泉镇东石沟村	50	男	1942 年
朱修身	莒南县坊前镇赵家村	60	男	1942 年
李孝关	莒南县坊前镇赵家村	—	男	1942 年
张廷富之女	莒南县坊前镇赵家村	25	女	1942 年
朱身环	莒南县坊前镇朱梅村	17	男	1942 年
朱振玲	莒南县坊前镇朱梅村	70	男	1942 年
宋兰功	莒南县岭泉镇村后柴沟村	32	男	1942 年
李祥书	莒南县石莲子镇东莲花村	28	男	1942 年
刘庆东	莒南县石莲子镇郝家庄村	37	男	1942 年
王清堂	莒南县石莲子镇郝家庄村	38	男	1942 年
许风连	莒南县十字路镇老古窝村	—	男	1942 年
王钦玲	莒南县十字路镇老古窝村	—	男	1942 年
张 文	莒南县涝坡镇张围子村	35	男	1942 年
张世合	莒南县涝坡镇张围子村	—	男	1942 年
范友举	莒南县涝坡镇范家岭村	—	男	1942 年
言思文	莒南县板泉镇刘庄村	20	男	1943 年 1 月
刘景合	莒南县洙边镇高庄村	44	男	1943 年 1 月
刘华子	莒南县板泉镇东刘村	18	男	1943 年 2 月
甄德岭	莒南县洙边镇前净埠子村	—	男	1943 年
朱 氏	莒南县坊前镇岔河村	60	女	1943 年
朱修身	莒南县坊前镇岔河村	56	男	1943 年
朱身识	莒南县坊前镇岔河村	21	男	1943 年
朱振利	莒南县坊前镇岔河村	60	男	1943 年

姓 名	籍 贯	年 龄	性 别	死难时间
葛景祥	莒南县岭泉镇前葛家集子村	32	男	1943 年
宋景莲	莒南县岭泉镇村后柴沟村	28	男	1943 年
宋振三	莒南县岭泉镇村后柴沟村	27	男	1943 年
宋明田	莒南县岭泉镇村后柴沟村	30	男	1943 年
孟凡文	莒南县石莲子镇宿汀河村	16	男	1943 年
赵 刚	莒南县石莲子镇莱沟村	35	男	1943 年
杜传甲	莒南县石莲子镇宣文村	29	男	1943 年
李纪之	莒南县石莲子镇东莲花村	22	男	1943 年
陈志功	莒南县石莲子镇陈宅子村	35	男	1943 年
钮 海	莒南县道口乡东许口村	—	男	1943 年
薛永秀	莒南县筵宾镇薛家水磨村	—	男	1944 年 5 月
薛卫成	莒南县筵宾镇薛家水磨村	—	男	1944 年 5 月
姚立米	莒南县石莲子镇大屯村	19	男	1944 年 6 月
曾广清	莒南县石莲子镇大屯村	23	男	1944 年 10 月
李成云	莒南县石莲子镇权家早丰河村	21	男	1944 年 11 月
唐 三	莒南县岭泉镇西怪草村	61	男	1944 年
葛成奎	莒南县岭泉镇大葛家集子村	25	男	1944 年
葛连秀	莒南县岭泉镇大葛家集子村	23	男	1944 年
王青莲	莒南县岭泉镇后柴沟村	27	男	1944 年
王寿松	莒南县石莲子镇莱沟村	18	男	1944 年
权有奎	莒南县石莲子镇权家早丰河村	19	男	1945 年 1 月
张守家	莒南县石莲子镇张官庄村	17	男	1945 年 2 月
邹效友	莒南县石莲子镇大屯村	20	男	1945 年 2 月
彭超苓	莒南县大店镇将军山前村	35	男	1945 年 5 月
庄兆仁	莒南县大店镇将军山前村	45	男	1945 年 5 月
王维春	莒南县大店镇将军山前村	36	男	1945 年 5 月
李振东	莒南县石莲子镇新庄村	35	男	1945 年 7 月
程学存	莒南县相沟乡上涧村	61	男	1945 年
张才宝	莒南县板泉镇张家官庄村	27	男	1945 年
宋停安	莒南县石莲子镇宿汀河村	20	男	1945 年
李仁海	莒南县石莲子镇小岭子村	24	男	1945 年
郝同吉	莒南县石莲子镇郝家庄村	36	男	1945 年
郝立朋	莒南县石莲子镇郝家庄村	38	男	1945 年
刘庆海	莒南县石莲子镇郝家庄村	35	男	1945 年

姓 名	籍 贯	年 龄	性 别	死难时间
郝同彩	莒南县石莲子镇郝家庄村	33	男	1945 年
李振华	莒南县石莲子镇新庄村	38	男	1945 年
王月环	莒南县石莲子镇王家屯村	35	男	1945 年
总 计	**1292**			

责任人：邱民亭　王传利　　核实人：庄 英　胡海燕　陈武　孙建宏　闫海　　填表人：张传伟
填报单位（签章）：莒南县委党史委　　　　　　　　　　填报时间：2009 年 3 月 31 日

后 记

在中央党史研究室组织指导下，山东省于 2006 年开展了抗日战争时期人口伤亡和财产损失大型调研活动（以下简称"抗损调研"）。抗损调研的成果之一，是通过全省普遍的乡村走访调查，广泛收集见证人和知情人的口述资料，如实记录伤亡者的姓名、籍贯、性别、年龄、死难时间等信息，编纂一部《山东省抗日战争时期伤亡人员名录》（以下简称《名录》）。《名录》于 2010 年编纂完成后，共收录抗日战争时期日军造成的山东现行政区域范围内的伤亡人员 46.9 万余名。以《名录》为基础，我们选择信息比较完整、填写比较规范的 100 个县（市、区）抗日战争时期死难人员名录，经省市县三级党史部门进一步整理、编纂，形成了《山东省百县（市、区）抗日战争时期死难者名录》，共收录死难者169173 人。

2005 年，中央党史研究室部署开展《抗日战争时期中国人口伤亡和财产损失》这一重大课题的调研工作。考虑到这项课题是一项艰巨复杂的浩大工程，山东省委党史研究室确定先行试点，在取得经验的基础上全面展开。2006 年 3 月，山东省委党史研究室在全省 17 个市选择 30 个县（市、区）作为抗损调研试点单位。在中央党史研究室指导下，山东省委党史研究室按照全国调研工作方案确定的指导思想、组织领导、调研项目、工作步骤、基本要求等，制定下发了《山东省抗日战争时期人口伤亡和财产损失调研试点工作方案》。各试点县（市、区）建立了两支调研队伍：一是县（市、区）建立由党史、档案、史志等单位人员组成的档案与文献资料查阅队伍；二是乡（镇）、村建立走访调查队伍。调查的方式是：以村为单位，以 70 岁以上老人为重点，走访调查见证人和知情人，调查人员根据访问情况填写调查表，被调查人员确认填写的内容准确无误后签字（按手印）；以乡（镇）为单位对调查表记录的人员伤亡和财产损失情况进行汇总统计；以县（市、区）为单位查阅历史档案和文献资料，细致梳理人员伤亡和财产损失情况记录，汇总统计本县（市、区）人口伤亡和财产损失情况。试点工作于 7 月底结束。

试点期间，中央党史研究室不仅从方案规划设计，调研方法步骤确定，以及走访调查和档案查阅等各个环节需要把握的问题，给予我们精心指导，而且一再提出把调研工作做成"基础工程、精品工程、警世工程、传世工程"的标准要求，不断提升我们对这项工作的认识高度。

在中央党史研究室的悉心指导下，试点工作不仅取得重要成果，而且深化了我们对抗损调研工作的认识，增强了我们做好这项工作的责任意识。

一是收集了大量历史档案和文献资料，掌握了历史上山东省对抗损问题的调研情况，对如何深化调研取得了新的认识。

试点期间，30个试点县（市、区）共查阅历史档案2.36万卷，文献资料6859册，收集档案、文献资料3.72万份。主要包括：抗日战争胜利后，山东解放区政府、冀鲁豫解放区政府和国民党山东省政府、国民党青岛市政府对抗日战争时期山东省境内人口伤亡和财产损失所做的调查资料；新中国成立后，为收集日本战犯罪行证据，由山东省人民政府统一组织领导，各级公安、检察机关所做的调查资料；20世纪五六十年代和改革开放以来，各级党史、史志、文史部门，社科研究单位和民间人士对抗日战争时期发生在山东省境内的人口伤亡和财产损失重大事件所做的典型调查资料等。

通过分析这些资料，可以看到，解放区政府和国民党政府所做的调查，调查时间是抗战胜利后至1946年初，调查方法是按照联合国救济总署设定的战争灾害损失调查项目进行的，调查目的在于战后救济与善后，着重于人口伤亡和财产损失的数据统计，其调查覆盖山东全境，统计数据全面、可靠，但缺少伤亡者具体信息的记录。新中国成立后及改革开放新时期的调查，留存了日本战犯和受害人、当事人的大量口供和证词。这些口供和证词记录了伤亡者姓名、被害经过等许多具体信息，但仅限于部分重大事件中的少数伤亡者。据此，我们认识到，虽然通过系统整理散落在各级档案馆、图书馆、博物馆的档案和文献中的历次调查资料，可以在确凿的历史档案、文献资料以及人证、物证等证据的基础上，进一步查明山东省抗日战争时期人口伤亡和财产损失的情况，但还是难以在全省范围内查明伤亡者更多的具体信息。因此，还需要我们做更多的工作。

二是收集了大量见证人、知情人口述资料，掌握了乡村走访调查的样本选择和操作方法，深化了对直接调查重要性的认识。

30个试点县（市、区）走访调查19723个村庄、103.6万人，召开座谈会13.13万人次，收集证人证言22.42万份。这些证言证词记载了当年日军的累累罪行。虽然时间已经过去了六七十年，见证人的有些记忆已很不完整、有些仅是片段式的，但亲眼目睹过同胞亲人惨遭劫难的老人们，仍能清晰讲述出其刻骨铭心的深刻记忆；虽然有些村庄已经消失，有些家族整个被日军杀绝，从而导致一些信息中断，但大多数村庄仍然保留有历史记忆，大量死难者有亲人或后人在世。

基于对证言证词的分析，我们认识到：村落是民族记忆的历史载体、家族生活的社会单元，保留着家族绵延续绝的历史信息；70岁以上老人在抗日战争胜利时已有十几岁，具备准确记忆的能力。以行政村为调查样本、以全省609万在世的70岁以上老人为重点人群，采用乡村走访调查的方法，可以收集更多的抗日战争时期伤亡人员信息，以弥补过去历次调查留下的缺憾。

三是查阅了世界其他国家对二战时期死难者调查的文献资料，增强了我们对历史负责、对死难者亡灵负责、对国际社会和人类文明负责的民族担当意识。

试点期间，山东省委党史研究室组织研究人员查阅了世界各国对二战时期死难者调查和纪念的相关资料。"尊重每一个生命，珍惜每一个人的存亡"，在第二次世界大战灾难的调查和纪念中得到充分体现。2004年，以色列纪念纳粹大屠杀的主题是"直到最后一个犹太人，直到最后一个名字"。在美国建立的珍珠港纪念碑上，死难者有名有姓，十分具体。在泰国、缅甸交界的二战遗址桂河大桥旁，盟军死难者纪念公墓整齐刻写着死难者的名字。铭记死难者的名字，抚平创伤让死难者安息，成为国际社会通行的做法。但是，日本全面侵华战争中造成数百万山东人民伤亡，60多年来在尘封的历史档案中记录的多是一串串伤亡数字，至今没有一部记录死难者相关信息的大型专著。随着当事人和见证者相继逝去，再不完成这方面的调查，将会成为无法弥补的历史缺憾。推动开展一次乡村普遍调查，尽可能多地查找死难者的名字、记录死难者的相关信息，既可告慰死难者的冤魂亡灵，又可留存日军残酷暴行的铁证。这是我们历史工作者的良心所在，责任所在！

中央党史研究室对山东试点工作及取得的成果给予充分肯定和高度评价，同意山东省委党史研究室对试点成果的分析和对抗损调研工作的认识，提出了开展山东省抗日战争时期人口伤亡和财产损失大型调研活动的指导意见，并要求努力实现以下两个主要目标：

一是在收集整理以往历次抗损调研成果的基础上，准确查明山东省抗日战争时期人口伤亡和财产损失的情况。即由省市县三级党史、史志、档案等部门具有一定研究能力的人员，广泛收集散落在各地档案馆、图书馆、博物馆的抗损资料，在系统整理、深入分析研究60多年来各级政府、社会团体、研究机构等调查和研究成果的基础上，准确查明山东省抗日战争时期人口伤亡和财产损失的情况；

二是开展一次普遍的乡村走访调查，尽可能多地调查记录伤亡者的信息，弥补以往历次调查的不足。即按照统一方法步骤，由乡村两级组成走访调查队伍，以行政村为调查样本、以70岁以上老人为重点调查人群，通过进村入户走访调查，广泛收集见证人和知情人的口述资料，如实记录死难者的姓名、性别、年龄、籍贯、伤亡时间、伤亡原因等信息。

在中央党史研究室的指导下，山东省委党史研究室研究制定了《山东省抗日战争时期人口伤亡和财产损失课题调研工作方案》，明确了抗损调研的指导思想、目标任务、方法步骤和保障措施等要求。在中央党史研究室的推动下，山东省成立了由党史、财政、史志、档案、民政、文化、出版、统计、司法等单位组成的大型调研活动领导小组，下设课题研究办公室（重大专项课题组）。

2006年10月中旬，山东省抗损调研领导小组研究通过并下发了《山东省抗日战争时期人口伤亡和财产损失课题调研工作方案》及关于录制走访取证声像资料、重大惨案进行司法公证、编写抗损大事记等相关配套方案，统一复制并下发了由中央党史研究室设计制定的"抗日战争时期人口伤亡调查表"、"抗日战争时期财产损失调查表"、"抗日战争时期人口伤亡统计表"、"抗日战争时期财产损失统计表"。

各市、县（市、区）按照方案要求进行了筹备部署：

一是组织调研队伍。各市、县（市、区）成立了抗损调查委员会，从党史、史志、档案、民政、统计、图书馆等单位抽调10～20名人员组成抗损课题办公室，主要负责本地调研工作的组织协调，历史档案和文献资料的查阅、收集、分析整理、汇总统计等任务。全省共组织档案文献查阅人员3910名。各乡（镇）抽调5～10人组成走访调查取证组，具体承担本乡（镇）各村的走访调查取证工作。全省各乡（镇）调查组依托村党支部、村委会共组织走访调查取证人员32万余名。

二是培训调研人员。各市培训所属县（市、区）骨干调研队伍，培训主要采取以会代训的形式，重点推广试点县（市、区）调研工作中的成功做法。各县（市、区）培训所属乡（镇）调研队伍，培训采取选择一个典型村或镇进行集中调研、现场观摩的形式。

三是乡（镇）以行政村为单位对辖区内70岁以上老人登记造册，统一印制并向70岁以上老人发放了"抗日战争时期人口伤亡和财产损失入户调查明白纸"，告知调查的目的和有关事项。

2006 年 10 月 25 日，山东省抗损调研领导小组召开了全省抗损调研动员会议。10 月 26 日，走访取证工作在全省乡村全面展开。各乡（镇）走访调查取证组携带录音、录像设备和"抗日战争时期人口伤亡调查表"、"抗日战争时期财产损失调查表"等深入辖区行政村走访调查。调查人员主要由乡（镇）调查组人员和村党支部、村委会成员以及离退休老干部和退休教师组成。调查对象是各村 70 岁以上老人。

调查人员按照"抗日战争时期人口伤亡调查表"设置的栏目，主要询问被调查人所知道的抗日战争时期伤亡者姓名、年龄，伤亡时间、地点、经过（被日军枪杀、烧杀、活埋、砍杀、奸杀、溺水等情节）、伤亡者人数等情况。被调查人讲述，调查人员如实记录。记录完成后调查人员当场向被调查人宣读记录，被调查人确认无误后签名或盖章、按手印，调查人同时填写调查单位、调查人姓名、调查日期。证人讲述的死难者遇难现场遗址存在或部分存在的，调查组在证人指证的遗址现场（田埂、河沟、大树、坟地、小桥、水井、宅基地等）拍摄照片、录制声像资料。至此，形成一份完整的证言证词。

对于文献资料中记载的一次伤亡 10 人以上的惨案，各县（市、区）课题办公室组织党史、档案、史志等部门专业人员进行了专题调查，调查主要采取召开见证人、知情人座谈会的形式，调查过程全程录音、录像。对证言证词准确完整、具备司法公证条件的惨案，司法公证部门进行了司法公证。

为加强对调研工作的协调和指导，确保乡村走访调查目标的实现，山东省抗损课题研究办公室建立了督导制度、联系点制度、信息通报制度。省市县三级抗损课题研究办公室主任负责本辖区调研工作的督查指导，分别深入市、县（市、区）、乡（镇）检查调研工作开展情况。各市抗损课题研究办公室向所属县（市、区）派出督导员，深入乡（镇）、村检查指导调查取证工作，解决遇到的具体问题。省、市抗损课题研究办公室每位成员确定一个县（市、区）或一个乡（镇）为联系点，各县（市、区）抗损课题研究办公室每位成员联系一个乡（镇）或一个重点村，具体指导调研工作开展。为交流经验，落实措施，山东省抗损课题研究办公室编发课题调研《工作简报》150 多期。

截止到 2006 年 12 月中旬，大规模的乡村走访取证工作结束，全省乡村两级走访调查队伍共走访调查 8 万余个行政村、507 万余名 70 岁以上老人，分别占全省行政村总数和 70 岁以上老人总数的 95% 和 80% 以上，共收集证言证词 79 万余份。录制了包括证人讲述事件过程、事件遗址、有关实物证据等内容的大量影像资料，其中拍摄照片 7376 幅（同一底片者计为一幅），录音录像 49678 分钟，制作光盘 2037 张，并对专题调查的 301 个惨案进行了司法公证。

自 2006 年 12 月中旬开始，调研工作进入回头检查和分类汇总调研材料阶段。各乡（镇）调查组回头检查走访调查取证是否有遗漏的重点村庄和重点人群，收集的证言证词中证人是否签名、盖章、留下指纹，证言是否表述准确，调查人、调查单位、调查日期等是否填写齐全。在回头检查的基础上，将有关事件、伤亡者信息等如实记载下来，填写"抗日战争时期人口伤亡统计表"、"抗日战争时期财产损失统计表"。

12 月 16 日，山东省抗损课题研究办公室印制并下发了《山东省抗日战争时期伤亡人员名录》表格。《名录》包括死难人员和受伤人员的"姓名"、"籍贯"、"年龄"、"性别"、"伤亡时间"、"伤亡地点"、"伤亡原因"等要素。《名录》以乡（镇）为单位填写，以县（市、区）为单位汇总，于 2007 年 7 月完成。

自 2007 年 8 月开始，山东省抗损课题研究办公室对各地上报的调研资料进行分类整理和分析研究，发现《名录》明显存在以下不足：一是《名录》收录的伤亡人员数远远少于档案资料中记载的抗日战争时期全省伤亡人数。山东解放区政府和冀鲁豫解放区政府调查统计的山东省平民伤亡人口为 518 万余人，国民党山东省政府和青岛市政府调查统计的全省平民伤亡人口为 653 万余人，《名录》收录的查清姓名的伤亡人员仅有 46 万余人，不到全省实际伤亡人口数的十分之一。分析其中原因，从见证人、知情人的层面看，主要是此次调研距抗日战争胜利已达 61 年之久，大多数见证人、知情人已经去世，加之部分村庄消失、搬迁，大量人口流动，调研活动中接受调查的 70 岁以上老人仅是当时见证人和知情人中的极少部分，而且他们中有些当时年龄较小、记忆模糊，只能回忆印象深刻的部分。从死难者的层面看，主要是记录伤亡者名字信息的家谱、墓碑在"文化大革命"时期大多已被销毁、损坏，许多名字随着时间流逝难以被后人记住。受农村传统习俗的影响，大多数农村妇女没有具体名字，而许多儿童在名字还没有固定下来时就已遇难。许多家族灭绝的遇难者，因没有留下后人而造成信息中断，难以通过知情人准确回忆姓名等信息。二是各县（市、区）名录收录的查清姓名的伤亡人员在人数的多少上与实际伤亡人数的多少不成正比，其中部分县（市、区）在抗日战争时期遭日军破坏程度接近，但所收录的伤亡人员在数量上存在较大差异。主要原因是调研活动的走访调查阶段，各县（市、区）对此项工作的重视程度、投入力量和走访调查的深入细致程度存在较大差异，有些县（市、区）在走访调查中遗漏见证人和知情人，有的在证言证词的梳理中遗漏伤亡者的填写。三是《名录》确定的各项要素有的填写不全，有些填写不完整、不规范。主要原因是，《名录》所依据的"证言证词"记录的要素有许多本身就不完整、不全面，而《名录》填写者来自乡（镇）调查组的数万名调查人员，在填写规范上也难以达到一致。

根据中央党史研究室关于编纂《抗日战争时期中国人口伤亡和财产损失调研丛书》的要求，针对《名录》中存在的主要问题，山东省抗损课题研究办公室于2009年初制定下发了《关于编纂〈山东省抗日战争时期伤亡人员名录〉有关要求的通知》（以下简称《通知》）。《通知》要求各市、县（市、区）党史部门以对历史高度负责的精神，集中时间、集中力量，对《名录》进行逐一核实和修订，真正把《名录》编纂成经得起历史检验和各方质疑的精品工程、传世工程、警世工程。《通知》明确了各市、县（市、区）的编纂任务和责任要求，各市委党史研究室负责所辖县（市、区）、高新技术开发区、经济开发区伤亡人员名录补充和核实校订工作的具体部署、组织指导、督促检查和汇总上报工作。各市委党史研究室主任为第一责任人，对本市所辖县（市、区）伤亡人员名录核实校订工作质量和完成时限负总责；确定一名科长为具体责任人，协助第一责任人做好工作部署和组织指导工作，具体做好督促检查和汇总上报工作。各县（市、区）委党史研究室具体负责本县（市、区）伤亡人员名录的补充、核实和校订工作。县（市、区）委党史研究室主任为责任人，对伤亡人员名录的真实性、可靠性负总责。各县（市、区）分别确定1至2名填表人和核实人。填表人根据《名录》表格的规范标准认真填写，确保无遗漏、无错误。《名录》正式出版后，责任人和填表人、核实人具体负责对来自各方的质询进行答疑。责任人、核实人、填表人在本县（市、区）伤亡人员名录最后一页页尾签名，并注明填报单位和填报时间。

《通知》下发后，各市委党史研究室确定了本市抗日战争时期伤亡人员名录编纂工作第一责任人和直接责任人。全省140个县（市、区）和16个经济开发区、高新技术开发区共确定了460余名责任人、核实人、填表人，并明确了责任。各县（市、区）党史研究室根据《通知》要求，细致梳理调研资料特别是走访调查资料，认真核实伤亡人员各要素，补充遗漏的伤亡人员。部分县（市、区）还针对调研资料中存在的伤亡人员基本要素表述不清、填写不完整等情况，进行实地回访或电话回访，补充了部分遗漏和填写不完整的要素。各县（市、区）抗日战争时期伤亡人员名录补充、核实工作完成后，各市委党史研究室按照《通知》提出的要求，进行了认真审核把关，对达不到要求的，返回县（市、区）进一步修订。

至 2010 年 10 月，全省 140 个县（市、区）和 16 个经济开发区、高新技术开发区共 156 个区域单位全部完成了《名录》的补充、核实和校订工作，共收录抗日战争时期因战争因素造成的、查清姓名的伤亡人员 46 万余名。此后，中央党史研究室安排中共党史出版社对《名录》进行多次编校，但终因《名录》存在伤亡原因、伤亡地点等要素不规范、不完整和缺失较多等诸多因素，未能正式出版。

2014 年初，中央党史研究室组织展开新一轮抗损课题调研成果审核出版工作，并把《名录》纳入《抗日战争时期中国人口伤亡和财产损失调研丛书》第一批出版。按照中央党史研究室的部署要求，山东省抗损课题研究办公室组织力量对 2010 年整理编纂的《名录》再次进行认真审核，从中选择死难者信息比较完整、规范的 100 个县（市、区）死难者名录，组织力量集中进行编纂。在编纂中，删除了信息缺失较多的死难者死难原因、死难地点等要素，保留了信息比较完整的姓名、籍贯、性别、年龄、死难时间等 5 项要素。2014 年 8 月，《山东省百县（市、区）抗日战争时期死难者名录》编纂完成后，山东省抗损课题研究办公室将其下发各市和相关县（市、区）进行了再次核对。

山东省抗日战争时期人口伤亡和财产损失大型调研活动和《山东省百县（市、区）抗日战争时期死难者名录》的编纂工作是一项极其复杂的系统工程。这项工程自始至终按照中央党史研究室设定的调研项目、方法步骤和基本要求开展，自始至终得到中央党史研究室的精心指导，倾注着中央党史研究室领导和专家的智慧和心血；这项工程得到了全省各级各有关部门和广大基层干部的积极支持和热情参与，包含着全省数十万名调研人员的辛勤奉献和全省各级党史部门数百名编纂人员历时数年的艰辛付出。

在调研活动和《名录》编纂过程中，每位死难者的名字，都激起亲历者、知情人难以言尽的惨痛回忆和血泪控诉，他们的所说令人震颤、催人泪下。我们深知：通过系统、详尽、具体的调查，将当年山东人民的巨大伤亡和损失尽可能完整地记载下来，上可告慰死难者的冤魂亡灵，表达后人的祭奠和怀念，下可教育子孙后代"牢记历史、珍爱和平"。我们深感：对发生在六七十年前的巨大灾难进行调查，由于资料散失、在世证人越来越少，调查和研究的难度难以想象，但良心和责任驱使我们力求使调查更加扎实、有力、具体和准确，给历史、给子孙一个负责任的交代。由于对那场巨大的战争灾难进行调查研究，毕竟是一项复杂的浩大工程，需要经过一个长期的研究过程，我们对许多调研资料的梳理还不够细致全面，对调研资料的研究还需进一步深化，我们目前取得的调研成果和研究编纂成果，都与中央党史研究室的要求存在一定差距。我们将以对历史负责、对人民负责、对死难者负责、对子孙负责的态度，不断深化研究，陆续推出阶段性研究成果，为推动人类和平和文明进步作出应有的贡献。

山东省抗损课题研究办公室
山东省委党史研究室重大专项课题组
2014 年 8 月